憲法改正の政治過程

ドイツ近現代憲法政治史から見えてくる憲法の諸相

安 章浩［著］
Yasu Akihiro

学陽書房

憲法改正の政治過程　目 次

はじめに

広義の政治学の新しい教科としての政治過程または政治過程論の台頭

日本では、戦前から広義の政治学を構成する教科（または科目）は、概ね政治学原論（または政治学概論、政治学原理など)、〔日本、西欧、西洋〕政治史、〔日本、西欧、西洋〕政治思想史（または政治学説史)、行政学、外交史、国際政治学などであった。ところが、1970年代に入って、アメリカ現代政治学が本格的に日本の政治学界に受容されるにつれて、「政治過程」ないしは「政治過程論」が、広義の政治学の教科の一つとして顔を現わすことになった。現在、各大学で「政治過程」ないしは「政治過程論」の名称で教授されている内容は、まちまちであるが、その多くは戦後日本の政治に関する論究であるように思われる。聞くところによると、高等学校でも現在、日本史の場合、現代史まで勉強している生徒はそう多くないようだ。同じように、大学でも政治学科のある大学や政治学の主要な科目が配置されている法律学科ないし経済学科でも、1970年代までは、日本の現代政治を取り扱う教科ないし科目は、ほとんどなかったのではないかと思われる。もっとも、「現代日本政治論」とか、それに類する名称を持つ科目が「特論」として配置されているところもあったようである。著者の知るところ、そうしたケースは例外であったと思われる。政治学科では、上記の政治史という教科も、その教科書を瞥見する限り、その中身は半世紀前までで大体終了している。その理由は、著者の知る限り、現在を起点にして半世紀前までの政治的出来事は時事問題として取り扱われ、客観性を重んじる学問の対象としてはなじめないものと考えられていた点にあったようである。つまり現存者と利害関係が深い上に、資料も乏しく、あったとしても客観的にその資料（または史料）を厳密に検証し、かつ選別して政治的バイアスを混入させずに実証的にアプローチするのは極めて困難である、と考えられていたからであろう。そして、さらには、こうした考え方が学者の間に定着していたからではないだろうか。

ところが、20世紀に入って、アメリカでは事情が若干変わっていったようである。アメリカ社会において、政治的には、「教養と財産」を持つ市民の国家から普通選挙権導入後の大衆の政治進出に伴う「大衆国家」への発展、経済的には、産業資本主義段階から高度資本主義段階への移行など、19世紀末から進行していた基盤社会の変化が1920、30年代に急速に表面化する。とりわけ1929年の世界大恐慌とその社会への破局的なインパクトに象徴されるように、基盤社会の激変に起因する多くの問題が発生した。こうした目前に展開される現実の激動する政治動向について、学問であるならば、どのような学問でも現実に役立つようなものでなくてはならないというプラグマティズムの哲学が支配的な社会科学界において、とりわけ政治学界では、それらを「科学的」「実証的」に研究して、その法則性を探り、社会の存続・発展のために役立つ知見を提供すべきであるという研究者たちが現れた。その最初の代表者であるアーサー・ベントレー（A. F. Bentley, 1870～1957）は、当時のアメリカ政治を現実に動かしているのは、憲法に基づいて作り出された政治制度、例えば大統領とか上下両院の議会ではなく、20世紀に入って急速に台頭し始めた多様な利益集団とそれらを代表する政党やマス・メディアであることに注目して、それらに焦点を当てて政治の動態の解明を進めようとした。というのは、社会において解決が迫られている諸問題に関わる人々が利害ごとに多様な集団を作り、さらにこれらの集団それぞれが抱える問題の解決を政府に取り上げてもらうために、利害が一致する場合には互いに協調する。しかし、利害が相容れず対立する場合には、互いに対立・抗争する。それらの集団間の「圧力と抵抗」の渦巻きが作り出され、その力学が最終的に政府における政策決定に反映されるのではないかという仮説を立て、その実証に社会学や社会心理学や統計学などの方法論を用いて、現代政治学における新しい方向としての「集団的アプローチ」を打ち出したのであった(1)。こうした方向は、第二次世界大戦後、コロンビア大学教授のトルーマン（David Truman, 1913～2003）によって継承・発展され(2)、The Process of Government, The Governmental Process, The Political Processと呼ばれるようになった。それらは日本語では「政治過程」と訳された。こうして、現代アメリカ政治学の新しい教科として市民権を獲得した「政治過程」ないしは「政治過程論」が1970年代に日本でもアメリカ現代政治学の本格的な受容と共に、広義の政治学の一教科として広まるようになったのである。

政治過程論は「現代＝同時代政治史」である

20世紀の社会科学界の巨人といわれるドイツの政治社会学者のマックス・ウェーバー（Max Weber, 1864～1920）によると、「政治とは、国家相互の間であれ、あるいは国家の枠の内で、つまり国家に含まれた人間集団相互の間で行われる場合であれ、要するに権力の分け前に与かり、権力の配分関係に影響を及ぼそうとする努力である。」(3)と定義されている。政治過程論はまさにウェーバーのいうところの「人間集団相互の間で行われる」国家における「権力の獲得、維持、配分」を巡る綱引きの過程について、その過程を動かしている政治力学の法則性を解明しようとする学問といえよう。それは、アメリカ現代政治学の場合、社会における政治集団または利益集団という政治的アクター間の政府における政策決定を巡る相互作用、つまり政治的アクター間の利害関係の調整や、あるいはそれらの利害の対立の激化による紛争の発生とその決着という過程、要するに政府における政策決定を巡って繰り返される利益集団間の「権力闘争の循環」過程を実証的に研究するアプローチであると考えられるようになった。それと同時に、それは現存者の同時代の政治を取り扱う学問ともみなされるようになったのである。では、政治過程または政治過程論と現代政治の歴史を対象とする現代政治史とはどのように異なるのか。政治史は概ね国家における権力の獲得、維持、配分を巡る政治的アクター間の闘争を主として政治的利益集団を代表する政治的リーダー、つまり政治家の活動に焦点を当ててその権力闘争の政治力学を解明し、かつそれを記述する学問であると捉えられるならば、政治過程または政治過程論は、現在を起点とする「同時代の政治」（英語では、Contemporary Politicsという）の研究、つまり「同時代政治史」ともいえよう。もっとも、それは、通常の政治史の場合のように、政治的利益集団を代表する政治的エリートに焦点を当てるのではなく、政治的利益集団に主に焦点を当てて政治力学の解明を志向する学問であるとみられよう。したがって、政治過程論は「現代＝同時代政治史」に他ならないともいえるであろう。

本書の題の『憲法改正の政治過程』の二つの意味

少々くどいほど、政治過程ないしは政治過程論という教科の紹介を行ってきたのは、他でもなく、戦後日本における約半世紀間の政治的争点の底流の基調をなしてきた憲法改正という問題について少しでも触れようとするなら、それは直ちに時事問題として受け止められてしまう恐れがあるからである。またそのような類の問題は専門家のジャーナリストに任せておけばよいのではないかといわれそうなので、憲法改正という政治的争点について、前もって少しは言及するが、時事問題として取り扱うのではなく、学問的にアプローチしようとする著者の姿勢を示すためでもある。また本書の題が『憲法改正の政治過程』となっているので、わざわざ政治過程論についてこだわった次第でもある。

とはいえ、本書の題に『憲法改正の政治過程』を採用しているのには、それなりに次の二つの理由がある。その一つは、2012年（平成24年）末の総選挙で与党の民主党に圧勝して三年間野にあった自民党が政権を取り戻して誕生した、第二次安倍内閣が憲法改正を本格的に取り組む姿勢を示していることにある。それを契機にして憲法改正論議が盛んになっている。しかし、改憲派と護憲派の間において憲法それ自体の捉え方において、また憲法改正の政治的意味の理解においても意見の一致が見られない現状を鑑みて、現在、日本で進行中の憲法改正論議を憲法現象の歴史的位相の中に置き直し、改憲派と護憲派の主張を民主政治との関わりの中で、さらに長期的な歴史的パースペクティヴの中でその意味を捉え直すなら、混迷する憲法改正論議がかなり透明性を持ったものに整理されるのではないかと考えたからである。つまり、本書は、すでに言及の通り、現在の憲法改正論議に時事問題としてではなく、同時代の重要な政治的争点として触れることになるので、憲法改正を巡る現代政治史という意味で『憲法改正の政治過程』としたのである。

次に、憲法現象は歴史的に見るのなら、近代立憲主義憲法の出現後に、近代国家の自由民主主義的な政治体制の枠内における政治変動ないしは政治改革の結果としての「憲法改正」（本書では、この型の憲法改正は「憲法改正の政治過程」Ⅰ型と呼ぶ）と、他方、資本主義的な政治体制を社会主義的な政治体制へと変革しようとする「憲法改正」、つまり社会主義革命の実現の手段としての「議会主義」という戦術を用いて、資本主義的な政治体制を変革しようとする「憲法改正」（本書では、この型の憲法改正は「憲法改正の政治過程」Ⅱ型と呼ぶ）が存在する。この二つの類型の「憲法改正の政治過程」を本書では取り扱う。これが『憲法改正の政治過程』を本書の題にしたもう一つの理由である。いうまでもなく、この二つの類型の「憲法改正の政治過程」は共に、国家における権力の獲得・維持・配分を巡る政治的権力闘争である。もちろん、両方の型において、その権力闘争が重なることもあるが、その時間的なスパンが異なるし、展開される両者の闘争形態も異なる場合が多い。とはいえ、それらは政治的権力闘争の「政治過程」という文字通りの政治過程であるので、この両者のケースを本書で取り扱い、憲法現象の政治動態の力学の解明への接近を試みたのである。なお、近現代において近代国家の外観は整えられていても、その内実が近代以前の社会・経済システムが強く残っているような国々における権威主義体制ないしは専制主義体制から民主主義体制への変革や、フランス大革命のようなブルジョア革命を含めて、広義の政治体制の暴力的変革も、本書では「憲法改正の政治過程」Ⅱ型に分類している。とはいえ、本書での主要な論究の対象は資本主義的な政治体制の変革を目指す「憲法改正の政治過程」Ⅱ型である。それ故に、この狭義の、とりわけ20世紀の「憲法改正の政治過程」Ⅱ型の典型的事例のもつその政治的意義を、ドイツの近現代憲法政治史の中で解明している点が本書の特徴といえよう。それについては、項をあらためて次に説明する。

政治的権力闘争の「ゲームのルール」としての憲法

そもそも、近代憲法の出現後、憲法という政治制度はその本来の機能の他に、多様な機能を環境の変化と共に持つようになった。フランスを例にとるのなら、封建主義的体制から資本主義的体制への変換を成就する最終的な事業としてのフランス大革命を契機に、新しい資本主義体制が円滑に機能するための近代国家の確立に際して、その権力構成の原理を定め、かつその原理に基づいて組織された国家権力の遵守すべき基本的な準則を文章で確定し、永遠に次の世代の人々がそれを肝に銘じ、それを厳守するようにした「成文憲法」なる国家の基本法が制定された。フランスでは、国際政治の変化と連関して、さらなる近代化を求める勢力と体制権力間の国家における指導権や国家運営を巡る構想の相違によって、これらの勢力間で権力闘争が繰り広げられ、その闘争が一時的に決着する毎に新しい憲法が作り直されていった。この過程は他の先進諸国でも見られる現象である。その結果、憲法とは国家における権力の獲得・維持・配分を巡る政治的権力闘争の「ゲームのルール」という役割を次第に担うようになり、今日に至っている。したがって、現在の国家において既得権を有する利益集団は、この「ゲームのルール」が彼らの利益の維持・発展に寄与している限り、その厳守を主張し、かつその擁護に尽力するが、一方、現体制において価値剥奪されたと感じるか、あるいは不利益を被っていると感じる諸集団は当然、この「ゲームのルール」を守ることが彼らにとって不利益をもたらすものであるので、その改正を求めることになるのは当然の成り行きであるといえよう。このように、利益集団間の政治過程は、憲法という「ゲームのルール」の観点から見るのなら、「憲法改正の政治過程」ということとなる。というのは、政治過程は緩やかな、あるいは時には急激な政治変動を伴うので、その都度の一時的な決着として憲法改正が行われるからである。この過程については、日本では、従来、政治学ではあまり取り上げることはなかった。とはいえ、当然、それは憲法学では取り上げられるが、あくまでも憲法解釈論として論じられるのみで、その実態である現実の政治過程については、学問の分業からして触れることは稀であったといえよう。

英米仏において近代国家が誕生して、その標識として近代立憲主義憲法が整備され、定着するにつれて、その周辺国でもその動きを模倣する傾向が見られた。すなわち、近代国家体制を整備して国際政治において優位に立ち始めた英米仏に対して、その圧迫から逃れ、あるいは状況次第では劣勢の地位に追い込まれるかもしれない状況を改善して、自国の存立のために、いまだ絶対主義体制をとる周辺諸国でも、上からの資本主義の温室的な育成を図る、官僚主導の近代化政策が遂行された。しかし、その過程で資本主義経済の導入と発展のために最小限必要な社会秩序の予測可能性と安定性を確保する必要に迫られることになり、「法の支配」とそれを象徴する国の最高規範としての「憲法」が制定されていった。もっとも、それは近代立憲主義憲法の形式は模倣しても、その実態は、半封建的な官僚支配を正当化するための擬態に過ぎなかった。とはいえ、これらの周辺諸国でも、「憲法」と共に近代国家の政治制度、とりわけ上からの資本主義経済の温室的育成政策の産物として生まれてきた「市民」階級の政治的意見を聞く「議会制度」も否応なしに導入され、形式的には、これらの国も外見的には「近代国家」の様相を呈するようになった。それと共に、これらの国においても、「憲法」は、ある程度、国家における権力の獲得・維持・配分を巡る政治的権力闘争の「ゲームのルール」の役割を果たすようになった。こうして、近代憲法や「憲法」が近代的な国家の標識となるにつれて、それは「ゲームのルール」に基づいて運営される国家権力の正当化の手段ともなっていったのである。このように、憲法を政治的権力闘争の「ゲームのルール」として捉え直すのなら、憲法改正とは政治的権力闘争とその決着後の一種の「政治的儀式」と見られないこともないのである。

本書が前述の通り、その題を『憲法改正の政治過程』とした第二の理由も、こうした現象を、大日本帝国憲法（以下、「明治憲法」と略す）制定時においてそのモデル国となった近現代ドイツにおいて「憲法改正の政治過程」のⅠ型とⅡ型が交錯し合っていた憲法の政治史の知見を用いて、本書内では取り扱ったからである。注目すべきことには、「戦争と革命」の世紀といわれた20世紀の10年代末から20年代にかけて、ドイツでは社会主義の挑戦を受けて、「ゲームのルール」の性格をもつ近代憲法の本質的部分の変更が企てられ、近代立憲主義憲法はその定型的な内容から逸脱するような方向へ改変され、ワイマール憲法という形をとったのである——それは日本の憲法学界では「現代市民憲法」といわれている(4)——。さらに社会民主主義勢力は、ロシア・ボルシェビキの暴力革命論に反対し、自由民主主義政治体制を前提にして、議会を通じて多数派を形成した後に、憲法改正手続きに則って「漸次的、平和的」に革命を行うと称した。そして、革命の手段として「議会主義」を主張し、それを実践するようになり、憲法改正手続き規定が体制転換の重要な争点になったことで、社会主義への暴力革命ではなく、平和革命と称される体制変換という「政治過程」も憲法改正の形をとるようになったのである。この点の政治的意義については、ソ連の消滅後一世代が経過した今日ではすでに忘れられてしまっている感がある。本書の題を『憲法改正の政治過程』としたまさに第二の理由こそこの過程、つまり「憲法改正の政治過程」Ⅱ型のドイツ的特殊事例を、本書で触れることにしたからである。

本書の構成

以上のようなことから、まず第１章において、戦後日本の憲法状況について触れる。いうまでもなく、日本は第二次世界大戦の敗戦国として、1951年(昭和26年)、サンフランシスコ講和条約締結後、不完全ではあるが主権を回復し、独立国家として再出発したが、国際政治秩序においては、アメリカ主導の国際体制の中に組み込まれている。その枠から抜け出て、核兵器を持った「普通の国」になることはおそらくアメリカは許さず、したがって、防衛において、アメリカの「核の傘」の下の依存体制は存続し、その上、通常の「普通の国」としては自衛のための戦争もできないようにした日本国憲法第９条が存在している。日本がアメリカの支配圏から一応離れて「普通の国」として再出発を企てようとするなら、どうしてもまず日本国憲法第９条を改正しなくてはならないことになるのは、当然の理とも考えられよう。したがって、これまでの約60年間の憲法状況はこの第９条を巡って展開されてきたといっても過言ではない。この点について簡単にフォローした。次に、第２章では、第二次安倍内閣発足後に、憲法改正問題が本格的に政治的争点として提起されるようになったが、現在のところ、改憲派と護憲派の間に展開される憲法議論において憲法それ自体の考え方において意見の対立が見られるので、その理由を理解する手助けとなる手引きの役割を果たす、近代立憲主義憲法が何故に近代国家の標識になったのか、その理由について説明した。次に、近代立憲主義憲法の出現後にそれが周辺国に大きな影響を与え、外見的立憲主義憲法が生まれることになった理由とその実態を近現代ドイツ憲法政治史を題材に用いて明らかにした。そして、明治憲法の原型が外見的立憲主義憲法である点を紹介した。第３章では、19世紀末から20世紀の10年代から20年代にかけて、社会主義の挑戦を受けて近代立憲主義憲法がその内容を変えていく過程とその理由を、近現代ドイツ憲法政治史を題材に、ワイマール憲法を例に取り上げて、明らかにする。そして、補説の形で幕間劇（Intermezzo）その１として、何故にワイマール共和国はナチ独裁に変わっていったのかを、主に政治史に重点を置いた考察を行い、議会制民主主義の機能不全の理由がどこにあったのかを究明した。併せて幕間劇その２として、日本でよく比較される、1950年代と60年代初めにワイマール共和国の辿った悲劇の道と戦後の日本の民主政治との類似性についての我が国の俗説について触れる。第４章では、近代国家では政治的権力闘争の「ゲームのルール」としての憲法が定着するにつれて、国家権力を掌握している勢力もそれに反対する勢力も、その権力闘争の展開において憲法なるものに依拠せざるを得なくなることについて述べる。その結果、憲法の条文の中に自らに有利な内容があればそれを拡大解釈しようと努め、また権力闘争の一時的な決着がみられた場合、その結果としての部分的な憲法改正がなされる際には、その中に自らに有利になるような内容を盛り込もうとするため、憲法本来の姿が変容していくことになる。こうした憲法を巡る、別の形をとった権力闘争もまた繰り広げられていく中で、憲法という用語自体が多義化して、その帰結として近代憲法の本来の機能が次第に曖昧化されていく傾向が生まれた。そこで、まず近現代ドイツ憲法政治史を通じて見えてくる憲法の諸相について、近代憲法の二点セットの基本的人権の尊重と国家統治機構との関係を価値序列の観点からの類型化を試み、そうした類型化の試みから現代国家における憲法の幾つかの類型を抽出して、それと日本国憲法を対比し、その立ち位置を探った。次に、ワイマール共和国の14年間の憲法の理念と実際の乖離現象の拡大に対して、ドイツ国家学がそれをどのように認識し、かつ解決しようとしたのか、その過程をフォローし、その中であぶり出された憲法の姿をもう一度捉え直してみた。そして、そもそも憲法とは何かについて政治社会学的に考察し直し、政治的権力闘争の別の形をとった「憲法紛争」を有利に戦う武器としての「憲法学」が成立した経緯についても紹介した。

ところで、第二次世界大戦後、ドイツはビスマルクによって創設されたドイツ帝国の領土の半分を失い、残された領域も戦勝国の四か国に分割され、各地域では占領軍による非ナチ化、非軍事化、民主化が遂行され、プロイセン・ドイツ的な伝統はその多くが否定されていった。そして、東西ドイツに分かれた両地域においてそれぞれ新しい国家が生まれるが、第５章では、西ドイツにおいて1949年に成立したドイツ連邦共和国の憲法である「ボン基本法」を取り上げて論究した。すなわち、同憲法が近代憲法の基本価値の化体として出現したその成立過程と、それによって作り出された「自由で民主的な基本秩序」という憲政体制の基本的性格を明らかにした。さらにこの基本法制定から今日まで約60年以上が経過したが、その間の「憲法改正の政治過程」を瞥見した。西ドイツで定着した憲政体制は、近代憲法の純化した形をとっており、外見的立憲主義憲法発祥の地において近代憲法は約160年後にその先祖帰りを果たす形で出現した理由も併せて探った。次の第６章では、「憲法改正の政治過程」を出現させる政治力学について概観した。そして、第７章では、現行日本国憲法の憲法史的な立ち位置について言及した。最後に、世界の中での日本国憲法の今後の動向を、近現代ドイツ憲法政治史を反射鏡に使って探ってみた。

（1）　ベントレーは、ジョン・ホプスキンズ大学でPh.Dの学位を修得するまで、アメリカの大学のみならず、ドイツのベルリン大学などに留学した。ドイツ留学中にオーストリアの社会学的国家論の影響を受けた。オーストリアの社会学的国家論は、国家は原始時代に強力な人種集団が他の弱い人種集団を征服して成立し、その後、支配する人種集団が被征服民を永続的に支配する手段として法が作り出された、という考え方を展開した。したがって、それは国家の政治現象を人種集団間の潜在的ないしは顕在的な権力闘争である、と説明した。ベントレーはこうした考え方にヒントを得て、「人種」集団の代わりに、それぞれの利益実現を目指す「利益」集団間の闘争として、世紀転換期のアメリカの政治を捉え直そうとしたのである。世紀転換期は、ちょうど、産業資本主義段階から高度資本主義段階への転換期に当たり、経済活動も個人中心から会社（企業体、法人）中心へと変わっていったが、政治活動の主体も「教養と財産」を持つ市民から大衆組織政党へと変わりつつあった。こうした時代背景の中で、ベントレーは、個人がその利益追求に際して、個人としてではなく、利益を同じくする者同士が集団を作って活

動している点に着眼して、政治現象を集団間の圧力と抵抗の過程として捉え直そうとした。彼は、政治社会の底辺において各個人がその利益を追求するために互いに圧力を掛け合い、対立と抗争を繰り返している状態を「基底的な社会集団」または「基礎集団」と規定した。次に、政府の政策決定権を掌握する制度化された権力機関である大統領や議会や最高裁判所などを「政治集団」と規定し、これに向かって「基底的な社会集団」はその内部で利益の集約とその実現を目指す政治の役割の分化が生まれ、政党や農業団体、労働組合、消費組合、マス・メディアなどの中間レベルの「準政治集団」に結集する。その後、この「準政治集団」がさらに政治集団に向けて互いに圧力と抵抗を繰り返しながら、またそれらの集団間においても利害の調整も行いながら、利益のさらなる集約化と政治の機能分化を進める。その結果として、最後に、政治集団を動かして、それぞれの利益が政府の政策の形で打ち出される。こうして、ある特定の集団の利益が政策の形をとって国家権力を用いて実施されると、そのインパクトを受けた社会の他の諸々の集団がそれに対して反応するようになり、再び、下から上へ向けての集団間の圧力と抵抗の運動が始まり、新たなる権力循環が開始される、という。

このように、ベントレーは、政治過程を政策形成過程における社会の底辺からのインパクト、すなわち、政治を、政府を目掛けて上向的に進行する利益集団の対立と均衡化過程として捉えた。ところが、集団圧力の均衡が確立され、ある利益が政府の政策として実施され、それが下降して社会の底辺にインパクトを与え、それがさらに新たな利益集団を誕生させたり、あるいは未分化で未組織の基礎集団を上向的な圧力活動へと駆り立てるように仕向ける、上から下への政策執行過程についてはあまり関心を示さなかった。ベントレーは、以上のような現代政治分析の集団的アプローチを述べた著作の*The Process of Government : A Study of Social Pressures*（喜多靖郎・上林良一共訳『統治過程論―社会圧力の研究』法律文化社、1994年）を1908年に刊行したが、学界では注目されなかった。約40年後に、注（2）で述べるように、ようやくトルーマンによって評価されて、現代政治学の集団的アプローチの開拓者として認められるようになったのである。

（2） トルーマンは、1951年に、*The Governmental Process : Political Interests and Public Opinion*を刊行して、ベントレーの業績を高く評価して、それをアメリカ政治学界に紹介し、「集団的アプローチ」の現代政治分析における有意性を実証して見せたのである。その後、「集団的アプローチ」が現代政治学の主流の一つとして認められるようになった。基本的にベントレーの考え方を継承しながら、ベントレーが触れなかった側面、すなわち下から上への圧力政治がフォーマルな統治機関を通じて調整不可能なほど、集団対立が激化して、それが国家それ自体の存続にとって危険なほどにまで高まってしまう状況についてまで思考の幅を広げていった点が彼の功績であるといえよう。すなわち、彼は世界大恐慌による経済的な危機や第二次世界大戦と冷戦を経験して、アメリカの国家体制の危機をその理論の構築において反映させようと努めたのである。そして、その成果として集団対立・均衡化の循環過程の安定的条件についての理論を展開した。彼は、集団の社会心理的な側面を重視し、ベントレーとは反対に、集団の心理的側面に焦点を当てて、人々が共有する態度を基盤にして相互作用する人間の集合体を、利益集団と捉えた。そして、その中で政治的利益集団は共有する態度が意味する行為のパターンを確立し、維持し、強化するために他の集団に何らかの要求を行う集団である、と規定した。彼は、上記した集団対立・均衡化の循環過程の安定的条件としては、個人の集団所属の重複性（over-lapping membership）と潜在集団（latent group）の二点を挙げている。要するに、それらは、各個人が自分の欲求を他人との関係において自制する態度をとること、次に、ある争点を巡って主要な集団間の対立が激化しても、それに無関心の他の集団も多数存在して、それらが国家体制にとって危険が直接及ぶことを防ぎ、かつそうした危険を吸収する役割を果たすので、国家体制は分裂の危機を免れるという考え方である。

（3） M・ウェーバー著・脇圭平訳『職業としての政治』岩波文庫、1980年、10頁。

（4） 杉原泰雄『憲法の歴史—新たな比較憲法学のすすめ』岩波書店、1996年、171頁以下。

本書を読むにあたって

1　本書の眼目は、日本国憲法の歴史的な立ち位置を、近現代ドイツ憲法政治史を反射鏡にして明らかにする点にある。近現代ドイツにおいて社会主義の挑戦によって近代憲法がワイマール憲法に象徴される「現代市民憲法」へと変容していった過程を、著者が独自に考案した「憲法改正の政治過程」という分析枠組みを用いて解明し、さらに社会主義の挑戦によって被った近代憲法の変容が政治学とドイツ国家学に提起した諸問題を論究し、同時にドイツ社会民主党の議会主義戦術と憲法改正条項との関係の政治的意味についても考察したが、この近現代ドイツ憲法政治史を取り扱った記述の方が本書の約三分の二以上を占めている。という次第で、本書は二部構成の書物といってもよかろう。

したがって、本書の読み方は、次の三通りがあると考えられよう。まず一つ目は、通常の読み方として、本書を最初から読み通すことである。二つ目は、現在論議されている日本国憲法改正問題に関心のある方は、第1章、第7章、おわりに、を先に読み、次に日本国憲法改正問題を考える反射鏡になっている近現代ドイツ憲法政治史に興味があれば、第2章から第5章までを読み進み、最後に「憲法改正の政治過程」の政治力学を取り扱った第6章を紐解くのも一つの読み方であろう。三つ目は、近現代ドイツ憲法政治史のみに関心があれば、第2章から第5章まで読んで、後は「はじめに」から読み残した部分を読み進むか、あるいは止めるかは読者の判断次第である。つまり、第2章から第5章まではそれ自体で「近現代ドイツ憲法政治史」の概説書になっているように編まれているからである。老婆心ながら、本書の構成についてあらかじめお知らせしておきたいと思う。

2　本書の執筆に際して参照した文献は、事柄の性質上、ドイツ語や英語の文献が圧倒的に多いのはいうまでもないが、脚注においてはできる限りそれらの文献を使わずに、極力邦訳された文献か日本の研究者の優れた研究書を使わせていただくように心がけた。というのは、読者の中で、専門家以外の方で、もしより深く知りたいと思われる方がおられる場合、少しはお役に立てるようにしたいと思ったからである。実際、日本におけるドイツに関する研究の蓄積は厚く、対象によっては日本語の文献で十分に事足りるところが多いと思われる。とはいえ、本文の記述においてその典拠となる日本語の文献がない部分については外国書を使った。この点をあらかじめお断りしておきたいと思う。

3　本書第２章第２節の脚注（5）において、本書におけるドイツ政治史に関する知見の典拠となっている著作——一般に入手しやすいもの——を列記してある。本書の他の主題に関しても同じやり方を踏襲している。したがって、本書の歴史記述については原則として注を付けていない。それは読者に余計な負担をかけないようにしたいという配慮から、また煩雑さを避けたいという著者の勝手な思いからである。読者にその点のご了解を乞いたいと思う。

4　〔　〕は、ある特定の用語ないし事実について簡単な説明をした方が本文の理解を深めるのに役に立つと思われる場合に使った。またドイツ人の人名については、カントやヘーゲルなどの著名な学者などを除いて、原則として括弧の中にフル・ネームではなく、姓と名の原語と生没年を付けた。年号については、西暦を主に使ったが、日本に関する記述がメインである場合は、西暦の年号の後に日本の元号も付けた。

5　脚注において、参考文献は初出以外の場合には、発行所と発行年は原則として省いたほか、サブタイトル等も省いたものもある。また、邦訳書においては、原著の発行年も省略したものもある。さらに、外国語の著作の場合、同時に複数の国で発刊されることなどもあるため、煩雑さを避けるために発行所、国は省略した。

第1章

戦後日本における憲法状況

1 日本国憲法制定の時代的背景

第二次世界大戦の戦後処理に関して、国際法的には、1951年（昭和26年）に締結されたサンフランシスコ講和条約によって、日本は敗戦後アメリカに軍事占領されていた状態から一応解放され、不完全ではあるが主権を回復して、独立国として再び国際政治の舞台に登場することが許された。そして、大戦終了後、世界の覇権を巡って米ソ間に間もなく冷戦が勃発し、それによって国際政治の構造が激変し、それと共に敗戦後７年にしてようやく主権を回復した日本が、世界における資本主義体制の擁護に総力を傾けるアメリカと歩調を合わせることになる。しかし、それはアメリカによる占領統治を受けた国としては当然の成り行きであったともいえよう。その国際法上の制度的表現がサンフランシスコ講和条約と一体的な形で締結された日米安全保障条約であった。次に、敗戦によって日本が受け入れざるを得なかった政治体制の変革を象徴するのが憲法改正であった。アメリカの占領下の1947年（昭和22年）に明治憲法が廃止され、それに代わってアメリカの強い要請と指示を受けて、現行の日本国憲法が旧憲法の改正手続きに基づいて制定された。つまり、敗戦に伴う占領軍による上からの民主的改革という「憲法改正の政治過程」Ⅱ型が進行し、その決着の文書化としての新しい憲法の公布によってそれが終了したのである。もとより国策遂行の手段としての戦争放棄とその目的を実現するために軍隊の不保持を謳った新憲法第９条によって、日本は軍隊を持たない非武装国家になった。その結果、サンフランシスコ講和条約締結後、外国からの侵略に対する防衛に関しては、日本は日米安全保障条約によって守られるという歪な防衛システムが導入された。アメリカは当初、戦後の日本が再び軍国主義的な国家となって自国に挑戦しないように、1928年に調印されたアメリカの国務長官のケロッグとフランス外相のブリアンの共同提案の「国策の遂行手段として軍事力を用いてはならない」という不戦条約——日本も調印している——、いわゆるケロッグ・ブリアン条約を土台にして新憲法第９条を作らせ、戦後の日本から軍事力とそれに連なる軍事産業や、それらの維持・発展を至上目的とする軍国主義をなくしていった。しかし、ソ連との冷戦遂行の中で、次第に日本の軍事的支援の必要性を痛感するようになり、とりわけ1950年(昭和25年)6月25日の朝鮮戦争勃発と共に、対日政策を180度転換させて、日本に対して再軍備を要請するようになった。この要請に対して、当時の吉田茂首相は、ソ連指導下の国際共産主義の国内への浸透を防止するために、警察予備隊を創設して、アメリカの要請に一部応えた。それと同時に、今後の日本の国家のあり方としては、軍事力の保持を禁じている現行憲法の制約を理由に、外からの直接的な侵略に対しては日米安全保障条約によってアメリカによって守ってもらうことにし、間接侵略に対してのみ自主的に警察予備隊をもってそれに当たるという安全保障政策を宣言した。さらに、新憲法の謳う平和主義という国家目的を戦前のように軍事力ではなく、非軍事的な手段をもって追求せざるを得ないので、今後は経済成長に国家の力を傾注するという「軽武装・経済成長」を志向するという国家像を提示した。この国家像が後に漸次国民の間に受容され、1980年代には世界第二の経済大国へと発展する基盤が整備されていったのである。

2 新憲法に対する保守政党の対応—自主憲法制定を目指す自由民主党の成立

現行憲法は(後にも触れるが)、今から約二百二、三十年前に英米仏が他国に先駆けて世界で最初の近代国家を作り上げた後、その近代国家の標準的なメルクマール〔標識〕として掲げている近代立憲主義憲法と同じ系譜に属し、戦前の日本の憲法であった明治憲法とは形式の面では類似する点はあるが、その内容において、基本的人権の尊重や政治体制の本質に関わる点では異なる類型の憲法である。サンフランシスコ講和条約締結以降、日本の保守勢力の中には、新憲法はアメリカ占領軍によって押し付けられたものなので、主権を回復した以上、何よりもまず先に日本の歴史的な伝統を踏まえた自主的な自前の憲法を持つべきであると主張する声が高くなった。それを受けて、1955年(昭和30年)に自由党、民主党という二つの保守政党が合同し、自由民主党(以下、「自民党」と略す)が創設されたが、その際、同党は党の綱領として自主憲法の制定を掲げた。その後、同党は一貫して自主憲法の制定の名の下に戦前の明治憲法の復活とまではいかなくとも、それに近いような憲法の制定を標榜して今日に至っている。これに対して、自民党の創立時にそれに対抗して二つの社会主義政党も合同し、日本社会党が誕生したが、同党は現行憲法の三大原則（国民主権、基本的人権の尊重、平和主義）、とりわけその一つの平和主義とそれを憲法の条文で示している第９条の擁護を主張し、社会主義を掲げる政党というよりは、むしろ平和主義が党の至上目的であるかのように「平和憲法擁護」にその主要な活動を傾注した。冷戦の激化と共に、もしかしたら起こるかもしれない米ソ戦争に日本も巻き込まれるかもしれないという不安が国民の間に増大していた。それと共に、太平洋戦争時の悲惨な戦争の体験がなお強く国民多数の記憶の中に残されていたこともあって、平和憲法の擁護を主張する野党、とりわけ社会党は常に議会の三分の一以上の支持を受けたのであった。

3 現行日本国憲法の定着

憲法改正の手続きを規定している現行憲法第96条によると、現行憲法を改正しようとする場合には、まず衆参両議院の三分の二以上の議員が賛成し、国会が憲法改正の発議を行い、その次にそれが国民投票にかけられ、18歳以上の国民の過半数の賛成を得る必要がある。憲法が普通の法律と同様に議会の過半数の議決で改正される国の憲法は、憲法学では「軟性憲法」と称されているのに対して、その改正を困難にする加重条件を課している憲法は「硬性憲法」といわれる。現行日本国憲法は後者の硬性憲法に属するので、衆参両院、あるいは衆参両院のどちらかで三分の一以上の議員が憲法改正に反対であるのなら、憲法改正は不可能である。現行憲法がこうした硬性憲法に属していることも手伝って、また現行憲法が国民の基本的人権の尊重をはじめ、資本主義社会における経済競争で脱落した人びとや障害者などの社会的な弱者に対する最低限の生活を保障する「生活保護制度」の導入など、国民に対しては明治憲法下の生活と比較してはるかに自由で人間らしい生活を保障しており、したがって国民に恵沢をもたらしている側面は大きく、それは、自民党にアメリカに「押し付けられたもの」だといわれても、次第に国民の中に定着していった。そのために、自民党がいくら自主憲法制定を主張しても、憲法改正に必要な国民の過半数以上の支持を獲得することは困難であったといえよう。この状況は今日まで続いてきた。

4 「静かなる憲法改正」―自衛隊の創設

とはいえ、激化する冷戦の進展に伴って、アメリカは日本に対して再三再四、再軍備の要請を続けた。自民党政府は、自主憲法制定の主張の真意は自前の軍隊を持ちたいという点にあったので、この要請という外圧を好機と捉えて、警察予備隊を保安隊へ、さらに自衛隊へと改組し、またそれを統括する政府の一部分として防衛庁を創設した。この動きに対して、野党は自衛隊の創設は軍隊の不保持を定めている日本国憲法第９条に違反する、と批判した。自民党政府は、日本国憲法第９条は戦争放棄を定めていても、国の自衛権までも禁止していなし、また国を自衛するための防衛力を保持することも禁じてはいないので、自衛隊は日本国憲法第９条に違反していない、と反論した。自民党政府はこうした有権的な憲法解釈を繰り返し施して、自衛隊を創設後、さらにそれを充実・発展させていて、今や自衛隊は「軍事」支出額では世界第５位の「軍隊」へと発展を遂げている（ストックホルム国際平和研究所「2012年度世界の軍事費に関する報告書」）。

憲法学では、合法的ではない新しい事実が時の権力によって作り出され、時間の経過と共に、それがおもむろに国民の間に受け入れられ、ついに承認されることを「事実的なるものの規範力」の成立と解釈される。この「事実的なるものの規範力」という概念は「静かなる憲法改正」を説明する際に用いられるが、自衛隊の場合はこの憲法学の概念の好例といえよう。

このように、日本国憲法第９条の自民党政府による解釈改憲によって、日本は自衛隊という軍隊を保持するようになった。別言すれば、戦後日本における「軍事力」の創設から再建への道のりは、それを日米関係の中で捉え直してみるのなら、アメリカの世界政策の中の対日政策の変化が独立変数なら、その従属変数とみてもよかろう。したがって、アメリカの対日政策の変化によっては、今後、自衛隊がアメリカの世界戦略の一環として海外派遣される可能性も生じないとは限らないであろう。そうした状況が生まれると、自衛隊に関する自民党政府の有権的解釈も、その限界に突き当たらざるを得ないであろう。というのは、自衛隊の世界戦略のための海外派遣は我が国の定める自衛の範囲を超えるからである。しかし、この難問を集団的自衛権という形で乗り越えようとする有権的な解釈が、米ソ冷戦崩壊後に持ち上がってくることになる。

5 ソ連崩壊後の国際政治構造の変容

1991年（平成３年）、ソ連が崩壊し、それと共に地球の三分の一の地域を占めていたソ連圏も消滅した。ソ連の支配下にあった東欧諸国の大半は自由民主主義体制への転換を企てた。アメリカの掲げる自由民主主義イデオロギーは世界のどこでも挑戦を受けることのない唯一の正当な理念として君臨するようになった。アメリカの一極支配体制の出現である。ところが、それも一時的で、間もなく国際政治構造は多極化の方向へと動いていった。まず、ソ連の影響圏下にあった東ドイツとの分断を余儀なくされていた西ドイツは、ソ連の崩壊によって東ドイツを吸収合併する形で、念願の東西ドイツ統一を成就した。そして隣国のフランスと力を合わせて、それまで進行していた西欧の経済統合を土台にして、自由民主主義体制への転換を成し遂げた東欧の国々を引き寄せて、ヨーロッパの政治統合への受け皿としてのEU（欧州連合）を創設した。ヨーロッパは一つの政治単位としてその巨姿を現しつつある。目を東に転じると、1979年（昭和54年）に、鄧小平指導下の中国共産党は、従来の毛沢東路線を捨てて「改革・開放」政策に基づく社会主義市場経済政策を採用し、開発独裁タイプの資本主義経済システムの導入へと舵を切った。それが成功して、20世紀の終わり頃には、中国は「世界の工場」といわれるぐらいの経済成長を遂げ、ついに2010年（平成22年）にはGDPでは日本を追い越して世界第二位の経済大国へと躍進した。中国はこうした経済大国化に歩調を合わせて、軍備の近代化・拡大・最新化を図り、現在、世界はＧ２時代、つまりアメリカと中国が世界の覇権を巡って拮抗しあう二極時代に入っているのではないかというぐらい超大国としてのその存在感を示し始めている。さらに、中東では、アメリカの同盟国のイスラエルの自国の国益を強硬に押し進める政策がアラブ・ナショナリズムに火をつけ、それが強まるが、そのナショナリズムの基底にあるイスラム教の影響力も共に拡大した。そして、そのエネルギーはイスラム教に基づく国家建設へとチャネライズされ、各地でイスラム過激派による反米運動が盛んになった。それと向き合うアメリカは、イスラエルとの関係で発生した各地の新しい紛争に巻き込まれ、第一次イラク戦争（別名、「湾岸戦争」）、第二次イラク戦争、アフガニスタン戦争などを行うことになった。

6 自民党一党支配体制の崩壊と政治改革

こうした冷戦後の新しい国際政治の構造的な流動化、他方、冷戦末期にすでに顕著になり始めていた経済のグローバリゼーションという日本を巡る政治的・経済的な外部環境の激変に直面して、与党である自民党の中枢派閥の経世会の内部に新しい事態にどう対応すべきかを巡って意見の対立が生じた。そして経世会は従来の政策路線の継続を主張する小渕恵三、橋本龍太郎を中心とするグループと、それに反対する小沢一郎を中心とするグループに分裂することになった。小沢一郎は、1993年（平成５年）５月に発行した著作『日本改造計画』（講談社）の中で、世界平和を守るために平和破壊を行う諸国に対する平和愛好諸国の集団的自衛権行使の主体である国際連合（以下、「国連」と略す）の活動に、より積極的に関与して世界平和のために尽力することが平和主義を掲げる日本の使命であるので、日本国憲法第９条を改正して自衛隊を国連の集団的自衛権の行使に参加させることができるような「普通の国」に変わるべきである、と主張した。この主張の含意するところは、第二次イラク戦争に見られるように、アメリカが国連を主導することが出来ず、単独で戦争を行う場合には、アメリカと距離を置くべきであるとも受け取れる点にある。つまり世界の平和構築や日本の安全保障政策において、日本は従来の自民党のようにアメリカ一辺倒ではなく、国連というバイパスを使ってある程度の自主性を獲得しようとする意図が垣間見られる。さらに彼は、経済のグローバル化に対応するために、日本はEUにならって東アジア経済共同体創設にリーダーシップを発揮すべきであるとも主張した。自民党内の中枢派閥の指導権を巡る争いに敗れた小沢一郎は、40数名の支持者を引き連れて自民党を離党し、新生党を創設した。この動きは、四十数年間の自民党一党支配体制の下で、党内では世襲議員が半分を占める事態となっていたこともあって、「カネ、ジバン、カンバン」のない、政治家を目指す保守系の新人達が国政に参加できる道が狭められており、彼らは自民党からの立候補を諦め、新党を立ち上げ、新党ブームが起きていたということと連動していた。小沢一郎は政党の流動化状況の到来という好機を利用して、こうした新党や既成の野党の社会党、公明党と一緒になって、宮澤喜一自民党内閣不信任案に賛同した。こうして、日本でも冷戦時代の成功モデルであった自民党一党支配体制、いわゆる「55年体制」が崩壊した。自民党と共産党を除く全野党の７党一会派は小沢主導の下で細川護熙元熊本県知事を首班とする新内閣を1993年８月に樹立した。この７党一会派は2009年（平成21年）８月の総選挙で自民党・公明党連立内閣を破り、鳩山由紀夫内閣を発足させた民主党の母体となる諸党でもある（もっとも、1999年〈平成11年〉から自民党と連立を組む方向へと進んだ公明党は除くが）。いずれにせよ、後の民主党の主要な母体となる群小政党の集まりは、僅か８か月の短命で終わった細川内閣時代に、小沢主導の下に選挙制度の改正と政党助成金制度の導入を実現した。小沢はイギリスの議院内閣制の政権運用方式を日本に導入すべきであると考えており、イギリスで二大政党制を作り出しているとされる小選挙区制度の導入を目指したが、社会党などが反対するので、小選挙区を主とするが、少数政党にも一定の配慮を示す「小選挙区・比例代表並立制」という妥協案を示して、それを実現した。これによって、自民党一党支配を可能にしてきた従来の中選挙区制は廃止された。次に、自民党一党支配下で政治腐敗の一掃が叫ばれてきたので、西ドイツの政党費用の国庫助成制度を導入した。最後に、激変する国際情勢に臨機応変に対処する政策決定システムの効率化を図るべきであると主張して、「55年体制」の下で常態化していた従来のボトムアップ型の官僚統治システムを、イギリスのように政治家の首相主導型の、つまり政治家主導型のトップダウン式の統治システムに改組すべきであると主張し、同時に地方分権の強化をも主張したが、細川内閣があまりにも短命であったために、それらは実現されなかった。この二つの改革構想は、後の橋本龍太郎内閣時代の行政改革によって実現される。

7 幕間劇―社会党委員長、村山首相の自衛隊合憲宣言と社会党の凋落

小沢の強引な政権運営に対する反発が強まり、細川内閣の後を引き継いだ羽田孜内閣も２か月の短命で終わった。連立政権内部の対立を好機と捉えた自民党は村山富市社会党委員長を首相に担ぐ自民党・社会党・新党さきがけ（自・社・さ）の三党連立政権樹立を目論見、成功する。自民党は、野に下って一年猶予で本格的な政権復帰への足場を築くことに成功したのである。村山富市社会党委員長は、首相に就任するや、「自衛隊は違憲である」という従来の社会党の主張を撤回し、自衛隊は合憲であるという自民党の解釈を受け入れた。「平和、平和、また平和」ばかりを主張してきた社会党はそれを支持してきた有権者を裏切る結果になり、党名を「社会民主党」に改称しても、次の選挙で小党へと転落してしまった。

8 イラク戦争での自衛隊の海外派遣

第一次イラク戦争の時、アメリカはクウェート侵略を図ったイラクのサダム・フセイン大統領を懲らしめるために国連軍の名の下に米軍を派遣した際に、国連加盟国である日本に対して国連の世界平和のための集団的自衛権の行使への参加を呼びかけた。しかし、当時の自民党の海部俊樹内閣は、派遣は日本国憲法第９条の制約があるとの理由で断り、その代わりに戦費の一部を支払うとのことで対応した。その時、90億ドルもの巨額の金を支払った。ところが、日本は「血ではなく、金で平和を買った」と非難され、感謝されることがなかったという苦い経験を味わされた。2001年（平成13年）９月11日、イスラム過激集団の一つのアルカーイダによる、ハイジャック旅客機を利用してのニューヨークの世界貿易センタービルの爆破やペンタゴンへの同

じような攻撃など世界同時多発テロが勃発し、当時のブッシュ(子)大統領は直ちにテロに対する戦争を宣言した。まず核兵器隠匿の疑いで敵視されていたサダム・フセイン率いるイラクに対してアルカーイダとの関係があるとの口実の下に全面戦争を開始した。アメリカは国連軍の名の下に戦いたがったが、国連安全保障理事会ではイギリスを除いて反対されたために、単独で戦争を遂行することになった。その際、イギリスをはじめ多くの友好国が参戦したが、ドイツ、フランスなどは拒否した。日本もアメリカの呼びかけに応じて、今回は武器を使用しない後方の民生支援と復興に力を貸すという形で初めて、当時の小泉純一郎内閣は自衛隊の海外派遣を実施した。ルビコン川を越えてしまったのである。

9 集団的自衛権の持つ二つの意味合い

こうした国際情勢の新しい展開と共に、安全保障理事会構成国の拡大という国連改革の機運も持ち上がり、新しく増えることになるはずの常任理事国に日本も立候補しようとしていた。もしそれが実現されていたなら、日本は、当然、国連加盟国、ましてや常任理事国の義務としての国連主体の集団的自衛権の行使に参加する義務を負うことになったのはいうまでもなかろう。したがって、自衛隊の海外派遣を可能にするためには、それが日本国憲法第９条に抵触しないような有権的解釈が模索されていくだろうが、それにも限界がある。それ故に、否応なしに外圧によって日本国憲法第９条の改正問題、つまり自衛隊の海外派遣の実現を阻む制度的な障害を解決する問題が、日本の政治に喫緊の重要な課題としてクローズアップされることになり、今日に至っている。とはいえ、集団的自衛権に関しては、国連主体の国連軍の一員としての日本の集団的自衛権の行使と、日米安全保障条約の改正による日米同盟を土台とする集団的自衛権の行使とは性格を異にするので、政府の有権的な解釈で単純に解決できる限度を超える問題であるといえよう。

村山自・社・さ連立政権は一年六か月後の1996年（平成８年）１月に村山富市首相の突然の辞任声明で終わり、自民党の橋本龍太郎を首相とする自・社・さ連立内閣が誕生するが、すでに自民党は復調を果たしており、間もなく社・さの両党は脱落し、自民党単独政権になった。その後の小渕首相の下では、1998年（平成10年）11月に自由党と称するようになった小沢率いる集団と自民党との連立が図られ、翌年10月にそれに公明党も加わった。小沢が主張した、イギリス型の議院内閣制の確立、とりわけ小さな政府の下での首相のトップダウン式の政治指導を可能にする行政改革や地方分権を拡大する地方制度改革などは、その前の橋本内閣によって実現されていた。小沢は自由党と小渕内閣との連立の条件として、比例代表の議員数を200から20減らす案を要求し、それも実現された。その後、2000年（平成12年）4月に小沢自由党は分裂し、その半分は自民党に復党し、小沢に従ったグループは後に、鳩山由紀夫、菅直人を中心とする民主党に加わり、2009年（平成21年）の政権交代の際の民主党の中枢部に入ることになる。

ところで、集団的自衛権に関しては、橋本内閣時代（1996〜1998年）に新しい意味合いが付け加えられることになった。冷戦の崩壊と共に、ソ連の侵攻に対する防衛体制としての日米安全保障条約の目的は消滅したので、その後の、冷戦崩壊後の東アジアを中心とする極東情勢、つまり大国としての中国の台頭、北朝鮮の大陸弾道ミサイルの打ち上げ実験と核武装化の動きなどを背景に、日米間において日米安全保障条約を極東有事に備える日米同盟体制に転換させることで合意された。これによって、集団的自衛権の意味の質的転換が起こる可能性が生まれた。というのは、極東有事、つまり北朝鮮がアメリカとの同盟国の韓国を侵略した場合か、あるいはその他の理由でアメリカと北朝鮮が戦争状態に陥った場合、米軍が朝鮮戦争時代のように国連軍の主体として参戦するのなら、その時自衛隊が国連軍の集団的自衛権の行使に参加することもあり得る。しかし、もしその形態がとられなかった場合、つまり第二次イラク戦争の時と同じような「アメリカの一方的な軍事介入」の場合、アメリカと戦争する相手に対して、日米同盟の義務として、自衛隊も参加する集団的自衛権の行使ということになるのなら、この両者のケースはその意味するところが全く違うことになるからである。こうして集団的自衛権の名の下での自衛隊の海外派遣は全く異なる新しい性格を帯びることになった。以上が戦後日本における日本国憲法第９条を巡る憲法状況の変遷の概要である。

10 憲法改正の主題―日本国憲法第9条の改正

振り返ってみるのなら、日本国憲法第９条は、自民党政府の有権的な解釈によって、現在、形骸化されているといっても過言ではない。しかし、アメリカが世界の警察官として世界の紛争地域に軍隊を派遣し、それらが国連の集団的自衛権の行使の形をとれず、アメリカが単独行動をとった場合には、日本国憲法第９条は、日本がそれに巻き込まれることを防ぐ制度的な歯止めの役割を果たしてきたことも紛れもない事実である。今日に至るまで、日本国民が戦争に巻き込まれず、平和を享受できたのも、この日本国憲法第９条のお蔭といってもよかろう。サンフランシスコ講和条約締結以来、保守勢力の自主憲法制定の主張と、野党の現行憲法体制、とりわけその三大原理の一つである平和主義を守る動きとの対立の争点は、実は日本国憲法第９条を巡る解釈に関わっていた。換言するのなら、戦後体制の存続か、戦前の伝統との継続性、つまり「復古的ナショナリズム」に基づく自主憲法制定による「自主独立」への道をとるのかといった対立は、結局、制度改革としては、日本国憲法第９条の改正という憲法改正に収斂される政治的争点であった。冷戦時代には現行憲法を支持する世論が国民の三分の一以上であり、さらに現行憲法が改憲を困難にしている硬性憲法であったことも手伝って、自民党政府は、改憲に踏み出す条件がいまだ整っていなかった。そのために、アメリカの要請に応える形で、この外圧を巧みに利用して、上からの有権的憲法解釈によって日本国憲法第９条の「静かなる改正」を行い、今日に至っている。しかし、21世紀に入って、多極化時代とかＧ２またはＧゼロ時代といわれるようになった国際政治構造の変容によって、今や政府の有権的な憲法解釈のみでは限界に突き当たり、デッドロック状態にあるのが、日本国憲法第９条を巡る憲法改正が直面した状況であるといえよう[(1)]。

21世紀に入り、復調した自民党内部では、その指導権は吉田茂の「軽武装・経済成長」路線を推進してきたリベラルな穏健派から、急速に「復古的ナショナリズム」を支持する、元首相の岸信介の系譜を引く右派の「清和会(清和政策研究会)」に移り、小渕元首相が急逝した後を継いだ森喜朗内閣、その後の小泉純一郎内閣、安倍晋三内閣、福田康夫内閣の歴代首相はすべて清和会の出身者である。小泉元首相は在任中、中国や韓国などが批判する中でも靖国神社をお参りし、「復古的ナショナリズム」を支持する人々から称賛される一方、新自由主義政策、つまり、経済のグローバル化に対する日本の超国家的企業の世界市場における競争に有利になるような支援を行う規制緩和を、次に、日本的な社会福祉国家体制の縮減を志向する「構造改革」を断行した。この小泉内閣を継承した第一次安倍内閣は「戦後レジームからの脱却」をスローガンに掲げ、その実現のために自主憲法制定を行うべきであると主張して、正面から憲法改正を唱えた。そしてそのために、まず憲法改正手続き条項の第96条で規定されている国民投票実施に関する法律がいまだ制定されていない不備を補うという名目の下に、国民投票実施法（日本国憲法の改正手続に関する法律）案を可決させ、次に教育基本法の保守的方向への改正、防衛庁の防衛省への格上げなどを在任の一年間において急スピードで成し遂げた。保守政党としての自民党が主張した案件はこれでほとんどすべて実現されることになったといっても過言ではないぐらいであった。残されたのは憲法改正のみとなった。それに取り掛かる前に、2007年（平成19年）夏の参議院選挙で自民党が大敗し、さらに体調を壊して、安倍晋三首相は就任一年後に辞任した。その後、福田、麻生両内閣も衆参両院のねじれのために一年毎に交代することになる。2009年（平成21年）８月の総選挙では、野党の民主党が圧勝し、鳩山由紀夫内閣が誕生した。「選挙互助会」の性格を持つ民主党内部には旧社会党出身者も多く、民主党時代の３年間、憲法改正問題は鳴りを潜めていた。しかし、2012年（平成24年）末の総選挙で、自民党が圧勝し、安倍晋三が自民党総裁に帰り咲き、第二次安倍内閣が発足した。

11 第二次安倍内閣の成立と自民党以外の憲法改正に賛成する諸政党の出現

日本国憲法第９条を改正するための政党の配置状況は、５年前の第一次安倍内閣時代と比べると、改正に有利な方向へと動いている。冷戦終焉後、日本経済はデフレ傾向にあり、それに対処するために政権与党は公共事業のさらなる拡大を行い、高齢化と共に膨れ上がってくる社会福祉費用を賄うために財政を膨張させたため、赤字国債の累計額がGDPの約二倍の額に上り、その結果、財政再建が喫緊の国家的課題として提起されるようになった。それを解決するために、消費税引き上げ、ダムなどの公共事業の削減、社会福祉制度の見直し、歳費の削減、その一環として歳費の無駄使いの実態の究明、キャリア官僚の天下りの禁止、公務員制度の抜本的な改革などが主張された。それらの課題は、安倍、福田、麻生の歴代自民党・公明党連立政権時代に取り組まれていたが、野党からの抵抗が強く、その改革の進み具合ははかばかしくなかった。公務員制度改革の徹底化を主張する渡辺喜美が自民党の生ぬるさに嫌気をさして自民党を離党して、「みんなの党」を立ち上げた。次いで、民主党政権時代に野党に転落した自民党から離党する者が出たが、その中で「復古的ナショナリズム」を代表する平沼赳夫を中心とし、かつ石原慎太郎東京都知事も支援する「たちあがれ日本」が結成された。両党は自民党からの離党組であるので、当然憲法改正に賛成である。一方、民主党政権末期に野田佳彦首相が党の公約に反して消費税10%引き上げ法案を自民党、公明党の支持を得て可決に漕ぎ着けた。それに反発する小沢グループが民主党から離党し、「国民の生活が第一の党」を立ち上げ、その他のかなりの議員も民主党から離党した〔小沢グループはその後「日本未来の党」に加わり、さらに同党から離れ、現在は「生活の党」を名乗っている〕。その間、大阪市を東京都と同様な都に格上げすることをスローガンに掲げ、それを実現するために、道州制の導入など地方主権の徹底的な推進のための日本の統治機構の改革が必要であると主張して、弁護士でTVタレント出身の橋下徹は、大阪府知事を経て大阪市長に就任した。彼は、その本音の発言の中で、先の大戦中日本がやったことは他の国もやっており、日本だけが悪者扱いされるいわれはない、と「復古的なナショナリスト」達のいいたかったことを公然と口に出していい、右翼世論の喝采を受け、その勢いに乗って2010年（平成22年）４月、「大阪維新の会」を立ち上げた。そして、同党を土台にして来る総選挙に備えて、2012年（平成24年）９月に国政政党「日本維新の会」を結成した。その２か月後に、同党は、明治憲法の復活を目指す石原慎太郎が東京都知事を辞任し、「たちあがれ日本」を土台にして「復古的ナショナリズム」を志向する政治家達の糾合政党としての「太陽の党」を結成し、合流を求めたので、それと合同した。橋下は石原慎太郎と日本維新の会の共同代表に就任した。日本維新の会には民主党の中にいた憲法改正論者の若干名も離党して加わった。さらに選挙で当選を果たすために、橋下の人気に便乗しようとして、多くの政治家志望の新人や地方議員も参加している。日本維新の会は2012年末の総選挙でかなり議席を伸ばした。憲法改正に賛成の政党には自民党や、みんなの党や日本維新の会があり、それらに憲法改正への理解を示す民主党内の議員を合わせると、衆議院の三分の二に近いか、それを超える数になる。ちなみに、2013年（平成25年）３月の日本維新の会の党大会で、石原慎太郎が主導して「日本を孤立と軽蔑の対象に貶めた占領憲法」などと記した綱領を発表した。とはいえ、旧大阪維新の会のメンバーから「カラーが違う」と異論も出ている。

12 安倍首相の憲法改正の三段階の戦略

５年ぶりに帰り咲いた安倍晋三首相は、５年前と比較して恵まれた状態にあった。一つは、強力な野党の不在である。統治経験のない素人政治家の集まりであった民主党政権の３年間は、従来の自民党政権時代に踏襲されてきた公共事業などの政策に反対するスローガンを掲げ、一時国民の期待を集めていた。しかし、「船頭多くして船山に上る」式に党内がまとまらず内紛を繰り返し、政策の実現どころか国民の期待を削ぐ方向に進み、政権交代に掛けた国民の期待が幻滅に変わった。そして、総選挙で民主党が惨敗し、自民党に対抗するまとまった政党が消滅してしまった。もう一つは、最後の民主党政権の野田首相が、社会福祉制度改革と財政改革を一体的に成し遂げるとの名目下に国民に不人気で、かつ公約にも掲げていなかった消費税引き上げを強行したお蔭で、財政再建に資するプラスの遺産を受け継ぐ幸運に恵まれた点であった。安倍首相は、2013年７月に行われた参議院選挙に照準を当てて、国民の自民党への支持を高めるべく、まず20年近くデフレで苦しむ日本経済の再生を図ることを最優先課題に位置づけ、デフレ脱却と景気回復を目指す「アベノミクス」という経済政策を掲げ、その実施に取り掛かった。「アベノミクス」とは、①大胆な金融緩和、②機動的な財政政策、③民間投資を促す成長戦略、の「3本の矢」から成る経済政策である。安倍首相は、まず消極的な金融緩和政策を取り続ける日本銀行（日銀）総裁を更迭させた。黒田東彦新総裁は「異次元の金融緩和」政策を宣言し、物価引き上げ目標を2％台のインフレ志向の金融政策に転換させ、大量の国債を日銀が購入することによって円高誘導を図ることとした。それに連動して5年ぶりに株価も上昇し、日本経済の再生への期待を高めた。次に、財政再建にウェイトを置き過ぎたために、前政権下で抑制されていた公共事業の復活を、3・11の巨大地震の経験を踏まえて「国土強靭化」政策という、国民に受け入れやすい名称に変えて行う「財政出動」に踏み切った。最後に、基本的には、規制緩和と法人税の軽減など超国家企業の国際競争力をつけさせるための「成長戦略」の実施に取り掛かっている。こうして、世論が安倍政権に有利な方向へと推移し始めた。安倍首相は、政権に対する世論の支持の動向を見極めながら、日本国憲法第96条の改正に関する世論の動きを注意深く観察し、次の手を打つ構想を練っているようである。そのことについて、ジャーナリストの池上彰は、安倍首相は「憲法改正　3段階の戦略」の実施に移っているようである、と推測している。池上はいう。「安倍首相はアベノミクスで景気を良くし、高い国民の支持率を背景に7月の参議院選挙で勝つ。そして96条を変えて、憲法を改正しやすくする。最終目的は9条を変え、自衛隊を国防軍にすること。3段階の戦略というわけです。」(2)。池上の指摘のように、安倍首相は、その外祖父の岸信介元首相が果たせなかった自主憲法の制定という大戦略を実現する第一段階として、憲法改正のための手続き条項である第96条の規定する憲法改正の要件である衆参両院の議席の三分の二を過半数に変えて、憲法改正を容易くすることを狙った、第96条の改正を主張した。それをきっかけに再び憲法論争が起こり、とりわけ5月3日の憲法記念日を前後して、五大日刊紙をはじめ、TVでも憲法改正を巡る議論が盛んに行われ、憲法に関する「百家争鳴」の季節に入っているといっても過言ではない(3)。

13 2013年7月の参議院選挙での自民党の圧勝と憲法改正を支持する諸政党間の憲法観の違い

2013年7月の参議院選挙で、民主党が惨敗し、それに反して「アベノミクス」による景気回復を全面的に掲げた自民党が圧勝した。とはいえ、同党の114議席と憲法改正に前向きであるみんなの党（12議席）、日本維新の会（9議席）の三党の議席を合わせても、参議院の三分の二にはまだ届かない。もし、自民党主導の憲法改正の動きに公明党や民主党内の改憲派が同調するのなら、状況によっては、憲法改正に必要な両院の議席は三分の二を超すことになろう。したがって、日本国憲法第96条の改正が現実化する可能性が高まったといえよう。とはいえ、世論の動向次第である。というのは、自民党が参議院選挙で圧勝したとはいえ、それは有権者が安倍内閣の景気回復対策の「アベノミクス」政策に期待したからであり、必ずしも同党が主張する憲法改正を支持したからではない。また衆議院選挙では『日本経済新聞』(2012年12月17日）によれば、投票率も52%台、過去3番目の低さという最低水準である上に、小選挙区では自民党への投票者数は全有権者の約25%に過ぎないからである。したがって、安倍首相も憲法改正の主張をトーンダウンさせ、当面は、集団的自衛権の行使を可能にする有権的憲法解釈を行う態勢の整備に全力を傾けているように見える。また、参議院選挙ではみんなの党は躍進したが、日本維新の会は後退したし、これらの諸党は憲法改正に前向きとはいえ、自民党とは実際には憲法観などにおいて大きな相違があり、論をまとめるのは難しいと思われる。

自民党は、2012年（平成24年）4月にすでに全101条の「日本国憲法改正草案」を発表していた。それは、一応、現行憲法を土台にして、その三大原則全般にわたって修正を施している。まず厳格な平和主義を修正して、国の自衛権を明記し、その帰結として自衛隊を国防軍に変え、自衛権の延長として集団的自衛権を認める。次に、象徴天皇制をイギリス型の立憲君主制に変えている。最後に、国民の基本的人権の尊重原理にも大幅な修正が施されている。一つは言論の自由が条件付きになっている点、第二点は国民の義務が新

2014年2月初旬現在の衆参両院の会派(略称)別議員数

衆議院	
自民党	293
民主党	55
維新の会	53
公明党	31
みんなの党	9
結いの党	9
共産党	8
生活の党	7
社民党	2
無所属	3

参議院	
自民党	114
民主党	58
公明党	20
みんなの党	12
共産党	11
維新の会	9
結いの党	6
社民党	3
新党改革	3
生活の党	2
無所属	4

出所：『日本経済新聞』2014年２月16日より作成。

たに設けられている点、最後は、第二点の国民の基本的人権を制約する方向を打ち出しているのと内在的に連関することであるが、国民の精神と行動を「復古的ナショナリズム」の方向へと教化しようとする条文が新たに加えられた点である[(4)]。自民党の憲法改正草案に関して、日本維新の会の共同代表の橋下徹は、2013年（平成25年）４月11日の『朝日新聞』の朝刊によると、大阪市役所での記者会見で次のように述べたという。[「憲法は国民に義務を課すものではないのは当たり前。国会議員はこんなことすら知らずに憲法論議をしている。議論には時間がかかる。(改正要件を定めた）96条を改正して、ものすごい時間をかけながら（他の条項を）改正したらいい。みんなで１回、憲法の教科書を読んだらいいんじゃないですか？　憲法記念日に。」]。この発言を同じく同日の『朝日新聞』の天声人語は次のように紹介し、それについて評している。「常識的な見解である。日本維新の会の橋下共同代表が９日、自らの憲法観を所属議員に語った。▼維新の会の説明によれば、おおむね次のような内容であった。▼「憲法というのは権力の乱用を防ぐもの、国家権力を縛るもの、国民の権利を権力から守るものだ。こういう国を作りたいとか、特定の価値を宣言するとか、そういう思想書的なものではない。」。▼憲法とはなんなのかというそもそもの問いへの通説的な答えである。橋下氏は説いた。「きちんとした憲法論を踏まえなければならない。国会での議論を聞いていると大丈夫かなと思う」。基本的な教科書も読まずして憲法を論じるべからず、と。……」。橋下は現行憲法の教科書で憲法を学び最難関の司法試験に合格して弁護士になった人であるだけに、憲法観に関しては近代憲法の常識的な考え方を持っているようであるが、自民党の憲法改正草案はそれとは異質のものである。このように憲法改正を主張する諸政党の陣営内においても、憲法観が異なるし、また改正手続きの第96条の憲法全体との関係において持つその政治的意義についても、考えが異なる。安倍首相は、第96条は憲法改正の単なる手続きなのだから、国の必要に応じて、それに対応できるように改正をより一層容易にした方がよいのではないか、と主張して、2013年７月の参議院選挙の争点に第96条の改正を取り上げようとしていた。しかし、その機が熟していないと判断した安倍首相は、参議院選挙では、前述のように、争点として憲法改正より「アベノミクス」を通じての景気回復に努めることや、企業に勤労者の賃金引き上げを求める主張を展開したのであった。

14 憲法論議における改正派と護憲派との憲法観の違い

以上のように、現行憲法制定以来、その改正が政治過程の底流においてその主要な政治的争点になっていたが、それは潜勢的なものであったといえよう。しかし、第二次安倍内閣発足後、それは現実的に政策決定が行われる政治過程のチャネルに導かれ、憲法改正を巡る政治的な権力闘争の政治過程が具体的に動き始めていると見られよう。ところが、憲法改正の政治過程のアクターである政党やマス・メディア、社会団体などの間では、そもそも憲法観において、さらにその改正手続きの第96条の憲法全体における意義について、考え方や立場を異にしている。つまり、各アクターは憲法に関しては、それぞれ現在の政治的な権力闘争、つまり政治過程においてその既得権を守り、それをより有利な方向へと変えるために、自己に都合の良い部分を憲法と称する事象から切り取って、それを憲法であると主張している。あるいは「そもそもアメリカに押し付けられた憲法は屈辱の象徴なのだから、すぐ破棄してしまえ」と、石原慎太郎は「壊憲」を主張している(5)。換言するのなら、憲法改正を巡る政党やその他の政治的アクターの考え方は、一方では石原慎太郎のように現行憲法を破棄し、明治憲法を復活させるか、あるいはそれとの継続性を持つ自主憲法を制定せよ、と主張する現行憲法全面否定論者、その次の自民党のように現行憲法を土台にして明治憲法の精神で日本的な独自性を打ち出す方向において修正せよという主張、それに対して護憲派でも、自民党と連立を組む与党の公明党は、現行憲法の平和主義を党是に掲げている関係もあり、一応基本的には護憲派であるが、環境権などを現行憲法に加えるべきであると主張して、自ら「加憲派」と称している。したがって、現在、憲法改正の政治過程の政治的アクター間においてその争点を巡ってその捉え方やそれに対する態度にも混乱がある。その上に、日本国憲法第９条の改正の国際的な影響についての考量が払われていない点で問題があるといえよう。

15 自主憲法制定による「戦後レジームからの脱却」をアメリカが認めるだろうか

憲法改正を主導する自民党が改正に前向きの前出の二党と共に、近い将来、日本国憲法第９条の改正に本格的に突き進むのなら、それが持つ国際的な影響についても関心が払われていない点で、今後の対外政治的な大きな問題を惹起させかねない懸念が無いとはいえないであろう。というのは、自民党や「壊憲」派が目指す日本の「自主自尊」の道は、アメリカが作った第二次世界大戦後の世界秩序に挑戦することになりかねないからである。安倍首相の政治的立場や憲法改正の主張に対してのアメリカの立場を、日本政治のウォッチャーである、コロンビア大学のカーチス教授は次のようにコメントしている。[首相は「戦後レジームからの脱却」を唱えるが、一国の首相が、自国の体制変革（レジームチェンジ）をもとめるとは、どういうことなのか。日本国憲法は、占領期に米国によってつくられたのだから改憲すべきだと言うが、制定から60年余りになる憲法、日本人が「日本化」させて支持を与え、平和と繁栄を享受してきた、憲法を部分的に直すべきだという立場と、憲法の精神を否定するという立場には大きな違いがある。首相は、憲法96条が定める改正手続きのハードルが高すぎる、と主張する。しかし米国などの先進国の多くの憲法は、改正手続きを難しくしており、日本だけが特別なものではない。それは、「アメリカの民主主義」を著した政治思想家トクビルらが警告した「多数者の横暴」を防ぐためのものだ。自民党は、集団的自衛権を主張し国防軍創設を掲げ、「普通の国」になって何が悪いのかと主張する。だが、その前にやるべきことがあるのではないだろうか。経済提携、政治や軍事問題の対話、人的交流などを通じて東アジア諸国との信頼関係を強める。それは、歴史問題を取り上げて不必要に外交関係を緊張させるよりも、よほど生産的であり、日本の国益にかなうことではないだろうか」(6)。このカーチス教授の日本における第二次安倍内閣発足後の、安倍首相の「村山談話」の中に出て来る「歴史」や「侵略」という言葉に対する嫌悪感やその修正をほのめかす発言や、自主憲法制定へと憲法改正を一挙に進めようとする動きに対する、アメリカの偽らざる本音の吐露ではないかと解釈される。したがって、憲法改正は今後の日本政治の最重要な課題であるばかりではなく、ひいては日米関係、さらに東アジアにおける日本のあり方に大きな影響をもたらすものであろう点は、忘れてはならないだろう。

次章では、現在の日本における憲法改正の政治過程に参加している政治的アクターの間で、何故にその憲法観において大きな相違が生まれているのかに着目して、その違いを生み出している歴史的な経緯や、次に近代憲法が誕生した約二百二、三十年前から、相互依存関係にあるばかりでなく、相互に影響し合う関係にある国際関係の中で、憲法が特別な国際政治的意義を帯びるようになった、またはそのようにならざるを得なかった理由を歴史的なパースペクティヴの中で明らかにして、今日の憲法改正の政治過程の理解に資することのできるような比較政治学的なパースペクティヴを提供したいと思う。

(1) 田中伸尚『憲法九条の戦後史』岩波新書、2005年。

(2) 「池上彰の必修教養講座」『日本経済新聞』2013年5月13日。

(3) 産経新聞は、2013年4月26日に「国民の憲法」要綱を発表し、それ以降、憲法関連の主張に関して計7本を掲載し、現行憲法によって生まれたと同紙が解釈する歪みを是正し、同紙がかくあるべきであるという「国民の憲法」を詳しく紹介している。そして、新聞で紹介された内容は一冊の書籍『国民の憲法』(産経新聞社)となって、2013年7月に刊行された。

(4) 自民党憲法改正草案の全文と現行憲法とを比較対照して批判的に検討した研究書として、次のものなどがある。奥平康弘他編『改憲の何が問題か』岩波書店、2013年。樋口陽一『いま「憲法改正」をどう考えるか―「戦後日本」を「保守」することの意味』岩波書店、2013年。伊藤真『赤ペンチェック自民党憲法改正草案』大月書店、2013年。法律時報増刊『「憲法改正論」を論ずる』日本評論社、2013年9月15日刊は、自民党の「憲法改正」の動きに対する憲法学者による批判的な論究と資料から構成されており、憲法改正に関心のある者にとっては有益な資料である。また、自民党憲法改正草案をアメリカとの関係において批判したものとして、兵庫慎司と柳澤協二の対談:「今の自民党の憲法改正草案は、戦後の国際秩序そのものを全否定している」『Sight』2013年Summer 56号、17～29頁がある。

(5) 水島朝穂「〈壊憲〉にどう対抗するか―改めて問われる立憲主義の意味」『世界』2013年3月号、99頁。

(6) 『朝日新聞』「フォーラム」から、2013年4月27日。

第2章

近代憲法の成立とその周辺国への波及

第1節
仏英における近代憲法の成立と何故にそれが近代国家の標識となったのか

現在、国連に加入している国はすべて憲法と称するものを持っている。英米仏に近代国家が出現して以降、これらの三国が近代立憲主義憲法を有していたことから、その周辺国からそれを模倣する動きが生まれ、19世紀後半においては近代国家と称する国々は例外なく憲法と称する「国のカタチ」を定めた文書を持つようになった。つまり、憲法と称する文書がいわゆる近代国家の標識となったのである。何故に、こういう現象が生じたのだろうか？
その理由を探るためには、まず定型的な内容を持った成文憲法がフランス大革命の過程において生まれたことに着目する。何故に、それが生まれざるを得なかったのか、近代国家が克服した絶対主義国家との対比において、近代国家の特徴を考察する中で明らかにしたい。その後に、フランスとは異なる形式の憲法を持つイギリスにおける立憲主義憲法の成立と展開についてみることにする。

1 近代国家と絶対主義国家との共通点と相違点

では、最初に、フランスにおいて何故に近代立憲主義憲法が生まれ、かつそれが近代国家の標識になったのか、その経緯について見ることにしたい。そもそも近代国家は17、8世紀において英米仏において初めて成立した資本主義経済システムに適合的な国家形態である。その典型は、フランス大革命によって、絶対主義国家が民主主義、自由主義、ナショナリズムという近代国家の三つの政治的構成原理によってオーバーホールされたフランスの近代国家であろう。近代国家を絶対主義国家と比較した場合、次のような特徴が浮かび上がってくる。まず初めに、この両者に共通点があることは忘れてはならない。すなわち、この両者に共通するのは、国家という支配団体の領土内における居住者の行動を、国家の意志の表現としての法律に基づいて方向付ける官僚団と、この官僚団の法律執行活動を究極的に支え、かつ支援する軍隊・警察という物理的強制力を備えた「権力装置」としての「国家」(State［英］, Staat［独］, État［仏］) という実体的な側面である。しかし、次の二点が異なる。その一つは、「国家」とそれによって行使される国家権力の正当性の根拠である。絶対主義国家では、権力の正当性の根拠は王権神授説であり、近代国家では、それは「治者と被治者の同一性」としての民主主義原理、つまり「人民の、人民による、人民のための政府」の原理である。それを法学的に表現し直すなら、絶対主義国家では君主主権論が、近代国家では人民（または国民）主権論が「国家」を正当化する論拠である。もう一つは、近代国家の統治は、基本的に絶対主義国家と違って立憲主義的であるという点である。絶対主義国家は君主の家産であったので、それが君主の命令である「法律」に基づいて統治されたとしても、法律は君主の恣意の表現であるために、それは「人の支配」であり、そして国家権力は君主の恣意によって運用されるが故に、権力の乱用は不可避である。とはいえ、資本主義経済システムは、この絶対主義国家の保護の下で育成され、成長を遂げるに従って、そのさらなる発展のために、社会秩序の予測可能性と安定性を求めるようになり、それと共に、この要請に応える新しい政治原理が自由主義として主張されるようになったのである[(1)]。

2 フランスにおける自由主義国家観の具現体としての立憲主義的近代国家の出現

自由主義は、資本主義経済システムを支え、かつ運用する「市民社会」の自立化の要求に応える政治原理として、まずこの「市民社会」を構成する個人——当時、その実体は資本家階級を表す「市民」であった——の所有権や契約の自由、信仰の自由を中核とするいわゆる基本的人権を国家権力の恣意的支配の及ばぬ「聖域」に位置づけ、そしてこの関係を永続化させるために、国家と社会を原理的に区別し、次に、この両者の関係を絶対主義国家末期のそれとは逆に、「国家」を「市民社会」の自由な活動とその構成員の基本的人権を守護する「保険機構」に位置づける新しい国家論を提示した。そして、この国家論を制度的に実現するために、新しい自由主義的国家はその所有者たる人民（または国民）、またはその代表によって、当の人民（または国民）のために奉仕する限り、国家権力を行使できるようなルールを設定して、このルールの遵守をすべての者に義務づける趣旨を文書で記録して、それを現世代のみならず、未来の世代にも守らせようとした。この成文の文書は憲法（または憲法典）〔La Constitution〕と称された。この憲法の制定者達は、絶対主義国家時代に君主一人に権力が集中された場合には、それは乱用され、腐敗することを熟知していたが故に、近代国家の新しい国家権力の構成原理として権力分立制を導入した。フランス大革命の「人および市民の権利宣言」第一六条において「すべて〔基本的人権という〕権利の保障が確保されず、権力分立を定めていない社会は憲法を持たない。」と述べられている。この条文こそ近代国家を絶対主義国家と分かつ最も重要なメルクマールである自由主義的政治原理である。以上述べたような特徴を持った近代国家では、国家権力が憲法に基づいて構成されることになり、さらにこうして構成され、制度化された国家権力が憲法を最高規範とする法律体系に基づいて統治する「法の支配」体制として確立されることになった。このように、近代国家とは、形式的側面から絶対主義国家と比較した場合、憲法を最高規範とする法律体系に基づいて統治が行われる国家という特徴を示すのである。要するに、憲法とそれに基づく統治システム、つまり立憲主義体制＝憲政体制（Constitution［英］）が近代国家の標識となったのである[(2)]。

3 近代国家への別の経路を辿ったイギリスの憲法
—不文憲法

　ところで、近代憲法の典型は、以上述べたようなフランス大革命後において制定されたフランスの成文憲法典であるが、もう一つの近代憲法の類型が存在する。「君民共治」の政治体制を持つイギリスでは、成文憲法が存在しない。イギリスでは、絶対主義国家の確立が、17世紀中葉において勃発した市民革命によって途中で挫折し、大陸諸国のような「国家」が成熟せず、「市民社会」優位の国家体制が成立するという別の歴史経路を辿った。また市民革命も封建制を完全に清算する形ではなく、それを近代自由主義的政治原理によって再編する形をとったのである。すなわち、中世の封建時代からの人民の権利を保障してきたコモン・ロー（Common Law）の支配体制を、絶対主義国家の確立を目指す君主が掌握する国家権力の恣意的行使から守り、さらにまた将来においても国家権力が乱用されないようにするために、その行使の適法手続きを定めた「人身保護法」や「権利の請願」、そして「権利の章典」を人民側が制定して、それを君主が遵守するように定めた「君民」間の契約が締結されたのである。そして、国家権力がこうした「君民」間の契約を遵守するシステムとしての「法の支配」体制が憲法（Constitution）〔憲政体制〕と称されるようになったのである。こうした憲法は、憲法学では不文憲法と称され、その形式的側面を見た場合、成文憲法とは異なるものであることはいうまでもない[(3)]。

したがって、近代国家の立憲主義的憲法概念を整理するなら、大きく二つに分けられる。その一つは、「国家」を欠く「市民社会」優位のイギリスのような国の不文憲法である。その実体においては「法の支配」体制の憲法〔憲政体制〕である。もう一つは、成文憲法典という文書の中に、民主主義を国家権力の正当性原理として定め、かつ自由主義原理に基づく国家権力の構成と、さらに国家権力の行使において個人の基本的人権の遵守を定めた権力制限規範の原則を記録したものである。以上、仏英において確立された近代国家の特徴と、その不可欠な本質的な要素として近代立憲主義憲法について紹介し、かつそれには二つの種類が存在する点を明らかにした。

4 「憲法改正の政治過程」Ⅱ型の市民革命の決着の成果としての近代憲法の内容

では、次に、近代立憲主義憲法は、何故に英米仏において生まれたのか、その理由を、今度はそうした憲法なるものを作った政治主体に焦点を当ててもう一度解明することにしたい。周知のように、封建社会の最後の段階の国家形態が絶対主義国家である。この国家の下で資本主義経済システムが勃興し、それを担った市民階級も誕生したが、彼らは資本主義経済のさらなる発展のための政治的条件を作り出す政治的権力闘争、つまり彼らが国家の主体となるために、既存の国家権力を獲得し、それを彼らの支配に好都合に改革ないしは変革する闘争を展開した。それと共に、本書でいう「憲法改正の政治過程」Ⅱ型が開始されたのである。そして、この市民階級の封建勢力との戦い、つまり「憲法改正の政治過程」Ⅱ型の中から、近代立憲主義憲法が生まれてきた訳である。そして、その経緯の中に、近代憲法が立憲主義憲法と称される理由が隠されているので、立憲主義の歴史的起源について、次に若干概観しておきたい。

市民革命の政治過程の決着としての近代憲法の成立をその内容に即して見るのなら、何よりも重要なことは、近代憲法が国家権力の行使を法的に制限せんとした市民階級の革命的努力と結びついた権力構成の合理化の産物であったという点である。したがって、それには、第一に、ヨーロッパ中世の封建等族の、彼らの上位にある権力に対するその権利（Recht［独］）を擁護する方法としての権力制限を図る立憲主義の伝統を市民階級が継承し、かつそれを革新しようとする努力、すなわち、絶対主義的国家権力制限の努力と、その克服の試みが、第二に、市民階級の支配体制の確立に際して、新しい権力構成を彼らの権利擁護の方向において運用しようとするその合理化の試み、この二つの志向が含まれていたのであった。市民階級はこの二つの志向を組み込んだ新しい政治的統一体を確立し、その特徴的な権力構造を規定する規範を意識的・計画的に一つの法典の中に成文化し、それによって未来の政治的行為に秩序を与え、紛争を調整し、そして要請された方向に政治的権力関係の構造を継続的に、かつ確実に存続させようと図ったのであった。こうして、第一に、自律性を持った私的領域への国家権力の干渉を防止するために、私的領域はいかなるものからも「不可侵」であるように権力政治的に配慮することが工夫された。すなわち市民階級は憲法制定に当たって、政治的共同体の個々の成員の基本的人権を近代的自然法概念を用いて前国家的なものと位置づけ、国家はその保護のために制定されたものだというその成立根拠を明確にさせて、その目的を限定させたのであった。次に、この基本的目的を実現するための権力構成方法の原理として、機能的・空間的にも国家権力の分立を図った。その結果、権力分立制が憲法の第二の目的となったのである。その際、三権分立制が機能的分立として構想されたのに対して、他方で、連邦制が空間的分立として構想された。そして、この両者は政府権力に対する抑制の機能を果たすものとして制度化が図られた。この典型がアメリカ合衆国憲法体制である。

このように、近代立憲主義憲法とは、市民階級が彼らの自律性を持った私的領域（社会・経済的領域）をまず絶対主義国家権力の干渉から守り、次に17、8世紀にかけての市民革命によって絶対主義国家を近代的民主主義国家に変革した後も、国家権力が神ではない人間によって行使される場合、乱用され腐敗する可能性が予想されたので、この国家権力を絶えず市民階級の「自由」擁護の方向へのみ行使されるように制限する規範と制度の確立を図ったものに他ならなかったのである。近代憲法をその歴史的パースペクティヴの中で見ると、憲法とは中央への権力集中を抑え、さらに権力を分割して相互に抑制する政治の骨格的枠づけであるといえよう。したがって、憲法に基づく政府あるいは立憲主義政治（Constitutional Government）は、政治権力およびその他の政治的行為に有効な抑制を確保する「ゲームのルール」に基づいて行われる政治であるといえよう。こうした政治の実際と理論を立憲主義（Constitutionalism）という。

5　立憲主義的憲法の歴史的背景―中世立憲主義から近代立憲主義への展開

このように、仏英において、近代立憲主義憲法が市民革命の中から生まれてきたのであるが、それは過去において時の権力に対する人民のその時々の抵抗の長い歴史的伝統が結実したものであった。したがって、それについて、次に少し触れておきたい。というのも、立憲主義憲法の歴史的な背景を理解することなしには、近代憲法の真の意義を正しく理解することができないからである。

立憲主義とは、広義に捉えるならば、国家権力を法的に制限しようとする志向であるといえよう。ところが、それはすでに近代以前にも存在していたのである。例えば、ギリシアにおけるプラトンのノモスの支配論、アリストテレスの政治的安定を保障する国制（Politeia［ギリシア語］）としての混合政体論も立憲主義の試みとみられよう。そして「人民と人民のみがすべての法の源泉である」という政治原理に基づいて、法による権力の抑制が図られたローマの政治的実践も立憲主義の試みであったといえよう。こうしたギリシアとローマの立憲主義の実践と思想は、中世に入って、政治的組織体の構成原理として契約思想が登場するにつれて、法《レヒト》（Recht［独］）概念が、封建等族がその上位にある権力との間に結んだ契約によって確保せんとした彼らの権利《レヒト》（Recht）という形に具体化されると共に、イギリスのような「法の支配」としての立憲主義へと発展していったのである。すなわち、中世では法概念にはギリシア・ローマ時代の「正義としての法」の観念に、さらに中世の「権利としての法」の観念が加味されることとなった。とりわけ後者が強調されて、イギリスでは「法の支配」とは、権力はその下位者の権利を守る方向に運用されねばならないという意味に解釈されていったのである。いうまでもなく、イギリスのマグナ・カルタ（1215年）は、こうした中世立憲主義の象徴である。絶対主義国家の成立と共に、中世立憲主義は、大陸では、モナルコマキ（暴君放伐論）によって法に反する権力に対する「人民」の抵抗権という形に変容していったが、結局、それは絶対主義国家によって抑圧されてしまった。しかし、それは、イギリスでは、ジョン・ロック（John Locke, 1632～1704）の政治思想に典型的に示されているように、自然法に基づく社会契約論によって近代的に再構成されることになったのである(4)。

6 ジョン・ロックの制限政府論と選挙の政治的意義

島国イギリスでは、チューダー王朝の下での絶対主義国家確立への試みは前述の通り、中途で挫折したために、中世立憲主義は生き延びて、ついにピューリタン革命を通じて近代的立憲主義へと発展を遂げることになった。クロムウェルによる近代的成文憲法（「統治章典（Instrument of Government）」）

確立の試みは失敗したものの、この試みは、社会契約論の近代自然法思想の中に理論化され、近代立憲主義が完成されることになった。すなわち、クック（Sir Edward Coke, 1552〜1634）、ハリントン（James Harrington, 1611〜77）、ロックによってイギリスの中世立憲主義は近代立憲主義へと転換されることになるが、その際「人民」がモナルコマキのいう〔貴族・僧侶などの封建社会の支配的身分の〕等族ではなく、抽象的に人間そのものとして解釈され、その結果、人間の普遍的な基本的権利の擁護を目的とする近代的立憲主義が成立することになったのである。特にロックはミルトンによって近代的に転釈されたモナルコマキの抵抗権論を人民の革命権として主張した。すなわち彼は、社会契約論を用いて、人間は自然状態において有していたその基本権（生命、自由、財産）を守るための権力機構としての政府（Government）を樹立したが、権力は腐敗する恐れがあるので、政府への権力集中を抑制し、さらにその権力乱用を阻止するための権力機構の構成原理としての権力分立制を主張した。さらに彼は、権力分立制にもかかわらず、もし、政府が人民の基本権擁護という信託に反する方向で権力を乱用した場合、それを信託された方向に限定させるか、限定できない究極の場合には、政府を新しいものに取り替える権利を人民が留保して、人民の基本権を権力政治的に確保せんがための担保として、人民の革命権を主張したのであった。ロックは、この革命権を「天に訴える」（Appeal to the Heaven）権利といっているが、それは、後に議会政治の進展と共に、「国民に訴える」選挙によって、平和的な政府変更の政治技術に転生したが、もし選挙がその本来の機能を果たせなくなった場合、当然、人民の革命権が行使される状況に進展することは、幾多の革命の歴史が証明しているのである(5)。

7 近代憲法の番人としての「人民の抵抗権」

このように、近代立憲主義は、人民の基本権を擁護する権力構成の合理化を図る一方、究極の場合、人民の基本権を確保する担保としての革命権を人民に留保させ、その威嚇によって権力の二重の抑制化を図り、政府変更の平和的方法を模索したものであった。この近代立憲主義はモンテスキューの三権分立論によって補強されることになり、それを歴史上初めて政治制度として具体化させたのは、18世紀のイギリスの植民地であったアメリカ諸州、とりわけヴァージニアの憲法制定（1776年）であった。そしてこの事業を継承したのがアメリカ合衆国憲法とフランス大革命において制定された一連の憲法であった。すでに紹介したように、フランス大革命の人および市民の権利宣言第一六条には「すべて〔基本的人権という〕権利の保障が確保されず、権力分立を定めていない社会は憲法を持たない。」と謳っているが、それはこうした近代的立憲主義憲法の象徴的表現である。そして、この近代的立憲主義は、フランス大革命以降、ヨーロッパ諸国すべての進歩的勢力の標語となったのである。

8 近代憲法の作用の周辺諸国への波及

さて、資本主義経済システムが19世紀中葉においてヨーロッパの中央に拡大し、さらに20世紀に入って全世界に拡大していくことになるが、それと共に、資本主義経済システムの存続と発展に適合的な国家形態としての近代国家は、全ヨーロッパに、そして全世界に拡大して、今日、国連加盟国の193（2011年現在）を超す、近代国家と称する政治単位が世界を分割して君臨するようになった。こうした英米仏の近代国家の発展と共に、他の周辺地域でも、近代国家への転換を試みる国が生まれ、これらの諸国において、その国の資本主義経済システムの発展程度に応じて、近代国家の三つの政治的構成原理の内、普遍的原理の民主主義と自由主義は出来るだけその実質的側面は抑止し、その形式的側面のみを取り入れて、近代国家の「外見」を装いながら、他方、国民のアイデンティティの表現たるナショナリズムの原理については、自国の歴史的な伝統に適合する形のものを作り出して、それを「国家」を正当化する政治原理に変えている。最後に近代国家の主要なメルクマールとなっている憲法の形式的特徴を取り入れた「憲法」――通常、この「憲法」は外見的立憲主義憲法とか擬似立憲主義憲法と称されている――を制定・公布するが、その実質的内容がフランス大革命によって近代国家の憲法として定式化されたものとはその性格を異にするものが多数作られるようになった。この点については、次節で、ドイツの近代憲法政治史を題材にして後発近代国家の典型としてのプロイセン王国の憲法制定過程をフォローすることで、外見的立憲主義憲法がどのような性格のものであるのかを考察することにしたい。

---

(1) 安世舟『現代政治学の解明』三嶺書房、1999年、104〜107頁、113〜114頁。

(2) H・ヘラー著・安世舟訳『国家学』(1934年)、未来社、1971年、388頁、390〜392頁。樋口陽一『現代法律学全集36　比較憲法』〔全訂第三版〕青林書院、1992年、430〜431頁。

(3) A・V・ダイシー著・伊藤正巳他訳『憲法序説』〔第八版〕(1915年)、学陽書房、1983年、19〜24頁、175〜192頁。樋口陽一、前掲書、85〜94頁。なお、イギリス憲法についての最近の研究書として、次のものがある。加藤紘捷『概説イギリス憲法―由来・展開そして改革へ』勁草書房、2002年。幡新大実『イギリス憲法Ⅰ　憲政』東信堂、2013年。

(4) C. J. Friedrich, 'Constitution and Constitutionalism', in : *International Encyclopedia of the Social Science*, Vol. 3, 1968, pp.320-323.　なお、立憲主義に関する研究書として、次のものがある。C. Thornhill, *A Sociology of Constitutions : Costitutions and State Legitimacy in Historical-Sociological Perspective*, 2011. C・F・ストロング著・新田隆信訳『近代憲法論―各国憲法の沿革と現行制度の比較研究序説』(1966年)、コロナ社、1964年。樋口陽一『近代立憲主義と現代国家』勁草書房、1973年など。

(5) J・ロック著・鵜飼信成訳『市民政府論』(1690年)、岩波文庫、1968年、198〜180頁、205頁、215頁。

第2節
近代憲法の国際的な作用
―その典型例としてのドイツの事例（プロイセンにおける外見的立憲主義憲法の成立）―

1 近代憲法のドイツへの作用

英米仏において近代立憲主義憲法体制が確立されると共に、産業資本主義経済のさらなる発展の政治的・法的な条件が整備されていった。その下で国富は飛躍的に増大し、それと連関して国力も増大していったことはいうまでもない。その結果、国際政治上において近代国家はその存在感を屹立させるに至った。ヨーロッパでは、いまだ絶対主義体制ないしは半絶対主義体制をとっていた諸国も、こうした成り行きを見て、それぞれ自国と仏英を比較して見た場合、その国力の格差が次第に拡大し始めており、それ故に、その落差を埋め、出来得れば仏英に対抗して自国の独立とさらなる存続を図る方策を探し求めざるを得なくなった。そこで、資本主義経済システムとその成長の政治的条件としての近代国家の政治制度の内、自国の既存の体制の存続に重大な脅威にならないものなら、それを導入して、自国の体制の補強に寄与させることが考えられるようになった。このことは熾烈な国際的権力闘争の場に置かれた周辺諸国の当然の反応であったといえよう。仏英の周辺国の中で、こうした試みを実行に移したのは、プロイセン王国であった。そして、同国は1871年にドイツ民族の多年の宿願であった統一国家としての「ドイツ帝国」を創立することになる。この統一事業の遂行過程で、プロイセン王国は、近代国家の主要な標識である近代憲法を自国の体制に適合するように換骨奪胎して「疑似立憲主義憲法」を作り出していく。もっとも、その原型は、実は、1815年6月、ナポレオンがワーテルローの戦いで敗れ、反ナポレオン連合国の後押しでフランスに帰還したブルボン王家のルイ18世が、新しい国制の原則として公布した「憲章」(Constitutionelle Charte) であった。

2 外見的立憲主義憲法の原型——フランス復古王政の「憲章」

フランス大革命の中、幾度か革命勢力間の権力闘争が一時的に決着がつくと、それを文書化した憲法が公布され、それが定着する前に再び権力闘争が再開された。それに一応決着が着くと、またそれを文章化した新しい憲法が制定されるなど、幾つかの憲法が制定・公布された後に、総裁政府時代を経てナポレオンのクーデター成功後に帝政が敷かれ、その下でブルジョア支配体制が一応安定期を迎えた。そして、その象徴としての近代民法典の基礎となったナポレオン法典が、1804年に公布された。したがって、反ナポレオン連合国の後押しで王政復古を成し遂げたルイ18世も、大革命によって生み出された新しい社会・経済関係を昔に戻すこと、つまり歴史の歯車を逆転させることは不可能であることを知っていた。そこで、大革命によって生み出された新しい社会・経済関係を一応認めた上で、政治権力の運用の点で王権の再確立を図った点を文章化したのが「憲章」である。本来、それは、今日の憲法という言葉の定義では、当然憲法と称されるべきものであったが、憲法という用語は避けられた。というのは、憲法を名乗ることは革命を肯定し、王権の正当性を否定するように見えたからである。したがって、憲法の代用語としての「憲章」が用いられた。さらに王政復古を成し遂げたとはいえ、フランスは立派な近代国家であることを示す必要もあったので、近代国家の主要な標識の憲法を持っていることを示すために、その代用語を用いたのである。「憲章」は、新興市民階級の要求を組み込み、かつ王権の再確立を宣言した、市民階級と王権の一時的な妥協の産物であった。したがって、この「憲章」はこの妥協を文章化したものである。その内容は次の通りである。まず、それは王権神授説を掲げ、その帰結として、国王は行政権、司法権、法律発議権を掌握し、神聖かつ不可侵で無答責とされた。さらに国王はまた、非常時の緊急大権も掌握した。次に、フランス大革命の主要な二つの政治原理の自由と平等の内、平等原理を体現する国民主権とそれに基づく民主主義は当然否定されるが、しかし自由の政治原理については、それが王権を侵さない限度内なら承認され、さらに自由の政治原理を主張する新興市民階級の一定の参政権も承認された。その制度的表現が議会政治の承認である。議会は世襲貴族から構成される上院と、制限選挙制度によって選出された議員から構成される下院から成る二院制が採用された。下院の被選挙権は千フラン以上の納税者に付与され、選挙権は30歳以上の男子で300フラン以上の納税者に限定された。当時のフランスの人口は約３千万人であったが、有権者はその内の僅か９万人に過ぎなかった。フランス大革命の政治過程の中で、恐怖政治を支えた無産階級は平等の政治原理を自由より優先的に主張したが、新興市民階級はこの無産階級という「後門の狼」に怯えて、「前門の虎」の王権との妥協の道を選び、王政復古となった。とはいえ、彼らが権力を失ったわけではなかった。したがって、市民階級の要求は議会政治への彼らだけの参加に限定されただけではなく、彼らの最も重要な要求である所有権の不可侵の確認、法の下の平等、出版の自由などが保障された(1)。

3　1871年までのフランスにおける「憲法改正の政治過程」

以上のような内容を盛り込んだ「憲章」は、後のフランスの周辺国で採用される疑似立憲主義憲法の原型となった点は記憶されるべきであろう。フランスではその後、帰還した亡命貴族の王政時代の財産の復活や、王政復古を象徴する国王とそれを精神的に支えるカトリック教会の権利回復などの反革命の動きがあり、この動きが耐えられない限度にまで市民階級の王権に対する不満が沸騰した時点で、抑圧されていた無産階級の復活と相まって、1830年７月に、再び革命が勃発した。とはいえ、それまで次第に抑えられてきた市民階級の要求が受け容れられて、既存の体制の微調整が行われていた。しかし、従来の傾向は基本的に変わらなかったために、ついに1848年の２月革命へと政治過程は発展していった。この２月革命では、無産階級が社会・経済領域への民主主義の政治原理の拡大を要求する社会主義に導かれるようになり、「後門の狼」がフランスにおいて実質的に政治的権力集団として登場するようになった。マルクスの『共産党宣言』がこの２月革命期に発表されたことは記憶されるべきであろう。フランスでは、産業革命が進行中であり、

1848年６月、反革命が開始され、軍部による社会主義勢力の抑圧が行われ、その後、ナポレオン一世時代を懐かしむ民衆の支持を受けて、ナポレオン三世の大統領就任、その後、彼の第二帝政時代に入る。それと共に、市民階級主導の近代国家が本格的に確立されていき、1871年、フランス第三共和国樹立と共に、名実ともに近代国家へと脱皮する。その間、本書でいう「憲法改正の政治過程」Ⅱ型の政治力学が作用し、政治的権力闘争が繰り返される中で、一時的に妥協や決着がつけられ、その都度、その決着を文章化した憲法が制定された。こうして幾つもの憲法が制定されては、改正され、ようやく1875年において近代的立憲主義憲法がフランスで定着するようになった(2)。こうしたフランスの動きはその周辺国、とりわけ国境を接するドイツに大きな影響を与えたことはいうまでもなかろう。ドイツでは、フランスの「憲法改正の政治過程」に刺激されて、近代国家確立へ向けての動きが進行し、ついにこの動きは1850年のプロイセン憲法という形に結実する。したがって、本題のドイツに戻って、その政治過程を追うことにしたい。

4 近代ドイツの原型としての神聖ローマ帝国の成立

ドイツが仏英に対して近代国家の確立において約200年近くも後れをとった最大の原因は、ルターの宗教改革の宣言を切っ掛けに、その後始まった宗教戦争であったといわれている。読者の中で、高等学校で世界史の授業を受けた方なら、ゲルマン民族の侵入後、ローマ帝国が崩壊し、数世紀が経って、西暦800年にアーヘンにおいてフランク王国のカール大帝がゲルマン人をキリスト教に改宗させた功績が讃えられて、ローマ教皇によって、ローマ帝国皇帝に任ぜられ、ゲルマン民族主体のローマ帝国が復活したという歴史の一コマを記憶されていることであろう。通常、この国は東ローマ帝国と対比して「西ローマ」帝国と称された。カール大帝が皇帝に任ぜられたのは、古代末期のローマ皇帝がキリスト教世界の唯一最高の支配者であったということと同一の趣旨からであった。時代が下って、カール大帝の孫の代において、フランク王国は現在のフランス、ドイツ、イタリアに三分割された。この三国の中で、ドイツ国王が代が下るに従って、王朝も交替を繰り返したとはいえ、12世紀に西ローマ帝国の皇帝を兼ねることになり、ドイツは13世紀に「神聖ローマ帝国」と称されるようになった。その後、代々ドイツ人が皇帝に就任したので、14世紀頃から「ドイツ人の神聖ローマ帝国」(Das Heilige Römische Reich Deutscher Nation) と称された。その後、ドイツ人の皇帝が統治するドイツ民族の国家という意味で「ドイツ帝国」(Das Deutsche Reich) と称されたのである。

5 神聖ローマ帝国の国制

この帝国は1806年にナポレオンによって滅ぼされるが、正式名称は神聖ローマ帝国であった。この「ドイツ帝国」は、中世の最盛期には封建制の拡大によって陪臣化の動きが加速化し、その結果、15世紀には約1700余国に細分化されていたのである。日本史を思い出していただきたい。古代では天皇が統治した国土が、徳川時代初期には300余藩に細分化されたのと同じことが、ドイツでも進行していて、それが日本と比べると、5倍か、6倍程度その細分化が進んでいたという訳である。16世紀には、ドイツ帝国内にザクセン王国やオーストリア王国など大国も存在したが、人口数万にも満たない小国も数多くあったということである。国制 (Verfassung) は、皇帝が君臨するが、帝国内の問題は構成国の使節から成る帝国議会 (Reichstag) で協議され、そこで解決策が模索された。また、それが実行されても、異議が出た場合、それについて今度は帝室裁判所 (Reichskammergericht) で最終的な判断が下される形で、運営されていた(3)。要するに、ドイツ帝国とは、大小合わせて数百の国から成る「連合体」であった――Reichの邦訳語の「帝国」は、『広辞苑』によると、「皇帝の統治する国家」であるが、確かに、ドイツ語のReichには『広辞苑』の定義通りの意味と、もう一つの「連合体」という意味もある点について留意する必要がある。第3章第7節のワイマール憲法のところで述べるが、19世紀後半になると、「連合体」のReichが中央集権化された形の「連邦国家」をも意味するようになるからである――。

6 宗教戦争とウェストファリア講和条約の成立——ドイツ民族統一国家樹立を不可能にする国際環境の出現

1618年にドイツ帝国内の諸国が新教と旧教の二派に分かれ、同族同士がお互いに殺し合う凄惨な戦争が始まった。ヨーロッパ中央に強国が出現するのを警戒するドイツ周辺の強国、とりわけフランスがこの戦争に積極的に介入し、国際戦争になり、その後、30年間も続きドイツ全土は荒廃に帰した。1648年、ヨーロッパ強国間の勢力均衡（Balance of Power）状態が生まれ、その確認の上で、ウェストファリア講和条約が成立し、戦争は終結をみた。この条約で、①強国間の勢力均衡の維持、②各国は他国の国家主権を尊重すること、③国際問題が発生した場合、平和的方法、つまり国際法に則り、戦争ではなく外交によって解決を図る、という三つの原則が承認された。その後、この三つの原則に基づく「西欧国家体系」という、今日の国際政治の構造を規定する仕組みが出来上がったのである。この条約のお蔭で、ドイツは約200年間も、近代国家への道が塞がれることになった。というのは、戦争の中で再編統合されたとはいえ、ドイツ帝国を構成する領邦（Land）は300を超えており、そのおのおのの領邦が国家として認められ、その主権が尊重されるようになったために、戦争を通じての統一国家樹立は、当然、周辺強国の介入を招くことになり、統一は実質的に不可能な事態になってしまったからである。

7 神聖ローマ帝国とプロイセン、オーストリアの二つの大国との関わり方

ウェストファリア講和条約成立150年後のフランス大革命時代には、神聖ローマ帝国の状態にはかなりの変化が見られた。ヨーロッパの封建時代は王族などの相続においては被相続人は男女平等であったので、皇帝職を兼ねるオーストリアのハプスブルク家は、婚姻政策を通じてその領土を広げていったことは歴史的に有名である。帝国の版図自体はそう変わってはいなかった

が、帝国内に新興の強国が台頭していた。それはプロイセン王国である。13世紀にバルト海沿岸地域（現在のポーランドのバルト海沿岸の北部地域でバルト三国の南のリトアニアの国境に至るまでの地域）に黒十字軍と称するドイツ騎士団が、キリスト教布教を名目に侵入して建てた国が、原住民のプロイセン人の名にちなんでプロイセンと称していた。したがって、この地域は帝国の版図外である。15世紀にブランデンブルク侯国（第二次世界大戦後の東ドイツの北部半分の所にその領土があった）が相続関係でこのプロイセンを領有することになり、プロイセン公国と称していたが、1701年に公国から王国への昇格が皇帝に認められてプロイセン王国と名乗ることになった。1740年に国王に就任したフリードリヒ二世に象徴されるように、英明な君主がそれまで続き、同国を軍事大国に作り上げていた。そして、啓蒙絶対君主として知られるフリードリヒ二世は、オーストリアとの戦争でシレジア地方を手に入れるなど、国土を拡大させ、さらに「上からの」近代化政策を追求して、英仏露墺と並ぶヨーロッパ５大国の地位を獲得するまでに、国を発展させていた。こうして、フランス大革命期には、プロイセン王国は、その領土として第二次世界大戦後の東ドイツとその東北に広がるバルト沿岸地方、現在のポーランドの西南地域のシレジア、そして飛び地としては、ライン川下流のラインラント（後にドイツの重工業地帯となる）や、中独にも多数の領地があった。したがって、プロイセン王国は頭と体の半分が神聖ローマ帝国の版図内に入っていたことになる。同じことはオーストリア王国にもいえた。というのは、現在のオーストリア共和国だけが、神聖ローマ帝国の版図内に入っていて、その他にハンガリー（1804年にオーストリア帝国に併合）、チェコ、スロバキア、ルーマニアの西部、スロベニア、クロアチア、北部イタリアなどに広大な領土を保有していたからである。オーストリア王国は頭だけが神聖ローマ帝国の中に入っていたといえよう。1802年、30歳代初めのヘーゲルは『ドイツ国制』（*Die Verfassung Deutschlands*）〔戦前、この論文は『ドイツ憲法論』という邦訳名で公刊されているが、憲法用語の邦訳における不適切な邦訳語の一つといえよう。〕という政治論文を発表しているが、その冒頭に「ドイツはもはや国家ではない。」〔中略〕なぜなら、英仏のような軍隊・官僚団とそれを財政的に支える徴税組織を有していないからである[4]、と指摘している。後に大哲学者になる若き日のヘーゲルの政治的リアリズムがいかに冴えていたかを証明するものといえよう。このヘーゲルの鋭い指摘を待つまでもなく、一つの国家の中に、ヨーロッパの５大国の内二つが属し、その他群小の中小国がひしめき合っているのなら、こうした国が果たして国家といえるだろうか。少し長くなったが、以上がフランス大革命を迎えた時のドイツの状態であった[5]。

8 神聖ローマ帝国の終焉とナポレオン支配下の「ライン同盟」の設置

周知のように、フランス革命が勃発した時、英墺普露の４か国からなる連合国は革命の波及を恐れ、それを阻止するために、1792年からフランスへの介入を始めた。それを契機に、約20年以上全ヨーロッパを巻き込んだ戦争が継続した。ナポレオン登場後、革命フランスは連戦連勝を続けた。フランスと国境を接する西南ドイツの数百の諸邦は、ナポレオン主導下に再編統合され、バイエルン、バーデン、ヴュルテンベルクという中規模の領国が誕生した。そしてこの地域に、フランスは近代的憲法と二院制の議会を設置させるなど政治的近代化を押し付けた。こうして、神聖ローマ帝国は有名無実化し始め、ついに1806年、オーストリア軍はナポレオンに敗れ、オーストリア国王はナポレオンに跪き、神聖ローマ帝国皇帝職を退くと宣言し、ここに神聖ローマ帝国はその終焉の時を迎えた。翌年の1807年、今度は、軍事大国で知られたプロイセン王国もイェーナの戦いで敗れ、ナポレオンの軍門に下った。革命フランスに敵対する連合国の内、残されたのは英露２か国のみとなった。1812年、ナポレオンはロシア遠征に向かう。その時の60万の軍隊の三分の二がドイツ人であった。というのは、第二次世界大戦後の西ドイツの版図とほぼ同じ領域に、ナポレオンは衛星国の「ライン同盟」を作らせ、そこから兵隊を徴募したからである。この「ライン同盟」には、もちろん、バイエルンなどの西南ドイツの諸邦も入っており、前述の通りこれら諸邦と同様に他の諸邦にもナポレオンによる政治的近代化が押し付けられていた。つまり、近代的憲法が外国の軍隊の力によって上から導入されていったのである。

9 プロイセンにおける「上からの近代化」の断行とナポレオンの凋落

プロイセン王国も、自由と平等をスローガンに掲げた革命フランスの軍事的な東進と歩調を合わせた、こうした近代的憲法の波及の動きから免れることは困難であった。プロイセン王国は、この動きに対して、イェーナの敗戦の屈辱を発条にして、フリードリヒ大王時代からの「上からの近代化」政策をより一層徹底化させる方向を選んだ。戦勝国のナポレオンとの駆け引きの中で、シュタイン、ハルデンベルクと続く二人の政治指導者による改革が実行に移された。「シュタイン・ハルデンベルク改革」の名で知られるものである。1808年11月に「都市条令」が発布され、すべての都市に自治権が付され、次に、身分制の廃止による法の前の平等の実施や、土地所有もすべての人に認められるなど、封建制度の根幹的部分の廃止が宣言された。さらに国家機構の近代化も図られた。初めて内閣制が導入され、各省大臣が国王の勅令の副署を行うなど、外見的には責任内閣制が導入された。もっとも、イギリスのような国民の代表機関の議会に有責な内閣制ではない。というのは、国王の命令を法の形にして公布するための形式として、国王自ら選んだ大臣の副署を勅令公布の条件としたまでである。さらに、ヨーロッパで最強を誇ったプロイセン軍隊がナポレオンの国民軍に敗北した苦い経験から学ぶ軍制改革が断行された。一般徴兵制の導入、陸軍省と参謀本部の設置など、軍隊の近代化が遂行された。最後に、次代のリーダーを育成する大学として、フランス式の専門大学制度ではなく、総合大学制のベルリン大学が1810年に創立された。このように、プロイセン王国では、ナポレオンから受けた屈辱を発条に「上からの近代化」が開明官僚が中心になって遂行され、ナポレオン打倒の目標に向けて進んだ。その効果はすぐに現れた。ナポレオンのロシア遠征が失敗し、敗退するナポレオン軍に対して、プロイセンとオーストリアの両軍が戦いを挑み、敗退させた。ここから、ナポレオン没落の第一歩が始まった。プロイセン軍隊はドイツ民族の統一を願う新しい民衆の軍隊であったのである。

10 ナショナリズムの三つの発現形態——その一つのドイツの事例

それまでの約20年間、何故に革命フランスの軍隊がヨーロッパを制覇するほど強かったのか、その理由を探し求めるのなら、それは連合国の軍隊が主として傭兵軍であったのに反して、フランスの軍隊が民衆による軍隊であり、さらに彼らは人類普遍の政治原理たる民主主義と自由主義を世界に広げ、封建的隷属に苦しむ他国の民衆を解放するという使命感に駆られていた点にあったことを忘れてはならないであろう。そして、このフランスの民衆の軍隊の使命感を一層強めたのがナショナリズムであった点にも注目しておくべきであろう。前節で紹介したように、民主主義、自由主義、ナショナリズムは近代国家を構成する三つの政治原理であるが、フランス大革命では、民主主義と自由主義の二つの政治原理が前面に打ち出され、ナショナリズムはその裏に隠されていた。フランスでは、ブルボン王家の絶対主義国家が確立される過程において、同時並行的に上から君主によってナショナリズムが確立されていったのである。

そもそもナショナリズムとは、所与の文化共同体としての民族（Volk［独］）がその特性を権力政治的に守るために、政治的に組織される場合の政治理念であり、その実現体が国民（Nation［独］）である。それは、個人の側から捉え直すなら、民族の一員であることが教育やメディアなどを通じて社会化された場合、個人が政治的に帰属する共同体の一員であることを想像するようになり、その結果、それに一体的な感情を持つことになったということである。アンダーソンのいう「想像の共同体」ともいえる(6)。つまり、それは、個人の側における政治的帰属意識として自覚される精神態度である。ナショナリズムという政治理念は「国民と成る」という意味で、日本では「国民主義」と邦訳されるが、さらに文化的に共通性を持つ種族または人種集団（Rasse［独］）が政治的統一組織を持たなかった場合、まず文化共同体としての同一民族の意識に目覚め、「国民になろう」とする方向に政治的に運動を始める場合——民族の統一国家としての「ドイツ帝国」成立期までのドイツのナショナリズムはこのケースに当たる――には、「民族主義」とも邦訳される。ちなみに、もう一つのナショナリズムの邦訳語として「国家主義」「国粋主義」がある。民主主義と自由主義に背を向けた君主専制国や時代が下って20世紀のナチ全体主義独裁の場合のように、国民の文化的な側面が長い時間をかけて歴史的に形成されてきたが故に、他の文化とは異なる特徴を持っている点を、そして19世紀後半からはダーウィンの適者生存論に基づく優生学の台頭と期を同じくして、自国民の人種的な特徴を前面に打ち出して、優生学を用いて自国の民族がいかに優れているかを誇張して宣伝し、その守護を国家権力の正当性の根拠として用いたことがあった。このように、国家が自国民の文化的特性や歴史的伝統、さらにその人種的な優秀性の守護をその権力の正当化のために利用しようとする政治的な傾向は「国家主義」ないしは「国粋主義」といわれるが、それはナショナリズムが民主主義と自由主義と切り離されて一面的に民族の特性のどれかと等置される場合の悪しき形態である。次章で取り上げるドイツの統一国家樹立過程は、民主主義と自由主義とは部分的に切り離されて、その分だけナショナリズムの割合がプロイセン国家権力の正当化において比重が強まるが、そのナショナリズムは、この悪しき形態のものであったのであらかじめ記しておきたい。

本題に戻ると、先進近代国家の場合、ナショナリズムの政治的組織体が国民国家である。フランス大革命では、ブルボン王家が支配した絶対主義国家が民主主義と自由主義の二つの政治原理によってオーバーホールされ、近代国家へと変革されたのであった。もっとも、革命によって打倒された絶対主義国家はその内実においてすでに国民国家になっていたので、大革命勃発時にはそれは自覚されていなかった。しかし、革命フランスに対する周辺大国の干渉戦争が始まると、革命によって国民主権の新しい国家の主人公となった民衆は、革命フランスという祖国を守るという自覚をもって銃をとったのである。彼らの心を奮い立たせたのは愛国心であり、ナショナリズムであった。こうして、フランスでもナショナリズムが顕在化し、民衆もそれを自覚するようになったのであった。民衆から成るフランス軍隊は、祖国を守り、祖国の政治理念である人類の普遍的な政治原理の自由と平等の理念を、封建的な圧政下に苦しむ他国の民衆に広げ、彼らをその隷属状態から解放し、また、自由にさせるために命を捧げることに、フランス国民としての誇りを見出すように教化されて、ナポレオンに従ったのである。それ故に、傭兵軍に対して強かったのである。ところが、皮肉にも、このフランスの軍隊は、隣国の神聖ローマ帝国内の住民を解放する過程においては初めは歓迎されたが、その後、外国軍隊であるフランス軍の支配を受けるにつれて、ドイツ人としての民族的な自覚に目覚めさせられるようになった。つまり文化共同体としてのドイツ民族の一員である自分を想像し、かつ自覚させられるにつれて、ばらばらのドイツ民族も国家を持たなくてはならないという考え方を抱くようになった。それと共に、ドイツ内においてナショナリズムが急速に台頭するようになったのである。こうして、ナポレオンの支配からの解放戦争において、ドイツのナショナリズムの覚醒が始まったのである。

11 反ナポレオン戦争とドイツ人のナショナリズムの覚醒

思うに、革命フランスでは、ナショナリズム、つまりフランス人のアイデンティティの基礎が人類の普遍的理念の民主主義、自由主義であったのに反して、ドイツでは、ナショナリズムは革命フランスを象徴するナポレオンに反対する闘争を志向したことから、革命フランスのスローガンの自由と平等、つまり自由主義と民主主義とは切り離された。さらに解放戦争を主導したのはプロイセン君主であったので、君主制を正当化する政治的イデオロギーへと変質していくことになったのである。1813年、ロシアから敗走するナポレオン軍をドイツから追い払った民衆の軍隊の中に、プロイセン王国以外の邦の学生や若者が主体の義勇軍が多く現れていたが、その中で大きな軍功を立てたのが、リューツォウ義勇軍であった。イェーナ大学で同義勇軍に参加した学生達が、1815年６月、ドイツ民族統一と徳義の強化を目指す「大学学友会」（Burschenschaft）を結成した。そして、彼らは義勇軍の軍服（その色は黒色で、その襟返しが赤色でそれに黄金のオークの葉があしらわれており、ボタンは金色であった）を象徴する三色を配した旗を掲げた。この三色を配した旗はその後ドイツ・ナショナリズムの象徴となり、1848年３月の失敗に終わった市民革命の旗じるし、つまりフランクフルト国民議会の三色旗となり、その後、ワイマール共和国国旗、そして戦後の西ドイツ、そして今日のドイツの国旗となっていることは忘れてはならないであろう。このように、ドイツ民族の統一国家樹立というナショナリズムが、ドイツ人の政治的エネルギーを結集する最優先すべき政治理念となった。そして、それは近代国家の政治理念の中で、民主主義や自由主義に対して必然的に優位に置かれることになり、その独走が始まることになった。ともあれ、統一国家樹立というドイツ民族最大の歴史的課題については、次章において触れることになるので、解放戦争後のドイツの動きを追うことにしたい。

12 ウィーン反動体制の一環としての「ドイツ同盟」の成立

1815年6月、ナポレオンはワーテルローの戦いで敗れ、ナポレオン時代は終わった。すでに述べた通り、それから1848年2月のフランス革命までの33年間、王政復古の時代（三月前期ともいう）、つまり反動の時代に入る。1815年、オーストリア帝国宰相のメッテルニヒ主催のウィーン講和会議では、ヨーロッパにおける政治秩序原理としての君主主義原則の再確認と国際社会における秩序原理としての勢力均衡が確認され、ドイツに関しては、神聖ローマ帝国の復活が確認された。当然、ナポレオンの衛星国の「ライン同盟」も解体されたが、ナポレオン時代に行われた、それまで細分化されていた数百の邦が再編統合された既成事実はそのまま承認された。その結果、それは、オーストリア、プロイセンの大国を含めて25の国と四つの自由都市に縮減されていた。名称は「ドイツ同盟」（Der Deutsche Bund）に改められた（日本のドイツ史の著作では——独和辞典を含めて——、「ドイツ連邦」と邦訳されているが、本書では、それを踏襲しない。それはアメリカ連邦国家のような「連邦」ではなく、「国家の単なる連合体」に過ぎないないからである）。このドイツ同盟は墺露仏の三大君主国の「神聖同盟体制」の付属物として設立されたので、この同盟体制の帰趨に状況を左右されることになる。

さて、ドイツ同盟を構成する諸国は、再確認された君主主義原理に抵触しない範囲内で、身分代表のような議会の設置が承認された。そして、ドイツ同盟を総括する中央機関として同盟会議がフランクフルトに設置され、そこに各邦の使節が集まり、同盟および同盟内の問題について協議することになった。オーストリアがこの会議の議長国となった。したがって、それはオーストリア帝国の影響力下にある存在とみなされるようになった。こうして、ドイツ民族を束ねる政治的組織体が国際会議で承認されたものの、それは、ヘーゲルがいうような国家ではなかった。したがって、ドイツ民族にとってのその後の歴史的課題は、近代的な民族統一国家の樹立であった。換言するなら、前述したように、民主主義、自由主義の前に、ナショナリズムの実現が何よりも優先されるようになっていくのである。

13 ドイツ民族統一国家樹立の二つの道

当時の状況から見て、ドイツ民族統一の方法は二つ考えられた。一つは、ドイツ同盟内にオーストリア、プロイセンという二つの半絶対主義国家が存在する訳だから、そのどちらかが武力によって他の諸邦を併合する道である。とはいっても、武力による統一は勢力均衡の原則によって維持されているヨーロッパの国際秩序を壊すことになり、この道は国際政治的な条件の大きな障害がはだかっていて、その実現は極めて困難であったといっても過言ではなかろう。実際のところ、次章で取り扱うが、1862年にプロイセン王国首相に就任したビスマルクの優れた外交手腕によって、この方法に基づいてドイツ民族統一が実現され、それは、1871年、「ドイツ帝国」(Das Deutsche Reich)の創設という形で結実する。ヘーゲルも、前述の『ドイツ国制』では、武力による統一の道を考えており、同書は統一の政治主体としてはオーストリアを想定していたような節もみられる(7)。しかし、その後、ナポレオンに対するドイツ民族の解放戦争を主導したプロイセンの軍事力に感銘を受けて、統一の主体をプロイセンに期待するようになり、そして自らもプロイセンのベルリン大学法哲学教授の招聘を受けている。それはヘーゲルの現実主義的な政治感覚の鋭さを例証するものといえよう。この武力による統一の道は「統一を通じての自由」の道、ないしは「小ドイツ主義」と称される。というのは、オーストリアを排除するからである。本来なら、この武力による統一の道では、オーストリア主導の武力による統一も考えられるが、それが排除されていた。というのは、オーストリア帝国は多民族国家であるために、もし同国がドイツ同盟の他の構成国を武力で併合して新しい国家を樹立しても、それはドイツ民族の統一国家とはいえなかったからである。したがって、残された道は、プロイセンの武力によるドイツ民族の統一国家の樹立しか考えられず、それが「小ドイツ主義」と称されている所以である。もう一つの道は、理想ではあるが、二つの大国内にそれぞれ市民革命が勃発して、民主共和国を樹立し、両国が話し合いで統合し、それに他の諸邦も同じく下からの市民革命を経て、この二つの大国の動きに同調するという道である。この道は「自由を通じての統一」の道とも称される。そして、この道は「大ドイツ主義」という。というのは、オーストリアを含めるからである。ドイツ民族の統一については、次章で取り扱うので、この程度に止め、本節の主題である、1815年以降の近代憲法のドイツへの波及の話に戻すことにしたい。

14 ドイツにおける反動の時代——フランス大革命の「恐怖政治」を「愚民の支配」としての民主主義の産物と捉える考え方がドイツの自由主義的教養人の間に広がり、自由主義と民主主義の分離が始まる

近代憲法のドイツへの波及は、革命フランスとの関係の度合いや、近代憲法を受容しようとするそれぞれの国の政治発展の程度の違いによって多様な様相を示した。フランス大革命が勃発した際、一般的にはドイツの知識人の多くはそれを歓迎し、羨望の眼で眺めていた。しかし、ジャコバン党の恐怖独裁の進行過程を見て、「理性の革命」に幻滅し、行き過ぎた愚民の支配に行き着く可能性を持つ民主主義に対する否定的な態度を示すようになった。こうした態度は、プロイセン王国の自由主義的知識人の間では、かつてライン同盟の加盟国であった西南ドイツ諸邦の同輩よりもはるかに強かったといえる。次に、自由主義の実現を求める市民階級は、資本主義経済の確立との関係において見るのなら、ドイツ全体においていまだ未成熟な状態にあった。とはいえ、時代の支配的な政治的潮流の自由主義に親近感を抱く層は存在しており、彼らは主として啓蒙された官僚層や裁判官、弁護士、大学教

授、教師、医師、作家などのいわゆる「教養」を持つ名望家層であった[8]。こうした層は、ドイツでは一般に自由主義的な教養市民層といわれ、フランス大革命の恐怖政治が知れわたるにつれて、「愚民の支配」に行き着く可能性を持つ民主主義を抑える意味で、王権との妥協を目指す傾向を持つようになっていった。したがって、ナポレオンの支援によって中規模の領邦を作り上げた西南ドイツの諸邦でも、共和制ではなく立憲君主制が導入されたのであった。1815年のウィーン会議後の反動時代の到来と共に、これらの西南ドイツの諸邦では、すでに導入されていた立憲君主制を廃止することは不可能であったので、それが君主主義原理を強化する方向において運用されることになったことはいうまでもない。こうして、ウィーン反動時代のドイツ同盟では、北東に陣取るプロイセン王国は半絶対主義的であるのに反して、西南ドイツはある程度「自由主義的」であるという両極化現象が生まれていた。この傾向は、その後、ドイツ帝国創立後も続くのである。

プロイセン王国では、ナポレオン打倒のために国民を奮起させる必要があり、ナショナリズムに訴えるだけではなく、ナポレオンから解放された暁には憲法制定と議会の設置が約束されていたが、ウィーン会議で王政復古と君主主義原理が再確認されたために、その約束は反故にされた。そればかりではない。「上からの近代化」政策の急進的な実行に踏み切った「シュタイン・ハルデンベルク改革」も反故にされるものが多く、反動の時代が続くことになる。

1830年７月にフランスで革命が勃発し、その影響は直ちにドイツにも波及し、中独のクール＝ヘッセンやハノーファーでは、立憲君主制の導入を骨子とする憲法が公布された。この動きはザクセンでも続いた。しかし、1837年、国王死去後、イギリスにおいてヴィクトリア女王が即位したことに伴い、イギリスと同君連合であったハノーファーでは、女子が国王になれない規則のために、ヴィクトリア女王の叔父のアウグストが国王となった。新国王は極めて保守的で、即位してすぐ、クーデター的措置で憲法を破棄した。このことに対して『グリム童話』の作者で有名なグリム兄弟を含めてゲッチンゲン大学の７教授が抗議したが、国王によって解任された。その時、国王は「教授と娼婦とバレーの踊り子は金さえ出せば、いつでも買える。」といったとされている[(9)]。この国王の発言は当時のドイツの政治的動向を示す逸話として知られられているが、このハノーファーの例が示すように、ドイツ同盟全体にわたって1830年代後半から約十数年間、より強化された反動の時代が継続する。そして1848年２月にフランスで再び革命が勃発し、ついに反動の時代は終焉を迎えることになった。

15 ドイツにおける1848年3月革命の勃発と「フランクフルト憲法」の制定

前述したように、史上初めて社会主義運動が政治の舞台に登場したフランスの２月革命は、１か月後の1848年３月にウィーンに飛び火し、民衆が蜂起した。1815年以降ヨーロッパの反動的な「神聖同盟体制」を主宰してきたメッテルニヒはロンドンに亡命し、王政復古の時代は幕を閉じた。同じ３月にベルリンでも民衆蜂起があり、王宮を包囲する事態に至った。こうして、市民革命の火がドイツ全土に広がり、「自由を通じての統一」の道が開かれたかのように見えた。ドイツ各邦で普通選挙で選ばれた代議員から構成された憲法制定国民議会が、５月にフランクフルトのパウル教会において開催された。代議員の多数は大学教授などの教養市民層であった。憲法起草委員会の設置の他、臨時中央政府が作られた。とはいえ、全ドイツを統治する権力装置たる「国家」の組織化、つまりドイツ民族統一国家を確立するために、国内の反統一勢力を打倒し、さらに外国の干渉戦争や、今後展開されるはずの政治的権力闘争に備えての憲法制定国民議会それ自体の権力集団としての軍事的な組織化には無頓着で、ひたすら議員が集まり、ひたすら「議論、議論、また議論」を重ねるのに時間を費やした。そして外部の政治状況が目まぐるしく急転する中、そうした事態の展開には関心を払わず、憲法基本草案を可決し、翌年の1849年３月に公布した。それは、後世の人によって「フランクフルト憲法」[(10)]と称されるものである。それは７章からなる。その内容は次の通りである。基本的人権の保障とそれを権力機構の面で保障する権力分立の２点セットの近代憲法と比較すると、第一に、それは、憲法の三分の二は30余国から成るドイツ同盟を統一国家へと、どのように再編するかについて、その方法の一つの法文化の試みの規定で占められている。近代憲法の根幹である国民の基本的人権は、第6章「ドイツ人民の基本権」でやっと列記されている状態である。ところが、注目すべきことは、同憲法では「基本的人権」が「基本権」(Grundrecht) という名称に変えられている点である。近代憲法では、「基本的人権」とは、人間なら誰でも有する「天賦人権」と考えられているのに対して、この憲法は「ドイツ人民」に限定され、そして「人権」ではなく、「基本権」とされている点が大きな特徴を有している。次に、政治体制としては立憲君主制が採用されており、ドイツ連邦国家《ライヒ》の元首には世襲制の皇帝を頂き、この皇帝に統治権が与えられ、議会は二院制で、上院は各邦の使節から構成され、下院は帝国議会(Reichstag)と称し、連邦全体から選出される議員から構成され、立法権が付与されている。下院議員は普通選挙制に基づき選出されるようになっている。さらに、立憲君主制が採用されていたとはいえ、皇帝は統治権の行使に際して、自分が任命した大臣の副署を必要とするが、大臣は議会に有責ではないことになっている。イギリスの議会主義的な立憲君主制からははるかにかけ離れたものである。とはいえ、連邦の構成国では、大臣は議会に有責となっている。このように、皇帝は、統治権の行使に際して、かなり自由に行動できるだけでなく、非常事態時の緊急大権――その行使の際、国民の基本権を一時的に停止できる――や、連邦構成国が連邦の法律や中央政府の命令に服しない場合、武力を持ってそれを強制できる「連邦強制権」も保有し、強大な権限が与えられていた。もっとも、こうした権限の行使に際しては、議会の同意を必要としている点で歯止めがかけられてはいる。その他、政教分離の規定、基本権の中に兵役の義務が入っている点、大臣と議員の兼職の禁止、公共の福祉のために集会の自由や貴族の狩猟権の制限が定められている。全体的な印象は、統一国家作りの工夫の規定があまりにも多く目立ち、また権力分立制は明確に規定されておらず、さらに国民の基本的人権は実質的に制限されており、そして基本的人権の保障を実現するための権力機構の合理化の試みは一切見られないので、近代憲法とは程遠いものであったといえよう。とはいえ、ドイツでは、初めて国民代表が制定した幻の憲法であった。後にそれがワイマール憲法制定時に大きな影響を与えた点では歴史的に重要な文書といえよう。

16 「フランクフルト憲法」は幻と化す

このいわゆる「フランクフルト憲法」が制定されて公布されるまでの一年間において、憲法制定国民議会の外の、ドイツ全体の政治状況は急転していた。前述したように、1848年6月に、フランスでは、カヴェニャック将軍のクーデターによって社会主義者が政府から追放され、反革命が始まり、ナポレオン三世の大統領就任へとフランス政治は急転していった。この流れがドイツにも波及し、各邦にも反革命の気運が高まり、旧体制への揺り戻しが起こった。パウル教会に集まった憲法制定国民議会の政治的な権力リアリズムに欠けた自由主義的な代議員達は、こうした政治的潮流の激変には無頓着であり、ただひたすら憲法起草に励んだ。1849年4月に、国民議会議長のE・ジムゾンを団長とする議会代表団がプロイセン国王を訪れ、公布された憲法に基づく「ドイツ帝国の皇帝」に推戴したので、帝冠を受けて欲しいと懇願するが、断られた。「自由を通じての統一」の道は、これで閉じられることになった。すでにヘーゲルは前述の政治論文『ドイツ国制』の中で、ドイツ民族の統一の道は「権力、権力、また権力」以外に、その方法はないと予告していたが、このヘーゲルの主張は国民議会の自由主義的な議員達には何ら影響を与えていなかったようである。ところが、このヘーゲルの「国民的な権力国家」思想を継承したのは、実はプロイセンのビスマルクであった[(11)]。この点については、次の章において触れることにする。

1849年5月時点では、プロイセンとオーストリア両大国ではすでに旧体制が復活していた。フランクフルト国民議会は憲法案を可決した後、それを各邦に送付してその承認を求めていたが、この両大国や、そして次に大きい邦のバイエルンなどがそれを拒否し、それぞれの代議員の撤収を命じたために、残された少数の急進的な民主派はシュトゥットガルトに議会を移した。しかし、武力弾圧され、バーデンやザクセンでは民衆の蜂起が起こり、市街戦が繰り広げられた。ザクセンでは、宮廷指揮者のワーグナーが民衆側に立ったことで追放され、その後流浪の旅に出たことは有名な話である。またマルクス主義的社会主義の創治者の一人のエンゲルスもバーデンで議会側の

「将軍」として戦った逸話が残されている。この時、弾圧された多くの自由主義者達はロンドンやアメリカへ亡命している。こうしてフランクフルト憲法は幻となって歴史の中に消えていったのである。

17 プロイセン憲法の制定過程

次に、眼をドイツ同盟内の大国のプロイセン王国に転ずるなら、同国にも、前述の通り、3月革命が勃発した。プロイセン王国の飛び地のラインラントにはすでに資本主義経済が定着し始めており、一定の規模の市民階級が台頭していた。当時の国王のフリードリヒ＝ウィルヘルム四世は、ラインラントの商工会議所会頭のダーフィト・ハンゼマンを首班とする自由主義内閣を発足させ、革命に対処した。同内閣は普通選挙に基づく憲法制定会議の招集を行い、立憲君主制へ向けての政治体制の転換を目指した。しかし、フランスの反革命が知れわたるや、プロイセンでも反革命の方向へと事態が急転した。ハンゼマン内閣は罷免され、それに代わって反動内閣が登場した。12月初めに憲法制定会議は近代的憲法を国王に提出した。国王は、それを受け取って同国憲法として公布した。というのは、3月革命で自由主義的市民階級の一定の成長を眼前にして、彼らを否定することは不可能であると感じたからである。ただし、国王は市民階級を体制内存在に変えるために、一応、彼らが作った憲法を一先ず受け入れ、その後時間をかけて同憲法から体制にとって有害な部分を削り取り、憲法を逆に体制補強の手段として利用しようと考えたのである。国王はこうした政治戦略に基づいて、同憲法については、それを「通常の法律制定の方法での憲法修正を留保する」という条件を付け、かつ同時に憲法制定会議を解散させた。そして、約一年二か月後の1850年1月31日に、各条文に渡る修正を施した憲法を欽定憲法として公布した。これが「プロイセン憲法」[12]である。それは9編に分かれ、119条から成る。今日の日本では、大学の憲法の授業では——また教科書もそのようになっているが——、二編に分けて講義しているのが通例であるようである。第一編が基本的人権論で、第二編が国家機構論ないしは統治機構（または統治組織）論である。この分類の仕方に沿って、プロイセン憲法を見ると、元の憲法では、「第二編　プロイセン人の権利」では、法の前の平等、人身の自由、所有権の保障、言論・出版の自由、結社の自由など、国民の基本的人権が保障されており、次に、国家機構の箇所では、まず第４条で「国王の一身は不可侵である」と宣言し、国王の統治に関する絶対権が明記され、他方、一応、議会として二院制が採用されている。ところが立法権は国王と両院が共同で保有することになっている。上院は勅任の世襲議員（王族、上級貴族、特定の大地主、国家に功績のあった者で、国王が任命した者など）から構成され、当然、国王と共に法律提案権を持つ他、下院が通した法案を否決する権限も付与されていた。下院は国王の藩屏である上院に比べて著しく弱体であったとはいえ、1848年４月公布の普通・平等・秘密・直接選挙法に基づいて選出される議員から構成されるはずであった。ところが、1850年１月にプロイセン憲法として公布された法典には、各条文の修正とそれに対応する法律、主として基本的人権を制約する法律が制定されていた。こうして国民の基本的人権は完全に形骸化され、選挙権に至っては、普通選挙権を規定した憲法の条文は制限選挙制に改悪され、それを具体化した悪法として有名な三級選挙法が公布され、少数の高額納税者のみに選挙権が与えられ、間接、公開選挙制が導入された。これで無産者階級の下院への門は1918年末のドイツ革命勃発まで閉ざされることになった。

18 プロイセン憲法の特徴——外見的立憲主義体制の疑似憲法

　このように、プロイセン憲法は外見的には近代憲法の体裁を備えているが、その実質は国王絶対支配を隠蔽する道具に過ぎなかった。とはいえ、プロイセン憲法でも、一応外見的には近代憲法の形式をとっているために、もし将来国民が政治的に成熟して民主主義運動が強くなったのなら、憲法の条文を本来の趣旨に沿って国家権力の乱用をチェックする手がかりとして利用できる可能性を秘めていた。したがって、外見的立憲主義憲法でも、反動的権力にとっては「両刃の剣」の役割を果たす可能性を秘めていることから、プロイセンでは、王権神授説を盾にとって、国家の権力装置の中核である軍隊は国王の私兵ということで、その指揮権に関しては憲法の拘束を受けないようにした。つまり「憲法では絶対に縛られない」国家権力の領域が設定されたのである。それは国王の帷幄権〔軍隊統師権〕と称された。次に、国王絶対権力を支える宮廷や官庁も憲法の範囲外に置かれ、最後に、国王絶対支配の一環としての国王の政府は国民代表による拘束を認めないという点が確認された。こうしたプロイセン憲法に基づく政治体制の特徴は次のように言い直されるであろう。要するに、プロイセン憲法は、国王の統治権については、その一部のみ――上からの資本主義経済の温室的な育成に役に立つ側面、つまり所有権の保障や経済活動の自由などに関わる領域――が憲法の制約下に置かれ、いかにも「近代的憲法」の下にあるという外見を示すことで、王権に対する国民の服従を勝ち取るための権力の正当性を調達する手段として用いられることになったのである。他方、国王の絶対権を支える軍隊については、憲法外に置かれた。そして、政府に対する議会のコントロールに関しては、制度的には予算協賛権しか認められていなかった。最後に、憲法の制約下に置かれた国王の統治権の一部も、元の憲法〔1848年12月の民定憲法〕にはなかった非常事態に対処する緊急命令権が国王に与えられていた。したがって、戒厳令権を含めて、国王が緊急命令権を用いると、憲法に基づいても、国王絶対主義は貫徹されるようになっていた。つまり、外見的立憲主義憲法が制定されても、それは国王の絶対的権力を大きく制約するものとはならなかったのである。とはいえ、一応外見的ではあるが、近代的憲法が導入された以上、国政運営はある程度その制約を受けることになったことはいうまでもない。その意味するところは、曲がりなりにも立憲主義が作用する切っ掛けが制度的に創出されたことで、ドイツにおける自由主義の実践の観点から見るのなら、政治的には一定の前進であったといえよう。

このプロイセン憲法に基づく政治体制が後に外見的立憲主義憲法体制とか、疑似立憲主義型体制といわれるようになったのである。そして、このプロイセン憲法は明治憲法制定時にその模範とされ、その原型となったのである(13)。

(1) 谷川稔・渡辺和行編著『近代フランスの歴史—国民国家形成の彼方に』ミネルヴァ書房、2006年、97〜98頁。福井憲彦編『フランス史』(新版世界各国史12) 山川出版社、2001年、288〜289頁。杉原泰雄『憲法の歴史』94〜96頁。

(2) フランス大革命から1875年の第三共和国憲法制定期までの「憲法改正の政治過程」の研究については、杉原泰雄『人民主権の史的展開—民衆の権力原理の成立と展開』岩波書店、1978年。樋口陽一『現代法律学全集36　比較憲法』などを参照のこと。

(3) 神聖ローマ帝国の国制については、F・ハルトゥング著・成瀬治・坂井栄八郎訳『ドイツ国制史—15世紀から現代まで』岩波書店、1980年が詳しい。

(4) 4「ドイツ憲法論」G・ヘーゲル著・金子武蔵訳『政治論集』〈上〉、岩波文庫、1967年、49頁、87頁。

(5) 本書におけるドイツ政治史についての知見は、特にその出典を挙げていない限りは、主に次の著作に拠った。成瀬治他編『世界歴史体系・ドイツ史』1 (1997年)、2 (1996年)、3 (1997年)、山川出版社。飯田収治他著『ドイツ現代政治史—名望家政治から大衆民主主義へ』ミネルヴァ書房、1996年。若尾祐司他編著『近代ドイツの歴史—18世紀から現代まで』ミネルヴァ書房、2005年。K. S. Pinsonn, *Modern Germany : Its History and Civilization,* Second Edition, 1966など。

(6) B・アンダーソン著・白石隆・白石さや訳『社会科学の冒険　2期4　定本想像の共同体—ナショナリズムの起源と流行』(2006年)、書籍工房早山、2007年、24〜26頁。

(7) G・ヘーゲル著・金子武蔵訳、前掲書、188〜189頁。権左武士『ヘーゲルとその時代』岩波新書、2013年、51頁、174頁。

(8) ドイツの「教養市民層」の研究として、F・K・リンガー著・西村稔訳『読書人の没落—世紀末から第三帝国までのドイツ知識人』(1969年)、名古屋大学出版会、1991年。C・E・マクレランド著・望田幸男監訳『近代ドイツの専門職—官吏・弁護士・医師・聖職者・教師・技術者』(1991年)、晃洋書房、1993年などがある。

(9) 小林孝輔『法学選書32 ドイツ憲法小史』〔新訂版〕、学陽書房、1992年、118頁。

(10) フランクフルト憲法の邦訳は、高田敏・初宿正典編訳『ドイツ憲法集』〔第6版〕、信山社、2010年に収集されている。

(11) ドイツにおけるヘーゲルの国民的権力国家思想とその展開に関する政治思想史の研究として次の文献がある。H・ヘラー著・永井健晴訳『ヘーゲルと国民的権力国家思想』(1921年)、風行社、2013年。

(12) プロイセン憲法の邦訳は、高田敏・初宿正典編訳、前掲書に所収されている。

(13) 明治維新後、列強に伍していくための日本の近代国家作りにおいて、英仏独の三か国がそのモデルとして考えられていたが、明治14年の政変でイギリス型近代国家を目指す大隈重信、福沢諭吉らのグループが政治的権力闘争において敗れ、勝利した権力集団は、ドイツ型の近代国家作りを目指す伊藤博文をリーダーとする集団であった。伊藤博文は、翌年の明治15年に、憲法起草の準備として、先進国憲法の調査を行うためにヨーロッパに出かけ、ドイツでは半年間滞在した。その間、ビスマルクや、社会王政論で有名なウィーン大学のL・v・シュタイン教授と会見し、貴重な助言を得ている。帰国後、金子堅太郎、伊東巳代治、井上毅などと共に明治憲法の起草に当たり、その際、ドイツから来たお雇い外人のレェスラー（Hermann Roesler）やモッセ（Albert Mosse）の指導を受けた。明治憲法制定過程におけるプロイセン憲法の影響についての最近の研究については、次の著作がある。瀧井一博『講談社選書メチエ 文明史の中の明治憲法――この国のかたちと西欧体験』講談社、2003年。

なお、注(9)に挙げた著書において、小林孝輔氏は、プロイセン憲法の明治憲法への影響についての記述の中で、両憲法のその内容面における比較を次のように行っている。ベルギーが1830年に独立し、翌年に19世紀の自由主義的な憲法の典型と称されている国民主権の原則に立脚する立憲君主制の憲法を制定した。プロイセン憲法はこのベルギー憲法の影響を受けているが、それは内容面ではなく、その「体裁」のみである、と指摘している（152頁）。次に、プロイセン憲法と明治憲法とを比較して、政治構造（統治構造）の部分は酷似しているが（154～155頁）、国民の「自由の保障」の点ではプロイセン憲法の方がすぐれている、と分析している（156頁）。

第3章

社会主義の挑戦による近代憲法の変容

——その象徴としてのワイマール憲法——

第1節
プロイセン主導のドイツ民族統一国家の実現
――ドイツ〔第二〕帝国の成立――

1 プロイセン絶対主義国家の特質とその二つの魂

1850年代のプロイセン王国は半絶対主義国家といわれている。プロイセン絶対主義国家はフランスのそれと比べた場合、違った特徴を持っている。フランスの場合、ブルボン王家が大中小の封建領主を服属させ、もし反抗する者があれば、傭兵隊を用いてその領地を没収し、従来領主が持っていた統治権を中央へ集権化して、君主の絶対権力に変換した。その際、君主に服属した封建領主らを旧領地の大小に応じて序列化された貴族制度の中に再編成し、彼らを君主の絶対権力を担う軍隊と官僚制の指導幹部に登用した。こうして、国王は国土全部を中央の統一権力の下に置き、農奴、つまり農民を直接的に統治することが可能となった。ところが、プロイセンでは、国王による封建領主の統治権の奪取はフランスのように完全に実現されなかった。フランスの場合、ブルボン王家の家産権力を支える傭兵隊を賄う資金を支援する都市が発達しており、さらに、国王の統治を担当し、かつ国費を調達する徴税組織を運営する官僚制も創設されていたが、プロイセンではそうした条件が整っていなかったからである。公国から王国へと発展する過程において、プロイセンの本拠地のエルベ河の東岸地域（東エルベ地方ともいう）はヨーロッパの辺境であり、隣国との熾烈な国際的な権力闘争が繰り返される場所であった。そうした事情に規定されて軍事国家の性格を持たざるを得なかったので、軍事面での国家の強化にその力を傾けた。そうした必要性から止むを得ず、国王は封建領主の子弟を軍隊の将校として採用することになり、その帰結として全国支配においても彼らの力を借りる他なかったのである。代々の国王たちは、国土全体を統治する地方行政組織の確立に際して、封建領主を国家機構の末端の行政を担当する郡長に任命し、次に、その子弟の中で、ケーニヒスベルク大学で学んだ者を、国政を担当する高級官僚として採用した。このように、王権側は、絶対主義国家の確立に際しては封建領主を利用したかのように見えるが、時が経つと共に、逆にこれらの封建領主達の統一的な権力機関に変質してしまったのである。換言するなら、プロイセンは、ユンカー(Junker)と称されていたこれらの封建領主の国家となったのである。

フリードリヒ大王時代には、ユンカーの子弟は、ケーニヒスベルク大学でカントに学び、さらにカントの弟子で、聖書と並んでアダム・スミスの『諸国民の富』を必読書として推薦していたクラウス(C. J. Kraus, 1753～1807)教授の下で学んで、開明官僚として教育されていた。そして、彼らによる「上からの近代化」政策が遂行され、その影響を受けて、ユンカーもその領地を、警察権を持つ郡長として治める一方、大農地でイギリス向けの小麦を生産する経営に励み、さらに、プロイセンが資本主義の世界システムの中に組み込まれていく度合いが強まるにつれて、小麦の輸出のみならず、小麦を原料とするウィスキー醸造工場を経営するなど資本家の一面を示す者も現れた。こうして、プロイセン絶対主義国家は、それを支えるユンカーの資本主義経済への封建領主の特性を保持したままでの適応によって、その性格をおもむろに変えて、1850年代においては半絶対主義国家へと変貌を遂げていったのである。

ところで、もう一つ、プロイセンについて忘れてはならないことがある。プロイセン王権の牙城であるユンカーの他に、飛び地のラインラントには資本主義的商工業が発達し、それを担う資本家層が存在し、彼らは国家の「上からの近代化」政策に最も期待し、かつその徹底化を求めていたのであった。したがって、1850年代のプロイセンには、二つの魂が存在していたといえよう。一つは、いうまでもなく、封建的な特権を持ったままに資本家として大農経営者に変身しつつあるユンカーの保守主義であり、もう一つは、ラインラントの大資本家層の穏健自由主義であった。そして、この二つの政治勢力間の権力闘争が公然たる形で現れたのが1848年の3月革命であった。ただし、反革命によって大資本家層は敗北を喫したことから、反動時代に入った。革命の失敗によって、自由主義的な市民階級は、「自由を通じての統一」の夢が挫かれ、その一部は自由の天地のアメリカへの亡命の旅を選んだが、残りの多くは、とりわけラインラントの資本家は、そのエネルギーを政治の自由主義的な改革ではなく、経済活動にその全力を傾注し始めた。ちょうど時期を同じくして、ドイツでもイギリスに遅れること約80年になるが、産業革命が勃発し、プロイセンの資本主義経済は飛躍的発展を遂げつつあったのである(1)。

2 ドイツ統一への障害

一方、革命の失敗で「自由を通じての統一」の道が塞がれたので、残された道は武力統一のみとなった。統一の主体と目されているプロイセンは、経済的にもオーストリアを除くドイツ同盟全域を対象とする関税同盟を締結する政策を進めていたが、すでに1833年にそれを実現し終えていた。とはいえ、プロイセンの武力による統一の道には大きな障害が二つ横たわっていた。一つは、ドイツ同盟を実質的に牛耳っている大国のオ－ストリア帝国を同盟から追放することである。それは戦争以外では不可能であった。もう一つは、フランスのナポレオン三世であった。彼は、西南ドイツ諸邦をフランスの影響圏内にあるものだと考えていた。また、これら諸国も、叔父のナポレオン一世によって外から「押し付けられた」とはいえ、自由主義的な近代化を経験しており、同族のプロイセンよりは国境を接するフランスにより多くの親近感を抱いていた。したがって、プロイセンによるこれらの西南諸邦国の併合は、ナポレオン三世が黙視するはずはなかったので、彼を黙らす方法は戦争以外には考えられなかった。さらに、ヨーロッパ中央に強大な大国の出現は、これまで国際秩序を維持してきた勢力均衡の原則を揺るがすことになるので、英露もそれを容易に認めるはずはなかった。こうした国際政治的な障害を乗り越えて、プロイセンがドイツ統一という歴史的課業を成就するに当たって、二、三度の戦争を行える国内体制の整備はいうまでもないが、ヨーロッパの大国を手玉にとって、統一という事業を遂行できる優れた外交能力と政治的指導力を備えたリーダーの出現が当然期待された。

3 ビスマルクの政治家修業時代

この期待に見事に答えた人物こそが、1862年9月にプロイセン首相に任命されたビスマルク（Otto Fürst von Bismarck, 1815～1898）であった。彼は、ゲッチンゲン大学法学部で学び、故郷の東エルベ地方に帰郷し、農場経営に携わっていたユンカーであった。1848年の3月革命に際しては、王室を守るために一族郎党を引き連れてベルリンの王宮に馳せ参じ、国王を助けた。その功績が認められて、ドイツ同盟の中央機関の同盟会議のプロイセン代表に任命されたのであった。そこで、田舎出のビスマルクは、同盟が抱える諸問題について猛勉強を行い、主導権を握っているオーストリア代表と渡り合い、その外交交渉力に磨きをかけた。その九年後の1858年、優れた外交官に大きく成長したビスマルクは、ロシア駐在のプロイセン大使に任命されたが、大国ロシアの宮廷に入り込み、ツァーリ政治の実態をつぶさに観察し、その政治力の涵養に務めた。その後、1862年3月、フランス駐在大使に任命された。パリ滞在中のビスマルクは、国内の諸勢力間の分断と相互牽制を図る一方、民衆のナショナリズムを巧みに利用して権力維持を図るナポレオン三世のボナパルティズム政治の要諦を学び、大政治家へと脱皮を遂げていたのである(2)。

4 ドイツ統一の主導権を巡る資本家層とユンカーとの対立の発生

革命後十年が過ぎた1858年、プロイセンでは、その間に資本主義経済が飛躍的に発展しており、それと共にそれに携わった資本家層の存在感が社会・経済的領域において高まっていた。彼らは重工業をさらに発展させるために政府の支援の必要性を痛感するようになり、再び政治に関心を示すようになった。そして、自由主義的資本家層は、ドイツ全体において政治的に活動する組織の結成に乗り出した。こうした動きを見て、王権側もそれに対応して反動政策の修正に取り掛かり、いわゆる「新時代」が始まった。すなわち、国王のフリードリヒ・ウィルヘルム四世の精神病が重くなったことで、王弟のウィルヘルムが摂政に就任し、穏健保守派から成る「新時代」内閣が発足した。1858年の下院選挙では、自由主義的資本家層の政治的代表機関の自由派が圧勝した。翌1859年４月、イタリアでも統一国家樹立を目指してオーストリアとの戦争が始まった。それに刺激されて、ドイツの自由主義的資本家層も、プロイセンによる統一国家樹立と、その後に統一された国家に対する彼らの影響力を保障する議院内閣制の確立を要求する「ドイツ国民協会」を設立し、再び政治活動を開始した。その際、彼らは、言論、出版、集会の自由や、選挙制度の民主化を要求せず、三級選挙制度を前提にして、下院では有産階級として多数を制する可能性が展望される中で、下院に有責な議院内閣制さえ確立すれば、それによってプロイセン国家を指導して、ドイツ統一の主導権を掌握できるものと考えたのであった。しかし、軍隊をはじめ国家装置を掌握しているユンカー保守派は、こうした自由主義的資本家層の動きを座視するはずはなかった。というのは、ドイツ統一は武力で行う他に道がなければ、その武力を掌握している彼らがドイツ統一の主導権を確保し、新しい統一国家でも支配階級としてその存続を確保しようとするのは当然であったからである。

5　軍制改革を巡る両派の権力闘争

こうして、資本家階級を代表する議会における自由派とユンカー保守派を背後に持つ王権とのドイツ統一を巡る主導権争いが始まった。その切っ掛けは、軍制改革であった。1848年３月の革命時に、軍隊の中の後備軍が革命側についた苦い経験を持つ王弟ウィルヘルムは、摂政に就任するや、直ちにプロイセン軍隊の民主的な要素を排除する軍制改革に乗り出したのであった。当時の軍制は、ナポレオンからの解放戦争時代に作られた兵役法に基づくもので、正規軍と後備軍が別個の組織として編成されており、後者の将校には市民層出身の一年志願士官が当てられ、ユンカーの軍隊支配権を制限し、軍隊と民衆の結びつきを緊密にしようとした点に特徴があった。陸軍大臣ローンは、1860年２月、下院に軍制改革案を提出した。それは、まず後備軍を廃止して、軍を正規軍に一本化し、次に、従来予算の不足から２年に短縮されていた３年現役制を完全実施し、最後に、毎年の新規徴兵人員を４万から６万３千人に増やす内容のものであった。自由派は、彼らのコントロールの届かない正規軍一本化の軍制改革に反対した。ただし、軍事予算については、それを暫定的に承認し、政府との妥協に動いた。翌1861年も、同じことが繰り返された。政府は依然として軍制改革の実施を要求するが、自由派はそれに反対した。そして、自由派の中の急進派が同年６月、「ドイツ進歩党」を結成し、政府に対する対決姿勢を示した。同年12月、下院選挙で同党が一躍全議席352の内、104議席を獲得して第一党へと躍り出た。新しい議会で軍制改革案が同党によって拒否され、それに対して政府は下院の解散で応えた。ところが、選挙の結果、進歩党を含む自由派が圧勝し、ユンカー保守派は惨敗し、その責任を負って「新時代」内閣は退陣した。保守派による内閣が作られ、クーデターも画策されたが、万策尽きた後に、1862年９月に、最後の切り札としてパリ駐在大使のビスマルクが召還され、首相に任命されたのである。

6 「鉄血宰相」ビスマルクの登場と「憲法紛争」の発生
――ビスマルクの大政治戦略

首相に就任したビスマルクは、下院に臨んで、「現在の最大の問題は、〔1848～49年の時のフランクフルト国民議会において行われたような〕演説や多数決によってではなく――それによって解決できると考えたのは1848～49年の大きな過ちであった――、鉄と血によってのみ解決できるのである。」と断言して、議会の同意を得なくても軍制改革を実施する決意を述べた。彼が後に「鉄血宰相」と呼ばれた所以はこの演説にある。彼は、予算案に関して、政府および両院の意見が一致しない場合の規定がない憲法の欠陥を利用して、このような場合、事態を収拾する責任は政府にあると宣言し、下院を無視して軍制改革を断行した。こうして、憲法史では有名な「憲法紛争」が起こったのである。ビスマルクは、イギリスやフランスにおける労働者大衆の政治舞台への進出をつぶさに観察して、大衆民主主義国家の政治力学の要諦を十二分に会得しており、ドイツ統一事業を推進するための国内政治体制の再編に際して、そうした世界史的な大局観から政策を展開し始めていた。まず、ユンカーの代表であり、王権の守護者のビスマルクは、半封建的なユンカーが今後も支配階級としてその地位を保持しようとするなら、ユンカー自身も経済の全面的な資本主義化に合わせて自らも農業資本家へと脱皮する必要があり、そしてドイツ資本主義の急速な発展と共に国の経済的な実権を掌握し始めた大資本家層とは有産階級としての共通面があるので、彼らとの政治的な同盟を結ぶために、両者の妥協に漕ぎ着けるべきである、と考えた。次に、この両者の政治同盟が出来上がった後には、大資本家層を除く自由主義的な資本家層の要求する議院内閣制の確立を含めての政治の自由主義的な改革を阻止するために、彼らが恐れている「民主主義」の担い手、つまり「愚民」の力を利用する必要がある、と考えた。そして、彼はこうした政治のグランドデザインに基づく戦略の実行に直ちに取り掛かったのである。

7 ドイツ民族統一国家としてのビスマルク帝国の成立

そもそも民族統一国家樹立は自由主義的な市民階級の歴史的な課業である。もしそれを王権が武力で実現するのなら、自由主義的な市民階級がいかに王権に反対であっても、王権が統一事業を進める間は、王権を支持せざる得なくなるであろうと、ビスマルクは考えた。そこで、彼は、ユンカーの持つ偏見には一切とらわれず、民族統一というナショナリズムを王権の正当化のための手段に活用しようと考えた。ドイツ同盟内のデンマークと国境を接するシュレスヴィヒ、ホルシュタインの二つの地域にはドイツ人とデンマーク人が混在していた。1864年、デンマーク王はこの二つの地域の併合を企てた。この機を捉えて、ビスマルクはドイツ同盟への外国の介入として捉えて、オーストリアと提携してデンマークに戦争を仕掛け、勝利の内に終えた。こうして両地方をドイツ同盟内に組み入れた。これによってドイツ民衆のナショナリズムの火が強く燃え上がった。ビスマルクは、この機会を捉えて、自由主義的な市民階級が政治の自由主義的改革を主張するよりも、ナショナリズムの感情がより強まる方向へと世論を誘導し始めた。次に、彼は、シュレスヴィヒ、ホルシュタインの管理の問題で、ドイツ人の割合が圧倒的に多いホルシュタインをオーストリアに委ねた。それは、この地域の住民の反オーストリア感情を高めるための仕掛けであった。間もなく反オーストリア感情、つまりナショナリズムが急速に拡大し、それがプロイセン全土に広がった。ビスマルクはこの機会を捉えて、まず、開戦の3か月前にヴェネチアを与えると約束してイタリアと秘密軍事同盟を結び、次に、ナポレオン三世に対して中立を保ってくれれば、かつてフランスが占領統治したことのあるラインラントの割譲もあり得ると臭わせ、かつ西南ドイツの諸邦の将来についてもフランスと協議する姿勢をちらつかせて、いかにもフランスによる併合もあり得るというシグナルを送った。そして、ナポレオン三世の中立を確かめた後に、直ちにオーストリアに戦争を仕掛け、一週間で勝利の内に戦争を終えた。こうして、オーストリアをドイツ同盟から追放することに成功したのである。ビスマルクは、西南ドイツの諸邦を除くドイツ同盟の諸邦を併合して、1867年、「北ドイツ連邦」を創立した。これによって、ドイツ統一は80%は実現されたも同然であった。ビスマルクは、その後、普仏戦争に備えて準備を整え、1870年夏、スペイン王位継承問題を巧みに操作して、ナポレオン三世をしてプロイセンに宣戦布告させ、電撃的にフランスに進軍し、セダンで同皇帝を捕虜にし、フランスに対して勝利を収めた。ビスマルクはプロイセン軍をパリへ進め、1871年1月18日、ヴェルサイユ宮殿の鏡の間で、西南ドイツのバイエルン、バーデン、ヴュルテンベルクなどを北ドイツ連邦に編入し、ドイツ同盟を構成する諸邦の君主を招き、「ドイツ帝国」の創立を宣言した。そして、プロイセン国王ウィルヘルム一世（王弟ウィルヘルムは1861年、プロイセン国王に就任し、ウィルヘルム一世と名乗っていた）がドイツ帝国初代皇帝に就任した。こうして、ドイツ民族の多年の宿願であった統一国家のドイツ帝国が誕生したのである。

8 「憲法紛争」の終焉と新しい支配階級の再編成

ビスマルクは、ユンカーが持つ政治的偏見に全くとらわれることなく、彼の最高目的である王権の維持・発展の見地から、国王が統治する民衆の多数者が、もし民主主義に向かえば、民主主義を、また自由主義に向かえば、自由主義を、さらに社会主義に向かえば、社会主義さえも活用して、時代の変化に合わせて、いかなる政治原則でも民衆の多数が支持するなら、それらを王権の正当化の手段として利用しようと構えていた。こうした政治的な権力リアリズムに立脚する政治的な大戦略に沿って、首相就任後僅か八年にして、困難を極めたドイツ統一という自由主義的な市民階級の歴史的課題を実現させたのであった。ビスマルクは、その三年前に北ドイツ連邦を創設した時、下院に普通選挙制度を導入していた。民主主義を主張する「愚民」の力を利用して、自由主義勢力の拡大を抑制するボナパルティズム政治が作動する仕掛けを新しい国家体制に組み入れたのである。そして、新しい統一国家樹立と並行して、統一国家における新しい支配階級の再編にも大政治戦略に基づいて取り掛かっていた。彼は、前述のように、首相就任以降、憲法を無視して国政を推進した。1866年の対オーストリア戦の勝利によって、統一事業が半ば終わったところを見計らって、下院に赴き、本来自由主義的市民階級の歴史的な課業であるはずのドイツ民族統一国家の樹立を、困難な国際政治的な権力布置の中で遂行するためには、憲法を一時的に無視したことは止むを得ないことであった。統一の見通しが見え始めた今日、今後、憲法を遵守するので、四年間の憲法を無視したことについての責任を免除する「事後免責法」を提出するので、ご検討願いたいと、下院に向かって陳謝した。この法案を巡って、議会第一党の進歩党は真二つに割れた。多数派の大資本家層から成る右派は、同法案に賛成し、進歩党から離党し、新しい政党の国民自由党を創設した。この国民自由党はビスマルクを支えるユンカー保守党と政治同盟を結ぶことになり、その後、ビスマルクを支える支配政党へと変貌をとげる。こうして、ビスマルクは、国内政治において、ドイツ政治の自由主義的改革を要求する進歩党を、ナショナリズムを利用して分裂させ、さらにその後もそれを去勢化させるための政策を推進していった。こうして、「憲法紛争」は終焉を迎えた。後述するが、ビスマルクは、台頭し始めた労働者大衆の民主主義的な要求の一部を進んで取り入れ、自由主義勢力を抑制するために、階級間の対立を巧みに利用して、1890年に退任するまで、ボナパルティズム政治を展開し、ドイツ帝国の権力の中枢の座に座り続けた。

ビスマルクによって創立されたドイツ民族の統一国家は、神聖ローマ帝国と同様な国名、すなわち、「ドイツ帝国」（Das Deutsche Reich）を名乗ることになった。それは、神聖ローマ帝国と区別する意味で、神聖ローマ帝国を「ドイツ第一帝国」と称し、「ドイツ第二帝国」とも称されたが、またビスマルクが創立したので「ビスマルク帝国」ともいわれるようになった。後に、ナチ国家が「第三帝国」と称したのは、こうした繋がりがあったからである。

（1） プロイセンの成り立ちからその最盛期までの概説史として、S・ハフナー著・魚住昌良監訳・川口由起子訳『図説 プロイセンの歴史―伝説からの解放』（1979年）、東洋書林、2000年がある。

（2） ビスマルクの伝記で邦訳になったものとして、次のものがある。E・アイク著・救仁郷繁他訳『ビスマルク伝』（全８巻）ぺりかん社、1993～1999年。L・ガル著・大内宏一訳『ビスマルク―白色革命家』創文社、1988年。E・エンゲルベルク著・野村美紀子訳『ビスマルク―生粋のプロイセン人・帝国創建の父』海鳴社、1996年。J・スタンバーグ著・小原淳訳『ビスマルク』〈上・下〉白水社、2013年など。

第２節
ドイツ帝国憲法（ビスマルク憲法）の特徴

ドイツ帝国憲法は1871年４月16日に公布された。それはビスマルク憲法とも称されている。というのは、ビスマルクがドイツ帝国を創立し、帝国の基本的枠組みとその運用に関する基準を自ら定めていたからである。それ故に、同憲法はビスマルクの体に合わせて誂えた洋服と例えられているように、彼が帝国を統治しやすいような工夫が施されている。その内容は以下の三点である(1)。

第一に、ドイツ帝国は、プロイセン王国によってドイツ同盟からオーストリア帝国を追放した後の残りのすべての諸邦を武力で統一した国家である。通常、武力による統一の場合、武力によって併合した諸邦の王朝を追放し、その領土をプロイセン王国の版図に組み入れることになるが、ビスマルクはこの手法をとらなかった。というのは、この手法は併合した諸王朝を廃絶させることになり、王権神授説をとるプロイセン王家それ自体の正統性を傷つける間接的な作用を引き起こす恐れがあったからである。それ故に、ドイツ帝国は、プロイセン王家と、他の諸邦の王朝――イギリス国王と同君連合を組んでいるハノーファーの他、三つの小邦が整理統合されたので、それらは例外として――との「永久の同盟」という形をとった連邦国家として構成された。22の邦国と３つの自由都市の25か国の政府の「永久の同盟」を制度的に具現する中央政府の機関として「連邦参事会」（Bundesrat）が設置された。連邦首長としてのドイツ帝国皇帝は、プロイセン国王が兼務した。帝国の主権機関の連邦参事会は、各邦を代表する代議員によって構成される。代議員の数は人口比によって各邦に配分され、その議員数は57で、プロイセン邦には17が与えられた。憲法は反対票が14票あれば、改正は不可能である。したがって、いかなる憲法改正も、プロイセンが反対すれば、不可能となる仕組みになっていた。そして、プロイセン首相が中央政府を代表する帝国宰相を兼務し、かつ帝国の主権機関の連邦参事会の議長を兼ねた。要するに、新しく創立されたドイツ帝国の政治は、絶対権を掌握しているプロイセン国王＝ドイツ皇帝、そしてその代理人のプロイセン首相＝帝国宰相のビスマルクを中心に回転する仕組みが制度化されたのである。この仕組みは帝国憲法の王朝主義的原理の制度化の形式をとったプロイセンのヘゲモニーの憲法上の保障であった。

第二に、帝国議会（Reichstag）が設置された。それは、形式的には上院の役割を果たす連邦参事会に対して下院に位置づけられており、25歳以上の男子の秘密投票による普通・平等・直接選挙によって選出された代議員によって構成された。それには、法律案の提出権、「自己に提出された請願を連邦参事会または帝国宰相に移送する」権限が与えられていた。ビスマルクは、北ドイツ連邦創立の際にすでに帝国議会を設置していたが、前述のように、市民階級の自由主義的な政治改革を抑制する手段として、民主主義を利用しようとした。つまり、ドイツ国民の多数派を形成する労働者大衆の下からの民主的な支持を調達する手段として普通選挙制を世界に先駆けて導入し、かつそれを通じて帝国議会に進出する労働者大衆の代表に自由主義に反対する役割を期待したのである。前述したように、1867年に北ドイツ連邦に普通選挙制を導入したが、それは世界で最初の試みであったので、ビスマルクは「赤い反動家」とか「白色革命家」と称された。ともあれ、帝国議会は全ドイツ国民を代表する唯一の民主的な機関であり、したがって帝国憲法の全体としてのドイツ民族＝人民を代表する民主主義原理を制度化したものである。

第三に、帝国憲法の特徴は、ドイツ国民の基本的人権ないしは基本権の章を設けていないという点である。その理由として、各邦がそれぞれ独自の憲法を有し、その憲法に基本権が取り入れられている点が挙げられる。確かに、アメリカ合衆国憲法が1788年に公布された時、連邦国家の統治機構の規定——もちろん、近代憲法であるので、それは「人民主権を前提とし、その人民から一定の権限を委託された〈権限の制限された政府〉（limited government)」の機構を定めた規定[(2)]――のみで、ドイツ帝国憲法と同様であった。しかし、その三年後の1791年に、「合衆国憲法修正箇条」(10箇条)が確定されており、それはアメリカの「権利の章典」(Bill of Rights)と呼ばれていることから類推すると、約80年後のドイツ帝国では意識的に近代憲法とは距離をおくという意味でも、基本的人権論を無視しているように解釈される。というのは、基本的人権論は自由主義原理の具現されたものであり、ドイツ帝国は自由主義に対してはできるだけ距離をおこうとする傾向を強く持っていたからであろう。それのみならず、前述したように、幻の「フランクフルト憲法」が「ドイツ人の基本権」を含んでいるものの、その圧倒的に多くの部分で統一国家をどのように組織するのかの工夫が定められていた。ドイツ帝国憲法も全14章、78条から構成されているが、上で挙げた統一国家の統治機構の他に、約五分の四が鉄道、郵便制度の統一、軍事組織の統一、財政、経済の統一などの規定で、通常の近代憲法と比較して、憲法の体裁をとっただけの連邦国家作りの設計案に近いものであったと見た方がよかろう。言い換えるのなら、それは、ドイツ民族統一の実現体としてのドイツ帝国という国のカタチとその統治の仕組み、その編成の方向を文書化したものであって、基本的人権やそれを保障する権力分立制という統一国家の統治機構を盛ったアメリカ合衆国憲法のような近代憲法からの距離は、極めて遠いといえよう。近代憲法が広義では市民革命後の自由民主主義的な政治体制をとる国のカタチを示しているので、近代憲法のその実質を捨象して、その形式、つまり「国のカタチ」を定めた基本法という点のみを基準として憲法を捉えるならば、ドイツ帝国憲法は一応「憲法」とはいえるが、厳密にいえば、近代憲法とはいえないであろう。

ドイツ帝国憲法制定と共に、近代憲法の内容の実質が取り除かれ、その形式面のみが取り入れられた「憲法」が出現することになった。その結果、憲法概念の多義化が始まる。その点については、第4章において考察する。

(1) ドイツ帝国憲法の邦訳は、前掲の高田敏・初宿正典編訳『ドイツ憲法集』112頁に所収されている。なお、ドイツ憲法史の概説書として、次のものがある。山田晟『ドイツ近代憲法史』東京大学出版会、1963年。小林孝輔『法学選書32 ドイツ憲法小史』。初宿正典「Ⅳ章：ドイツ」阿部照哉編『比較憲法入門』有斐閣、1994年。名雪健二『ドイツ憲法入門』八千代出版、2008年など。

(2) 斎藤眞「アメリカ合衆国憲法：解説」宮沢俊義編『世界憲法集』〔第三版〕、岩波文庫、1980年、30頁。

第3節 ドイツ帝国憲法の民主的制度の活用による社会主義運動の台頭

近代憲法は、社会主義の挑戦を受けて、その中核部分の修正を余儀なくされる。修正された憲法の典型がドイツのワイマール憲法である。人民主権論の研究で著名な憲法学者の杉原泰雄氏は、「はじめに」で述べたように、このワイマール憲法を「現代市民憲法」と定義している。社会主義の挑戦を受けて、近代憲法は、その中核部分が修正されていくが、それがどのようなものなのか、それを知る上においても、その前に近代憲法に対するドイツ社会主義の挑戦がどのような内容のものなのかを知る必要があろう。したがって、ドイツにおける社会主義運動の台頭について、以下簡単に見ることにしたい。

1 1860年代初期における労働者協会の設立とその全国的組織化

今日ではあまり知られていないことであるが、第一次世界大戦までの間、世界で最大最強のマルクス主義的社会主義政党は、ドイツ社会民主党(Sozial-Demokratische Partei Deutschlands, 以下、「SPD」と略す)であった。したがって、同党について、その創立から世界の社会主義運動の指導政党へと成長していく過程をまず大急ぎで見ておくことにしたい。

産業資本主義が世界で最初に成立したイギリスでは、産業革命が本格化するにつれて、農村共同体の解体と共に、そこから工業地帯や都市へと移住し始めた労働者大衆は、住宅問題、劣悪な労働条件などの諸問題、さらに失業などの苦境からの脱出を手助けしてくれる救済策を求めていたが、イギリスでは、それは、ロバート・オーウェンによって設立された消費協同組合の形で提供された。これは社会主義運動の嚆矢といわれている。ドイツでも、実は社会主義運動は協同組合から始まっているのである。

ドイツでは、1850年代に産業革命が始動し、近代工場で働く労働者に対して機械操作に必要な最小限度の読み書き、算数、理科の基礎知識などを教え込む必要性が生まれた。そこで、資本家層は手工業職人や農民出身の労働者を近代的な工業労働者に教育し直すための機関として「労働者教育協会」（Arbeiterbildungsverein）、または「労働者協会」（Arbeiterverein）を1850年代末から1860年代の初めにかけて、ラインラントの工業地帯や各邦の大都市などに設立していった。このように、ドイツでは労働者大衆は資本家層によって上から組織化されていたのである。プロイセン邦では、資本家層は、こうした労働者の組織化に際して、まず軍制改革を巡って対立し始めた王権の牙城のユンカーに対して、彼らの背後に労働者大衆を組織して彼らの力を強化し、次に、労働者にはその苦境からの脱出策として協同組合を推奨して、労働者がイギリスのような先進国のように独自の組織を持った団体結成へと進むことを阻止する一石二鳥の方策を展開した。こうして、プロイセン邦だけではなく、資本主義的な工業が勃興し始めているドイツ諸地方では、労働者協会と協同組合が陸続と生まれた。そして、労働者協会の全ドイツ的な連携も生まれた。ザクセン邦のライプツィヒ、バイエルン邦のニュールンベルク、プロイセン邦のベルリンでは、労働者協会の中央委員会が生まれ、それらの間での連携も始まった。1862年の夏、ロンドンで開かれた世界博覧会を、これらの中央委員会の代表が資本家層の支援を受けて参観したが、その際、イギリスの労働者代表達やマルクスを含めての亡命者などと会い、先進国の労働運動についての情報に接して、彼らも資本家層から離れて独自の組織を持たなくてはならないということを自覚するようになった。帰国した労働者代表の報告を受けた主要都市の労働者協会では、労働者がその独自の組織を持つべきであるとの意見に賛成する者が多く現れた。この労働者独自の組織を持つべきであるという考え方を実行に移す任務が、ライプツィヒの中央委員会に委ねられた。ところが、この委員会は、組織をどのように結成し、どのような綱領をその組織の行動方針に掲げるべきかについて、当然無知であった。そこで、誰かにそれに関して助言を求めようとした。彼らの目に留まったのがラッサール（Ferdinand Lassalle, 1825～1864）であった。彼らは、1863年２月11日に労働運動の進め方について、手紙で助言をラッサールに求めた。では、何故にラッサールが選ばれたのであろうか。その理由は、当時、ラッサールが行った次の三つの講演にあった。

2 ラッサールとはどういう人物か

当時、ラッサールは、哲学、劇作、法律学、政治論文などの多方面の著作活動で知られた文筆家であった。彼は、ブレスラウの裕福なユダヤ人の絹織物商人の息子として生まれ、ベルリン大学でヘーゲル哲学を学び、とりわけ彼の「国民的権力国家思想」の感化を受けた。1848年の革命に際してはラインラントの革命運動に参加し、革命失敗後、49年に６か月の懲役刑に処せられており、いわゆる「48年革命の闘士」の一人であった。彼は、革命の時に、マルクスやエンゲルスと個人的に知り合い、両人がロンドンに亡命した後も文通を続け、彼の劇作に対するマルクスの意見や批判を求めたり、ドイツ政治に関して意見を交わしたりしていた。とはいえ、ヘーゲルの政治哲学を信奉して止まない彼は、持ち前の自惚れもあったが、マルクスとは何時も意見の対立を続けていた。革命前に大学の学位論文の執筆も一時中断して、著名な大農場主のハッツフェルト伯爵がその妻から提訴されていた離婚訴訟でその妻側の弁護を買って出て、その訴訟に約八年間を費やし、その甲斐あって1854年に勝訴し、そのお礼として莫大な年金をもらえる身分となったため、著作や講演などで悠々自適の生活を送るようになっていた。

1860年に軍制改革を巡って政府と進歩党との対立が始まった頃には、彼は進歩党左派に属していた。軍制改革を巡る政治的権力闘争において、自由主義的資本家層を代表する進歩党は、彼らの反政府活動が実は政治的権力闘争であるということを認識すべきである、と彼は考えていた。ところが進歩党は軍制改革に反対する反政府活動において、本来ならば政治的権力闘争の政治力学に従って、議会内闘争のみならず、議会外闘争も状況に応じて果敢に展開すべきであったにもかかわらず、そうした考え方に反対し、ただひたすら議会での反政府活動に限定している、と彼は解釈していた。この点について強い不満を抱き、ドイツ政治の将来において進歩党が果たす役割もすでに終わりつつあるのではないかと考えるようになっていた。こうした観点から、彼は、1862年4月、二つの憲法講演と、後に『労働者綱領』の題で知られるようになった『現代という歴史的時代と労働者階級の理念の特殊な関連について』の講演をもって、プロイセン王国の「憲法紛争」の渦の中に飛び込んでいったのである。

3 ラッサールの憲法講演

1862年4月16日、ベルリンの進歩党系の集会で、彼は『憲法の本質について』という題の講演を行い、次のように主張した。「憲法問題は、本来、法の問題ではなく、権力の問題である。一国の現実の憲法はその国に存在する現実の、事実上の権力関係の中にしか存在しない」。1848年は、民衆の組織化されていない権力が組織化された権力〔の軍隊〕を上回っていることを示した。しかし、民衆はこの機会を利用せず、軍隊を自己の支配下に置かなかったために、国王の反革命が勝利した。その結果、1848年の〔国民議会が制定した〕憲法はその後現実の権力関係と矛盾し、成文憲法は死んだ。このように、憲法は、組織化された権力の現実の力量に応じて右寄りに変えられるか、それとも社会の組織化されていない権力が軍隊や火砲の組織よりも強力なことが新たに実証されて、左寄りに変えられるか、そのどちらかである。「諸君、王侯は、……〔中略〕言葉巧みな弁士などを持たなくとも、有能な下僕を持っています。あなた方はこうした有能な下僕を持つことが望ましいのではないのですか？」(1)と結んで、軍制改革を巡る憲法紛争における進歩党の権力関係に対する政治的リアリズムに基づく認識の欠如と、権力と対決して新しい自己の権力を打ちたてようとする主体的な気概と行動力の無さを指摘して、同党の無気力と臆病を痛烈に批判した。

そして、同年9月、ビスマルクが首相に就任して憲法を無視して軍制改革を断行しても、進歩党はただビスマルクの「憲法違反」を言論の上でのみ批判するだけで、実際に行動をもってこの政府の違憲性を追求せず、ビスマルクが揶揄しているように、ただ「決議と多数決」で「憲法紛争」に勝てると思い込んでいた。そこで、ラッサールは、ベルリンの進歩党のいくつかの支部で同年11月17日から数回、第二の憲法講演『今、何をなすべきか』を行い、その中で、ビスマルク登場後の新しい政治段階における進歩党の戦術を規定して、同党をもう一度奮い立たせようとした。すなわち、下院が軍事予算案を拒否しているのに、政府が軍事費の支出を続けていることは明らかに非立憲的であるが、しかし、進歩党は、議会をボイコットせず、その状態を存続させているために、かえって政府の外見的立憲主義の主張を裏付けているようなものである。したがって、議会を無期停会し、非立憲政治の責任を政府に負わせよ[2]、と彼は主張した。進歩党はこうしたラッサールの主張には耳を傾けず、かえって反発して、彼を「裏切り者」「反動政府の手先」と非難した。生来自尊心の強いラッサールはこうした進歩党の反応に激怒し、以降急速に反進歩党化する。すでに、ラッサールは当時のドイツの国民的課題を遂行する勢力として、自由主義的資本家層がその資格を失いつつあるとの認識を持つようになっていた。こうして、彼は、それに代わる新しい第三勢力、すなわち労働者階級に目を向けるようになっていたのである[1]。

4 ラッサールの「労働者綱領」講演

このラッサールの政治的立場の転換を証明しているのは、『憲法の本質について』の講演より四日前の４月12日に、ベルリン市郊外の機械製造工業地区にある手工業者協会会員の前で行った前述の『労働者綱領』と題する講演であった。ラッサールは、この講演で、マルクスの『共産党宣言』をヘーゲルの歴史哲学流に再構成して、次のように述べた。まず生産手段の支配の社会的・政治的意味を歴史的に回顧して、ブルジョア社会は、資本を支配の原理として、人民を自己の特権的な政治的支配の下に置く、第三身分の支配の時代であるが、この時代も1848年の革命と共に精神的に終わっている。今や、第四身分である労働者階級がその原理を社会の支配原理に高めようとしている。それが現実となった場合、その支配は少数特権の支配ではなく、万人の支配となろう。というのは、第四身分は、その内部に何ら新たな特権への萌芽を宿しておらず、まさにそれ故に、全人類と重なり合い、その事業は真の人類の事業となり、その自由は人類自体の自由となるからである。このように、ヘーゲルの歴史哲学に基づく労働者階級の歴史的位置づけを行った後、社会の支配原理となる労働者階級の原理を次の三つの見地から考察する。第一に、その実現の手段としての普通選挙権の積極的な役割を力説する。第二に、労働者階級の原理の倫理的内容に関しては、この原理が支配し始めるや、徳性と文化と科学をこれまでの歴史に類例を見ないほど開花させずにおかないと、説く。第三に、労働者階級の原理を社会の支配的原理に転化させるところの、国家についてのヘーゲルの人倫共同体としての国家観をベースにした彼の国家観、すなわち「国家は個人を一つの倫理的全体に統一したものであり、この統一体はこの統一の中に含まれるすべての個人の力を幾百万倍も高め、すべての者が個人として各々行使する力を幾百万倍にも高める。〔中略〕……換言するのなら、〔中略〕……国家は人類を自由へと教化し、高めるものである。諸君、これこそ、国家の本来の倫理的であり、その真の、そしてより高い課題である。」と述べた後、労働者階級は、彼らの歴史的な原理を社会の支配的な原理に高めるために活動することがその使命であり、したがって労働者階級は「その上に現代の教会が築かれるべき礎石である。」と、労働者に対して、階級としての彼らの歴史的な使命の覚醒を求めて、その講演を結んでいる(3)。

この講演は6月に印刷され刊行される直前、「労働者階級を有産階級に対して憎悪と軽蔑に駆り立てた罪」で起訴され、全部没収された。当時、「七つの封印をした書物」たらざるを得なかった『共産党宣言』はドイツでは、一説によると、たった二部しか残っておらず、その一部をラッサールが持っていたという。この書物を、ラッサールは、ヘーゲルの歴史哲学を用いて脚色して、苦境からの脱出策を模索していたドイツ労働者階級に対して伝達したのである。翌1863年1月16日、『労働者綱領』裁判はベルリンで開廷され、ラッサールは、「学問と学説は自由である」と規定しているプロイセン憲法第20条を援用して、自分の思想への弾圧に対して反撃を試みると共に、「学問と労働者との、これらの社会の両極にいる者の抱合がなされ、連合が出来上がるならば、それは文明に対する一切の障害をその鉄腕によって打ち砕いていくであろうし、そしてまさにそれこそがわが命を捧げることに決意した目的である」と主張して、自分は「ドイツ労働者階級の覚醒者」になるであろうと公言した(4)。この法廷演説は各新聞で取り上げられ、直ちに『学問と労働者』の題を持つ小冊子にして広められた。そのために、ラッサールは図らずも政府の弾圧措置によって、労働者の利益の擁護者であり、労働運動の理論家として労働者協会に組織された多くの労働者の間に知れ渡るようになったのである。前述のライプツィヒの労働者協会の中央委員会がラッサールに対して労働運動の進め方について助言を求める手紙を送ったのは、このラッサールの世評が急速に高まっていたからに他ならない。

5 ラッサールの『公開答状』

ラッサールは、1863年３月初めに、『労働者綱領』の内容をより具体化させた『公開答状』をライプツィヒの労働者協会の中央委員会に送った。その中で、彼は、イギリスの経済学者のリカードによって主張された労働者の平均賃金水準は生活必要費によって規定されるという賃金生存費説を賃金鉄則論と言い換えて、この賃金鉄則が支配している限り、資本家層が労働者協会に対して推奨している倹約・貯蓄による消費協同組合を作ったとしても、それは労働者の苦境からの脱出策としては何ら役に立たないし、また労働組合による賃金引上げ闘争も何ら効果はない。それ故に、労働者階級は苦境から脱出するためには、この賃金鉄則を破棄し、自分自身を「企業家」に変えなくてはならない、すなわち自己を生産協同組合に組織しなくてはならない。しかし、労働者階級にはそれに必要な資本も経営能力もない。ここに最大の困難がある。この困難を切り抜けるためには国家の援助が必要である、と述べ、彼の国家観を述べた後に、労働者階級は普通・平等・直接選挙権を獲得しさえすれば、立法機関を通じて、生産協同組合のために必要な国家の援助を受けることができる。それ故に、普通・平等・直接選挙権のみが労働者階級の物質的な条件を改善する唯一の方法である、と主張した。そして、それを論拠に労働者階級はこの普通・平等・直接選挙権を獲得するために、進歩党から離れて独自の政治組織を結成し、かつそれを土台にして選挙権を獲得するための宣伝・煽動を行うべきであると勧告した[5]。

6 世界最初の社会主義政党としての「全ドイツ労働者協会」の誕生

このラッサールの公開答状を受けたライプツィヒの労働者協会の中央委員会が招集した労働者会議は、ラッサールの助言を巡って賛否が分かれ、賛同する協会のみが、ライプツィヒにおいて、1863年5月23日に、ラッサールを党首とする労働者政党の「全ドイツ労働者協会」(Allgemeiner Deutscher Arbeiterverein) を創立した。これが世界最初の社会主義政党である。この政党は党首の名に因んで「ラッサール派」と称されることになった[6]。SPDの前身はこの「ラッサール派」のみではない。「ラッサール派」に加入した労働者は主にプロイセン王国のラインラントの労働者が多く、他の邦の労働者協会の人々は、ラッサールの主張には耳を傾けるが、地域対立もあり、さらにラッサール派の活動を見てその去就を決めようとしていた。ところが、党首となったラッサールは党運営において独裁的傾向を示し、生来の性急な気質も手伝って、彼が主張した労働者を苦境から救出する唯一の手段の普通選挙制度を一日でも早く実現しようとして、「憲法紛争」時代のプロイセンにおいて当時の労働者階級の敵の自由主義的進歩党の敵であるビスマルクに取り入り、普通選挙制度の実現を図ろうとした。それは、1863年6月8日付のビスマルクへの次のような手紙が証明している。彼は手紙の冒頭において、「最近の我々の会談の継続として、わが帝国の憲法 (die Verfassung meines Reichs)〔全ドイツ労働者協会の規約〕」を送ると述べた後、「労働者階級は、もし独裁がまことに当然のことながら彼らの利益に沿って行使されることを確信することができるならば、独裁に対して本能的に好意を持っていることがいかに正しいのか、そしてそれ故に、私が最近閣下にすでに申し述べましたように、労働者階級はどんなに共和主義的な心情を持っていようとも、それにもかかわらず——あるいはむしろまさにそうした理由から——王権の側がいつかまことに革命的で国民的な方向へと進み、かつ特権身分の王国を社会的・革命的な人民王国に転化させる——もちろん極めてありそうもない—

―措置をとる決意をなされることができるならば、労働者階級は王権をブルジョア社会のエゴイズムとは対照的に、社会的独裁の当然の担い手と見る傾向がいかに強いのか、この細密画（Miniaturgemälde）〔規約〕から閣下は明確に知ることになるでしょう。」(7) と述べているからである。彼は、プロイセン王国を民主的な変革の対象としてではなく、社会革命の主体として期待し、かつビスマルクに対して、一日でも早く普通選挙制度を実現してくれれば、労働者階級は王権の力を借りて生産協同組合を設立し、王権の敵の資本家層に対する政治的権力闘争においては王権を支えるであろうと仄めかしていたのである。このように、ドイツの社会主義労働者政党は、プロイセンの憲法紛争というユンカー保守党と自由主義的資本家層との国家権力の主導権を巡る権力闘争において、両勢力の駒として利用される権力布置の中で誕生したのである。それ故に、その権力闘争の成り行き次第によってその存在が規定される状況にあった点について注目しておく必要があろう。

7 もう一つの社会主義政党としての「アイゼナッハ派」の成立

1864年８月、ラッサールは労働者階級に約束した普通選挙制度の実現を果たすことなく、恋愛事件に絡む決闘事件で死去した(8)。その後継者もビスマルクへの接近を強め、ラッサールの思想を宗教のように信じ、彼を救世主として崇める個人崇拝の傾向を強めていった。こうしてラッサールの考え方、つまりラッサール主義は、SPDを方向づける主要な理念の一つとなった。とはいえ、プロイセン邦以外の邦の労働者協会の労働者達は、北ドイツ連邦創立後、ラッサール派に対抗して、別の労働者政党の設立へと動き、1869年、ザクセンのアイゼナッハ市で社会民主主義労働者党を設立した。この党は、創立地に因んで「アイゼナッハ派」と称される。同党の指導者はろくろ職人のベーベル（August Bebel, 1840～1913）と、宗教改革者のルターを祖先に持ち、「48年革命の闘士」で、ロンドンに亡命後帰国したW・リープクネヒト（Wilhelm Liebknecht, 1826～1900）であった。彼はドイツにおけるマルクス主義の「伝道師」といわれているように、ロンドン亡命中、マルクスの指導を受けた人物である。1867年、マルクスの『資本論』第１巻が刊行され、国際労働者協会がマルクスの社会主義理念を掲げるに至り、その影響がドイツに及び、「アイゼナッハ派」はマルクスの社会主義理念を党の綱領に取り入れていた。こうして、ドイツの社会主義運動は、ラッサール派とマルクス主義的な社会主義派の二つに分裂することになったのである。

前述のように、ビスマルクは、1867年、北ドイツ連邦創立時に、25歳以上の男子に世界で最初の普通選挙権を付与した。それはあくまでもビスマルクのボナパルティズム政治の一つの手段ではあったが、普通選挙制の導入の一因としてはラッサールのビスマルクへの働きがあった点については忘れてはならないであろう[9]。ビスマルクは、憲法紛争を勝利の内に終了させ、それと同時に、進歩党を分裂させ、その右派の大資本家層から結成された国民自由党を与党に組み入れ、プロイセン・ドイツの新しい支配階級を作り出した。そして、弱体化した敵に対して圧倒的な優位に立ったビスマルクは、もはや労働者階級をもてあそぶ必要性はなくなっていた。そればかりか、社会主義的労働者階級が国際的に組織化され始め、その影響がドイツにおいてもアイゼナッハ派の創立という形で表面化するや、この「アイゼナッハ派」のみならず、用済みのラッサール派に対しても厳しい姿勢を取り始めた。ビスマルクの両派に対するこの厳しい姿勢はドイツ帝国成立後にさらに強まっていく。

8 社会主義政党の活動を支援する帝国憲法の民主的制度——ビスマルクの誤算

ビスマルクは、前述の通り、憲法紛争という形で公然化した、自由主義的資本家層によるユンカーの国家権力の主導権へ挑戦し始めた政治的権力闘争をナショナリズムを効果的に活用して、勝利の内に終結させた。すなわち、まず憲法を無視して軍事力を強化し、それを用いてドイツ民族の歴史的課題の統一国家の確立を「ドイツ帝国」の形で成就した。次に、その過程において、ユンカーの階級の敵である自由主義的資本家層の歴史的課題を彼らに代わって実現することで、彼らの主要な部分の大資本家層を王権の味方に寝返りさせ、自由主義的資本家層を全体として弱体化させ、さらに去勢化させることに成功した。最後に、大資本家層を有産階級としてユンカーとの共通利害をベースにして政治的な同盟を結ばせ、彼の政治を支える支配階級の社会的・経済的な基盤を再編強化することに成功した。そしてこの自由主義的な資本家層との政治権力闘争を勝利の内に終結させたその成果を、国の形として示すために文書の形で表わしたのが、前節で述べたドイツ帝国憲法（ビスマルク憲法）であった。ただし、その憲法の中に、近代国家の三大政治原理の内、自由主義を抑制するためにナショナリズムを大いに活用するのと同時に、自由主義的な資本家層をいつでも屈服させる仕掛けとして「愚民」の力を利用できるように、民主主義の形式的制度、とりわけ普通選挙制を世界で最初に憲法に導入していたのであった。ところが、この制度こそ、資本主義体制の転覆を目論む社会主義勢力の台頭を合法的に許す国家公認の基盤となることには、ビスマルクも気づいていなかったようである。ドイツ帝国憲法の第20条（帝国議会は普通･直接選挙により、秘密投票で議員を選出する）、第29条（議員の独立性）、第30条（議員の免責特権）、第31条（議員の不逮捕特権）などによって、帝国議会議員に社会主義政党の代表が選出されることが可能となり、次に社会主義政党の議員は議会で政府批判はいうまでもなく、それを通じて社会主義の宣伝を議場で行っても逮捕されず、さらに議会で行った社会主義宣伝用の主張を選挙区に持ち帰って、議会報告という形でそれらを有権者に伝えることで、国家によって禁止されている社会主義の宣伝・煽動を行うことが可能となったのである。

9 両派の合同によるSPDの誕生

1871年１月18日、前述の通り、ドイツ帝国が創立され、同年３月に実施された第一回帝国議会選挙で、アイゼナッハ派のベーベルなどが当選した。彼は、帝国議会で隣国のフランスのパリ・コミューンに対する支持を表明し、ラッサール派の議員もそれに同調した。ビスマルクは後で回顧しているが、この時、パリ・コミューンの中にドイツ労働運動の未来像を見出し、愕然とし、労働運動を国家と社会の敵とみなすようになった、という。こうして、ビスマルクの労働運動に対する態度は一層厳しくなり、それをさらに強めたのは、1873年から始まった世界最初の大不況の到来であった。それは労働運動の高揚をもたらした。ビスマルクは、プロイセン邦内で社会主義運動の弾圧に乗り出し、アイゼナッハ派の指導者のみならず、ラッサール派の指導者も投獄した。ドイツ帝国創立までは、ラッサール派とアイゼナッハ派はドイツ統一を巡って意見の対立を続けていたが、帝国創立後は対立の争点もなくなり、その上政府の弾圧措置によってその存在が否定されれ始めるや、両派の間から合同の話が出た。1875年、ゴータ市で合同し、SPDの前身の「ドイツ社会主義労働者党」が生まれた。マルクスが『ゴータ綱領批判』で、同党の綱領がラッサール主義的である、と痛烈に批判しているように、同党の綱領のみならず、指導権もラッサール派が掌握した。したがって、同党は、ドイツ帝国にとって危険な政党ではなかったといえよう。というのは、それは、既存国家を肯定し、普通選挙を通じて労働者大衆が国会の多数を制した暁には、この既存の国家の援助を得て生産協同組合を設立することで、社会主義を実現すると、綱領に明記していたからである。そのような穏健な政党でも、ビスマルクは許さなかったのである。

10 ビスマルクによる社会主義運動の弾圧——「社会主義者鎮圧法」制定

1873年から始まったこれまで経験したことのない大不況がヨーロッパを襲い、それは約20年間続く。ドイツ経済も産業資本主義段階から高度資本主義段階への移行を始めており、それを象徴するかのように、重工業が急速に成長し、基幹業種の地位を占めるようになった。さらに各分野において企業の独占化も進行しつつあった。それに伴って、ドイツも国内産業を英仏の先進工業国との競争において守るために、経済政策の転換が必要となった。つまり、自由貿易政策から保護貿易政策への転換である。ユンカーはイギリスへの小麦輸出で利益を得ており、自由貿易論者であった。また資本家層の中でも、輸出業や軽工業部分も自由貿易を支持していた。ビスマルクは、保護貿易政策の方がドイツ帝国にとって国益を増大させる上で有益であると判断し、政策転換のための政治勢力の再編成に取り掛かった。彼は、そのために自由貿易政策の継続を主張する第一党の国民自由党を分裂させる必要があった。社会主義者を弾圧する法案には、思想・表現の自由を主張する自由主義政党に対して踏み絵を踏ませるものがあった。資本家は社会主義者の排除には賛成であるが、自由主義の原理の思想・結社の自由を否定することは、自己自身を否定することになるので、反対も出来ず、政治的に一種の行動麻痺状態に陥ることになった。こうして、ビスマルクは、1878年に、再び一石二鳥の効果を狙う政策体系を作り出し、それを実行に移した。それは社会主義者鎮圧法、保護貿易政策、中央党の体制化という三位一体の政策体系であった。中央党の体制化について、少し脱線するが簡単に述べておこう。中央党はビスマルクの文化政策の産物であった。ビスマルクはドイツ帝国創立時に組み入れた反プロイセン的なカトリック勢力が支配する西南ドイツ諸邦が、同じカトリックのオーストリアやフランスと組んでドイツ統一を脅かす恐れがあるので、それを未然に防ぎ、さらに社会全般にわたるカトリックの影響力を奪い、最後に国民自由党が要求する教育の近代化、とりわけ宗教と教育を分離する政策を展開した。しかし、それに反対するカトリック勢力が教会の特権を守るための政党を作り、ビスマルクの「文化政策」に反対した。これが中央党という宗教政党である。同党はカトリック教徒の結集政党であるために、その内部には大資本家や大農場主から労働者、農民まであらゆる階層の人々が存在していた。ビスマルクは、帝国を構成する邦の財政負担の軽減を主張する中央党の要求の一部を受け入れ、文化政策を廃止して、中央党を体制化した。こうして、社会主義的な労働者階級は完全に孤立化された。また、社会主義者鎮圧法は、社会主義思想の宣伝を禁止するものである。同法によって、合同したばかりのドイツ社会主義労働党は、指導者の多くは逮捕され、中にはアメリカに亡命する者もあり、壊滅的な打撃を受けた。社会主義者鎮圧法は1890年に廃止されるまで、12年間も続き、その間、社会主義運動はビスマルクの弾圧下に置かれることになった。

この12年間、壊滅に近い状態にあったドイツ社会主義労働党を再建し、ラッサール主義的な考え方が支配的な政党を、マルクス主義的な社会主義政党へと改組する上においてリーダーシップを発揮したのはベーベルである。彼は合法・非合法〔もっとも、非合法とは、革命の手段としての暴力的な破壊活動を意味するのではない。ドイツでは、労働運動に携わる人々も律儀なドイツ人として弾圧法規に対してのみ、その目的を達成するためにそれを破るという意味である。「非合法」という用語の今日的な用い方で連想される一切の破壊活動とは無縁であった点について、注記しておきたい。〕の二つの方法を駆使して組織の再建を図った。合法的方法とは、帝国憲法の民主的制度を活用する道である。というのは、社会主義者鎮圧法は帝国議会議員の活動には適用されなかったからである。したがって、いかに弾圧が苛酷なものであっても、選挙活動において議会報告という形で社会主義の宣伝・煽動を行うことが可能であった。その成果は議席の増大として現れた。397議席の内、1877年の帝国議会選挙時の同党の議席が12であったが、鎮圧法が廃止になった1890年の選挙では35議席へと三倍に増している。そして、1912年の第一次世界大戦前の最後の帝国議会選挙では、110議席を獲得し、議会第一党へと躍進する。次に、非合法的な方法ではあるが、スイスに拠点を置き、そこで編集した党の機関紙・誌を密輸入して、この機関紙・誌の配布組織を各地に作り、それを拠点にして組織の再建を図っていった。機関紙・誌の編集を担当したのは銀行員上がりのベルンシュタイン（Eduard Bernstein, 1850～1932）であり、彼はエンゲルスと連絡をとり、彼の指導を受けて機関紙を編集・発行した。

ところで、1888年に皇帝に就任したウィルヘルム二世は、第二バイオリンを弾くことを嫌がり、ビスマルクと対立し、ついに1890年、ビスマルクは表舞台から退場した。それと共に、ドイツも世界政策、すなわち帝国主義政策を開始することになった。それまで労働者に対しては「鞭」の弾圧ではなく、ビスマルクによって1883年に疾病保険法、84年に労災保険法、89年に老齢疾病保険法という形で「飴」の社会政策が実施されていたが、この社会政策のさらなる拡充を国家の方針へと採用し、その一環として社会主義者鎮圧法が廃止された。

こうして、ドイツ社会主義労働党は1890年、合法化され、党名を「ドイツ社会民主党」＝SPDに改められた。その一年前に、第二インターナショナル〔マルクスが創設に関わった「国際労働者協会」が第一インターナショナルと称されていたので、1889年パリで創立された世界各国の社会主義政党から成る国際協議機関は、第二インターナショナルと称されるようになる。〕の指導政党にもなっていた。そして、翌年の1891年にマルクス主義的社会主義政党であることを示すために、エルフルト市で開かれた党大会で綱領をマルクス主義的社会主義的なものに変えた。これが「エルフルト綱領」である。

---

(1) F. Lassalle, 'Über Verfassungswesen', in : *Ferdinand Lassalle, Gesammelte Reden und Schrifiten II*. hrsg., v. Eduard Bernstein, 1919, SS.60-61.

(2) F. Lassalle, 'Was nun?', *ibid.*, SS.77-115.

(3) F. Lassalle, 'Arbeiterprogramm', *ibid.*, SS.147-202. ラッサールの『国家論』は、SS. 197-198。

(4) F. Lassalle, 'Die Wissenschaft und die Arbeiter', *ibid.*, SS.243-283.

(5) F. Lassalle, *Offenes Antwortschreiben an das Zentral-komitee zur Berufung eines Allgemeinen Deutschen Arbeiter-kongresses zu Leipzig : Ferdinand Lassalle, Gesammelte Reden und Schrifiten, III*, hrsg., v. Eduard Bernstein, 1919, SS.41-92.

なお、ラッサールの演説と著作集は、本章で注(1)から(5)までに利用したベルンシュタイン編集の12巻本の全集がワイマール共和国初期に発行されている。第二次世界大戦後にその選集として次のものが刊行されている。T. Ramm, hrsg., *'Ferdinand Lassalle : ausgewählte Texte'*, 1962. 筆者は未見ではあるが、「憲法の本質」の邦訳の淡徳三郎訳『憲法の本質』白揚社、1930年が戦前において刊行されているようである。また、戦前の日本におけるラッサール研究は、河合栄治郎『独逸社会民主党史』日本評論社、1950年に収められている。「労働者綱領」は小泉信三元慶應義塾大学塾長による邦訳が岩波文庫（1948年）の一冊として刊行されている。また『世界古典文庫88 学問と労働者』も、猪木正道元防衛大学校長の邦訳（日本評論社、1949年）がある。

(6) ドイツ社会民主党に関する本書の記述は特に典拠を示さない限り、次の著作に主に依拠している。H. Grebing, *Geschichte der deutschen Arbeiterbewegung : Ein Überblick*, 1966. C. E. Schorske, *German Social Democracy 1905-1917*, 1955. 安世舟『ドイツ社会民主党史序説—創立からワイマール共和国成立期まで』御茶の水書房、1990年など。

(7) G. Mayer, *Bismarck und Lassalle : Ihre Briefwechsel und Ihre Gespräche*, 1928, S.60.

(8) ラッサールの生涯について、邦語になったものとして、江上照彦『ある革命家の華麗な生涯—フェルディナント・ラッサール』社会思想社、1972年がある。

(9) アイクはビスマルクの伝記の中で、1864年1月に行われたビスマルクとラッサールの秘密会談について言及した箇所で、ビスマルクは普通選挙制の導入に関してはラッサールの影響があった点、またナポレオン三世のボナパルティズムも研究していた点を述べている（E・アイク著・新妻篤訳『ビスマルク伝』〔第3巻〕、ぺりかん社、1995

年、72～74頁)。なお、ビスマルクとラッサールの会談や両者の関係、そして、憲法紛争などに関する戦前の優れた研究として、『林建太郎著作集 第二巻 ドイツ史論文集』山川出版会、1993年がある。

第４節

近代憲法の中核部分への社会主義の挑戦

──ドイツ社会民主党「エルフルト綱領」の生産手段の社会化と徹底した政治的・社会的民主主義の要求──

1 「社会主義者鎮圧法時代」における党の性格の180度転換

SPDは、1891年、合法化された後の初めての党大会で、それまでの綱領の中核部分のラッサール主義を清算し、マルクス主義的社会主義の新しい「エルフルト綱領」を採択した。同綱領は、第一部の原則綱領と第二部の行動綱領の二部構成となっている。同党の歴史を見ると、同党はそれを取り巻く外部環境の制約の刻印を強く受け、それが同党の特質を形作っているように思われるところが多い。その例は、社会主義者鎮圧法時代にラッサール主義を捨て、マルクス主義的社会主義を受容したことで、表面的に見るのなら、党の性格を180度変えている点である。というのは、ラッサール主義はヘーゲルの「人倫共同体」としての国家観を土台に、既存国家を全面的に肯定しているのに対して、マルクス主義は階級国家観に基づく既存国家の否定と、国家そのものの廃絶を主張しているからである。こうした党の性格の180度の急変は、社会主義者鎮圧法による同党への強権的な弾圧に起因していた。というのは、弾圧を経験した労働者大衆は、既存の国家がラッサールのいうような「人倫的な共同体」ではなく、彼らを抑圧する支配階級の道具であるという側面を実感するようになったからである。その結果、スイスから密輸入されてくる党の機関紙・誌を通じて、マルクス主義的社会主義が宣伝されるや、それを受け入れるようになったのも不思議ではなかろう。

2 「エルフルト綱領」第一部の内容――マルクス『資本論』第一巻の要約

原則綱領を執筆したのはカール・カウツキー（Karl Kautsky, 1854～1938）である。同党は、1883年に、マルクスの経済理論を紹介する理論的機関誌の『新時代』（*Die Neue Zeit*）を発行した。ビスマルクは、高度の経済理論の機関誌を労働者大衆が入手しても、彼らがそれを理解する能力を持っているはずはないという認識から、それを禁止せず、その刊行を黙認した。オーストリアからスイスに移り住んでいたオーストリア社会民主党員のカウツキーは、1881年ロンドンを訪問し、マルクスとエンゲルスに会い、とりわけエンゲルスから指導を受けた。そして、『新時代』の編集者となった。また後に、エンゲルスによるマルクスの『資本論』第二巻以降の編集を助け、エンゲルス死後は『資本論』全巻の刊行を引き受けるほど、マルクス主義の理論的な後継者とみなされ、社会主義労働運動の理論的指導者ないしは「赤の法皇」といわれるようになる人物である。

カウツキーの執筆した原則綱領は、マルクスの『資本論』第一巻の内容を要約したものである。それによると、資本主義経済が発展するにつれて、中小企業や農民は大資本との競争で敗れ、消滅し、ごく少数の大資本家階級と圧倒的多数の労働者階級の二極に人口が分解し、それと共に大資本家層への富の集中・集積が加速化される。その結果、圧倒的な多数の人口における窮乏化が進行し、度重なる恐慌とあいまって全般的な不安が社会の正常状態と化す。こうした状態は、「生産手段の私的所有がその生産手段の合目的的利用や完全な発展と相いれなくなったこと」の証明である。したがって、こうした状態を克服するために、「資本主義的私的所有を社会的所有に転化し、商品生産を社会のために社会によって営まれる社会主義的生産に転換させる」必要がある。「この社会的転換はプロレタリアートだけの解放でなく」「全人類の解放を意味する」が、しかし、それは他の階級が「すべて生産手段の私的所有の基盤に立っており、今日の社会の基礎の維持を共同の目的としている」ので、「労働者階級の事業でしかあり得ない」。この「資本主義的搾取に反対する労働者階級の闘争は必然的に政治闘争である」。なぜなら、「労働者階級は政治権力を獲得することなしには、生産手段を全体の所有に移すことはできない」からである。このような労働者階級の闘争を意識的・統一的なものに作り上げ、それに自然必然性に基づく目標を示すこと――これが社会民主党の任務である。こうした任務を持つSPDは、労働者階級の解放闘争において、すべての国の階級意識を持つ労働者との連帯を自覚すると同時に、一切の階級支配と階級そのものの廃絶、ならびに「単に賃金労働者の搾取や抑圧に対してだけではなく、階級、党、性、人種のどれに向けられたかを問わず、あらゆる種類の搾取と抑圧」に反対して戦う、という内容である[(1)]。

3 社会主義の挑戦による近代憲法の変容の第一例

綱領というものは政党の政治活動の目標である。SPDは、政治権力を奪取した後に、生産手段の私的所有の全体の所有への移管、すなわち近代憲法の柱の一つの基本的人権の中核部分の所有権の保障を全面的に否定することを、「エルフルト綱領」の第一部に党の目標として掲げたのである。もし、所有権が公共の福祉のために公用収用されても、その所有権に相応する補償がその見返りとして与えられる場合でも、そのことが国家権力によって実行されるのなら、こうした公用収用は基本的人権の中核部分の所有権の保障を相対化することを意味するであろう。ところが、SPDがその新しい綱領で所有権の全面的な否定を宣言したことは、いうまでもなく、同党が近代憲法の基本的人権の中核部分を将来否定するであろうということを示したことになる。このことは、紛れもなく、近代憲法そのものに対する社会主義の挑戦の一例である。そして、それはワイマール憲法の中において憲法の条文という形で近代憲法の変容を形の上で示すことなるが、それについては、本章第7節で取り扱うことにする。

4 「エルフルト綱領」第二部の内容――政治的・社会的民主主義の徹底化の要求

「エルフルト綱領」第二部は、行動綱領と称されており、現在の国家に対して、労働者階級のために、その改革を迫る原則である。それを執筆したのは、ベルンシュタインである。前述の通り、強固な伝統として受け継がれてきたラッサール主義を清算し、同党をマルクス主義的な社会主義政党へと転換させる上において、非合法的な機関紙・誌の果たした役割が大であった。そして、彼はその機関紙・誌の編集者であった。1888年、ビスマルクの圧力を受けたスイス政府の退去命令を受けて、綱領執筆当時はロンドンに亡命していた。彼は、イギリスでフェビアン社会主義者と交わり、イギリスの議会制民主主義政治をその目で観察し、かつイギリス政治とドイツ政治の比較研究を始めるにつれて、マルクス主義の経済決定論的な思考に疑念を抱くようになっていた。そして、その成果は次節で取り上げるが、マルクス主義を否定する修正主義の形で公表されることになる。とはいえ、1891年時点において執筆した「エルフルト綱領」第二部においては、政治的リアリズムに基づくドイツ帝国の民主化の要求が示されている。すなわち、行動綱領には、ドイツ帝国、その中核の半封建的なプロイセン王国の徹底した自由民主主義的な改革なしには、労働者階級の自由は実現され得ないとの考え方から、まず政治的改革要求として次の12項目が掲げられている。①20歳以上の男女の普通選挙権、②比例代表制、③毎回の国勢調査後に、それに基づく公正な選挙区の再配分、④議員歳費制の確立、⑤人民の直接立法権、⑥民主的な地方自治制の確立、⑦常備軍を廃止し、それに代わる民兵制の導入、⑧表現と結社の自由、⑨男女平等、⑩宗教と学校教育の分離、⑪国民学校における授業料の免除、⑫裁判官の人民による選出である。次に、経済財政的な改革要求として、累進所得税と財産税の導入、一切の間接税、関税の廃止、最後に、社会政策的要求として、次のことが掲げられた。８時間労働制、14歳以下の児童労働禁止、夜間作業の禁止、労働者の団結権の保障、農業労働者と家事使用人に対し商工業労働者と法律上の平等な地位の保障、僕婢条令の廃止、医療と医薬の無料給付、全労働者保険の国への移管とその管理への労働者の主導的参加などである[(2)]。この行動綱領で示されている諸要求は、民兵制の導入、裁判官の人民による選出を除いては、ワイマール憲法においてそのすべて実現されるのである。そして、現在のドイツの基本法（本書第５章第２節❸参照）は、ワイマール憲法におけるナチの権力掌握に寄与した部分を除いて、そのほとんどが受容されている。そして、他ならぬ現行の日本国憲法にもその多くが導入されている。ということは、「エルフルト綱領」第二部の内容は、実は徹底した政治的民主主義の要求であるのみならず、社会福祉国家の核心的部分を構成する要求でもある。つまり、近代憲法を杉原泰雄氏がいう「現代市民憲法」へと変容させた主要な内容がこの「エルフルト綱領」第二部の内容であったのである。近代憲法がこうしたSPDの挑戦を受けて、それが変容していった有様については、本章第７節のワイマール憲法を取り上げる時、考察することにする。

---

(1)(2) 「エルフルト綱領」の邦訳は、マルクス・エンゲルス共著・後藤洋訳『科学的社会主義の古典選書 ゴータ綱領批判　エルフルト綱領批判』新日本出版社、2000年に所収されている。SPDにおけるマルクス主義の受容過程とエルフルト綱領の作成過程の研究として、次のものがある。Ingrid Gilcher-Holtey, *Das Mandat des Intellektuellen : Karl Kautsky und die Sozialdemokratie*, 1986, SS.67-91. なお、本書には、エルフルト綱領が作成されるまで、新綱領草案として党執行部案、それに対するエンゲルスの批判、『新時代』誌案などが発表されていたが、それらが最終的に「エルフルト綱領」に合成されていく過程が一目で分かるように編成された20頁の一覧表が、巻末に添付されている。

第５節

社会主義革命の手段としての議会主義戦術の確立

1 近代憲法の憲法改正条項の考え方に対する根本的な挑戦としての議会主義戦術

戦後９年が経った1954年（昭和29年）、日本の政治学界の総力を傾けて編集された平凡社刊『政治学事典』の「議会主義」の項目には、次のように書かれている。「１）議会制、議会政治parliamentary governmentと同義にもちいられるが、また２）今日社会運動上の用語としても使用されている。議会主義は、今日では、資本主義から社会主義への社会変革の過程を、議会により、あるいは議会に多数の議席を獲得し、その立法措置を次第に拡大していくことによってのみ実現しようとする主張である。……」（205頁）。以下詳しくその内容が紹介されているが、ここでは省略する。1991年、ソ連が崩壊し、社会主義そのものが過去の遺物となって忘れられ、10年が経った2000年（平成12年）刊行の、弘文堂の猪口孝他編『政治学事典』には、そもそも「議会主義」の項目そのものが存在しない。もっとも、議会主義の本来の意味の「議会政治」という項目（218頁）はある。今日、議会主義に社会主義革命の主要な戦術の意味があるということを知っている人は、多分、50歳代以上の社会主義に関心を持ったことのある人を除いて、恐らくいないであろう。ところが、20世紀初頭から1960年代まで、議会主義は憲法改正との関係で重要な政治的な意味を持っていた。というのは、平凡社刊『政治学事典』の「議会主義」の項目の２）に紹介されているように、社会主義政党は選挙を通じて国民の多数の支持を得て憲法改正に必要な議席を獲得さえすれば、現行憲法の改正条項を利用して資本主義を廃絶し、社会主義社会を確立することが可能であると考えられるようになっていたからである。こうした事態になったのは、近代憲法への社会主義の挑戦に起因していたことはいうまでもない。社会主義政党が考えている、いわゆる議会主義が憲法改正条項に対して持つ政治的な意味については後の第7節で検討することにして、この社会主義政党の議会主義戦術は、実はSPDがビスマルク帝国において国家権力との緊張関係の中で、独自に編み出した戦術であった。それ故に、いわゆる議会主義戦術の成立について、次に見ていくことにしたい。というのは、それは近代憲法の改正条項の考え方ないしはその本質を根本的に変える社会主義の挑戦の第三の例だからである。ところで、このいわゆる議会主義の成立には次の二つの要因が大いに作用していたようにみられる。一つは、SPDとドイツ帝国政府との緊張関係である。もう一つはマルクス主義の経済決定論的な考え方である。

2 議会主義戦術を生み出させた第一の要因としての帝政国家とSPDとの緊張関係

まず帝政国家との緊張関係の中で、権力に強いられて議会主義戦術が生まれた点について見てみよう。前節で述べたように、SPDは、1875年、ラッサール派とアイゼナッハ派の合同によってドイツにおける唯一の社会主義的労働者政党として成立以降、間もなく社会主義者鎮圧法によって同党の指導者の多くが投獄され、組織も壊滅的な打撃を受けた。1890年、社会主義者鎮圧法の廃止に伴って合法化された後も、帝政国家は、1900年までの間、四回も社会主義者鎮圧法と同類の弾圧法規の制定を試みるなど、一貫してSPDに対して敵対的な姿勢を保持し続けた。このように、SPDは既存国家との緊張関係の中で、その存続を続けるために、政府が敷いた合法性の軌道の上で安全運転する他、選択の道はなかった。すでに本章第3節で紹介したように、同党はドイツ帝国憲法の民主主義的制度を活用した。つまり、同党は帝国議会議員の選挙活動の自由と議員の議会内発言の免責特権、議員の選挙区における議会報告の自由などの制度を活用して、資本主義の発展と共に国民の多数派になるはずの勤労大衆に対して、まず彼らの苦境から脱出する道は社会主義革命しかないことを啓蒙・宣伝し、彼らの意識を社会主義革命が受け入れるような形に洗脳する活動を展開した。その結果、社会主義者鎮圧法時代でも、そうした合法的な活動に助けられ、かつ他方においてスイスから密送されてきた党の機関紙・誌を媒介にして、党組織を再建し、1890年の帝国議会選挙では総得票数の五分の一の支持を獲得し、議席も三倍増にすることができたのである。このように、党の活動が次の選挙の議席の増大という形で実証されるので、それに励まされて、さらに選挙活動に党の主要な活動を傾注するようになった。こうして、同党は社会主義的革命活動を選挙活動と同一視するようになったのである。もっとも、マルクスが主張するように、暴力的手段を含めて、あらゆる手段を用いて既存国家を打倒するという本来の意味の革命という考え方は、そもそもラッサール主義の伝統の強い同党には受け入れられる余地も根づく条件もなかった。さらにドイツ帝国はそもそも同党が合法性の軌道を大きく外れるようなことを許さなかったといえよう。後で述べるが、1905年、ロシア第一次革命が勃発した。それは政治的大衆ストライキの形をとっていた。同党でも、この政治的大衆ストライキを革命の戦術として採用すべしという意見が急進的左派によって主張されるようになった。しかし、同党の指導部は従来からの成功体験のある議会主義戦術以外には、社会主義革命の手段としては考えることが出来ない精神状態に陥っていたと見られる。

3 議会主義戦術を生み出させた第二の要因としての「エルフルト綱領」第一部から引き出された政治戦術

同党が帝政国家との緊張関係の中でとらざるを得なかった議会主義戦術を理論的に根拠づけたのは、実は「エルフルト綱領」の原則綱領に述べられていたマルクス主義の経済決定論であった。原則綱領には、すでに紹介したように、資本主義経済が成熟すればするほど崩壊へ向かうという資本主義体制の現状分析を述べた後、崩壊後は資本主義社会に代わって社会主義社会が「自然必然的に」到来するという主張が述べられている。この主張から、同党の理論的指導者のカウツキーは、次のような政治的戦術を引き出した。資本主義経済が成熟するにつれて、人口が二極に分解し、人口の圧倒的多数が貧しい無産階級となり、彼らに社会主義社会の「自然必然的」到来を選挙活動を通じて宣伝・煽動するのなら、それによって階級意識に目覚めた労働者の数は増大し、それは選挙における同党に対する支持という形で表明される。それ故に、SPDは、人口の圧倒的多数となるはずの労働者階級に対して、選挙活動に全力を尽くして社会主義思想の啓蒙・宣伝に成功すれば、それは自動的に帝国議会における同党の議席数の増大となって現れ、そして絶対的多数が獲得できる時点になると、柿が熟すると自然に木から落ちるように、社会主義が到来する。したがって、SPDは議会主義戦術に党の全力を傾けるべきである、と主張した[(1)]。こうして、世界最強で最大のマルクス主義的社会主義政党のSPDは、選挙を通じて議会の絶対的多数派となり、憲法改正手続きを経て、党の究極目標の社会主義社会の実現へ向けての巨大な第一歩を踏み出すことが可能になると考えるようになったのである。その結果、同党は、帝政国家が敷いた合法性の軌道の上で選挙活動に専念する議員政党という性格を強く帯びるようになったのである。

4 SPDの外部環境の変化——ドイツ帝国の世界政策への対外政策の転換と自由労働組合の出現

世紀の転換期、とりわけ1900年を起点にしてその前後の約10年間に、SPDをして議会主義への傾斜をさらに強める要因が幾つか増大していった。第一に、ドイツ帝国の政治的な方向転換である。ドイツ帝国の舵取りを始めた若きウィルヘルム二世は、ビスマルクのとったヨーロッパの勢力均衡を維持する現状維持の外交政策を捨てて、世界政策という、英仏に後れをとっていた植民地獲得競争に加わる帝国主義政策を展開した。そして、そのための国内体制の再編が1890年代末に進められ、1898年から1902年にかけて、海外植民地獲得に必要な軍艦の建造を行う「建艦政策」とそれを財政的に支える高保護関税政策を両軸に支配階級を支える政党の布置の再編——それは「結集政策」と称されていた——が進められた。この「結集政策」を遂行する政治勢力の中に自由主義左派の諸政党も抱き込まれていた。これらの政党は政府協力の見返りに幾つかの要求を出したが、その要求の一部が受け入れられ、その結果、結社の自由が部分的に認められるようになった。その他に、労働者階級に対する態度でも弾圧的姿勢が後退し、それに反比例して社会政策の充実がさらに図られるようになった。SPDが自由に活動する環境も生まれ始めたのである。第二に、この時期にドイツ経済は産業資本主義段階から高度資本主義段階へと移行していた。それに伴い、膨大な近代的な労働者が生み出されていった。彼らを組織したのは、SPD傘下の自由労働組合であった。その最高指導者のカール・レギーン（Carl Legien, 1861～1920）は、労働組合とは資本主義体制の下で労働者の労働条件の改善とその地位の向上を図ることを目的とし、その方法としては、その要求に対して資本家が耳を傾けるようになるまで労働者を組織し、それを大きくして誰も無視できない存在になることであるという考え方の持ち主であった。さらに、彼は、労働組合は社会主義政党の予備校であるというマルクス主義的な考え方をとらず、組合創立時に労働者に対して友好的な政党はSPDしかなかったので、同党とは連携していたが、政治的傾向を問わず、どの政党でも労働組合の目的達成を支持するなら、どのような政党とも連携するという考え方を持っていた。このように、マルクス主義的社会主義に対して、それを全面的に支持しないレギーンの指導の下で、高度資本主義段階への移行に伴い生み出された膨大な近代的労働者大衆が組織されていった。そして、1900年には、都市人口の割合も農村人口に対して逆転し、60％に達したことも手伝って、自由労働組合は巨大な組織へと成長を遂げていったのである。こうした要因が重なって、世紀の転換期にSPD内に党の進むべき路線を巡って論争が起こり、岐路に立つことになった。

5 修正主義論争を契機に議会主義戦術の確定

1899年、ロンドンに亡命中のベルンシュタインはマルクス主義的社会主義を否定する修正主義を主張する著作『社会主義の諸前提と社会民主党の任務』を刊行した。ベルンシュタインは前述したように、SPDをマルクス主義的社会主義政党への転換を推進した機関紙・誌の責任者であった。ところが、イギリスに滞在中、フェビアン社会主義の影響を受け、さらに党によって与えられたラッサール全集の編集の仕事を通じて、ラッサールの政治的民主主義論と人間関係における倫理性を強調する主張に強い感銘を受けた。そして、次第にマルクス主義思想に批判的になっていったが、1895年、エンゲルスの死去後、誰に気兼ねすることなく自分自身の考えを公表することが可能になった。『新時代』誌に1896年から二年間にわたって、その考えを一連の論文で発表し、それをまとめた前述の著作を発表したのである。その中で、『資本論』第一巻に述べられている、資本の集中・集積論、窮乏化論、恐慌論を、「崩壊論」として彼なりに定式化し、この「崩壊論」に反するデータ――人口の二極化が進み、中産階級が没落すると予言されているが、実際はイギリスでは中産階級は増大しているなど――を提示することによって、マルクスの経済理論を否定した。次に、その帰結として、「エルフルト綱領」の第一部に主張されている資本主義の社会主義への移行の必然性に関するテーゼを否定した。さらに、マルクスの政治権力の革命的な掌握とプロレタリア独裁論をブランキズムと呼んで否定し、唯物史観に基づく階級闘争説を否定した。そして彼は、経済的には、労働組合と協同組合による労働者の生活向上を目指す運動、すなわち議会活動と地方自治体による民主主義の拡大によって社会主義は漸次的に実現される可能性があり、したがってこの漸次的社会主義は「必然性」の裏付けを必要とせず、より良いものを追求する倫理的な理想主義によって推進され得ると主張した。さらに、この漸次的社会主義の担い手のSPDは、いわゆる「社会主義の目標」なるものは無意味であることを自覚して、「民主的な社会主義的改良政党」たることを内外に宣言せよ、と主張した。換言するのなら、彼は、将来いつ訪れるかもしれない革命に期待するのではなく、まず労働者が住んでいる地方自治体の民主化、そしてそれへの政治参加による労働者の境遇の改善を図る政策実現、次に労働組合や協同組合による労働者の労働条件やその地位の改善に努力し、最後に各種議会で政府の行うことに何でもかんでも反対するのではなく、社会政策的立法をそれに理解を示す自由主義左派とも連携して勝ち取り、日々、労働者の生活の向上のために努力すべきであると主張した。また、社会革命ではなく、社会改良に党は全力を尽くすべきである、と主張した(2)。

この修正主義の是非を巡って、1899年から1903年の間、毎年の党大会で論争が繰り広げられた。それに伴って、社会改良を目指す地方議会議員、自由労働組合などが修正主義を支持し、党内右派が結成されたが、それに対抗して、あくまでも社会革命を支持する党指導部とそれを支持する急進的左派が台頭した。そのリーダーはカウツキーの弟子で、ポーランドから亡命してきた女性革命家のローザ・ルクセンブルク（Rosa Luxemburg, 1870～1919）である。1903年の党大会で修正主義は一応否定されるが、1904年以降、ローザ・ルクセンブルクは議会主義ではなく、政治的大衆ストライキを革命の戦術として党が採用すべきであると主張し始めた。大衆ストライキとはドイツ語のMassenstreikの直訳調の邦訳語であるが、その内容は今日「アラブの春」に見られるような、民衆が街頭に出てデモ行進を行って、体制に反対・抗議する意志を表明する集団活動である。もし、同党がこの政治的大衆ストライキを採用するのなら、帝政国家によって直ちに弾圧されることは必至であった。党指導部は1906年の党大会で、ローザ・ルクセンブルクの主張する政治的大衆ストライキ戦術の採用を否認し、その代わりに、それまで暗黙の内に守られてきた議会主義を党の主要な戦術として正式に承認したのであった。こうして、現体制の下で改良主義路線を選択した党指導部、「エルフルト綱領」を守ろうとする党中央派とその理論的代表者のカウツキー、そして急進的左派の三派への分裂が始まった。ローザ・ルクセンブルクは、社会主義革命の客観的・主観的条件が熟するまでは議会主義が「権力への道」であると称するカウツキーの主張を取り上げ、それを「無力への道」と批判したことは有名である(3)。

6 議員政党から大衆組織政党への党組織の再編と、この再編のリーダーシップをとったエーベルト書記の党首就任

SPDは、革命戦術として議会主義を正式に承認した以上、党組織も従来の議員政党からより多くの票を獲得できる大衆組織政党へと改変する必要があった。1905年、ドイツ全体、つまり連邦国家全体を単位とする政党の組織化を認めていなかった結社法が廃止になったので、SPDも公然たる大衆組織

政党へと脱皮することが可能となった。この組織改編のリーダーシップをとったのは1905年に党書記に選任されたフリードリヒ・エーベルト（Friedrich Ebert, 1871～1925）であった。彼は、馬具製造職人出身者である。修業のために全国を回り、成年に達して、ブレーメンに落ち着き、宿屋兼馬具商を生業とした。この職業は今日の言葉で言い直すと、自動車整備工場を兼ねたモーテル業である。1870～80年代のドイツにおいて、交通の主要な手段は馬車であったので、社会主義者鎮圧法時代にスイスから密輸入されてきた党の機関紙・誌を全国の労働者の多く住む地方に配達するために宿屋が利用されたが、交通手段の馬車の整備が必要であり、宿屋は馬具商を兼ねていたのである。SPDが利用した宿屋は、社会主義者鎮圧法時代において地下活動の拠点となり、SPD党員の宿屋の主人は、当然その地方の支部長の地位を占めた。合法化後、同党が飛躍的に発展するに伴って、帝国議会議員の中にはこうした宿屋の主人出身者が多く占めるようになったのは、当然の成り行きであったといえよう。エーベルトはこの宿屋の主人の典型である。そして彼は、後にワイマール共和国大統領になる人である。彼は、ブレーメン支部の機関誌の編集者であり、かつ同党の市会議員であった。さらに、労働者疾病保険などの手続きを労働者に代わって行う労働者支援所を主宰していたことから、自由労働組合の最高指導者のレギーンとも親しい関係にあった。

さて、エーベルトは、1906年からベルリンの党本部の事務所を近代的に模様替えした後、1912年には、全選挙区に党支部組織を確立し、そこに専従職人を配置し、かつこれらの専従職人を彼の指揮下に置く党組織を完成し、ついに議員政党であった同党を大衆組織政党へと再編成し終えていたのである。そして、1913年、党首のベーベルが死去するや、その後任としてSPDの最高指導者の地位についたのであった(4)。

7 第一次世界大戦に対する態度を巡ってのSPDの分裂

1914年８月初めに、第一次世界大戦が勃発した。その時、SPDは、帝国議会第一党であり、党員100万、その傘下の自由労働組合員250万を擁する世界最大最強のマルクス主義的社会主義政党の威容を誇っていた。もし、同党が戦争に反対したのなら、帝国政府は開戦には躊躇せざるを得なかったであろうといわれるほど、同党は巨大化していたのである。ところが、ヨーロッパの反動の総本山であるロシアの、社会主義運動の砦であるドイツに対する戦争に関しては、ドイツの労働者は「祖国防衛」の義務があるという、1891年当時のエンゲルスの言葉に従って、同党は戦争に賛成し、さらに戦争中、政争を止めて全国民が団結すべしという皇帝の提案した「城内平和」政策を支持した。エーベルトはレギーンと共に、世界最初の総力戦を積極的に支援する姿勢を示した。そして、1916年以降の軍部独裁時代に軍部の後方支援体制を定めた「愛国的祖国奉仕団」の構築に協力し、総力戦の主要な部分を担当した。こうした行動に対して、「エルフルト綱領」を支持する党中央派と左派が批判を重ね、ついに同党から分離して「独立社会民主党」を1917年４月に創立し、ドイツの社会主義運動は二つに分裂した。こうして、同党はベルンシュタインの修正主義を信奉する「民主的な社会主義政党」としての純化の第一歩を踏み出した。それと共に、SPDは一切の暴力革命を否定する議会主義政党としての性格を強く帯びる政党へと変容していったのである。

1917年１月末、ドイツ海軍は戦況の転換を図るために、無制限潜水艦作戦開始を宣言し、英米間を往来する商船などを撃沈した。それによってアメリカ人の多数が死亡した。それを受けて、それまで中立を保っていたアメリカは４月に対独宣戦布告を行った。翌年の1918年１月、アメリカの100万の大軍がヨーロッパへ上陸し、戦局はドイツにとって不利な方向へ動いた。アメリカのウィルソン大統領は無併合・無賠償、民族自決の原則による新国際秩序の確立などの「14箇条」の講和条件を宣言した。軍部独裁を主宰したルーデンドルフ（Erich Ludendorff, 1865〜1937）将軍は、1917年11月にロシアで暴力革命によって政権を掌握したボルシェヴィキ党のレーニンと、1918年１月、東部戦線において「勝者の講和」を締結した。その後、東部戦線の100万のドイツ軍を西部戦線に投入して、春季大攻勢という最後の賭けを敢行した。しかし、この作戦も６月には失敗が明らかになった。ドイツ軍はもはや連合国側の進撃を喰い止めることが不可能な状態になり、８月以降、ドイツの敗戦の色が濃くなった。９月初め、ドイツ参謀本部会議で、ルーデンドルフ将軍は、ウィルソン大統領の講和条件を受け入れる条件として提示されているドイツ帝政の民主化の要求に答えると同時に、ロシアに見られるような「下からの革命」を防止するために、「上からの革命」が必要であると主張した。そして、同将軍は９月26日に政府に政治改革を要請した。それを受けて、マックス・フォン・バーデン公を首班とする帝国議会の多数派で、かつ「和解の講和」を主張してきた、自由主義左派の結集政党の進歩人民党、中央党、SPDから成る新内閣が誕生した。それは直ちに憲法改正に取り掛かり、10月28日、イギリス型の立憲君主制をモデルにした立憲君主主義的な議会制民主主義を採用した新憲法を公布した。ドイツ帝国は講和条件を受諾する方向へと舵を切ったことを示すために、ルーデンドルフ将軍は参謀本部次長職を辞任し、後任にはヴュルテンベルクの市民階級出身のグレーナー（Wilhelm Groener, 1867〜1939）将軍が就任した。講和を有利にするための便法として軍部に命じられて、憲法は変わり、ドイツの自由主義者達が念願した政治の自由主義的改革はついに成し遂げられた。しかし、皇帝も参謀本部総長のヒンデンブルク（Paul von Hindenburg, 1847〜1934）元帥もその地位に留まり、それ故に体制の変化はほとんど感じられなかったのである。

いずれにせよ、敗戦が必至になり、講和を有利に結ぶために行われた憲法改正によって、ドイツ帝国は立憲君主国へと憲法上では変わった。それに伴い、長い間、反体制政党として国家の弾圧の対象となっていたSPDは、1905、６年頃を境に体制政党への転換を成し遂げ、その帰結として国家に対する姿勢を転換させて、ついに大戦中は戦争に協力する姿勢を示し、それによって体制との和解が成立した。そして、戦争末期の1918年10月には帝国の政治体制を維持するために連立政府に加わり、かつてラッサールやベルンシュタインが抱いていた夢が現実に近づいたかのように見えた。そして、数日後に、ドイツでも、ロシアと同様に「下からの革命」が勃発し、その夢は消えてしまったかのように思われた。

（1） カウツキー主義の研究として、Ｅ・マティアス「カウツキーとカウツキー主義―第一次大戦前のドイツ社会民主党におけるイデオロギーの機能」Ｅ・マティアス著・安世

舟・山田徹訳『なぜヒトラーを阻止できなかったか―社会民主党の政治行動とイデオロギー』岩波現代選書、1984年、Ⅱ（171～242頁）。山本佐門『ドイツ社会民主党とカウツキー』北海道大学図書刊行会、1981年。ゲアリ・P・スティーンソン著・時永淑・河野裕康訳『カール・カウツキー1854-1938―古典時代のマルクス主義』法政大学出版局、1990年。相田愼一『カウツキー研究―民族と分権』昭和堂、1993年など。

（2） E・ベルンシュタイン著・戸原四朗訳『社会主義の諸前提と社会民主党の任務』世界思想大全集〔第2期〕第15（社会・宗教・科学思想篇第15）、河出書房新社、1960年、158～164頁、190～192頁。

（3） カウツキーの「権力への道」や、カウツキーとローザ・ルクセンブルクの間の政治的大衆ストライキ論争については、Ingrid Gilcher-Holtey, *op. cit.*, SS.184-251, Dick Geary, ***Karl Kautsky***, 1987, pp.63-70が詳しい。

（4） フリードリヒ・エーベルトの伝記として次のものがある。H. Vosske, ***Friedrich Ebert : Ein Lebensbild***, 1987. Peter-Christien Witt, ***Friedrich Ebert : Parteiführer, Reichskanzler, Volksbeauftragter, Reichspräsident***, 1987. Werner Maser, ***Friedrich Ebert, Der erste deutsche Reichspräsident : Eine politische Biographie***, 1987. なお、ヨーロッパにおける第一次世界大戦前と大戦中の社会主義運動の動向についての研究として、西川正雄『第一次世界大戦と社会主義者たち』岩波書店、2013年などがある。

第6節
ドイツ革命とワイマール共和国の成立

1 下からの革命の勃発とドイツ帝国の崩壊

1918年11月初めに、第一次世界大戦の敗戦が明確となり、それが切っ掛けとなって、「平和、自由、パン」を要求するキール軍港の水兵の反乱が勃発した。それを契機に、ドイツ革命が始まり、ドイツ帝国は崩壊した。11月9日、すでに帝国政府の連立与党になっていたSPD党首のエーベルトは、宰相職を引き受けるようにという帝国政府宰相のマックス・フォン・バーデン公の強い要請に従って、帝国憲法に基づいてドイツ帝国最後の宰相に就任した。一方、キールの水兵の反乱を契機に、革命はその後ドイツ全土に広がり、ロシア革命の推進機関となったソビエト（そのドイツ語訳語はRäte〔レーテ〕という。日本では評議会や協議会などと邦訳されている）に範をとった労働者協議会《レーテ》と兵士協議会《レーテ》が陸続と誕生し、各地で統治権を旧政権側から引き継いでいた。そして、この労兵協議会臨時全国大会が、11月10日夜、ベルリンで開催されたが、エーベルトはSPDという革命政党の名において、そして同党の巨大な組織力をフルに活用して、労兵協議会全国代表委員会議長に就任した。このことが意味するのは、ドイツ革命においては極めて重大である。というのは、エーベルトは一方では帝国政府宰相として旧帝国を支えていた権力装置の軍部と官僚組織の支持を得ることができるのと同時に、他方ではドイツ革命をロシアのボルシェヴィキ革命へと転化させようと目論む急進的勢力が影響力を持つ労兵協議会の全国組織という革命推進機関をその指導下に置くことで、革命状況を正常化の方向へ誘導できる、権力的に極めて重要な枢軸的地位を獲得したということである。

2 エーベルトSPD党首、革命状況を左右する枢軸的地位の掌握

エーベルトは、二年前に勃発したロシアのボルシェヴィキ革命の野蛮な展開を多大な関心をもって注視していて、そのような革命はドイツでは避けるべきであると決意した。彼は、帝国政府宰相として直ちに軍の実質的な最高指導者のグレーナー将軍と秘密電話で連絡をとり、今後のドイツの将来について協議した。まずボルシェヴィキ革命の阻止と国家《ライヒ》の再建を図り、その後に、帝政の復活は今のところ講和を実現するためにも不可能であるので、民主共和制の樹立で合意し、この合意を行動に移した。まず初めに、彼は、労兵協議会全国代表委員会をベースにした革命臨時政府を樹立し、労兵協議会がボルシェヴィキ型革命へと急進化することを阻止し、それをあくまでも新しい民主共和国が樹立されるまでの臨時権力機関としての性格に止まるようにあらゆる方策を講じた。次に、革命状況を正常化するために、1919年1月19日に憲法制定国民議会の招集を発表して、革命勢力との権力闘争が内乱へと転化する可能性のある街頭ではなく、近代国家においては正常な政権交代を行わせる選挙という制度のチャネルへと誘導した。その過程で、独立社会民主党内に留まっていたローザ・ルクセンブルクを指導者とする急進的左派が1918年12月末から翌年1月初めにかけてドイツ共産党を創設し、国民議会選挙に反対し、街頭闘争に主力を傾けるや、同党を軍部と提携して弾圧した。その際、ローザ・ルクセンブルクなどの共産党の指導者達が右翼義勇軍（Freicorps）に逮捕され虐殺された。

3 憲法制定国民議会選挙と保守諸政党の復活

国民議会選挙は内乱に等しい状況の中で実施され、SPDは、全議席の414の内、163議席（37.9％）を獲得した。議会第一党ではあるが、独立社会民主党の22議席（7.6％）を合わせても、約45％超で議会の過半数を制することはできなかった。SPDの社会主義革命戦術の議会主義の観点からも、議会

の三分の二以上の絶対多数を制することができなかった以上、多数を制するまで待たなくてはならなかった。それまでは、議会制民主主義の常道に従って、政権をとるためには政策を同じくする他党と連携する他選択の道はなかった。憲法制定国民議会の招集という方向が決定されたことによって、革命のエネルギーが合法性の軌道の中にチャネライズされ、革命状況も正常化し始めるや、それまで軍部の背後で息を潜めていた保守諸党が復調し始めた。まずビスマルク政治を支えていた支配的権力集団の政党である保守党と国民自由党右派は合同の方向へと動き、極右政党の「ドイツ国粋人民党」（Deutschnationale Volkspartei）を結成した。国民自由党の左派は進歩人民党との合同を図ったが、失敗した後に、「人民党」（Volkspartei）と称した。ドイツ国粋人民党の獲得議席は44議席で、全得票数の10.3％であり、人民党の議席は19議席（4.4％）であった。従来、国民自由党を支持していた有権者は、進歩人民党から革命時に「民主党」に改称した自由主義左派の政党に支持を切り替えたために、民主党が75議席（18.6％）を獲得し躍進した。それに対して、ドイツ国粋人民党と人民党は凋落した。宗教政党の中央党は73議席（16.2％）を獲得して、従来と変わらずで、第三党の地位を保持した。右派のドイツ国粋人民党と人民党は国民議会において共和国創設に反対し、帝政復活を主張した。

4 ワイマール連合内閣の成立

第一党のSPDは、革命直前に連立を組んでいた中央党と民主党に呼び掛け、民主共和国の創設、議会制民主主義の確立、軍人と官吏・裁判官の帝政時代における特権の保障、教会の特権とその学校教育への関与権の保障などに関して三党間の合意を前提にして、連立政権樹立に漕ぎ着けた。この三党が後に「ワイマール連合」と称される共和国擁護派である。２月６日に国民議会は、共産党主導の革命活動によって内乱状態にあったベルリンを避け、中独の、ゲーテ、シラーが住んでいたドイツ文化を代表する都市のワイマールで開催された。国民議会は直ちに臨時憲法の制定に着手し、四日後にそれを公布し、11日にそれに基づいてエーベルトが共和国初代大統領に選出された。次いで、SPDのシャイデマンを首班とするワイマール連合内閣が発足した[(1)]。こうして、ドイツ帝国の敗戦・崩壊と同時に勃発したドイツ革命は約3か月後に民主共和国の創設という形で正常化し、ドイツ民族の統一国家《ライヒ》の再建が軌道に乗り、ドイツ政治も新たな段階へと踏み出した。本書では、政治体制の変革に至る権力闘争を「憲法改正の政治過程」Ⅱ型と規定しているが、この権力闘争が決着づけられた後に、新しく作り出される政治体制とその運用の基準、つまり新しい政治体制の枠の中での権力闘争の「ゲームのルール」を定めた憲法が制定されることになるが、この憲法の制定という任務は国民議会に委ねられていた。では次に、憲法制定過程を見ることにしよう。

5　何故に民主党がワイマール憲法制定において主導的な役割を演じたのか？

ワイマール憲法の制定において主役を演じたのは民主党であった。同党は、帝政時代、ドイツ政治の自由主義的改革を主張してきた自由主義左派勢力の結集政党であるが、「兵卒のいない将校のみの政党」といわれているように、著名な学者や作家、プロテスタント教の牧師などの知識人の政党であった。国際的に有名な同党の代表的人物を挙げると、例えば、政治社会学者のM・ウェーバー、宗教思想家のトレルチ、歴史家のマイネッケ、作家のトーマス・マン、政治家でプロテスタント教の牧師として社会帝政論や、第一次世界大戦中の『中欧論』(*Mitteleuropa*) などで有名であるばかりでなく、M・ウェーバーの盟友でもあるフリードリヒ・ナウマン(Friedrich Naumann, 1860～1919) などである。エーベルトが臨時革命政府の組閣に際して、早急に招集を計画している憲法制定国民議会に備えて、憲法草案の起草を担当する内相には最初、大戦中、無力な議会を強力な議会に変えるための政治改革案としてイギリス型の立憲君主制の下での議院内閣制の導入を主張していたM・ウェーバーの起用を考えていたようであるが、彼が憲法草案を持っていないことを知り、大戦中、同じく自由主義的な改革を主張していた、ベルリン商科大学教授のフーゴ・プロイス (Hugo Preuss, 1860～1925) がすでに憲法草案を持っているということを知り、彼を起用したという。本来なら、エーベルトは、内相には、もしSPD系の専門家がいたのなら、彼らを起用して、同党が新しい共和国憲法の制定において主導的な役割を引き受けてしかるべきであると考えられたが、実際はそういうことにはならなかった。というのは、マルクス主義的社会主義は経済決定論が中心で、さらにマルクスやエンゲルスも将来到来する社会主義社会の政治形態や政治の在り方を決める仕組みについては一切言及していなかったし、またラッサールも普通選挙制さえ導入すれば、王政でも良いという考えであったので、SPD内に民主共和国の政治機構を構想し、それに関して研究した専門家はいなかったからである。したがって、民主共和国の政治機構を構想し、それを研究していたのは民主党に属する政治社会学者か、帝国憲法を批判的に研究するプロイスのような国法学者であったので、彼らにワイマール憲法制定の役割が降ってわいたということになるのである。

6 プロイスの第一次憲法草案

ビスマルクの政治体制を擁護する国法学者のラーバントの主張を、国家有機体論の立場から批判したギールケの弟子のプロイスは、単一国家論者であった。また帝政が崩壊し共和政になった場合、ドイツで導入されることが想定される共和国のモデルについては、アメリカ合衆国はドイツの国情に合わないので考慮外であり、次に皇帝が不在なのでイギリス型の立憲君主制も考えられないので、フランスの第三共和国の政治制度を採用する他ないと考えていた。プロイスは、エーベルトによって内相に任命された後、直ちに憲法の起草に取り掛かり、その原案を1919年初めにすでに完成させていた。それは第一次憲法草案といわれている。それには、帝政時代の連邦制を廃止し、それに代わって中央集権的な単一国家案と、フランス第三共和国の政治制度を、立法権の議会と行政権の大統領の両権の形式的な均衡論と彼なりに捉え直していて、それをベースにした国家機構案が盛られていた(2)。国民議会が開催され、革命状況が次第に正常化するに従って、保守諸党や帝政時代の既得権を守ろうとする他の勢力が復調し、新しい憲法を彼らに有利な方向に作成させようとする権力闘争を再開し、プロイスの第一次憲法草案は、国家機構論の大枠を除いて、そのほとんどが否定されることになった。

1919年８月11日、ワイマール憲法が公布されるが、同憲法には、プロイスの第一次憲法草案と比べると、国家機構の構成面でも次の幾つかの点で異なるところがある。ここではまずその二点について述べることにする。

7 プロイスの第一次憲法草案の修正①：中央集権的連邦制の導入とその象徴としての国防軍の創設

第一は、連邦制の復活である。革命勃発後、各邦でも、SPD単独ないしは同党と独立社会民主党との連立の臨時革命政府が樹立され、それらは邦の地位を新しい共和国においても守護しようとしていた。妥協が重ねられ、帝政時代と比べると、極めて強力な中央集権的な連邦制が採用された。それに伴い、帝政時代と同様に、邦政府代表から成る「連邦参議院」(Reichsrat) が設置された。それは上院に当たるが、その権限は帝政時代は主権機関であったのに反して、議会の諮問機関の役割にその権限が大幅に縮減された。このように連邦制が存続するようになったとはいえ、その実質は中央集権化の方向へと再編されていったのである。その典型は軍隊である。帝政時代に、バイエルンなどの比較的大きな邦国は、独自の軍隊や鉄道、郵便制度を保有していたが、戦時中に軍隊や鉄道や郵便制度の統合が実現されたので、それらの既成事実を土台に、再編統合が行われた。とりわけ軍隊は、国防軍の名称下に再編統合された。それは、その後のドイツの政治過程にとって大変重要な意味を持つ。というのは、新しく誕生した国防軍は、ドイツ帝国創設後初めて登場した全国的な権力組織であったからである。帝政時代には、帝国を運営した主要な政治組織はプロイセン国家機構であった。帝国成立後、新しく作り出された帝国政府機構は、宰相府の他は、海軍と外交を担当する部省のみで、連邦制の故に、全国を中央から一律に統治する権力機構は存在しなかった。しかし、戦時中にプロイセン軍を中心に諸邦の軍隊を統合して帝国軍隊が創出され、総力戦の中で、1916年８月からの軍部独裁制が確立された後は、軍隊が全国を一律に統治する唯一の権力組織として登場するようになったのである。こうした歴史的な背景から見ると、全国を管轄し、かつ統治することのできる権力組織としての国防軍の登場は、それがその後のドイツ政治を実質的に規定する地位を確保したということを意味するのである。

8 プロイスの第一次憲法草案の修正②：強力な大統領制の創設

第二に、強力な大統領制の創設である。プロイスの憲法草案の国家機構案は、前述のように、立法権と行政権の形式的な権力均衡論をベースにしたものであった。しかし、保守勢力が敗戦と、内乱に等しいドイツ革命という国家の危機的状況に対処する強力な執行部の創出が何よりも重要であると主張して、行政権を強化する方向において大幅な修正が施されたのである。その際、憲法起草委員会のメンバーのM・ウェーバーの人民投票的な大統領制の考え方が採用された。憲法起草委員会には、民主党の創立者の一人であり、内相で委員長のプロイスに加え、民主党からはM・ウェーバーの他に、民主党党首のナウマンも入っており、彼らの主張がワイマール憲法に反映されるのは故なしとはいえないであろう。「ドイツ人民の権利と義務」の編の起草の責任者のナウマンの影響については本章第７節10で触れるが、国家機構創設におけるM・ウェーバーの主張の影響が、ワイマール共和国の将来にとって極めて重要である点は見逃すことはできないであろう[(3)]。というのは、敗戦と内乱の危機にあって国家統合の中心として、下から人民の革命的な正当性を調達し得る、人民から直接に選出される大統領が必要であるという彼の主張が採用され、それが大統領独裁を支える憲法第48条の制定に寄与したからである。憲法第48条に触れる前に、ワイマール憲法に採用された国家機構について先に見ておこう。それは、現在「半大統領制」と呼ばれている政治制度である。フランスのド・ゴール大統領が第四共和国を廃止し、第五共和国を設立する際に採択した憲法、つまりフランス第五共和国憲法にこの制度を導入した後、世界に広がり、現在、新生民主共和国の多くはこの制度を採用している。その原型がプロイスの立法権と行政権の形式的な均衡論である。彼によると、国民主権の国では、主権者の国民は、一方で直接選挙で立法権を担当する議会の構成員を選出し、他方では同じく直接選挙で行政権を担当する大統領を選出する。両権力を媒介する機関は内閣である。内閣の首班の首相および大臣は大統領によって任命されるが、その職務の遂行においては議会の信任を必要とする（ワイマール憲法第53、54条）。大統領は、議会が制定した法案に対して拒否権を有し、それに対応する形で、議会は大統領を罷免する国民投票を実施することができる。このように、両権の形式的均衡論に基づいて、国家機構が設計されていたが、このプロイスの案が基本的にはワイマール憲法に導入されていたのであった。とはいえ、公布された憲法では、大統領は国家の元首とされ、通常の国家元首が有する権限、例えば宣戦布告権、条約締結権などの対外的に国家を代表して行う戦争・外交に関する権限の他に、官職任命権、恩赦権を有し、さらに軍の最高司令官の地位も保有していた。それだけでも両権の均衡は大統領の方へと崩れていたといえよう。ところが、その上に、制憲議会で保守諸政党の強力な主張によって、両権の形式的な均衡論を根底から覆すような方向において大統領権限の強化が図られていたのである。それは、ワイマール憲法第48条である。

9 保守諸党の強力な主張による大統領独裁を可能にする憲法第48条（緊急命令権）の導入

制憲議会では、1848年のフランクフルト憲法をなるべく継承しようとする傾向があり、同憲法第54条の連邦強制権（支邦国に平和が脅かされる危険や、支邦国が中央政府の命令に従わない場合、中央政府が軍隊を用いて介入する権限。同じ規定がドイツ帝国憲法第14条にもある）と、第197条（非常事態における基本権の停止）、次にプロイセン国王の戒厳令施行権限を合成した、大統領の緊急命令権を定めた条項が追加されたのである。第48条は五項から成る。第一項は連邦強制権を定めている。第二項は、「公共の安全と秩序が脅かされた場合、大統領は兵力を用いて公共の秩序を回復させるために」必要な措置（Massnahme）をとることができると規定している。その際、憲法の基本的人権を一時的に停止することができる。第三項は、大統領のとった措置は議会の両院の要求があれば失効する、という議会による歯止めの規定である。第四項は、支邦国にも、その領域において「公共の安全と秩序が脅かされた場合」は、各支邦国政府にも第二項と同じ権限を付与している。第五項は「詳細はこれから定める」となっているが、ワイマール憲法施行後、制定されなかった。つまり、大統領の緊急命令権をチェックする規定は作られなかったのである。というのは、チェック規定を設けることに反対する保守諸政党の力が議会では強くなり、不可能となったというのが実情である。ともかく、共和国末期に大統領独裁を可能にしたこの緊急命令権は右翼政党のドイツ国粋人民党と人民党の強い要請によって大統領に付与されることになった。とはいえ、もう一つのチェック規定がないわけではなかった。それは、大統領が行うその「すべての命令および処分」は「首相および主務大臣の副署」を必要とする（第50条）という規定である。ところが、議会の機能低下と共に、大統領が自分に忠実な首相を任命し、同時に議会を解散すれば、選挙後次の議会が開催されるまでの60日間、この規定のチェックを受けることなく統治できるのである。いうまでもなく、この場合、首相などの副署の規定はないのも同然であるからである。さらに、もし議会が多党化し、意志統一が不可能なような状態になった場合、大統領の緊急命令権の乱用をチェックする制度は機能しなくなり、その結果、両権の形式的な均衡論は大きく崩れ、強力な執行部体制が確立される道が用意されていたのである。実際、大統領の任期が７年、議会は４年毎に改選されるので、両権力は制度的にも不均衡であった。実際、その後のワイマール共和国の政治過程を見ると、議会は多党化の故にその意志形成機能と組閣機能を喪失し、大統領の統治権力の比重が圧倒的に高まることになった。この方向への動きをさらに強めたのは国家危機の連続であった。大統領は共和国初期には、国家の危機の際に、それが内乱などの治安の場合、第48条の緊急命令権を行使したが、共和国末期には、議会が立法能力がないので、治安以外の経済・財政危機に対しても緊急命令権を発動して、それに基づく「措置法」（Massnahmegesetz）を制定して危機の克服に当たるようになった。なお、ワイマール共和国には、議会が絶対的多数派を形成できる時は、期限と対象を限定して政府に立法権を委ねる「授権法」（Ermächtigungsgesetz）制度が作られており、共和国初期には、治安には大統領の緊急命令権、経済・財政問題には、授権法をそれぞれ用いるという使い分けがあったが、共和国末期には議会が機能停止したので、緊急命令権が国家の危機のあらゆる問題に用いられるようになり、大統領独裁へと進んだのである。そして後述するが、緊急命令権が常態化して、それがナチ・ドイツへと接続することになるのである(4)。

10 ワイマール共和国にとっての最大の不幸—ヴェルサイユ講和条約の強要

ワイマール共和国にとって不幸であったのは、強力な大統領制の採用のみではなく、ドイツ国家をこの地上から抹殺することを目的としているとしか考えられないような、次のような苛酷な要求を盛ったヴェルサイユ講和条約であった。それは、ドイツの海外領土と植民地の放棄、アルザス・ロレーヌのフランスへの割譲をドイツに突き付け、次に、戦後国際秩序形成の政治原理としてウィルソン大統領によって唱えられた民族自決の原則をドイツ民族への適応——800万人のオーストリアとドイツとの合併——を拒否し、ドイツの東部領土の一部を取り上げて、ポーランドをフランスの衛星国として独立させるところに恣意的に適用し、それによってドイツ領土の十分の一の喪失、軍備の制限、その具体的な措置としての軍隊の10万人への縮小、参謀本部の廃止、重火器、飛行機、戦車、潜水艦などの製造とその保持の禁止、ラインラントの仏軍による期限付き占領、ドイツの国家予算の1320年分の賠償金の支払い、皇帝をはじめ戦犯の引き渡しなど、ドイツ人には屈辱的な要求であった。もともと、ドイツは、ウィルソンが唱えた無併合・無賠償の講和条件に応じるために、憲法改正までしてそれを受け入れる国内条件を作っていたにもかかわらず、パリのヴェルサイユ宮殿における講和会議の主導権を握ったのはアメリカではなく、英仏、とりわけフランスであったために、講和条約はフランスの対独復讐の怨念を具体化させたものとなったのである。

11 ヴェルサイユ講和条約の受諾とドイツ世論の国粋主義への急変

1919年6月、まだ憲法は制定過程にあった。ドイツはヴェルサイユ講和条約を受諾しなければ、再び戦争に訴えるとフランスによって脅迫された。シャイデマン内閣はそれに抗議して辞職した。エーベルト大統領とグレーナー将軍は、条約受諾に反対して再びドイツが戦争することは、不可能な状態にあることを認識していたので、どんな無理難題でも当面は受けて、それを一応履行し、その過程でその廃止へ向けてあらゆる努力を行う他ないと冷静に判断し、その受諾を決断した。この決断を受けて、第二次ワイマール連合内閣が組閣され、正式に受諾した。それに伴って、条約を受諾したワイマール連合政府は国民の裏切り者であるという国粋主義的なナショナリストからの非難を受けるようになった。そればかりか、新聞をはじめ、世論を形成する言論機関の大部分を掌握するドイツ国粋人民党と人民党主導のヴェルサイユ講和条約反対闘争が展開され、国民の世論は一挙に国粋主義的なナショナリズムに染まり、条約履行と国際協調を主張するワイマール連合内閣、とりわけそれを主導するSPDと民主党は「国民の敵」と罵倒されるようになった。国内に巻き起こった、こうした国粋主義的なナショナリズムの嵐が、ドイツ国粋人民党によって反ユダヤ主義という民族排外主義の方向へと誘導されたことは、その後のワイマール共和国にとって、もう一つの不幸であったといえよう。ドイツ国粋人民党を中心とする極右勢力は、次のような反ユダヤ主義の言説をねつ造して、共和国反対闘争を展開したのである。同党はまず、大戦に実は勝っていたにもかかわらず、負けたのは国内においてユダヤ人が指導する社会主義政党がストライキや内乱などの裏切り行為を行ったからである、といういわゆる「背後からの一撃伝説」(Dolchstosslegende) をでっち上げたのであった。次に、ドイツ民族の抹殺を企てているのは、ユダヤ人の左右の国際主義的勢力である。まず、社会主義政党を後ろで操っているのは国際共産主義勢力である。すなわち、左のユダヤ人のトロツキーを指導者とするロシアのボルシェヴィキはユダヤ人のローザ・ルクセンブルクが指導するドイツ共産党をそそのかしてドイツを内乱状態に追い込んでいるし、右のユダヤ人のロスチャイルド国際金融資本家は英米仏を動かしてヴェルサイユ講和条約をドイツに強制している、というようなドイツ民族の抹殺を目論むユダヤ人陰謀説をまことしやかに宣伝・煽動したのである。周知のように、この宣伝・煽動を組織的に政党活動として展開したのは、いうまでもなく、ナチ（Nazi）〔ナチ党の正式名称は「国粋社会主義ドイツ労働者党」（Nationalsozialistische Deutsche Arbeiterpartei）である。ドイツ語の略称はNSDAP。本書ではナチまたはナチ党と略す〕である。1919年８月11日にワイマール憲法が公布されたが、その時はそれが制憲議会で論議されていた時と比べて、世論は左から極右へ正反対の方向へと回転していたのである。そして、新しい憲法に基づいて作り上げられる共和国を支える勢力も、世論に背を向けられ、衰微の方向へと追いやられることになる。その兆候は翌年のカップ一揆で証明された。ワイマール憲法の国家機構以外の内容については、次節で取り上げるので、その前に、カップ一揆について少し触れておきたい。

12 カップ一揆：失敗に終わった極右勢力によるクーデター

1919年３月13日、ヴェルサイユ講和条約の受諾によって止むを得ず軍隊を10万人に縮小することになり、解散を命じられたリュトヴィッツ旅団とドイツ国粋人民党の政治家カップが組んで右翼一揆を起こした。エーベルト大統領と内閣はベルリンからドレスデンへ、さらに南のシュトゥットガルトへ逃亡したが、公務員を含めた全勤労者のゼネストによってカップ政権は四日後の17日に瓦解した[(5)]。この右翼一揆に抗議して全国の工業地帯の労働者が武装して立ち上がったが、それはドイツ共産党に指導されるようになり、この動きは1923年秋頃まで続いた。これによってドイツ政治は危機の中を彷徨うことになる[(6)]。1920年６月の第一回の総選挙では、ヴェルサイユ講和条約受諾を契機に急速に世論が180度右寄りになったことを反映して、ワイマール連合の三党は惨敗した。すなわちSPDは163議席から102議席（21.6％）に減少した。それに対して、同党から分離した「エルフルト綱領」固執政党の独立社会民主党は22議席から84議席（18%）へと躍進した。SPDに不満を持つ労働者大衆の一部が支持を切り替えたのである。ちなみに、1920年10月に独立社会民主党の左派（多数派）が離党し、共産党と合同した。こうして、戦前のSPDの左派の結集政党となった合同共産党は、社会主義労働運動におけるSPDの主導権に挑戦する地位を占めるようになったのである。中央党は73議席から64議席（13.6%）へ減少したが、組織政党であるので、壊滅的な惨敗を免れたが、組織の無い民主党は75議席から39議席（8.4%）に減少し、その議席の半分以上を失い、第二党の地位を失った。それに対して、ドイツ国粋人民党は44議席から71議席（17.3%）へと躍進し、また人民党も19議席から65議席（13.9%）へと大躍進を遂げた。革命勃発によって従来国民自由主義的な中産階級がその支持を国民自由党から新しく誕生した民主党に期待して、その支持を切り替えたが、それを撤回して元に戻ったことを示している。国民議会においてワイマール連合の三党の議席は議会の三分の二を超えていたのであるが、今回の選挙では、三党の議席は議会の４割台に減少した。その結果、ワイマール連合内閣は崩壊し、民主党、中央党にその右の人民党が加わり、中道右派政権が発足した。その後、この中道右派の少数内閣が続くが、エーベルト大統領を出している政党であり、共和国守護を唱えているSPDの閣外協力によってやっと政権を維持する状態が続く。政治の主導権は今や中央党に移ったのである。

13 ワイマール共和国を生み出した政治的権力集団間の同盟ないしは協定と妥協の内容

これまで見てきたように、そもそも共和国はボルシェヴィキ革命を阻止するために即席で作られた国家であり、かつそれは多様な政治集団間の妥協の産物であった。そして、その妥協の内容を法文化したのが実はワイマール憲法であった。したがって、すでにワイマール憲法の国家機構について考察したので、それ以外の内容を見る前に、共和国を生み出した多様な政治集団間の妥協の内容を先に見ておくことにしたい。

フランクフルト学派のフランツ・ノイマンは、ナチ体制の権力構造を分析した古典的な名著といわれている著作『ビヒモス』の序文で(7)、ワイマール共和国はドイツ革命期の権力集団間の次の五つの同盟ないし妥協の一時的な産物であった、と述べている。①SPDのエーベルトと軍部のグレーナーが結んだ、ボルシェヴィキ革命を阻止すると同時に国家《ライヒ》を再建するという内容の政治同盟、②自由労働組合指導者のレギーンと経済界の巨頭のシュティンネスが結んだ社会経済的な協定で、その内容は資本家側が革命を避けるために自由労働組合の要求〔労働者の無制限な団結権の保障、8時間労働制、労働協約の一般的拘束性の承認、従業員50名以上のすべての経営における労働者委員会の設置、団体交渉における仲裁制度の導入、労使同数かつ同権の代表によって構成される中央労働共同体の設置など〕を全面的に受け入れることを承認したものである。この二つの政治同盟と経済・社会協定を基軸として、それを前提にして、さらに次の三つの妥協が関係する権力集団の間で締結された。すなわち、①革命臨時政府と諸支邦国との間での連邦制導入に関する妥協、②制憲議会成立後にSPD、民主党、中央党の三党間の前述した内容に関する「ワイマール連合」協定、③経営協議制度の導入に関するシャイデマン政権とSPD下部組織との協定。その内容は、ワイマール連合政府が発足後、ドイツ革命中に生まれた労働者協議会の廃止が決定されたが、SPDの下部組織がそれに猛烈に反対し、労働者協議会を巨大独占企業の社会化〔ドイツでは国有化を「社会化」という〕の機関として存続させるべきであると主張し、抗議活動を開始したので、彼らの活動を抑え、かつガス抜きを狙って、レギーン＝スティンネス協定の中に導入が決まっている「労働者委員会」を経営協議会の名称に変え、それに「社会化」を担当させ、そのことに関する法律を直ちに制定するというものであった。この政府の約束は実際に1920年2月に制定された「経営協議会法」という形で実現された。

14 政治的権力集団間の同盟ないしは協定と妥協にはすでに共和国崩壊の芽が秘められていた

以上ノイマンが挙げた、ドイツ革命時の政治的権力集団の間で結ばれた五つの同盟ないし協定と妥協は、そのすべてがワイマール憲法の中に条文の形で取り入れられている。したがって、このことを知らずに、ワイマール憲法を語ることはできない。ワイマール共和国は14年の短命で終わったが、その理由もこの五つの同盟ないし協定と妥協にあったといってもよかろう。というのは、革命という政治体制の危機、ないしそれが変革される状況の中で当時存在していた政治的権力集団が主導権の獲得を巡って熾烈な権力闘争を繰り広げていたが、つまり本書でいう「憲法改正の政治過程」Ⅱ型が展開されていたのであるが、その中で、ドイツ国民国家を意味するDas Deutsche Reichを維持するために、何よりも喫緊の最大の課題がボルシェヴィキ革命阻止であったので、ひとまずそのために、意図せずして革命の規定者の地位にまで押し上げられていたSPDと旧体制を守護しようとする軍部の政治同盟が成立し、その土台の上に一連の協定ないし妥協が一時的に生まれたのである。ボルシェヴィキ革命の危機が去り、Das Deutsche Reichが安定化の方向へと進むにつれて、同盟ないし協定と妥協を各政治的権力集団に強いた内外の環境や、その持つ権力資源が変化することになり、ワイマール憲法の中に法文化されたこうした同盟ないし協定と妥協が反故にされたが故に、ワイマール共和国はそれを支える唯一の集団のSPDを除いて、どの集団もそれを望まなかったので、それは崩壊したのである。それと共に、ワイマール憲法も破棄されるはずであったが、ナチになっても存続した。なぜなら、ナチは、法律論的にはワイマール憲法に根拠を置く授権法や大統領の緊急命令権に基づく措置法、さらに国民投票制度の悪用を通じて支配していたからである。

以上、ワイマール共和国の成立経緯について考察したので、次節で、ワイマール憲法を取り上げ、近代憲法が社会主義の挑戦を受けてどのように変容したのか、その変化した形を典型的に示すワイマール憲法の内容について見ることにしたい。

（1） ドイツ革命についての研究書としては、篠原一『ドイツ革命史序説—革命におけるエリートと大衆』岩波書店、1956年などがある。ワイマール共和国成立史については、小林昭三『ワイマール共和制の成立制』成文堂、1980年を参照。

（2） プロイスの憲法草案と国民議会におけるその審議経過についての研究として、初宿正典「フーゴ・プロイスとヴァイマル憲法構想」宮田光雄編『ヴァイマル共和国の政治思想』岩波書店、1988年所収。

（3） W・J・モムゼン著・安世舟他訳『マックス・ヴェーバーとドイツ政治1890～1920 Ⅱ』(1974年)、未来社、1994年、第九章第３、４節。

（4） ワイマール共和国大統領制に関する研究として、小林昭三『ワイマール大統領論研究序説』成文堂、1964年や、H. J. Heneman, *The Growth of Executive Power in Germany: A Study of the German Presidency*, 1934などがある。

（5） カップ一揆における公務員の不服従行為については、H・ボルヒ著・秋元律郎・佐藤慶幸訳『権力と抵抗—官僚制の政治社会学』(1954年)、みすず書房、1958年、204～206頁。また、カップ一揆時の政府側の対応については、Werner Maser, *Friedrich Ebert : Der erste deutsche Reichspräsident*, SS.275-278.

（6） 1923年までのドイツ共産党の動きについては、R. Hofmann, *Geschichte der deutschen Parteien : Von der Kaiserzeit bis zur Gegenwart*, 1993, SS.143-151.

（7） F・ノイマン著・岡本友孝他訳『ビヒモス—ナチズムの構造と実際』(1942年、1944年)、みすず書房、1963年、19～20頁。

第7節 ワイマール憲法の特質 —過渡期社会の憲法—

1 ワイマール憲法の構成

ワイマール憲法は第一編「ドイツ国《ライヒ》の構成および任務」(第1～108条)、第二編「ドイツ人の基本権と基本義務」(第109～165条) の二編と経過規定および終末規定 (第166～181条) から構成されている(1)。前述の通り、現在、日本の大学で使われている憲法の教科書の多くは二編に分かれ、前編が「国家機構」ないしは「統治機構」「統治組織」を取り扱い、後編が「基本的人権」を取り扱っているが、この構成はワイマール憲法の構成に対応している。第一編の国家機構のところで定められているワイマール共和国の統治機構の大枠については、すでに前節において考察した。それは、憲法起草委員長のプロイスの第一次草案において主張されていた立法権と行政権の形式的な均衡論をベースにした、国家機構案が保守勢力の強力な主張によって、M・ウェーバーが主張する人民投票的な強力な大統領制の影響を受けた「半大統領制」に修正されたものであった。この大枠を前提にして、社会主義の挑戦、つまりSPDの強い要求によって、近代憲法の国家機構の仕組みが次の三点において大幅な変容を被ることになった。その点について考察する前に、憲法がどのような意図に基づいて制定されたのかを先に見ておきたい。

2 ワイマール憲法制定の目的—ドイツ民族統一国家《ダス・ドイチェ・ライヒ》の再建

憲法の初めに、「ドイツ人民=民族《フォルク》は、それを作り上げている各〔ゲルマン〕種族が一致団結し (einig in seinen Stämmen)、かつ自由と正義とによってその国家《ライヒ》を再建し、これを強固にし、国家の内外の平和に貢献し、社会の進歩を促進せんとする、その意志を心に強く抱いて、ここにこの憲法を制定する。」という憲法制定の趣旨が記されている。この序文にも明記されているように、憲法制定によって、敗戦と内乱の危機に陥っていたドイツ国家《ライヒ》（Das Deutsche Reich）を再建し、それを強固にしたいという念願が宣言されている。この願いは国名に現れている。第１条は、「１、Das Deutsche Reichは共和国である。２、国家権力は国民に由来する。」と定めている。国名のDas Deutsche Reichはビスマルクが作った「ドイツ帝国」と同一である。したがって、その邦訳語は「ドイツ帝国」とすべきであるが、民主共和国である国を「帝国」という邦訳語を当てることに抵抗を感じる日本の憲法学者は、ワイマール憲法を論じる際に「ドイツ国」という邦訳語を当てている。ところが、ワイマール憲法の正式名称はReichsverfassungであり、大統領はReichspräsidentで、議会はReichstagである。これらのドイツ語の邦訳語は、日本の憲法学者の中で、ドイツ政治に無知な方によるものでは、ワイマール憲法は「帝国憲法」とか「国憲法」という邦訳語、大統領は「帝国大統領」や「国大統領」という邦訳語、議会は「国議会」という邦訳語が見られる。帝政時代のReichstagは日本では、「帝国議会」と訳されている。しかし、ドイツ語の本体は変わっていないのに、帝政時代は「帝国議会」で、共和国では「国議会」と邦訳語を当てるのには奇異な感じを抱かざるを得ない。それは、第３章で、神聖ローマ帝国を述べたところで、すでに指摘したように、Reichには「連邦国家」の意味がある点に気付いていないことに起因している。つまり、ワイマール共和国になって、ドイツは皇帝がいなくなったので、Reichのもう一つの意味の「皇帝の支配する国家」という帝国ではなく、その部分が消えた後の「連邦国家」の姿が現われてきたのである。したがって、ワイマール共和国になった後の国名は日本語では「ドイツ連邦国家」と訳すれば、その本当の姿が正しく日本語に移し変えられたことになるように思われる。したがって、帝国憲法ではなく、「連邦憲法」と、帝国大統領は「連邦大統領」と邦訳すれば、その正しい姿が日本語に移し変えられるのではないかと思われる。

3 ワイマール共和国の基本的性格—帝政の継続的側面とSPDの「国家権力の分有」容認

前節で紹介したワイマール共和国の政治的礎石である、エーベルト＝グレーナー同盟の目的、つまり、「ボルシェヴィキ革命の阻止と国家《ライヒ》の再建」は、ワイマール憲法の制定によって政治制度的には実現されたことを、この憲法の序文が明らかにしている。したがって、その意味するところは、共和国は帝政国家の延長そのものであるということである。というのは、国名が不変であるのと同様に、帝政時代の支配的権力集団の政党、つまり、ユンカー保守党と国民自由党は、その名称を共和国という時代に合わせて「ドイツ国粋人民党」「人民党」と変えただけで、そのまま存続しているし、さらに帝政の国家装置の軍部と官僚制度もそのまま存続し、また社会・経済システムも完全に無償のまま存続していたからである。変わったのは、帝政時代の反体制政党のSPDが、第一次世界大戦中に急速に体制政党へと転換し、さらに「革命政党」の過去のオーラを保持していたことから、意図せずしてドイツ革命の規定者の地位に押し上げられたことである。また、その枢軸的な権力的地位を保持していたお蔭で、同党は軍部と提携して「ボルシェヴィキ革命」へと傾斜し始めたドイツ革命状況を鎮圧し、「国家の再建」に貢献し、その功績が支配的権力集団によって認められて、「国家権力の分有」が許され、さらに同党の徹底した政治的民主化と社会・経済的な要求も承認された点である。つまり、こうした点が、共和国の帝政と比べて異なる側面である。そして、それがワイマール憲法をして「世界で最も民主的で進歩的な憲法」たらしめている変化である。こうしたワイマール共和国の性格を正しく理解して初めて、社会主義の挑戦による近代憲法の変容の姿を正確に捉えることができるのである。以上、憲法序文に示された憲法制定者の意図やワイマール共和国の基本的な性格が明らかになったところで、社会主義の挑戦を受けて変容を被ることになった点について、直ちに考察することにしたい。

4 近代憲法の社会主義の挑戦によって変容した国家機構の側面①：直接民主政、比例代表制、20歳以上の男女への普通選挙権の付与

近代憲法の国家機構の面での変容の第一は、直接民主主義の導入である。第１条によって、ドイツ国民は初めて主権者となったことが宣言された。そして、かつてビスマルクという政治的巨人の独裁によって「政治的教育をひとかけらも受けたことの無い」とM・ウェーバーから批判されたドイツ国民が、文字通りいきなり主権者として国政に直接に参加する直接民主主義が大国で初めて制度化されたのである。この点が近代憲法に対する社会主義の挑戦の第一の例である。現行の日本国憲法の地方自治制度では、首長の公選制、イニシアティヴ（国民発案）、レファレンダム（国民投票）などの直接民主主義制度がアメリカの地方自治制度の先例の範をとって採用されているが、そのような直接民主主義的な制度が国政レベルで導入されたのはワイマール・ドイツが初めてである。それは次のような内容のものであった。まず、有権者の十分の一が国民請願の形で法律案を議会に提出することができた。議会がその法律案を可決しない場合には、国民投票に付して決定する。次に、議会の可決した法律は、公布の１か月前に大統領の命令があれば、国民投票に付すことができる。議員の三分の一以上の請求によって公布を延期した法律は、有権者の二十分の一の申し出がある時、国民投票に付されなければならない。予算、租税法および俸給法については、大統領の命令で国民投票に付すことができる（第73条）。国民代表の議会の可決した法律に対して連邦参議院が異議を唱えた場合、大統領は３か月以内に、その意見が分かれる問題について国民投票を命ずることができる（第74条）。このように、国民自身が最終的な政治決定機関として積極的に国政に参加する直接民主主義が制度化されていた点は、「教養と財産」の持つ市民階級のみが制限選挙制に基づいて国政に参加することを予定していた近代憲法が、ワイマール憲法の中にSPDの「エルフルト綱領」の第二部で要求されていた「人民の直接立法権」の要求が導入されたことによって否定されたことになる。近代憲法

では「人」は市民階級に属する人であったが、ワイマール憲法ではその「人」が文字通りの「人間の顔をしたすべての人間」という風に解釈されて、有産階級の制限民主制は「教養と財産」を持たない一般大衆の国政への参加という直接民主制へと変容するようになったのである。

さらに、SPDの政治制度の徹底的な民主化の要求、つまり直接民主主義的要求は選挙制度においても実現された。まず、主権者の国民の意見が公平に議会に反映されるように、全国を実質的に一つの選挙区にしたような比例代表制が導入された。詳述するなら、全国を35の選挙区に分け、各選挙区ではあらかじめ各政党によって提出された候補者リストについて投票し、各党は6万票毎に1議席を得る。各選挙区で出た余剰票は集計され、同じくあらかじめ各党によって提出された全国リストに従って各党に投ぜられた票の集計総数の内、やはり6万票毎に1議席が割り当てられるという仕方で全議席が決められた。次に、20歳以上の男女に普通・平等・直接・秘密選挙権が付与された。立法権を担当する議会の議員は四年毎に選出され、それとチェック・アンド・バランスの関係にある行政権を担当する七年任期の大統領も国民によって直接選出された。このように、ワイマール憲法では、SPDの「エルフルト綱領」の第二部の徹底した政治的民主主義の要求がそのまま受け入れられ、それによって同憲法は「世界で最も民主的」といわれるようになったのである。

5 近代憲法の社会主義の挑戦によって変容した国家機構の側面②：SPDの議会主義戦術を条文化した憲法改正条項（第76条）

近代憲法が被った国家機構面での第二の変容は、SPDの議会主義戦術を憲法の条文の中に明記させた点である。憲法改正の条件と手続きを定めた第76条では、通常の法律と同様に、議員定数の三分の二以上の議員が出席し、少なくとも出席議員の三分の二の賛成があれば、憲法は改正できると定めている。次章で詳しく述べるが、憲法という用語は、憲法典の他に、憲法典を最高規範とするピラミット状の憲政秩序ないしは憲政体制を意味する。後者の憲政体制は政治体制とも言い換えられよう。憲法改正には次の二種類の類型が存在する。一つは、それは長期的な観点から、言い換えれば歴史的に見るのなら、暴力革命ないしは敗戦に伴う外圧などによって、その体制の根本が変革される場合の憲法改正である。それは、本書では「憲法改正の政治過程」Ⅱ型と分類されている。もう一つは、既存政治体制下での環境の変化やそれを運用する政治的利益集団間の権力関係の推移によって、権力闘争の「ゲームのルール」としての憲法典が部分的に改正される場合の憲法改正がある。これは本書では「憲法改正の政治過程」Ⅰ型と分類されている。「憲法改正の政治過程」Ⅱ型の場合、憲法改正とは暴力的な手段であれ平和的な手段であれ、とにかく政治体制の根本的変革を内実とする革命であるのに反して、後者の「憲法改正の政治過程」Ⅰ型は、既存体制の枠内における憲法典の部分的な改正であって、政治体制の根本的な変革ではないという区別が存在する。ところが、ワイマール憲法第76条は、政治体制の根本的変革とその部分的改革の両者を区別せず、議会を通じて、通常の法律の制定と同様に改正が可能であるとしたのである(2)。近代憲法では、政治体制の部分的改革を憲法改正の手続きに基づいて行うことができるという考え方が基本的に暗黙の内に前提となっていた。ところが、SPDはこの近代憲法の憲法改正の手続きを「文字通り」に解して、政治体制の根本的変革もそれで行うことができると考えており、憲法改正の手続きを「革命の手段」と勘違いしていたのである。このSPDの憲法改正の考え方は近代憲法そのものの考え方を根本的に覆す、重大な挑戦であったといえよう。

6 SPDの憲法改正条項解釈からの二つの政治的帰結
―SPDの待機主義とナチ党の「合法的」政権掌握

このようなSPDの憲法改正条項解釈から二つの政治的な帰結がもたらされた。一つは、それは、SPD内において政治的受動主義または待機主義という行動様式を生み出した点である。次のIntermezzo 1の⓭で述べる出来事なので、話は飛ぶことになるが、共和国末期の1932年7月20日、ドイツの三分の二の領域のプロイセン邦を統治するワイマール連合政府（首相はSPDから出ている）が憲法第48条に基づいてパーペン中央政府のクーデター的措置によって罷免された時、SPDは「合法性の枠」の中でそれと戦うことを決め、次の７月31日に実施される総選挙で中央政府の違憲性を訴えて国民の多数の支持を得ることに全力を尽くしたのであった。しかし、その期待もむなしく、ナチが第一党になり、後述のように、ナチ党に共和国を譲り渡すことになったのである。もう一つ、SPDの憲法改正条項の解釈は両刃の剣であった。SPDは、唯一の革命手段として議会主義戦術をとることで、党の究極的目標の社会主義社会の実現のために、議会の絶対的多数の議席の獲得を目指して、選挙活動に全力を傾注した。ところが、政敵のヒトラーのナチ党がこのSPDの戦術を採用し始めたのである。ヒトラーは1923年11月８日から９日にかけて起こしたミュンヘン一揆に失敗し、６か月間投獄されている間に、現代国家では暴力革命は不可能であることを身に染みて痛感し直して、政権奪取の方法を政敵のSPDの議会主義戦術から学ぶ方向に考え方を変えていったのである。彼は、議会主義戦術を成功させるために、党組織を議会選挙での多数の議席獲得を目標とする方向に改編し、ナチのイデオロギーを、SPDがやったのと同様に、啓蒙・宣伝、煽動を通じて広めることに全力を尽くすようになったのである。そして、1929年の世界大不況の到来と共に急速に強まった国粋主義的ナショナリズムの世論に助けられて、選挙という戦いにおいて、ナチがSPDよりも優勢となり、ついに1932年７月末の総選挙で議会第一党となったのであった。その後、ナチは国粋主義的ナショナリズムへの世論の急変を受けて、国家の正当性を調達する方法として、SPDによるのではなく、ナチを利用しようとする方向へ政治の方針転換を図り始めた支配的権力集団の支援を受けて、ヒトラーは連邦政府首相に任命されることになるのである。共和国最後の首相に就任したヒトラーは、憲法第76条を利用して議会の三分の二の支持を無理やり調達して、ヒトラー内閣に全権を委任する「授権法」を成立させたのである。このように、SPDが政治体制の「合法的」変革のために利用しようとした憲法第76条は、実は皮肉にもナチがそれを利用して、SPDが実質的に作ったワイマール共和国を破壊し、それをナチ体制へと変えていく手段となったのである。これは歴史の皮肉という他ないだろう。

7 近代憲法の社会主義の挑戦によって変容した基本的人権の保障の部分①：所有権の保障の相対化

以上が国家機構レベルにおいて社会主義の挑戦によって近代憲法が変容を被ったところをワイマール憲法の実例で示した。次は、SPDの挑戦によって変容した近代憲法の国家機構以外の部分について、次に考察したい。

近代憲法が、社会主義、とりわけSPDの挑戦を受けて大きく変容した部分は、ワイマール憲法第２編の第５章「経済生活」である。杉原泰雄氏の指摘する、「社会国家(福祉国家)」的な対応が条文化された部分である。それは、ワイマール共和国を生み出し、その礎石となったエーベルト＝グレーナー同盟とレギーン＝シュティンネス協定（本章第６節⑬を参照）の内、後者を条文化したものである。新自由主義によって影響された小泉首相時代に改正される前の日本の労働法は、実はワイマール共和国のジンツハイマー（Hugo Sinzheimer, 1875〜1945）教授の労働法の主張がそのまま受容されているが、このジンツハイマー教授はワイマール憲法起草委員会の委員の一人で、第２編第５章「経済生活」の起草に当たったのである。マルクス主義的社会主義では、社会主義とは資本の集中・集積が高度に進んだ独占企業体の国有化〔上記のように、ドイツでは「社会化」という〕であると短絡的に捉え、労働者階級の政権が成立した暁には、基幹産業さえ社会化すれば、それで社会主義の初期段階が実現されたことになるという考え方が支配的であった。その影響を受けて、ドイツ革命時に、ドイツ労働者階級も「即時社会化」を要求した。SPDも下からの労働者大衆の「即時社会化」の要求を未来への期待へと変換させるために、議会で党が絶対的多数を制した暁には、社会化を実施すると約束し、それを実現する手順やプログラムを憲法の中に条文化して導入したのである。この「経済生活」の章では、基本的人権の中核部分の「所有権の保障」の絶対的な性格が奪われている。SPDにとっては、革命の政治的な手段が議会主義であり、それに対応する経済的な手段が社会化であった。それによって、資本主義経済システムが廃絶され、社会主義経済システムが導入されるものと素朴に考えられていたのである。ドイツ革命時に、独立社会民主党や共産党が下からの労働者大衆の「即時社会化」の要求を全面的に支持したので、この流れを食い止め、かつそのエネルギーのガス抜きを狙って、資本主義体制下でも「社会化に熟した」巨大企業体については補償を行い、漸次社会化していくと主張して、この主張を実施するための憲法上の根拠を条文化したのが第153条〔所有権、公用収用〕である。その内容は次の通りである。①所有権は憲法によって保障される。その内容と限界は諸法律に基づいてこれを明らかにする。②公用収用は公共の福祉のために、かつ法律上の根拠に基づいてのみ、これを行うことができる……。③所有権は義務を伴う。その行使は、同時に公共の善に役立つものであるべきである。

8 近代憲法の社会主義の挑戦によって変容した基本的人権の保障の部分②:「公共の福祉」の機能転化

顧みるなら、近代憲法では、封建貴族の特権を廃止するための根拠として「公共の福祉」が用いられた。この概念は、絶対君主が近代国家の前身の絶対主義国家の確立期に、それに反対する封建諸侯の特権や財産を収奪する際に「呪い文句」として使われた。そして、それはフランス大革命時にブルジョアジーによっても使用された。したがって、ドイツの幻の憲法といわれるフランクフルト憲法にも、プロイセン憲法にも、「公共の福祉」に基づく公用収用規定が存在するが、それはその対象が封建的な特権であった。20世紀に入って、SPDはこの「公用収用」の概念を巨大独占企業の社会化を実施する際の根拠として解釈転用を始めたのである。杉原泰雄氏は、近代憲法の「公共の福祉」を根拠とする公用収用を「自由主義的な公共の福祉」と規定し、ワイマール憲法の中に盛られたSPDの主張する「公共の福祉」は「“修正資本主義”を求める『社会国家的公共の福祉』」と規定している(3)。いずれにせよ、この「社会国家的公共の福祉」概念によって近代憲法の中核部分の所有権の絶対的な性格が否定され、近代憲法は「現代市民憲法」へと変容を遂げざるを得なかったのである。次に、この「経済生活」の章では、第156条に社会化の原則およびそれと内在的に強い関係にある前述の第153条の他に、労働者の団結権の保障（第159条）、社会保険（第161条）、労働者の経営への参加を保障する共同決定、労働者協議会に代わる経営協議会に関する条文（第165条）の他、現行の日本国家憲法の第25条の「社会権」の条文の元になったとされる第151条〔①経済生活の秩序は、すべての人に、人たるに値する生存を保障することを目指す正義の諸原則に適合するものでなければならない。各人の経済的自由は、この限界内においてこれを確保するものとする（②と③を略す)。〕などの諸規定が含まれている。

9 ワイマール憲法の「世界で最も進歩的な」部分＝憲法第２編第５章—「機能的社会主義」の考え方の先取り

「ワイマール憲法が世界で最も進歩的な憲法」といわれた所以は、同憲法にこの「経済生活」の章が入っていた点に存したのである。戦後、それまでロシアで行われてきた社会主義の実践を反面教師として学ぶことのできる立場にあった北欧の社会民主主義者は「機能的社会主義」を主張し始めた。彼らは、ソ連における生産手段の国有化後の国権的官僚主義的社会主義の展開を見て、それは労働者階級の疎外状態の克服を目指す社会主義ではないことを認識するようになった。そこで彼らは、生産手段の国有化という「所有権」の問題には触れずに、資本主義社会で労働者の疎外された状態を改善するため、労働者の経営参加、労働条件の労使での話し合いによる決定、労働者の生活と安全を保障する賃金制度と保険制度などの確立によって労働者が「人間らしい生活」を送れるようにすること、つまり、社会主義の機能を現体制の下でも実現が可能であると考えるようになり、この「機能的社会主義」の考え方に基づいて世界に冠たる社会福祉国家を確立していったのである。こうした「機能的社会主義」の考え方は、ワイマール憲法の第２編第５章「経済生活」が実現されれば、ドイツでも実現されるものと、当時のSPDと自由労働組合の指導者が考えていたのであった。この考え方は、ラッサールの生産協同組合の考え方を継承・発展させたものであった。つまり、ドイツにおける社会主義運動はここに至って先祖帰りを果たしたことになったのである。

以上、社会主義の挑戦によって近代憲法がどのように変容していったかを、その典型のワイマール憲法を例にとって大急ぎで見てきた。ワイマール憲法は14年の短命で終わった。その政治過程については、次のIntermezzo 1で考察する。そしてワイマール憲法の形骸化と相連関する憲法の有権的運用やそれを正当化するドイツ国家学の展開を次の第４章で詳述するが、その前にドイツ憲法政治史をいったん離れて、憲法現象の類型化を行うが、それとの関連があるので、西ドイツ基本法の特徴について前もって簡単に紹介する。1948年から翌年に掛けて、西ドイツは憲法（基本法）制定時に、ナチの政権掌握に寄与したと思われる、強力な大統領制とそれを根拠づけている緊急命令権や授権法、直接民主主義的な制度を取り除き、国家機構は議院内閣制に変え、その他の規定も保守的に改正した。そして、ワイマール憲法の「経済生活」の章は一部を除きほとんど継承されず、ビスマルクの始めた社会政策の実践を発展的に継承した社会保障の包括形態としての「社会国家」原理が採用され、社会福祉国家が確立された。さらに特筆すべきは、ナチの政権掌握を許した「憲法改正」条項の当時の解釈が持つ危険性についての反省から学び、政治体制の根幹に関わる原則は憲法改正の手続きによって絶対にその改正を許さないことが憲法で定められた。それは、基本的人権の尊重、「自由で民主的な基本秩序」の遵守である。この二つの原則は政府を含めいかなる者も侵すことは許されないのである。このことを制度的に保障するために、次の三つの制度が創出されている。第一は、この二つの原則を否定する政党の禁止、第二は、政府機関および国民がこれら原則を侵さないように監視する憲法擁護庁の設立、第三は、憲法の番人の連邦憲法裁判所の設立である。憲法学者は、ボン基本法の二大原則を定めた、特定の条文を絶対化した点を「価値序列主義」と解釈している(4)。換言するのなら、憲法改正の手続きでは政治体制は絶対に変更できないことにしたのである。この点は、現行日本国憲法との大きな相違であるといえよう。

10 ワイマール憲法第2編には「現代市民憲法」にはそぐわない歴史的伝統を強調する条文の存在―それは産経新聞の「国民の憲法」要綱と類似する点である

杉原泰雄氏は、ワイマール憲法は「現代市民憲法」の嚆矢であると指摘している。日本ではあまり紹介されていないことではあるが、実はそれにはそぐわない内容も含まれているのである。それは見逃すことのできないもう一つの特徴である、ドイツ国民国家のナショナリズムを条文化したものである。最近、安倍晋三第二次内閣発足後、憲法改正論議が強まっているが、その中で、憲法記念日を挟んで産経新聞が発表した「国民の憲法」要綱（2013年〈平成25年〉4月26日）では、道義国家の確立を唱え、国民の義務として「家族の尊重及び保護、婚姻の自由」（第23条）を明記している。また自民党の憲法改正草案にも家族や伝統の尊重や国民が愛国心を持つことを国民の義務と定めた規定が含まれており、護憲派によって批判されている。ところが、ワイマール憲法第2編「ドイツ人の基本権と基本義務」の第2章「共同生活」、第3章「宗教および宗教団体」、第4章「教育および学校」の三つの章において、産経新聞や自民党の憲法改正案と同様な考え方が盛り込まれているのである。ワイマール憲法起草委員会の基本権調査委員会委員長は民主党党首のナウマンであった。前述の通り、彼はルター派の牧師で、かつ労働運動を含めてドイツ政治にキリスト教の精神を充溢させることを主張してきた政治家であった。敗戦と内乱によって、ドイツ国民は階級対立と地域対立が激化して分裂の危機に直面しており、この危機を克服するためには、ドイツ国民の一体性の回復を図り、かつその強化に寄与する階級横断的な国民的アイデンティティを基礎づけるドイツ人の伝統的な価値を国民すべてに自覚させる規範を憲法に盛り込むべきである、と主張した。そして、彼は、憲法の基本権の編を設けるのは、国家権力によって基本権が保障されるという考え方からではなく、むしろ国民的アイデンティティを自覚させ、かつそれを強化するために必要であるという考え方からであると主張して、実際にその主張を憲法に取り入れたのである(5)。第2編は5章から成るが、近代憲法の基本的人権の項目は、その大部分が第１章「個人」の中に、例えば、法律の前の平等、男女同権、移転の自由、職業の自由、人身の自由、住居の不可侵、信書の秘密、意見表明の自由などが列挙されており、さらに、集会の自由や結社の自由や選挙権、請願権などは第２章「共同生活」の中に、また信教・良心の自由は第３章「宗教および宗教団体」の中に、分散して取り入れられている。ところが、第２章には、第119条「婚姻・家族・母性の保護」の規定がある。参考のために、同条文を以下に記しておく。「①婚姻は、家族生活および民族の維持・増殖の基礎として、憲法の特別の保護を受ける。婚姻は、両性の同権を基礎とする。②家族の清潔を保持し、これを健全にし、これを社会的に助成することは、国および市町村の任務である。子供の多い家庭は、それにふさわしい扶助を請求できる権利を有する。③母性は、国の保護と配慮を求める権利を有する。」。ナチ時代に民族の健全化政策が展開されるが、その内容は、この条文の目指す方向と同一であった点は記憶されるべきであろう。

ちなみに、産経新聞の「国民の憲法」要綱の家族の条文は、むしろワイマール憲法のそれと比べると、まだナショナリズムの程度が薄いといえよう。現在は、経済のグローバル化の時代にあり、巨大企業は世界経済システムという環境の中で激しい競争を繰り広げており、競争条件が有利な環境を提供する他国に移転する自由が保障されているために、他国への移転が実行される傾向が進行し、その結果、巨大企業が提供する雇用も消失し、さらに巨大企業の支払う税金で賄ってきた社会福祉費は当然減少して、国民国家の存続が経済・財政的に危うくなり始めている。ワイマール憲法制定当時のドイツも敗戦と内乱でドイツ国民国家の存続が危機的な状態にあったので、憲法制定を契機に、精神面でも国民の一体性を国民全員に自覚させるために憲法の中に、共同体の基礎としての家族の重要性とその意義を強調する条文を入れたのと同じような危機感を、現在の日本でも認識している人が多いのではないかと思われる。そうした思いが産経新聞の「国民の憲法」要綱の家族の条文に反映されているものと解釈されるのではないかと、ワイマール憲法の「共同体」の章を読む時、想起させられるのである。

11 「延期的な形式上の妥協」の条文の存在

ワイマール憲法には、もう一つ特筆すべき点が存在する。それは、本来憲法の中に入れるべき事柄ではなく、通常の法律で規定されるべき事柄が実はワイマール憲法の中に条文化されていることである。それは、制憲議会で議会の多数派を形成するために、三党がワイマール連合を組んだ時に行った妥協の内容が憲法の中に入れられ、通常の法律では改正できないような工夫が施されているのである。すなわち、中央党の要求である宗教と教育の関係、宗教と国家の関係における教会の特権の保護、民主党の要求した軍人・官吏・裁判官の帝政時代に保有した特権の保障などに関しては、近代国家としては本来、政教分離、法の前の平等の原則から最終的な決定が行われるべきものであったが、SPDはそれを貫徹することが出来ず、党利党略の観点から、最終的な決定を延期してそれらを憲法で保障することの合意が三党でなされたのである。これらの条文は第２編の第２章から第４章にまたがって条文の形で取り入れられている。要するに、それらを廃止することは、憲法改正の手続きを経なければならず、したがって、それだけにそれらを要求した政治的権力集団の特殊利益が国家権力によって保護されるということになったのである。それを、カール・シュミット（Carl Schmitt, 1888～1985）は「延期的な形式上の妥協」の条文と呼んでいる(6)。

12 ワイマール憲法に見られる憲法概念の多義化の様相

以上、近代憲法が社会主義の挑戦を受けて変容した内容について、ドイツの憲法政治史を辿りながら、概説した。ところで、最近、日本では、憲法改正が政治的争点として浮上するにつれて、「権力を縛る」ことが近代憲法の本質であるという考え方が、護憲派によって主張されている。こうした主張は、近代憲法が自由主義的政治のあるべき姿が形象化されたものであって、それは先進自由民主主義国のみに通用する考え方である、という点を忘れてはならないであろう。換言すれば、そうした考え方は、近代憲法が、その成立後約220年が経過して、世界に波及していく内に、今日、憲法といわれている事象の一部となっている事実を無視しているものといえよう。というのは、もし近代憲法のみが憲法であるというのなら、「権力を縛る」こととは全く無関係な、プロイセン憲法などの半立憲主義憲法や、ましてや「延期的な形式上の妥協」の条文の入ったワイマール憲法は憲法とはいえなくなるのではないか。つまり、近代国家の標識として憲法の制定が必要となるに従って、自由民主主義的な近代国家ではない国々が、憲法は「国のカタチ」や「国家の在り方」を定めた「国の最高規範」であるとして彼らなりに捉え直して、憲法の概念を広げていくに従って、憲法概念は当然多義化していく他なかったのである。そういう意味で、ワイマール憲法はまた、憲法概念を多義化させた典型であったといえよう。

13 ワイマール憲法—「過渡期社会」の憲法

最後に、ワイマール憲法は過渡期社会の憲法であったという点は是非記憶しておくべきであろう。本書でいう「憲法改正の政治過程」Ⅱ型の範疇に入る、政治体制の根本的な変革、つまり政治学でいうところの革命終了後に、政治体制の在り方に関する政治的権力闘争の最終的な決着がついた後に、その決着の内容の永続化を目指して法文化したのが憲法であるのなら、ワイマール憲法はこの範疇には入らない。なぜなら、政治的集団間の権力闘争は、ボルシェヴィキ革命阻止のために、一時中断されて、政治集団間において反ボルシェヴィキの点で同盟ないしは協定と妥協が生まれ、それを法文化したのが、前述のように、ワイマール憲法であったからである。したがって、ボルシェヴィキ革命の危機が去ると、そうした同盟ないしは協定と妥協は当然反故にされる運命にあった。ワイマール共和国は14年の短命で終わったが、それは当然の成り行きであったといえよう。まず、実質的にワイマール共和国を創出し、それを支えたSPDは、同共和国を、平和的に社会主義社会へ移行するまでの過渡期の社会とみなしていた。つまり、同党は共和国を社会ダーウィン主義的な進化論の影響の見られるマルクス主義的社会主義の進歩史観を信じて、いずれ未来において到来する社会主義への過渡期社会と捉えていたのである。一方、軍部とその背後にある帝政時代の支配階級も、ワイマール共和国をかつての帝政を復活させるまでの間の過渡期社会として捉えていた。このように、SPDの議会主義戦術を条文化した憲法第76条の憲法改正条項は、左にも右にも、また前にも後ろにも「開かれた」、政治的に中立的性格を持たせられた規定であり、かつ政治体制の変換を合法的に行える体制転換の梃の役割を果たすことが期待された条項であった。こうした条項を設けたその制定者間の思惑の中にこそ、14年の短命で消え去る運命を持ったワイマール憲法の悲劇が胚胎していたといえよう。

---

(1) ワイマール憲法の邦訳は次の著作に所収されている。「ヴァイマル憲法」高田敏・初宿正典編訳『ドイツ憲法集』113〜153頁。「付録　ワイマール憲法」カール・シュミット著・阿部照也・村上義弘訳『憲法論』(1928年)、みすず書房、1974年、447〜472頁。

(2) 新しい政治体制を創出する革命の政治主体は憲法学では「憲法制定権力」と称されている。戦後日本でのこの「憲法制定権力」に関する憲法学的な論究は、芦部信喜『憲法制定権力』東京大学出版会、1983年が詳しい。なお、同書では、ビスマルク憲法には第78条「憲法の改正は立法の方法によって行われる」という憲法改正条項があり、またプロイセン憲法でも第107条「憲法は通常の方法でこれを改正することができる」という憲法改正条項があり、ワイマール憲法第76条の憲法改正条項は、この憲法改正条項の伝統に依拠しており、憲法と法律の区別はその「加重された可変性」のみであると指摘されている(33頁)。また、本書第4章第3節⓲で紹介する、カール・シュミットの憲法改正限界論を紹介し、著者はその主張を支持している(45頁)。

(3) 杉原泰雄『憲法の歴史』214頁。

(4) 高田敏「おわりに―ドイツ憲法と日本」高田敏・初宿正典編訳『ドイツ憲法集』321〜322頁。価値序列主義を分かりやすく紹介したものとして、村上淳一・H・P・マルチュケ『外国法入門双書 ドイツ法入門』〔改訂第3版〕、有斐閣、1997年、49〜57頁、60頁。

(5) Ch・ソーンヒル著・永井健晴他訳『ドイツ政治哲学―法の形而上学』(2007年)、風行社、2012年、528〜529頁。

(6) カール・シュミット著・阿部照也・村上義弘訳、前掲書、49〜52頁。

Intermezzo I
ワイマール共和国の政治過程略述―「憲法改正の政治過程」I型からII型への変位の実相―

以上、近現代ドイツ憲法政治史を通じて見えてくる憲法の諸相について見てきた。と同時に近代憲法が社会主義の挑戦を受けて「現代市民憲法」へと変容を余儀なくされていった過程についても考察した。その中で、ワイマール憲法についても考察したので、幕間劇として、ワイマール憲法がどういう経緯で形骸化されていったのかについて見ておきたい。本書は憲法政治史ではあるが、この幕間劇では、憲法ではなく、政治史の方に重点を置いたナチ政権掌握までのワイマール共和国の政治過程を略述しておきたいと思う。それに続いて、第二幕の幕間劇では、戦後日本におけるワイマール共和国の崩壊原因に関する諸説を素描することにする。

1 1920年から1923年までの左右の過激派による共和国への攻撃

第３章第６節、第７節までにおいて、すでに1920年６月の第一回総選挙までの政治過程については述べたので、その後の政治過程から始めたい。カップ一揆の後遺症は、それに反発した労働者大衆の急進化であった。ルール地方を中心にカップ一揆に激怒した労働者達は共産党の指導下に赤衛軍を設立して、反革命クーデターを今後一切許さない、社会主義者のみの政権樹立を要求して立ち上がった。エーベルト大統領は憲法第48条の緊急命令権を発動して国防軍を使ってそれらを鎮圧した。実はルール地方だけでなく、工業地帯では1923年秋まで、こうした共産党の指導下の一揆が間欠的に起こり、その都度緊急命令権が行使された。

2 1923年のフランスによるルール地方の軍事占領に端を発する危機の諸相

1920年6月に発足した中央党主導の中道右派政権は何回も改組を繰り返しながら、勝者の強欲丸出しの、ドイツ民族を屈辱のどん底に陥れようとするヴェルサイユ講和条約に振り回されていた。毎年国家予算以上の賠償金を支払わざるを得ず、1922年末には、支払い不能状態に陥るや、23年初めにフランスはベルギーを誘ってルール地方を軍事占領し、武力で賠償の取り立てを始めた。それに激怒したドイツ国民は、左右が一緒になって占領軍と戦う「受動的抵抗」を始めた。その間、ハイパーインフレが進行し、5月には1ドルが1万5千マルクであったのが、6か月後の11月には1ドルが4兆2千マルクになっていた。この天文学的数字までに高進したハイパーインフレによってドイツ経済は麻痺し、公債や銀行預金などを持つ中産階級は没落した。もっとも、ドイツ政府は膨張一途を辿った巨額の戦費調達のために発行した公債などがゼロに近くなり、健全財政への復帰が可能となったのである。そして10月には、ザクセンとチューリンゲンでは社共連立邦政権が生まれ、赤衛軍の設立、銀行の社会化に乗り出していた。エーベルト大統領は再び緊急命令権を発動し、国防軍を用いて両邦政府を退陣させた。11月9日、ナチのミュンヘン一揆が勃発し、再び緊急命令権が用いられた。緊急命令権はそれまで35回発動されたことになる。

3 シュトレーゼマン大連合内閣の授権法に基づく危機の克服

すでに述べたように、ドイツ革命後、1923年11月まではドイツは左右の急進的勢力による一揆や、外国の軍事介入などの一連の危機にみまわれた。こうした危機は、1923年8月13日に、人民党党首のシュトレーゼマン（Gustav Stresemann, 1878～1929）を首相とする中道右派政権にSPDが加わった〔議会の多数を制する〕大連合内閣によって克服が試みられた。それまで外相だったシュトレーゼマンは賠償問題の一時的な解決策のドーズ案をドイツが受諾することに決めたが、それには議会の承認を得る必要が生まれた。ドーズ案とは、アメリカの銀行家のドーズが提案した解決策であった。それは、賠償金に関してドイツが毎年支払うことが可能な合理的な金額をまず算定し、その金額をアメリカがドイツに融資し、ドイツはアメリカから受けた借款を賠償金として戦勝国のフランスに支払い、フランスはそれを戦費としてアメリカから調達した借金の返済に充てる、という内容のものである。ドーズ案を議会で成立させるために、エーベルト大統領はSPDを説得して入閣させ、大連合内閣を誕生させたのであった。この内閣は、発足後100日間で経済・財政問題につき、政府に全権を付与する授権法を議会で通すことで、賠償問題とそれから派生する経済・財政問題の解決を一挙に図ったのである。この法律は憲法改正に必要な議会の三分の二以上の賛成が必要である。そのために、大連合内閣が必要であった。この法律は、政府に議会の立法権を、対象と期限を区切って委任する「全権委任法」である〔1933年３月にヒトラーはこの手口を利用するのである。〕。シュトレーゼマン大連合内閣はこの授権法を用いて賠償問題を暫定的に解決し、11月23日に退陣した。そして、再び中道右派の少数内閣が1928年６月まで続くのである。

4 シュトレーゼマン外相の対仏和解政策と秘密再軍備のためのロシアとの提携

ドイツ革命から1923年の一連の国家的危機に際して、エーベルト大統領は治安については大統領の緊急命令権を発動させ、国防軍を用いて治安の回復に努め、他方、経済・財政問題では、憲法改正に等しい議会の三分の二以上の同意を必要とする授権法の制定によってその解決を図った。こうして、ドイツはようやく約５年間続いた内乱と賠償という外圧を、ある程度克服して、1924年の後半から相対的な安定期に向かう。大連合内閣崩壊後、シュトレーゼマンは首相を辞任したものの、外相に留まり、ヴェルサイユ講和条約を誠実に履行する政策を実施していった。その努力が実り、フランスの信頼を得て、1925年、講和条約で強要された仏独国境線をドイツが承認するという内容のロカルノ条約をフランスと締結し、その功績で1926年度のノーベル賞を受賞した。また仏独和解を象徴するロカルノ条約調印を受けて、ドイツは国際連盟への加入も認められ、国際社会に迎えられた。ところが、国際社会からドイツ同様に排除されていたソ連とは、ヴェルサイユ講和条約がドイツに対して製造・保持を禁止している戦車、飛行機、重火器などを赤軍と共同で開発・製造し、さらにそれらを使ってドイツ軍の軍事訓練を行うという内容を盛った秘密協定を1926年４月に締結した。これによって、ドイツはひそかにロシアで再軍備に着手したのである。実はこのシュトレーゼマンの二股外交は、ドイツの支配的権力集団の目論んだドイツを再び強国として再生させようとする構想の一部の実行に過ぎなかった。

5 ドイツ国家《ライヒ》の再建に尽力した「三S」とは

後に、ナチが政権掌握後、５、６年でドイツがヨーロッパを短期間で征服できたのは、そのための準備がワイマール時代になされていたからであるといわれている。その準備を主導した三人の人物の名前の頭文字がＳであったので、彼らは「三Ｓ」といわれている。このシュトレーゼマンは、その一人である。次は、1923年12月にドイツ連邦《ライヒ》銀行（Reichsbank）総裁に就任したシャハト（Hjalmar Schacht, 1877～1970）である。彼は、地代（Renten）兌換《だかん》性のレンテンマルク（Rentenmark）を発行して、天文学的な数字にまで高進したハイパーインフレを一挙に終息させ、通貨を安定させた。後に、彼はヒトラー政府の経済相として本格的な再軍備を賄う経済政策を実施する。最後のＳはゼークト（Hans von Seeckt, 1866～1936）将軍である。彼は、共和国初代内閣の国防省隊務局（Truppenamt）長として、講和条約によって強要されたドイツ軍の軍縮事業を担当した。まず兵員を40万人から10万人へ縮小するに当たっては、愛国心を持つ優秀な兵士だけを選抜して、彼らを将校として訓練し、選抜されなかった兵士、つまり退役させた軍人は、右翼諸政党にその外郭団体として準軍事団体を作らせ、そこに送り込んだ。そうすることで将来の再軍備に際して、数百万の軍隊を直ちに編成できるような体制を整備したのである。その結果、ドイツ国粋人民党は退役軍人を組織した鉄兜団（Stahlhelm）を作った。ところが、それに対抗して、SPDも退役軍人の組織としての国旗団、ドイツ共産党も赤色戦線闘士団をそれぞれ作ったのであった。ナチ党の突撃隊（Strumabteilung）は軍部が作った極右の退役軍人の戦闘部隊であった。こうした諸政党の準軍事団体は定期的に軍事訓練を行っており、いつでも軍隊に編入できるような態勢になっていた。一方、ゼークト将軍は1920年からソ連の赤軍と接触し、秘密交渉を続けた。彼は、この関係をエーベルト大統領や歴代首相の了解を得て進展させ、前述のように、ついに1925年以降は両軍の提携関係を両国間の協定の形へと発展させたのである。次に、ゼークト将軍は1920年から26年まで陸軍統師部長官として、エーベルト大統領の緊急命令権を発動させて軍隊を用いて共産党指導の一揆などの制圧に当たり、共和国への左の過激派からの攻撃を阻止するのに大きな功績を果たした(1)。こうした「三S」の「国家《ライヒ》の再建」の努力によって、ドイツはようやく敗戦と革命の危機を克服して、再び世界の強国としての道へと歩み出すことができたといっても過言ではなかろう。

6 1925年・エーベルト初代大統領死去に伴う第二代大統領選挙で帝政時代の最後の参謀本部総長ヒンデンブルク元帥の当選

1924年から28年11月末の世界大不況の発生までは、相対的な安定期が続いた。ところが、1925年２月に、エーベルト大統領が急逝し、大統領選挙では、第一回選挙で当選に必要な過半数を得票した候補者がいなかったので、第二回選挙が行われ、保守諸政党の統一候補の帝政時代の最後の参謀総長のヒンデンブルク元首が第二代大統領に選出された。ワイマール共和国の大統領は「代用君主」（Ersatzkaiser）といわれているが、まさに帝政時代の皇帝の代理人が下からの国民投票に等しい選挙で共和国大統領に就任することになったのである。これまで、共和国反対、帝政復活を叫んでいたドイツ国粋人民党は、そのスローガンを下し、大統領の権限強化と政府支持にその態度を切り替え始めた。共和国の実質的な権力保持者の国防軍はかつての参謀本部総長をその頂点に迎えて、ドイツ政治を自由に決定するキー・ポジションを掌握したのである。そして、この地位を利用したのが、後にキング・メーカーといわれるグレーナー将軍の政治副官のシュライヘル（Karl von

Schleicher, 1882～1934）将軍であった。彼は、後に国防相、首相となるが、実質的にヒンデンブルク大統領の政治的な助言者として共和国末期まで活動する。こうして、共和国は上からの権威主義国家へと変容する過程に入ることになった。

7 文化の花咲く黄金の20年代

1925年、アメリカからの巨額の借款で企業の再編・統合が始まった。その結果、経済が発展し、1927年には労働者の賃金が第一次世界大戦前の最高水準を超すまでに上昇した。こうした経済の安定化の動きに合わせて、中央政府は1927年、労使折半の分担金で賄う失業保険法を成立させた。一方、バウハウスに象徴される先端的な建築やカンディンスキーに代表される抽象画や無声映画など世界に誇るワイマール文化が花咲き始めた。さらにバイエルンを除く諸邦政府では、中央政府と違ってSPD主導のワイマール連合内閣が存続していて、それらの邦政府はアメリカからの借款で社会福祉事業を充実させ、またオペラハウスを兼ねた豪華な人民会館などの文化施設の建設にその力を注いだ。こうしてワイマール共和国はしばしの仮の繁栄を謳歌したのである。

8 1928年の総選挙でSPDが躍進し、同党主導の大連合内閣が成立する。賠償問題を解決したヤング案の受諾の反面、ドイツ国粋人民党、中央党における反共和国派リーダーの台頭

内外の危機が去り、相対的な安定期が訪れたので、保守各政党間の利害の対立も表面化し、さらに政府は軍部と産業界の要望を受けて駆逐艦の製造を発表する。しかし、それに反対する労働者大衆の声が高まり、1928年３月、議会は解散になり、総選挙となった。SPDは22議席を伸ばして153議席を獲得して躍進した。それに反して、ドイツ国粋人民党は惨敗した。30議席を失い73議席を得たにすぎなかった。特筆すべきは、この選挙でナチ党は12議席（2.6％）を獲得したことである。SPDのヘルマン・ミュラーを首班とする大

連合内閣が発足し、順調な滑り出しであった。これで共和国は安定したかのように見えた。ところが、その底流には反共和国の動きが進んでいた。まず、ドイツ国粋人民党では、クルップ財閥の会長であり、かつドイツの新聞、通信社、映画製作会社などのマス・メディアの三分の二以上に君臨する、極右のフーゲンベルク（Alfred Hugenberg, 1865～1951）が党首に就任し、反共和国の態度を明確に示した。またそれまで共和国政治の主導権を掌握してきた中央党にも党首交代があり、右派で反共和国派のカース（Ludwig Kaas, 1881～1952）が就任した。こうして、共和国を支える政党は主要政党としてはSPDのみとなった。一方、国家《ライヒ》の再建を外交面で推進してきたシュトレーゼマン外相は、ヴェルサイユ講和条約を可能な限りドイツに有利な方向へ修正すべく努力を重ねていたが、その甲斐あって賠償問題を最終的に解決するヤング案を連合国側とまとめるのに成功した。ヤング案とは、アメリカの経済専門家のヤングがまとめた案で、賠償の最高額を1120億マルクに定め、支払い期間も59年に新たに設定し直し、毎年平均20億マルクをドイツが支払う代わりに、ドイツにおけるヴェルサイユ講和条約の実施状況を監視する体制の撤廃、ラインラントに進駐している軍隊の早期撤退が約束されたものであった。同案は1929年６月調印され、翌年の1930年３月12日に議会で承認された。ヤング案の受諾はそれまでのドーズ案に比べて、ドイツにとって極めて有利であったが、その国内への影響は計り知れぬものがあった。というのは、後述するが、それは極右勢力を大同団結させる口実を与えたからである。

9 世界大不況の到来と大連合内閣の崩壊。ブリューニング大統領内閣による議会の解散と左右過激政党の躍進

1929年10月、ヴェルサイユ講和条約の履行を推進してきたシュトレーゼマン外相が急逝した。そして、その11月に世界大不況が発生した。それに伴い失業者が急増した。失業保険制度も発足して一年が過ぎたばかりなので、原資がないにも等しいので、労使の負担分の増額が必要となった。当然、SPDは、その引き上げを要求する労働組合に押され、引き上げを主張したが、それに対して経済界を代表する人民党はその引き下げを要求したので、閣内の

意見対立で、翌年の1930年3月、大連合内閣は崩壊した。その後、議会の多数派の形成は困難になり、危機に対処するためにヒンデンブルク大統領は中央党議員団長のブリューニングを首相に任命した。ブリューニング（Heinrich Brüning, 1885～1970）は中央党、その姉妹党のバイエルン人民党、人民党を中心にその他の右翼政党などから成る右派内閣を組織したが、議会の三分の一の支持しか得られない少数派内閣であった。ちなみに、ブリューニング内閣はその後も議会の承認を得られず、大統領の支持のみで存続することになるので、大統領内閣と称されるようになった。7月予算案が否決され、ヒンデンブルク大統領は議会を解散した。それはパンドラの箱を開けたようなものであった。左右の過激政党の躍進が見られたからである。ナチ党は12議席から一挙に107議席を獲得し、議会第二党へと大躍進を遂げた。共産党も54議席から23議席を伸ばして77議席へと躍進した。ナチ党の大躍進はドイツ国粋人民党（73議席から41議席に減少）、人民党（45議席から30議席に減少）、民主党（25議席から4議席に減少）を支持してきた有権者が、その支持をさらに右寄りのナチに切り替えた結果であった。共産党が54議席から77議席へと躍進したのは、SPD（153議席から143議席に減少）を支えてきた労働者の一部が共産党に支持を変えた結果であった。議会制民主主義に反対するナチ党、共産党に、前述の通り1928年末より共和国支持からその打倒に党の方針を切り替えたドイツ国粋人民党の三党の議席を合わせると、総議席の39%であった。ブリューニング首相は、前の議会で否決された予算案を今度は大統領の緊急命令権を用いて「措置法」として実施するや、ナチ党、共産党、ドイツ国粋人民党は憲法第48条3項の規定を用いてその撤回を求めた。なお議会の第一党の地位を保持しているSPDは、ナチという「大きな悪」よりも「より小さな悪」のブリューニング内閣を「寛容」する他にない状況に追い込まれて、それに同意しなかった。

10 SPDの「寛容政策」に支えられたブリューニング大統領内閣のデフレ政策

このSPDの「寛容政策」に支えられて、ブリューニング内閣は1932年5月までの約二年間、本来、治安対策のための法規であった憲法第48条２項の「公共の安全と秩序」の規定を拡大解釈して、経済・財政問題の解決に適用して、世界大不況によって引き起こされた社会・経済・財政の諸問題の解決に当たった。ブリューニング内閣のとった経済・財政政策は一言でいって、極端なデフレ政策であった。それは国内では大きな財政負担をかけていた社会福祉費の徹底的な削減、対外的には賠償支払いの余力の全くないことを示すことで、債権者に賠償要求を放棄させるように仕向ける二つの効果を狙っていた。それによって、労働人口の半分の600万人が失業した。そして農業経営も危機状態に陥っていった。さらに、同内閣は革命によってドイツ労働者階級が獲得した８時間労働制をはじめ、広範囲にわたる社会権のほとんどを廃止した。こうして、国民の大部分が「ワイマール体制」によって価値剥奪されたと感じるようになり、それに背を向け、左右の過激政党へとその支持を切り替え始めるようになった。このブリューニング内閣時代には、議会政治に反対する左右の過激政党の進出によって、議会の機能が完全に麻痺し、その結果、議会の機能喪失による片肺飛行が続き、この時代は「大統領内閣時代」または「大統領独裁時代」といわれるようになったのである。

11 反ヤング案国民請願運動を契機とする極右勢力の大同団結―「国粋主義反対派」結成、それに参加したヒトラー一躍全国的な名士となる

前述したように、賠償問題を解決したヤング案は、シュトレーゼマン外交の勝利であったが、それは極右勢力から見ると、ドイツを経済的に連合国の奴隷国にする条約以外の何物でもなかった。したがって、1930年５月、鉄兜団はヤング案反対の国民請願を呼び掛けた。それに鉄兜団の親政党のドイツ国粋人民党、同党と連携するユンカーの農業団体、ナチ党、そして民主党を離党したドイツ連邦《ライヒ》銀行総裁のシャハトも個人の資格で加わり、全国委員会が結成された。それは、「ドイツ国民の奴隷化阻止法」制定の国民請願の署名運動を呼び掛け、ヤング案反対闘争を全国的に展開した。ドイツ国粋人民党党首フーゲンベルクは、自らが所有するマス・メディアを使って、この運

動を展開したが、その際、弁士としてヒトラーを使った。陸軍伍長上がりのミュンヘンの田舎政治家のヒトラーは、ドイツの名門財閥の総師であるフーゲンベルクと壇上で立ち並び、彼の存在が薄くなるほどの迫力ある演説で聴衆を唸らせ、その名を全国に知らしめることになり、フーゲンベルクのお蔭で一躍全国的な名士となった。ヤング案反対闘争を展開した極右勢力は国民請願運動に失敗した後、翌年の1931年10月11日、極右勢力の結集組織の「国粋主義反対派」(die nationale Opposition) を結成した。そして、それはブリューニング政府退陣を要求する「ハルツブルク戦線」を立ち上げ、世界大不況で苦しむドイツ国民の世論を反ユダヤ主義的な国粋主義的ナショナリズムの方向へ向けるために全力を尽くした。

12 1932年4月の第三代大統領選挙でのヒンデンブルク元帥の再選。シュライヘル将軍によるヒトラー飼い馴らし作戦

1932年３月、大統領選挙が実施され、第一回の選挙では当選条件を満たす候補がいなかったので、第二回の選挙が４月１日に行われ、第三代大統領にヒンデンブルクが53%の得票で再選された。それは、ブリューニング首相がSPDに働き掛けて、ヒンデンブルク元帥をワイマール連合諸党の統一候補にすることに成功したからである。前回の選挙でヒンデンブルク元帥をかついだ保守諸党は今回はヒトラーを支持し、36.8%の票を獲得した。ヒンデンブルク大統領は、ブリューニング首相に対して大嫌いなSPDの支持まで得て自分を当選させたことに不快の念を持ち始め、それを巧みに利用して政権交代を図る陰謀が繰り広げられるようになった。当時、ヒンデンブルク大統領は84歳で、すでに耳が遠く、息子のオスカルが父の意向を伝えるような状態にあった。1926年以降、ゼークト将軍に代わって、国防軍を実質的に掌握していたシュライヘル将軍はオスカルの親友であり、早くから大統領と内閣を繋ぐ要職にあり、1930年頃には、大統領の最側近として政治に大きな影響力を持っていた。第三代大統領選挙後、当選を果たせなかったヒトラーは突撃隊と親衛隊を使って法治国家の枠をはるかに超える形の街頭闘争を展開し、共産党の赤色戦線闘士団や国旗団との衝突を繰り返し、内乱一歩手前の様相を

呈していた。ブリューニング内閣は４月13日に制服禁止令と突撃隊禁止令を出してナチ党の過激な行動を抑える措置をとった。シュライヘル将軍は1932年初めからヒトラーとナチを飼い馴らし、与党化することで、大統領内閣を右へとその支持基盤を広げる方策を模索していた。こうして、シュライヘル将軍は保守諸政党の大統領候補のヒトラーと接触し始めたのであった。制服禁止令と突撃隊禁止令の実施で身動きがとれなくなったヒトラーが折れて、政府を支持する代わりに、①プロイセン邦のSPD首班のワイマール連合政権を罷免すること、②制服禁止令と突撃隊禁止令を廃止すること、③選挙の実施、の三項目を要求し、シュライヘル将軍はそれを了承し、両者の間で結ばれた合意の実施に動いた。大統領の側近にはもう一人、シュライヘル将軍と大統領の寵愛を競っていた中央党系の極右貴族のパーペン（Franz von Papen, 1879～1969）がいた。シュライヘル将軍は自分の傀儡になるであろうと信じていたパーペンを次期首相に推薦した。

13 パーペン内閣の成立とシュライヘル=ヒトラー密約の実施（プロイセン・クーデター、7月31日総選挙）並びにヒトラー飼い馴らし作戦の失敗と11月総選挙

1932年６月１日、ヒンデンブルク大統領はブリューニングを解任し、後任首相にパーペンを任命した。シュライヘル将軍自身も裏舞台から表舞台へと姿を現し、自ら国防相に就任した。パーペン首相は直ちにシュライヘル将軍とヒトラーとの約束の実施に取り掛かり、制服禁止令と突撃隊禁止令を撤回した。それによって、再び突撃隊と親衛隊の暴力行為が野放しになり、国会も解散され、７月31日が選挙日となった。突撃隊と親衛隊は共産党の拠点の一つのアルトナに毎日デモを仕掛け、ついに７月17日、両者の武力衝突事件の「血の日曜日」と呼ばれる「アルトナ」事件が起きた。パーペン中央政府は、この事件を憲法第48条１項〔連邦強制権〕発動の事態であると解釈し、２項をも援用して、プロイセン邦政府を罷免かつ接取した。実は、邦政府は装甲車を装備した４万人の警察隊を擁しており、この警察隊を用いて突撃隊と親衛隊の無法行為を取り締まっていた。したがって、警察隊をまず掌握し

て、それをナチ党にとって無害なものに変えることが狙いだったのである。SPDは中央政府を手放しても、ドイツの三分の二の領域を統治するプロイセン邦政府さえ保持していれば、彼らの共和国を維持できるものと考えていたが、その虚を突かれ、主要な権力的地位を喪失することになった。第３章第７節**6**ですでに紹介したように、この「プロイセン・クーデター」に対して、SPDは憲法裁判を担当する国事裁判所に訴え、次の選挙でその抗議の意志を示そうとした。いずれにせよ、これによって、ナチ党政権掌握への道が清められたのである。７月31日の選挙で、ナチ党は107から230へとその議席数を倍増させて、議会第一党へと大躍進を遂げた。共産党も12議席を伸ばして、89議席を獲得した。選挙後、ヒトラーは憲政の常道に従って自分を首相にしない限り、入閣しないという頑なな姿勢を崩さなかった。これによって、ナチ党飼い馴らし作戦は挫折した。ナチ党をある程度抑え、譲歩の姿勢をとらせるために、11月６日再び選挙が実施された。この選挙では財界からのナチ党への資金支援はストップされた。それにもかかわらず、ナチ党は24議席を失ったのみで、196議席（33.1%）を確保して、依然議会第一党の地位を保持したままであった。今回も共産党はその議席をさらに伸ばして100議席（16.9%）を獲得した。鞭を使ってナチ党を飼い馴らす作戦も失敗し、パーペンは事態打開策として軍事独裁を主張し始めた。それを内乱を誘発するものと恐れたシュライヘル国防相は、12月２日、パーペンに代わって自ら首相に就任した。

14 シュライヘル首相によるナチ左派と自由労働組合を大衆基盤とする軍事独裁政権樹立の試みの失敗。パーペンの陰謀の成功によるヒトラーを首相とする保守総力内閣の誕生

シュライヘル首相は第一次世界大戦中の総力戦時代に軍部独裁を支えた階級横断的な支持基盤をモデルにして、軍部独裁を支える大衆的基盤として、グレゴール・シュトラッサーをリーダーとするナチ左派をヒトラーから切り離し、それと自由労働組合とを連携させる「横断戦線または対角線連合」と称される方策を模索して事態の打開を図り、軍部独裁政権の下での新しい権

威主義的政府の樹立を画策した。政局の主導権を奪われたパーペンは、1933年1月初めから、経済界の幹部にヒトラーを会わせ、さらにヒトラーを首班とする保守諸政党の大同団結を図る保守総力内閣を誕生させる陰謀を繰り広げた。それが成功して、ヒンデングルク大統領は1月28日、シュライヘル首相を罷免し、二日後の30日に、ヒトラーを大統領内閣の首相に任命した。副首相にはパーペンが任命され、ドイツ国粋人民党のフーゲンベルク総裁も経済相兼食料管理相として入閣し、さらに「国粋的反対派」の幹部も全員入閣し、まさに保守総力内閣が誕生したのである。この内閣には最初はナチ党には首相のポストのみが割り当てられ、他のポストはすべて保守諸党が独占する予定であった。既成保守諸党はこれでヒトラーとナチ党を飼い馴らせると単純に考えていたようであった。ところが、極めて冷徹な政治的リアリストで権力感覚の鋭利なヒトラーは、内相と、中央政府がまだ接収中のプロイセン邦政府の警察隊を指揮できるプロイセン内務全権委員のポストをさらに要求し、それが認められたのであった。こうして、ヒトラーは全国の警察を指揮できる内相（フリックが就任）とプロイセン邦政府の警察隊を指揮するポスト（ゲーリングが無任所相兼航空全権委員兼プロイセン内務全権委員に就任）をその手に収めることに成功したのである。

15 ヒトラー首相による大統領緊急命令権を用いての共産党弾圧とそれを通じての恐怖政治の展開の中での3月5日の総選挙

ヒトラーは、首相就任の二日後の2月1日、議会を解散し、4日に、大統領の「ドイツを防衛するための緊急令」を出させて、それに基づいて集会・出版の自由を制限し、特に共産党とSPDの選挙集会と機関紙・誌を禁止した。ヒトラーは、プロセイン内務全権委員であるゲーリングに命じて突撃隊5万人をプロイセン邦の警察隊の臨時警官に任命させた。これまで突撃隊の乱暴狼藉は無法であったが、警察官になった彼らの乱暴狼藉に反対するのは職務執行妨害になり、無法が横行するようになった。2月28日、国会議事堂を精神異常者のオランダ共産党員に放火させ、国際主義の共産党が議会制民主主義の殿堂である議事堂を放火し、議会制民主主義を否定する革命を画策しているとの口実を作り、大統領に再び憲法第48条２項に基づく「国民と国家を防衛するための緊急令」を出させた。それは基本権の停止、中央政府が邦政府に代わってその権限を行使できるという内容のものであった。ヒトラーはこの緊急令に基づいて、国家権力のみならず、突撃隊と親衛隊を総動員するだけでなく、あらゆるマス・メディアを通じて反共産主義宣伝・煽動を行うのみならず、共産党弾圧を本格化させ、その幹部を始め党員の逮捕・拘禁を始めた。そして逮捕された者は強制収用所に送られた。ユダヤ人虐殺で有名になった強制収用所は実はこの緊急令に基づいて作られたのであった。

16 ヒトラー内閣の独裁を可能にする授権法の成立
—SPD一党のみ反対する

ドイツ全土がナチ党の暴力の恐怖に包まれ、そうした環境の中で行われた３月５日の選挙で、ナチ党は暴力的な選挙干渉にもかかわらず、288議席（43.9%）を獲得したのみで、過半数にも達しなかった。ナチ党の議席にドイツ国粋人民党の獲得議席（52）を合わせても340議席であった。憲法改正に必要な総議席（647）の三分の二にははるかに遠い数であった。ヒトラーは選挙結果に痛く失望し、３月８日、共産党の議席（弾圧にも関わらず、81議席〈12.3%〉を獲得していた）を剥奪した。それは、憲法改正に必要な三分の二の議席を確保するための帳尻合わせのために、三分の二の分母の数を減らす作戦の一環であった。３月21日、ベルリンの国会議事堂が放火で使用不可能になっていたので、ベルリン郊外のポツダムの衛戍教会で国会開会式典が挙行され、三日後の23日に、ヒトラーは授権法「国家と民族の危難を除去するための法律」を通過させた。そのための工作として、共産党の議席をすでに剥奪していたので、SPDの120議席（18.3%）の内、四分の一近くの議員を逮捕ないし拘禁し、さらに中央党（74議席）〔バイエルンの支部に当たるバイエル人民党の18議席を合わせると92議席になる〕には守る気もない空約束と威嚇の硬軟織り交ぜての圧力をかけて、その支持を取り付けることに成功した。こうして、授権法は賛成441反対94で可決された。反対したのはSPDのみであった。SPD議員の四分の一が逮捕または拘禁ないしは逃亡しており、残った94名の議員は議場に入る際に、両側に並ぶ親衛隊と突撃隊から罵倒され、会場でも罵声を浴びる中で、反対投票を行った。議員の多くは議場に出たところで逮捕されるか拘禁され、その後、釈放された者はその多くは海外へ亡命したか、地下に潜った[(2)]。この勇気ある行為によって、戦後、西ドイツの建設に主役として活躍できる威信を獲得することができたのである。この授権法は議会と連邦参議院の同意を受けることなく、また大統領の署名なしで、あらゆる法律を制定し、かつ外国と条約を締結できる権限を政府に与える全権委任法である。ただし、それは４年期限の時限立法で、ヒトラー内閣に対して付与するという内容のものであった[(3)]。

17 ナチ一党独裁体制の確立

ヒトラーは、授権法に基づいて、1933年３月31日に、「邦《ラント》と連邦国家《ライヒ》との強制的同質化（Gleichschaltung）に関する暫定法律」を公布した。それは、邦政府に立法権を認め、邦議会を議会選挙の結果に従って再構成するという内容であった。それはそれまでの邦レベルでの議会政治を否定し、民主的に統治されていたあらゆる分野における指導勢力を排除し、代わってナチ党の支配を貫徹させることが目論見られていた。引き続いて、４月７日に「邦《ラント》と連邦国家《ライヒ》との強制的同質化に関する第二法律」を公布して、邦首相任命権をはじめ、邦政府の政治に介入できる広範囲の権限を持つ国家総督（Reichsstatthalter）のポストが設置された。国家総督はヒトラーの打ち出す政治方針を邦において遵守させる任務が与えられた。これで事実上、連邦制は廃止されたのも同然となり、かつヒトラーが全国を支配する政治制度的な装置が完成されたことになる。この法律が公布された同じ日に、また「職業官吏階級再建に関する法」も公布された。共和国成立後採用された官吏、とりわけユダヤ系大学教授が追放された。さらに、７月14日、「政党新設禁止法」が公布された。ナチ党はすでに共産党、SPDへの弾圧をフル回転で実行していたが、保守諸政党にも自発的に解党するように圧力を加えていた。人民党はすでに４月11

日に解党状況に追い込まれていたし(正式の解党は7月4日)、政権掌握後、用済みとなったドイツ国粋人民党も解党の圧力を受けており、6月下旬に解党に追い込まれた。次いで7月初めに中央党も自主解党した。この「政党新設禁止法」の公布で、ナチ党一党独裁体制が確定されることになった。12月1日に「党および国家の統一を確保するための法律」を公布した。これでナチ党そのものが国家となったのである。年が明けて、1934年1月30日、「連邦国《ライヒ》家の改造に関する法律」が公布され、そして、それと連関する「連邦参議院の廃止に関する法律」が2月14日に公布され、この二つの法律で連邦制が名実共に廃止された。

こうして、ヒトラーはナチ党一党独裁制を確立していったが、その行く手には二つの障害物が横たわっていた。一つは、突撃隊であり、もう一つは国防軍であった。突撃隊隊長のレーム(E. J. Röhm, 1887〜1934)は、「第二革命」つまり、社会革命をさらに一層進めるべきであると主張するだけでなく、さらにドイツの再軍備に伴い軍隊の拡大が必要となってきたが、その際にその中心に10万人の国防軍ではなく、突撃隊を据えるべきであると主張していた。この動きは支配的権力集団に対してショックを与えるものであった。国防軍はヒトラーに対して、突撃隊幹部を粛清し、それを無害化しない限り、支持しないが、それを実行するのなら、いずれ死去するだろう、ヒンデンブルク大統領の後任として、大統領になるのなら、最高司令官に対する忠誠を誓うと告げた。ヒトラーは、しばしの逡巡と苦悩の末、国防軍を選ぶ選択を行った。そして、1934年6月30日、突撃隊幹部を会議の名目で招集し、親衛隊を使って逮捕し、射殺した。それのみではなかった。ヒトラーの首相任命に反対したシュライヘル将軍夫妻のみならず、ナチに批判的な軍人、政治家を裁判抜きで射殺した。1934年8月1日、「国家元首法」が公布された。それは大統領と首相の職務の統合を定め、大統領の職務は、ヒンデンブルク死去後は「総統(Führer)兼首相」ヒトラーに移行するとしたものであった。翌日、ヒンデンブルクは亡くなり、ヒトラーは大統領となり、国防軍の最高司令官に就任した。こうして、ナチ党一党独裁体制が名実共に確立されたのである。

このように、ナチ党の政権掌握は、共和国末期の大統領独裁時代に常態化していた緊急命令権を利用して、それと接続する形で、暴力的な手段で憲法改正に等しい授権法がむしり取られて、それが活用されて成就されたのである。本書でいう「憲法改正の政治過程」I型が進行し、その改正手続きを暴力的に利用してII型へと変位させていったと見られる。SPDの議会戦術がナチ党によって悪用されたのであった。ところで、ナチ党の政権掌握によって、ワイマール憲法が廃止されたと思われているが、読者ならすぐ気付くであろうと思うが、12年間のナチ暴政時代にワイマール憲法は廃止されなかったのである。授権法はワイマール憲法に根拠を置く法律だからである。したがって、ナチ国家の憲法は存在しないのである(4)。ナチ時代も国名は、Das Deutsche Reichであった。ドイツ帝政、ワイマール共和国、ナチ独裁時代の「第三帝国」のこの三者に共通するのは支配的権力集団の存続とそれを支える国家装置＝軍隊と官僚制の温存である。とりわけ共和国とナチ時代との相違点は、国民多数の占める労働者階級の支持を得た社会主義政党のSPDの協力を得て、ドイツ革命を克服し、体制の安定を回復することができたので、同党の要求を受け入れて「世界で最も進歩的で民主的な」憲法の側面が一時実現された。しかし、ヴェルサイユ講和条約という屈辱的な外圧と世界大不況の発生で、国民の中の中産階級や農民が「ワイマール体制」に対して価値剥奪されたと感じて――もちろん、ドイツ国粋人民党やナチ党の宣伝・煽動もあるが――、ナチ党にその支持を切り替えたので、ナチ党の政権掌握となり、共和国の「世界で最も進歩的で民主的な」憲法の側面がナチ党によって根絶された点であろう。

第二次安倍内閣の麻生副総理兼財務相は、首相時代にも失言の多い政治家であったが、2013年７月29日、東京のあるシンポジウムで、「ナチの政権に学んだらどうか」という次のような発言をしたという。「憲法はある日気づいたら、ワイマール憲法が変わって、ナチス憲法に変わっていたんですよ。だれも気づかないで変わった。あの手口に学んだらどうかね。わーわー騒がないで。本当にみんないい憲法と、みんな納得してあの憲法変わっているからね。ぼくは民主主義を否定するつもりはまったくありませんが、私どもは重ねていいますが、喧噪《けんそう》のなかで決めてほしくない。」（『朝日新聞』2013年

8月2日号、〈麻生氏の改憲発言（要旨）〉から引用）。本書の読者なら、この麻生副総理の発言の評価は別にして、それが、いかにワイマール共和国末期の事情に疎い発言であるかを理解されたことであろうと思う。この麻生副総理の発言に見られるように、ワイマール共和国のことについての知識や同共和国への関心は、戦後の約20年の間はある程度あったが、アメリカ社会科学の受容と共に、ほとんどなくなったといっても過言ではなかろう。そうした経緯の中で、麻生副総理の発言は自分本位の勝手な類推から出たものと解されよう。

---

(1)　ワイマール共和国初期における国防軍の再編・強化、1923年までの国防軍による左翼一揆の鎮圧、および独ソ間での秘密再軍備の推進において主導的役割を果たしたゼークト将軍に関する研究として次のものがある。J・ウィーラー＝ベネット著・山口定訳『国防軍とヒトラー—1918-1945』（1953年）I、みすず書房、1961年、94頁以下。W・ゲルリッツ著・守屋純訳『ドイツ参謀本部興亡史』（1967年）、学習研究社、1988年、第九章など。

(2)　E・マティアス著・安世舟・山田徹訳『なぜヒトラーを阻止できなかったか』110～112頁。

(3)　ワイマール共和国史について、日本語になった多くの優れた研究書があるが、本書の執筆に際して利用した著作の内、入手しやすいもの幾つかを次に挙げておくことにする。林健太郎『ワイマル共和国—ヒトラーを出現させたもの』中央公論新書、1963年。E・アイク著・救仁郷繁訳『ワイマル共和国』（全4巻）ぺりかん社、1983～1989年。有沢廣巳『ワイマール共和国物語』〔第2巻〕、東京大学出版会、1978年。E・コルブ著・柴田敬二訳『ワイマール共和国史—研究の現状』刀水書房、1987年。平島建司『ワイマール共和国の崩壊』東京大学出版会、1991年。

(4)　前掲の高田敏・初宿正典編訳『ドイツ憲法集』には、「5．ナチスの憲法」（154～174頁）として、本書で挙げた、1933年2月28日の緊急命令から授権法、次にそれに基づいてナチ一党独裁制が確立される法的根拠になった一連の法律が邦訳されている。ちなみに、ナチ国家については、その政治構造、政治的象徴操作、政治教育などに関する研究として、宮田光雄『ナチ・ドイツの精神構造』岩波書店、1991年がある。また、ナチ一党独裁体制に関する政治学的考察として、K・D・ブラッハー著・山田定・高橋進訳『ドイツの独裁—ナチズムの生成・構造・帰結』（1969年）I、II、岩波書店、1975年がある。

Intermezzo 2

戦後日本における ワイマール共和国伝説

1 戦後日本におけるワイマール・デモクラシーへの関心 —その最初の例としての岡義武『独逸デモクラシーの悲劇』

第二次世界大戦後、日本では、アメリカ占領軍が進めた上からの民主的改革という「憲法改正の政治過程」Ⅱ型が展開した。それによって、明治憲法に基づく政治体制の多くの部分が改革の波に晒された。そして、その改革は1947年（昭和22年）に実施された現行の日本国憲法の中に認承されることになった。それと共に、「憲法改正の政治過程」Ⅱ型は日本国憲法に基づく「憲法改正の政治過程」Ⅰ型に変位した。その後、冷戦が顕在化するにつれて、アメリカ占領軍によって上から実施された民主的改革の勢いも衰え、1951年（昭和26年）のサンフランシスコ講和条約締結後はそれまでの民主的改革の中で、日本の政治文化に馴染まないものと解釈された点については、日本政府による修正の動きが続いた。野党とそれを支援した知識人は、この動きを戦前への復帰の試みであると批判して、「逆コース」と称した。そして、その批判の論拠として、この「逆コース」はワイマール共和国が辿った悲劇の歴史に似ていると主張したのであった。こうして、いわゆる進歩的知識人の間では、1960年代まで、戦後日本のデモクラシーを守るために、ワイマール共和国の悲劇から学ぼうという考え方が広がっていたのである。

顧みるなら、敗戦一年後の時点ですでに、ワイマール・デモクラシーの悲劇を引照基準にして戦後日本の民主的改革の動きを見守っていた人びとがいた。その例として、1949年（昭和24年）10月に刊行された小冊子の岡義武『独逸デモクラシーの悲劇』（弘文堂アテネ文庫）が挙げられよう。この小冊子は1952年（昭和27年）にも再版されている。同書は、実は敗戦一年後の1946年（昭和21年）８月に雑誌『世代』への寄稿論文として発表されたものを加筆したものである。その執筆動機について、次のように述べられている。「敗戦以後わが国においてはワイマール憲法、ワイマール共和政が色々な意味で話題に上がって来た。第一次世界大戦後のドイツにおける民主政の実験がどういう経過を辿って結局不幸な失敗をもって運命づけられたか。このことについて……一應の鳥瞰図を描」くということであったと。日本におけるヨーロッパ政治史研究の第一人者の岡義武東京大学教授にとっては、敗戦一年が過ぎた時点で、プロイセン憲法をモデルにして制定された明治憲法に基づく日本の政治体制が、敗戦とそれに続くアメリカ占領軍の上からの民主化政策によって改革されていく有様を見て、その成り行きを展望するに当たって、戦後日本の政治の展開とプロイセン・ドイツ帝国の敗戦とワイマール・デモクラシーの経験とがダブって想起されていたのであろう。したがって、これからさらに展開される日本の民主化については、ワイマール・デモクラシーの悲劇の歴史を辿って欲しくないという問題意識から「独逸デモクラシーの悲劇」についての紹介を世に送ったのであろうと推測される。そして三年後に、その論文を小冊子にして刊行し、さらにその三年後にもその再版を出している。その時は、日本政治の「逆コース」は進んでおり、民主的改革を守ろうとする人々から「逆コース」批判が高まっており、したがって、再版はこうした時代の雰囲気を反映していたものと推量される。

2　政府の進める「逆コース」政策から連想されたワイマール・デモクラシーの悲劇の物語

戦後日本における「逆コース」によって進んだ「憲法改正の政治過程」Ⅰ型は、1955年（昭和30年）、自主憲法制定を党綱領に掲げた保守二党の合同によって誕生した自民党政府によって続行されていったが、それに対して、社会党や共産党の野党は反対し、それを激しく批判した。「逆コース」を巡る与野党の対立は1960年（昭和35年）の岸信介内閣による日米安全保障条約改定まで続いた。しかし、国民所得倍増計画を掲げた池田勇人内閣発足後、日本は経済成長一辺倒の時代に突入し、「逆コース」問題はいつしか忘れさられてしまったといっても過言ではないだろう。このように、ワイマール共和国の悲劇の歴史から学ぼうという主張は、「逆コース」と相関関係にあり、それ故に「逆コース」が話題にされなくなると共に、立ち消えになったと見られる。したがって、そうした主張は1960年代までの約十数年間、ワイマール共和国が14年の短命に終わったことから類推して、戦後日本のデモクラシーも自民党政府による「逆コース」政策の遂行によって、もしかしたら短命で終わるのではないかという連想に基づく危機感が発条になっていたものであったと見られるだろう。

3 ドイツの悲劇から学ぼうと主張する人々の間での、共和国崩壊の原因についての見解の相違

では、戦後日本におけるワイマール共和国の悲劇から学ぼうという主張は、具体的にどういう内容のものであったのだろうか。それは論者の政治的立場によって大きく二つに分けられる。「世界で最も進歩的で民主的な憲法」を持ったワイマール共和国が短命で終わったのは、ナチ党の政権掌握を許したからであるという点では、政治的立場を異にする二つの主張は共通している。しかし、違うところは、まず何故にナチ党が政権を掌握することができたのか、次に何故にナチ党の政権掌握を阻止できなかったのかについての見解の二点である。まず第一点のナチ党の政権掌握については、一方は、ナチ党の政権掌握を可能にした要因は外部にある、と主張した。すなわちドイツ国民を屈辱のどん底に陥れ、その上に毎年の国家予算額の1320年分の賠償金を要求したヴェルサイユ講和条約の強要が、ドイツ国民のナショナリズムを強く刺激し、さらに賠償問題に起因する天文学的なハイパーインフレと1929年に勃発した世界大不況で中産階級が没落した。かくして危機に瀕した中産階級が、敗戦および革命などのドイツの不幸のすべての原因を左右の国際ユダヤ主義に求めるナチ党の宣伝を受け入れ、その結果、ナチ党が巨大政党になった点にあった、と主張する。それに対して、左翼知識人は、こうした主張を一部認めながらも、主要な要因は、世界最大の社会主義政党のSPD

が存在し、それが議会主義による社会主義の実現を目指していたからだとする。さらにもう一つ、暴力革命も辞さないドイツ共産党も存在していて、世界大不況の勃発によって、社会主義革命の危険が目前に迫っていたような状況にあったので、資本家階級が反革命を目指すナチ党の政権掌握を手助けしたところにあった、と分析した。次に、第二点の、何故に強大な社会主義政党が存在しているにもかかわらず、ナチ党の政権掌握を阻止できなかったのか、その理由についてである。その理由について、主としてSPD左派に属する人々は、SPDが「共和国崩壊の序曲」であったプロイセン・クーデターに対して、カップ一揆を打倒した時と同じように、ゼネストを含めてナチ党の政権掌握に反対する直接行動を行うべきであったにもかかわらず、「合法性」信仰に囚われて、政権交代をもたらす次の選挙に期待した点にあった。つまり、戦う時に戦わなかった点にあったと主張したが、この説を支持する人々が一方にいた。これに対して、共産党側に立つ知識人からは、ドイツ共産党がナチ反対の統一戦線を幾度もSPDに申し込んでいたが、その都度拒否され、もし両党が統一戦線を組んで立ち上がっていれば、ナチ党の政権掌握は阻止できた、と主張した。

4 共和国崩壊論に関する諸説は、英米に亡命したユダヤ系ドイツ人の社会主義者の主張の受け売り

この二つの相対立する見解は前述の岡義武『独逸デモクラシーの悲劇』の中にもすでに紹介されている。とりわけ、岡教授は、SPD左派の人々の主張、つまりプロイセン・クーデターの際にSPDが直接行動に訴えるべきであったというコンラート・ハイデン（Konrad Heiden）の説を紹介している。岡教授は前述の小冊子においては一切参考文献を挙げていないし、注も付けていない。ところが、プロイセン・クーデターを紹介しているところで、唐突にも、このハイデンの名を上げ、彼の言葉を紹介しているのである(1)。ハイデンはナチに関して、*History of National Socialism*（New York, 1935), *Der Führer : Hitler's rise to power*（Boston, 1944）の二冊の著作を著している。私の推測するところによると、ヨーロッパ政治史専攻の岡教授は1935年に刊行

されたハイデンの*History of National Socialism*を読んでおられたと思う。しかし、後者の*Der Führer : Hitler's rise to power*は戦後になって手に入れられたものと思われる。岡教授が小冊子を執筆した時は、敗戦後一年しか経っておらず、ワイマール共和国に関する本格的な研究書は全くない状態である。一方、ヒトラー政権掌握後、反ファシズム闘争の一環として、反ナチ論やヒトラー論がドイツ外で刊行されていたし、戦時中はアメリカやイギリスでも、対独宣伝のための反ナチ・ドイツ論やヒトラー論が多数刊行されていた。それらは、主にユダヤ系ドイツ人の社会民主党員や共産党員がナチ党政府の迫害から逃れて、イギリスやアメリカに亡命して、それぞれの立場からワイマール共和国崩壊の原因論やヒトラー批判論を英語で書いたものであった。そして、こうした類の書籍が戦後日本にアメリカ占領軍によってもたらされたものと思われる。ハイデンの著作はこうした反ナチ・ドイツ宣伝の一つであった(2)。岡教授が戦後一年目の論文執筆に際して利用したのは、こうした類の書籍であったであろうと推量される。またこれらの書籍は、前述の日本におけるワイマール共和国崩壊の悲劇から学ぼうとする知識人の種本にもなっていたものと思われる。そして、それらの書籍の中で、その後、知識人の政治的立場に応じて彼らの主張に合う説を元にして、ワイマール共和国崩壊論が展開されていったものと考えられる。社会主義的なユダヤ系ドイツ人の亡命知識人はヒトラーの政権掌握を経験し、その迫害から命からがら生き延びることができたトラウマに苦しみながら、自分たちのとった政治的行動、あるいはとらなかった政治行動について反省を込めて回顧して、何故にナチの政権掌握を阻止できなかったのか、その原因について述べた著作を「反ファシズム闘争」の一環として著していたのであった。その一つの例が上記のハイデンの*History of National Socialism*である。このように、ワイマール共和国の崩壊とナチ党の政権掌握に関しては、戦後日本では1960年代までは、アメリカに亡命したユダヤ系ドイツ人の社会主義者の見解がワイマール共和国像を作る上において大いに寄与したものと考えられる(3)。

5 共和国崩壊の原因を巡る左右の論争の不毛性

さて、こうした類の書籍に影響を受けた野党を支援する知識人や、あるいは無党派ではあるが、戦後日本の民主主義に関して憂う知識人らは、自民党政府が進める「逆コース」政策については、それはファシズムに通じているので、反対しないとワイマール共和国の悲劇の轍を踏むことになる、と繰り返し警告した。と同時にそれらの主張の中には、「逆コース」を阻止するために、社共の統一戦線を結成することが必要であるという主張にまでエスカレートするものまであった。こうした動きに対して、保守派の近代ドイツ歴史研究の大家である林健太郎元東京大学総長は『ワイマル共和国―ヒトラーを出現させたもの』（中央公論新書）を1963年に著し、次のように反論した。ワイマール共和国が安定せず、14年の短命で崩壊したのは、ドイツ共産党がソ連指導のコミンテルン（共産主義インターナショナル：1919～1943年）の世界赤化政策を実現するために、共和国成立期からその末期まで、一貫して共和国の自由民主主義体制の破壊に全力を尽くしたこともその一因があったと見られる。つまり、共和国崩壊にはドイツ共産党の革命戦術も一役買っている側面もあったと主張して、野党の一部から出ていた社共統一戦線論を間接的に批判したのであった(4)。こうして、ワイマール共和国の悲劇から学ぼうという動きは与野党の対立を反映する論戦へと展開した。とはいえ、こうした論戦も、1970年代に入って、高度経済成長が国民生活の経済的な改善の形でその成果が現われ始めると共に、いつしか「逆コース」についての議論も立ち消え、さらにワイマール共和国の悲劇から学べとか、学ぼうという主張も消え、ワイマール共和国への関心はドイツ現代史研究者に限定されるようになり、今日に至っている。

6 論争の不毛性の原因―構造面での比較分析の欠如

こうした論争とは別の次元において、日本国憲法第25条の生存権の規定にはワイマール憲法の影響が見られるという主張が、大学の憲法の授業や、中学校の社会科や高等学校の政治経済などの教科書で展開されていて、それを通じてワイマール共和国の「進歩的な側面」についての良いイメージが一般に広げられていったとみられよう。その結果、今日では、ワイマール憲法についてはその「進歩的な側面」のみが過大に評価されているといっても過言ではないだろう。

以上のような事情から、今日、ワイマール共和国ないしはワイマール憲法についてはそのある一面のみが、その紹介者の政治的立場の違いによって、自己の政治的主張を正当化する手段として都合の良い部分だけが切り取られて紹介されている、といっても過言ではないだろう。という次第で、前述の麻生副総理の発言のような唐突な感じを与える主張も出回るようになったのである。前述の通り、戦後日本における「逆コース」が始まるのを見て、進歩的知識人は日本もワイマール・ドイツのようにファシズムへの道を歩み出したように思われるので、それを阻止しなくてならないという問題意識から、単にファシズム反対という立場からのみ、ワイマール共和国の一面だけを取り出して、その主張を正当化し、さらに、「逆コース」に反対しないと、すぐにもナチのようなファシズムが来るぞ！　と「オオカミ少年」のように警告を繰り返したのだった。ところが、何故にワイマール・ドイツにおいてファシズムが生まれたのか、その原因についての研究は、コミンテルンのお座なりの定式を信じて深く研究しようとはしなかったようである。

実際、彼らの主張に反して、「逆コース」が著しく進んでも、ファシズムは現われなかったのである。ワイマール共和国は14年で崩壊したが、戦後日本の民主主義は曲がりなりにも、今日まで半世紀以上も生き延びている。その理由を究明しようとしないで、「逆コース」イコールナチズムのようなファシズムへの道であるという主張は、「オオカミ少年」の叫びとほとんど変わらないもので、構造的な比較分析を欠く、ただ類似した表面的な現象から短略的に連想した発言であったことが理解されよう。

7　共和国崩壊の主要な原因は、すでにその成立期に胚胎していた

では、戦後日本の民主主義がワイマール共和国の悲劇の道を歩まなかった

理由はどこにあったのであろうか。それは戦後日本では、「憲法改正の政治過程」Ⅱ型が展開し、明治憲法体制を支えた社会・経済構造が根本的に変革され、つまり民主化され、それと連関して政治構造の半分、つまり軍国主義とそれを支えていたあらゆる部分が廃絶され、民主化されたからである。これに対して、第一次世界大戦後のドイツでは、「憲法改正の政治過程」Ⅱ型が展開し始めたが、すぐ中断し、政治構造の一部だけが変革されたに過ぎなかった。より具体的にいえば、戦後の日本では、土地改革で大地主制度が廃止され、小作農が自分で耕していた土地の所有者になったこと、次に、財閥解体によって巨大企業が解体され、その結果、経済界において資本と経営が分離され、経済における自由競争体制が導入されたこと、最後に、日本国憲法第9条の導入に象徴されるように、アジア・太平洋戦争を主導した軍部とそれを支えた政治的・社会的・経済的各部分並びに政治的・社会的イデオロギーが一掃され、軍国主義が完全に清算されたことなどの構造的な変革があった。さらに、戦勝国のアメリカは賠償を要求せず、逆に日本の経済復興を支援した。これらと対比して見るのなら、第一次世界大戦後のドイツでは、皇帝が去っただけで、帝政時代の支配的権力集団、とりわけ軍部、官僚団、大地主層（ユンカー）、財閥はそのまま残ったのである。そしてそれと共にそれらの権力集団を精神的次元で支えていた政治的・社会的イデオロギーも存続し続け、むしろ強化されていったのである。換言するのなら、ワイマール・ドイツでは、戦後日本で実現された土地改革、財閥解体、軍国主義体制の一掃がドイツ革命では行われず、戦前の政治・社会・経済構造が無傷のまま残ったのである。ただし、帝政時代の政治体制を支えた社会・経済構造をボルシェヴィキ革命から守るために寄与したSPDに「国家権力の分有」が許されたという点の新しい要素が加わっただけであった。SPDは、隣国のロシアにおける社会主義革命の野蛮な展開を見て、その文明的な実現を目指して、当面はボルシェヴィキ革命阻止を決断し、体制勢力と協力して、ドイツ帝国の再建の方向へと舵を切ったのである。ところが、敗戦処理で苛酷なヴェルサイユ講和条約が強要され、ドイツ国民のナショナリズムが強く刺激されたために、中産階級や農民はヴェルサイユ講和条約の履行に努めるワイマール共和国政府を積極的に支持せず、1929年の世界大不況の到来と共に、失業した労働者の一部や、学校を卒業しても就職できない多くの青年層も反ワイマール共和国的になっていったのである。こうした中産階級や農民、そして世界大不況を契機に職を失うか、あるいは職に就けない階層は、ナチの宣伝に感染し始め、失業した労働者階級の一部は共産党の革命への期待に望みを繋ぐようになった。こうした内外の環境の激変の中で、支配的権力集団は、ドイツ革命時には、広範な労働者大衆を背後に持つSPDの協力によってボルシェヴィキ革命の危機を乗り切り、しばらく体制の安定を確保したが、ヴェルサイユ講和条約の強要と世界大不況という外からの入力によって引き起こされた世論の激変を見極めて、用済みになったSPDを捨て、危機の諸階層を組織して新しく台頭したナチ党を利用して国家権力の安定を図ろうとしたのが、ナチ政権掌握の真相であったのである。

以上のように、戦後日本とワイマール・ドイツとの構造面での比較で明らかになったように、戦後日本におけるワイマール・デモクラシーの悲劇から学ぼうという主張は実は、社会・経済構造面、並びに政治的イデオロギー面における比較分析を欠いており、単に表層の側面を眺めて、自己の主張に合う側面だけを切り取って、これがワイマール共和国だと説明して、その正しい姿を見ようとはしなかったのである。したがって、戦後日本とワイマール・ドイツとの構造面での比較研究の視点があれば、ワイマール共和国がなぜ14年の短命で終わり、それに反して、戦後日本の民主主義が今日まで続いているのか、の理由が理解されていたであろうと推量される(5)。

---

(1) 岡義武『アテネ文庫76 独逸デモクラシーの悲劇』弘文堂、1949年、41頁。

(2) Z・ゼーマン著・山田義顕訳『ヒトラーをやじり倒せ—第三帝国のカリカチュア』(1984年)、平凡社、1990年、80頁。

(3) 1956年段階までのワイマール共和国研究の動向についての「学界展望」として、篠原一「戦後におけるワイマール共和国研究」年報政治学1957『国家体制と階級意識—「大衆社会」への理論的対応』岩波書店、1957年がある。この学界展望では、戦時中のアメリカでの研究と西ドイツにおいてようやく本格的な研究が進められている状況が紹介されているが、日本における研究についての言及はない。

(4) 林健太郎『ワイマル共和国—ヒトラーを出現させたもの』中央公論新書、1963年、101頁、103〜104頁。

(5) ドイツ共産党を除名され、SPDに復帰し、ナチ政権成立後アメリカに亡命したユダヤ系ドイツ人の歴史家A・ローゼンベルク（Arthur Rosenberg）は、その著作（*Geschichte der Weimarer Republik*, 1935, その英訳本は*A History of the Weimar Republic*, 1936）において、ドイツ革命は歴史的発展段階から見てドイツにおけるブルジョア革命であったにもかかわらず、フランス大革命と同じように、封建遺制の近代的な克服を行うことをSPDがためらったところに、共和国崩壊の原因があったと主張している。つまり、戦後日本においてアメリカ占領軍によって断行されたような、土地改革、巨大財閥の解体とその民主化、軍隊と官僚制度の民主化、エリート養成機関やイデオロギー装置の民主化などが、SPDと自由主義勢力の不作為によって行われなかった点に共和国崩壊の主要な原因があった、と分析している。したがって、彼は、前述の著作を1930年の大統領内閣の登場のところで終えている。というのは、彼によると、共和国は大統領独裁の出現と共に崩壊したと捉えているからである。この著作はワイマール共和国崩壊の原因をその成立期に求め、かつフランス大革命との比較において革命の構造分析を行っており、ワイマール共和国研究の古典的名著といわれている。同書の邦訳（吉田輝夫訳『ヴァイマル共和国史』思想社）が刊行されたのは、1964年であった。皮肉にもすでにワイマール・デモクラシーへの関心が衰えた時であった。

第4章

憲法概念の多義化による憲法の類型化の必要性と憲法学の成立

第1節
憲法概念の多義化による憲法の類型化の必要性

近代憲法が近代国家の標識とされるにつれて、それが模倣されて後発近代国家においても憲法なるものが取り入れられていった。その過程で、近代憲法はその形式と内容にわたって変容を被った。その典型的な例を、前章においてドイツの近現代憲法政治史を辿りながら見てきた。ドイツでは、後発近代国家として、先進近代国家と張り合う必要から、下からの、最初は自由主義的な市民階級の、次は社会主義的な労働者階級の近代憲法の制定を要求する運動に押されて、止むなく近代憲法というものが「国のカタチ」を示す最高規範であるという風に捉え直された。下からの運動のエネルギーのガス抜きを狙って、その時々の「国のカタチ」を規範化した「憲法」が制定・公布されていった。そして、その時々の「国のカタチ」とは半封建的な絶対主義国家のそれであったり、半絶対主義国家のそれであったりしたので、それらを近代憲法典で用いられた用語を使って条文化したのが、その時々の「憲法」であった。それ故に、ドイツ同盟時代の西南ドイツ諸邦の憲法や、プロイセン憲法、ドイツ帝国憲法などはその形式と内容において多様であり、憲法なるものの姿をいろいろな形で示してきた。その結果、憲法概念も多義化の道を辿ることになった。そこで、こうしたドイツの近現代憲法政治史から見えてくる憲法の諸相を幾つかの基準に照らして類型化して見たならば、現在の世界における諸国の憲法がどの類型に入るのか、あるいはそれに近いのかを識別することができるのみならず、それらの性格を理解するのには少しは役に立つのではないかと思い、まず初めにその類型化を試みたいと思う。

1 憲法の構成要素間の価値序列化に基づく憲法の類型化試論

第一に、日本の大学の憲法の教科書における憲法の内容の分類、すなわち基本的人権と国家機構という憲法の二つの部分の関係を基準に、憲法の諸相を類型化してみよう。近代憲法においては、国民が主権者であり、価値序列の観点から見ると、この主権者の国民の基本的人権の尊重が最高価値に位置づけられる。次に、この最高価値を権力政治的に実現するための、権力分立と分立された権力同士のチェック・アンド・バランスの原則に基づいた国家機構の編成が、基本的人権の尊重の手段として位置づけられる。これに対して、外見的立憲主義憲法の典型であるプロイセン憲法では、君主が主権者であり、価値序列の観点から見ると、この主権者の君主の統治を権力政治的に保障する国家機構が、最高価値に位置づけられる。国民の基本的人権については、法の前の平等や所有権の尊重、移動の自由など資本主義的経済活動にとって最小限必要な程度の個人の自由権が、法律の留保の下で保障されるが、それと同時に個人に対しては、国家の成員として国家に忠誠を示し、かつ兵役の義務を果たすことなどが求められる形での「国民の基本権と義務」が憲法に盛られる。もっとも、それは君主の統治を正当化し、かつ国民を君主の臣民として訓育する規範を盛った規定であり、それ故に、価値序列の観点から見るなら、それは国家機構に対して劣位に置かれる。ドイツ帝国(ビスマルク)憲法は、そもそも基本的人権の規定を設けず、国家機構の規定のみの憲法である。したがって、同憲法はこの類型の極端なケースであるといえよう。

2 国際政治の布置の中での国の地政学的地位に基づく憲法の類型化試論

第二に、憲法というものを国際政治の中においてその成り立ちを考察するならば、その実像がかなり明確に見えてくるのではないかと思う。英仏米の諸国では、資本主義経済システムが世界で初めて出現し、そのシステムを運営する産業資本家階級、すなわち、「市民階級」が指導する社会が国家に対して相対的に自立化し、その結果、アメリカの独立宣言に思想的根拠を与えた急進的民主主義者のトマス・ペイン（Thomas Paine, 1737〜1809）のいう「最小の政治が最良の政治」とか、ラッサールのいう「夜警国家」観で表現される「小さな政府」で事足りた時代になっていた。それ故に、イギリスの自由主義的貴族で歴史学者のアクトン卿による「権力は腐敗する。絶対権力は絶対的に腐敗する」という発言に代表されるような、自由主義の権力不信観に拠って、「市民階級」は、「権力は悪である」が、しかし社会秩序の予測可能性と安定性を保障するためには止むを得ない「必要な悪」と考えていた。「組織された権力」の政府については、それが陥りやすい腐敗から守るメカニズムとして「権力分立」制の組織原理に基づいてそれを構成した。そして、そうした「状態」を永続化させるための指針を法典の形にまとめ、「必要な悪」を行使する公務員の行動を方向付ける行動指針にしたのが近代憲法であるといえる。一方、近代憲法が誕生した時代背景や国の内外の環境を見れば、英仏米の諸国は、国際政治の主導権を掌握しており、外からの侵略の脅威も圧力もあまりない国際環境の中にあった。また絶対主義時代の支配的権力集団が少数派であったのに比べて、近代国家では、新しい支配的権力集団として登場した「市民階級」はその層も厚く、かつ社会そのものといってもよいぐらい社会全体に拡散していた。したがって、この時代の憲法は、「市民階級」が「権力を縛る」手段として作り出されたものと見られるのである。これに対して、プロイセン王国の例に見られるように、国際政治の布置の中で、覇権を握る強大国の絶えざる侵略の危機にさらされ、その上に常に外圧を受ける恐れのある地政学的状態に置かれていた後発近代国家にとっては、国家そのものを存続させることが最優先の至上命令となっていた。つまり、国家があって初めて、国民の生命や財産の保障、安全な生活が最小限に可能になると考えられる状況にあったといえる。したがって、まず国家そのものが消滅しないように、外国の侵略の脅威を最小限に減らすために、軍事力の強化に努め、他方、他国の間接的な影響力の行使によって国内の秩序が撹乱させられることがないように、治安維持のための警察権力の強化を図らざるを得ない状況に常時置かれていたといっても過言ではなかろう。しかし、世界全体に資本主義経済システムが浸透・拡大するにつれて、国民の生命・財産と安全な生活を保障するという意味においても、資本主義経済システムの導入を図らざるを得なくなり、「上からの近代化」政策によって、資本主義経済システムを導入・定着させ、さらに発展させる方向へと、国家の政策転換が図られた。その帰結として、資本主義経済システムの成長・発展のために最低限必要な社会・経済秩序の予測可能性と安定性を生み出す必要性が生まれ、止むを得ず、その必要に応えるため、同時代のイギリスの「法の支配」の状態のようなものを作り出さざるを得なくなった。こうして、既存の国家を守るために、止むを得ず「法の支配」の状態のようなものを作り出すことになったが、それが自由主義的な近代国家のように、「権力を縛る」ものであってはならなかった。というのは、そういうものは君主の国家統治権を否定することになるからである。資本主義時代になっても、こうした国では止むを得ず導入することになった「法の支配」なるものは、君主権力や君主の統治を制約するものであってもならなかった。そこで工夫が施された。まず「法の支配」という考え方は、法の制定者が誰であろうと、とにかく法によって統治が行われる「状態」であるという風に解釈し直された。それが、イギリスの「法の支配」と異なる、ドイツ特有の「法治国家」(Rechtsstaat)の考え方である。こうした考え方から、とにかく法の中で最高の法が憲法であるというような解釈が行われ、さらに、今では近代憲法がそれを採用している「国の最高規範」であると同時に、「国のカタチ」を示す政治理念の宣言のようなものであると解釈し直された。こうした考え方から、「国のカタチ」を表現する法典を「憲法」として公布するようになったのである。プロイセン王国はナポレオン民法典が公布される十年前の1794年に、「プロイセン一般国法」(Allgemeines Landrecht für die Preussen Staaten)を公布しており、すでにこの法律に基づいて国政が運用されていた。つまり、すでに「法治国家」になっていたのである。「プロイセン一般国法」は民・商法の法典であったので、それでカバーされない分野は君主の命令が「法律」として公布され、それらの「法律」を最終的に律する最高規範としての憲法がプロイセン王国では1850年に制定・公布されたのである。

もっとも、君主の軍事力の行使に関する領域は憲法の適用から除外された。この類型の憲法は、基本的人権の尊重と国家機構の関係の点から見るのなら、前述の通り、価値序列においては国家機構が圧倒的に優位に置かれ、かつそれが「憲法によって縛られる」範囲が限定されている。したがって、この類型の憲法は「権力を縛る」範囲は狭く、逆に「国民の行動を縛る」性格を色濃く持っているものといえよう。

3 静かなる「憲法改正の政治過程」における国法学〔憲法解釈論〕の作用

ところで、ドイツ帝国創立後、資本主義経済が飛躍的な発展を遂げ、それに伴い、経済の実権を掌握しつつある資本家層の国政における比重も高まっていった。そして、第3章第1節ですでに述べたように、資本家階級の中の大資本家層は自由主義に背を向け、同じ有産階級のユンカーと政治同盟を結成し、ドイツの支配的権力集団の仲間入りを果たした。とはいえ、ユンカーが依然として政治的主導権を掌握していたので、支配的権力集団内部において主導権を巡る権力闘争が繰り広げられた。その際に有力な武器として登場したのが、憲法解釈論としての国家学である。英仏では政治学が憲法解釈を行っている。日本では、イギリスのpoliticsは政治学として邦訳されている。それはアリストテレスのPolitika〔邦訳語は『政治学』〕が英語流に読まれたものである。PolitikaはPolis、つまりギリシアの「都市国家の研究」を意味していた。そのため、ドイツでは「国家の研究ないし学問」という風に、その本来の意味通りにドイツ語に移されて、StaatslehreとかStaatswissenschaftとなっていた。それは日本では「国家学」と邦訳された。19世紀の前半期までは、ドイツでもイギリスやフランスのように、「政治学としての国家学」は国家の政治を研究対象とする学問であった。ところが、1848年の革命の失敗後、市民階級が政治的に去勢化されるに従って、国家権力の獲得を巡る政治的権力闘争の研究は等閑視されるようになり、国家の法＝国法(Staatsrecht)のみを研究する学問へとその対象を狭隘化させていった。それと共に、国家学は「国法学」(Staatsrechtslehre) へと変容したのであった。

それは、民事法学の方法と概念を取り入れて、国法、つまり憲法と行政法などの公法を研究してその体系化を試みることになった。「国法学」を創出したゲルバー（C. F. W. v. Gerber, 1823～91）やラーバント（Paul Laband, 1838～1918）は法実証主義的方法を用いて、ビスマルクの国政運営を正当化する国法理論を展開した。それは、言うまでもなく、ユンカーが主導権を掌握している状態の支配的権力集団の政治を正当化するものであった。これに対して、全体としての市民階級の政治的立場に立つギールケ（O. v. Gierke 1841～1921）は国家有機体説を主張して、ラーバントの国法学を批判した。有機体から連想されることは、それが成長したり、進化したり、あるいは突然変異したりするということである。それは自然の法則であると考えられた。もし、国家が有機体であるのなら、それは当然成長、または進化するはずであるので、支配的権力集団内部での変化は当然あり得ることとなり、したがって大資本家層が優勢になれば、主導権が彼らに移るのも当然であるという含意を、この国家有機体説が暗々裏に示唆していたのである。実際、ドイツ経済が産業資本主義段階から高度資本主義段階へと移行し始めた19世紀末には、大資本家層が支配的権力集団内部においてその主導権を掌握し始めていたのである。したがって、国家有機体説は暗々裏にこうした動きを正当化するのに寄与したといえよう。ちなみに、ワイマール憲法の起草者のプロイスがギールケの弟子であったいうことは、ドイツの憲法政治史の流れから見るのなら、故なしとはいえないであろう。

4 イェリネックの国家法人説の政治的インプリケーション

さて、20世紀に入ると、支配的権力集団の主導権は完全に大資本家層に移っていた。こうしたドイツ政治の変化を学問的に反映したのが、ハイデルベルク大学教授ゲオルク・イェリネック（Georg Jellinek, 1851～1911）の著作『一般国家学』（*Allgemeine Staatslehre*, 1900）であった。彼は、ドイツ帝政国家には「憲法によって縛られている側面」がある反面、「憲法によって縛られない側面」も存在することに思いを致し、それを直視し、国家を対象とする国家学はこの両面を無視してはならないと考えた。こうした問題意識から、彼は、新カント学派の規範学と事実学との二元論的な方法論に基づいて、ゲルバー＝ラーバントの国法学に対して、国家学がそれまで顧みることのなかった国家の権力的側面の研究については、友人のM・ウェーバーの「国家社会学」を加えて、国家学を「国法学」と「国家の社会学」とに二分した。そして、この両者から成る「一般国家学」を樹立したのであった。彼によると、国家には両面があり、その法的側面を研究するのが国法学であり、その社会的側面を研究するのが国家の社会学である。そしてそれに対応して、国家概念も、法学的国家概念と社会学的国家概念とに区別される。この考え方は「国家両面説」といわれる。次に、彼は、国法学の部分では、民・商法の法人概念を取り入れて「国家法人説」を体系的に展開したのであった。企業体にはその目的、組織構成、経営方針などを法文化した定款が存在するように、国家も企業体と同様に法人、つまり団体の一種であるので、その目的、組織構成、経営方針を定めた「統治の最高規範」を持っている。法人の場合、それは定款であるが、国家の場合、それは憲法と称する、という。こうして、憲法は法人の定款と同じ性格のものと解釈されて、近代憲法の政治的意義はこれによって消失させられてしまった。またそれと同時に、憲法のみならず、国家をも脱政治化させてしまう「国家法人説」は、当時のドイツ帝国においては、逆説的に聞こえるが、重大な政治的意義を持っていたのである。というのは、ラーバントの国法学は当然君主主権を前提にし、「法」の衣を被せられた君主の恣意に基づく支配を正当化する「法治国家」論であったのに反して、国家法人説には君主主権が消えてしまっているからである。イェリネックによると、国家は法人なので、当然法人の意志を代表し、執行するのはその機関である。法人としての国家の機関は君主である。そして、主権は国家という法人にあり、国家機関の君主がそれを行使する、という。換言するのなら、主権は法人としての国家にある、という「国家主権」論がこの主張から帰結されるのである(1)。そして、主権を行使する国家機関の君主は法人の定款に当たる憲法を守り、それに基づいて統治権を行使しなくてはならないという、含意が暗々裏に示唆されていたのである。帝政末期には、大資本家層が国家権力を主導する政治体制が成立しており、それは「国家法人説」によって正当化され、主権問題が曖昧にされたまま、ドイツ帝国の政治は時代の変化に対応していたのである。

5 国家法人説の日本への影響

ちなみに、戦前の日本では、美濃部達吉東京帝国大学法学部教授はこのイェリネックの「国家法人説」を受容し、それに基づいて、明治憲法の解釈に際して、「大正デモクラシー」に象徴される日本政治の動向をより自由主義的な方向へ導くために、主権者とされた天皇を国家機関として説明したのであった〔1912年(大正元年)、天皇機関説に立つ『憲法講話』が刊行される〕。軍部は、1935年（昭和10年）に、この主張を「天皇機関説」と断定して、政府に国体明徴を要求した。政府は同年８月、すでに東京帝国大学を退職し、貴族院の勅選議員となっていた美濃部達吉の著作『憲法撮要』など三冊を発禁処分にした。軍部ファシズムへと日本の政治が転換する有名な「国体明徴」事件である。

このように、憲法解釈を行う国法学が静かなる「憲法改正の政治過程」において重要な役割を果たすようになった。それは、外見的であれ、憲法を導入した国家では、政府は憲法に沿って国家権力の行使を行うように義務づけられているので、政府が新しい政策決定に際して、その決定が合憲的かそうでないかを判断し、そうでないと判断された場合には、憲法をその決定に適合するように有権的に解釈し直す必要が当然生まれるので、そうした必要性を正当化する国法理論――日本では「憲法理論」という――が利用されるようになったことに起因するのである。つまり、外見的であっても、立憲主義体制が成立したところでは、憲法は無視できなくなっていたが故に、憲法の有権的な解釈を通じて静かなる「憲法改正の政治過程」が進行するようになったのである。それ故に、その解釈の理論的根拠を与える国法学・国家学は政治的に極めて大きな影響力を持つようになった。このことは注目に値するといえよう。前章第６節では、ドイツ帝国の末期において、この静かなる「憲法改正の政治過程」Ⅰ型は政治体制の変革の「憲法改正の政治過程」Ⅱ型へと変位する可能性を持ち、ドイツ革命を迎えた点についてはすでに述べた通りである。

6 ワイマール憲法を典型とする現代憲法の類型化試論

第三に、基本的人権の尊重と国家機構との関係を基準にして、ワイマール憲法を取り上げて考えてみることにしたい。ワイマール憲法は、前章第7節で詳しく述べたように、その中に、近代憲法の二点セットの他に、機能的社会主義の内容を条文化した、いわゆる「社会権」、そして国民国家の危機を克服することを狙った「国民の政治生活を統一するエートス」としての帝政時代の臣民文化の理念の導入と歴史的伝統の価値の容器である家族の国家による保護を義務づけた条項、並びにボルシェヴィキ革命を阻止するための既成の権力集団間の政治的権力闘争の一時的中断と、それらの間の一時的な妥協の内容を議会の絶対多数の議決がなければ、つまり憲法改正条項を利用しなければ、破棄されないように、加重条件を付けて憲法の中に条文化した「延期された形式の妥協」の条項などが併存していた。さらに、忘れてはならないのは、左右の政治体制への変革の道を用意した「開かれた」憲法改正条項も存在していたということである。この類型の憲法は、憲法によって守られるべき価値が序列化されておらず、併存しているというのがその特徴である。杉原泰雄氏が「現代市民憲法」の範疇に入れている、現行の日本国憲法は、価値序列の観点からすると、基本的人権の尊重が国家機構に対してやや優位に位置づけられているものの、それらと社会権や平和主義が併存している。つまり西ドイツの「基本法」のようにナチ時代の反省から憲法に取り入れた価値序列主義が採用されていないという点では、ワイマール憲法の性格に近い、その変種とみてもよかろう。それに対して、杉原泰雄氏が日本国憲法と同様に「現代市民憲法」の範疇に入れている西ドイツの基本法は、次章で明らかにされるが、この類型には入らないように思われる。というのは、それは基本的人権の尊重と国家機構との関係について価値序列を基準にして考察した場合、基本的人権の尊重とその実現を志向する「自由で民主的な基本秩序」を憲法の最高価値に据え、さらにその側面では憲法改正によっては絶対に変更できないと宣言し、さらに社会権の代わりに「社会国家」原理を採用して、近代憲法の最高価値を現代的条件の下で実現する観点から、社会福祉体制の構築を目指しており、近代憲法の先祖帰りを果たす形ををとった類型の現代憲法だからである。

7 個人に対する憲法の作用の観点からの憲法の類型化試論

最後に、憲法を我々の日常生活とのかかわりを基準にして、その類型化を試みてみよう。近代憲法では、憲法をその機能の側面から見ると、それは国家権力の行使を担当する「公務員」(Public Servant) に対して一定の行動様式を要求する規範体系である。換言するのなら、規範としての憲法の名宛人は「公務員」である。したがって、近代憲法を採用している国家では、「公務員」に対して国民の基本的人権を尊重するような行動ないしはサービスを行うように命じ、かつ義務づけている。とはいえ、「公務員」も人間である以上、感情もあり、時には恣意的に振る舞うこともあり得る。そうした逸脱した行動様式も起こり得ることをあらかじめ予想して、彼らが憲法で命じた通りに行動しているのかどうかを監視し、もし行動していない場合はそれを正すシステムが必要となってくる。この必要に応える制度が司法システムである。その典型的な例は、連邦最高裁判所に「憲法の番人」の役割を与えているアメリカ連邦憲法であり、「憲法の番人」の特別司法制度としての連邦憲法裁判所を設けている西ドイツ基本法である。そしてこの司法システムを支えているのが世論である。それ故に、近代憲法が順調に機能するためには、世論の役割が極めて重要である。つまり、主権者の国民一人一人が憲法の理念をいつも自覚し、「公務員」が憲法によって命じられた通りに行動しているのかどうかを監視し、その監視の結果を、選挙、または他の表現手段を用いて「公務員」に伝える必要があることが、理解されよう。これに対して、外見的立憲主義体制では、主権者が君主や支配的権力集団——20世紀の全体主義独裁体制におけるナチ党やソ連共産党のような存在——であった場合、「公務員」は主権者の「恣意的な」命令通りに動くので、「公務員」は国民一人一人に対しては基本的人権を無視した懲罰的な行動をとったり、あるいは職権を恣意的に乱用して利益を供与する者には寛容であったり——つまり、賄賂をとって、いわゆる彼らの「違法行為」を見逃すなど——、そして利益を供与しない者には「法律」を「厳正に」、つまり恣意的に執行して苦しめるというような現象が日常茶飯事となる。こうした現象は、発展途上国の中で開発独裁を行っている諸国では、多く見られ、それらの国は憲法と称するものを持っているが、それがほとんど機能していないのが現実であろう。そして、憲法は、それが近代国家の標識となっているが故に、その形式のみを看板に掲げているのが通例である。

以上、ドイツの近現代憲法政治史から見えてくる憲法の諸相を幾つかの基準に基づいて類型化してみた。そしてこうした類型化を通じて、憲法概念がいかに多義化したかが明らかになったと思う。こうした多義化した憲法概念を類型化して整理するだけでは、果たして憲法とは何か、その正体を明らかにすることはできない。それ故に、その正体を究明するために、その手がかりとして、ワイマール共和国時代の静かなる「憲法改正の政治過程」において重要な政治的役割を果たした有権的な憲法解釈を支えていた国法学・国家学の展開をフォローしたい。そこで明らかにされた憲法の捉え方の政治的立場による拘束性を見極め、かつ国家学の分岐としての憲法学の成立状況を見た後、その結果として見えてくる憲法の実相に迫りたいと思う。

その前に、憲法とは何かを知るために、明治以降の日本において近代国家の標識とされるフランスのLe Constitutionやドイツのdie Verfassungが何故に「憲法」と訳されるようになったのか、それを先に見ておきたいと思う。

---

(1)　G・イェリネク著・芦部信喜他訳『一般国家学』(1900年)、学陽書房、1974年、145頁。

第2節
近代日本における翻訳語としての憲法語用の推移

1 明治初期における翻訳語としての憲法という用語の定着

アメリカのペリー艦隊によって無理矢理に開国を強要された幕府は、1856年（安政3年）、西洋式軍備の導入を目指して洋学者の組織化を図り、「蕃所調所」を設立した。この「蕃書調所」の教授であった津田真道は同僚の西周などと共に、1862年（文久2年）、幕府に命じられて、オランダのライデン大学に留学し、西欧の学問（政治学、自然法、国際法、憲法、経済学、統計学など）をS.フィセリング（Vissering）教授の指導下に学んだ。1865年（慶応元年）に帰国し、受講した科目の中で政治制度に関する講義録を翻訳して、1868年（明治元年）に『泰西国法論』という題で公表している。同書では憲法は「根本律法」「国綱」「朝憲」「国制」「制度」という五つの訳語が並列して当てられている(1)。

一方、プロイセン王国から幕府に機械類が寄贈されていたが、それを読み解く担当に加藤弘之が任じられていた。彼は山陰の但馬国出石藩という小藩の兵学者であったが、後に東京大学〔後の東京帝国大学〕の初代綜理になる人である。当時、『独和辞典』がないので、『蘭〔オランダ語〕独〔ドイツ語〕辞典』を入手し、それを通じてドイツ語を修得した後、日本で初めてドイツ語の文献を日本語に移す作業を行った洋学者である。彼は、1961年（文久元年）、『隣草』という小冊子を著した。彼は、同書の執筆動機とその内容の概要を自伝である『経歴談』の中に次のように述べている。「蕃所調所がオランダから購入した最新の蘭・英の「政治学・道徳学・哲学等の書を読むにしたがい、西洋各国の風俗・政治等の大いに東洋に優れるものあるを悟り、ことには立憲政体なるものありて、政治上に人民の輿論を取るは、東洋古来未曾有の良制にして、東洋専制国の遠く及ばざるところなるを発見せしかば、書を著わして、東西政治の良・不良、正・不正を比較的に論じ、わが邦も西洋に模倣する政体を設立せざるべからざるゆえんを論ぜんと思いしも、当時幕府の政治を誹謗するの恐れあれば、わが邦のことはたえていわず、ひとりシナの政治の不公不正を説いて、すみやかに西洋風に改正するにあらざれば、とうてい前途の解明は得て望むべからずとの旨意を論じ、小冊子となして、これを『隣草』と題したり。すなわち隣国のことを論ずるの意なり。」。同書は実は1889年（明治32年）まで刊行されなかった。彼によると、幕府の「検閲の法」に触れる恐れがあり、さらに「攘夷家のために悪まれて不測の害を受くるの心配」の故に、公表されず、二、三人の友人の間に回し読みされた、という[2]。同書の中では、日本で初めて近代国家の政治制度が、とりわけ憲法に基づく政治体制の立憲主義体制が「立憲政体」という造語で紹介されている。そして、ここでは、憲法は「大律」という用語で言い表わされている。次に、加藤弘之は、1868年（慶応４年＝明治元年）に西洋の「立憲政体」を紹介した『立憲政体略』を刊行している。『隣草』執筆後すでに七年が経過しており、その間、ドイツ語を自家薬籠中のものにしていて、ドイツの国民自由主義左派の国法学・国際法学者のハイデルベルク大学教授ブルンチュリの著作『一般国法学』を読破して、その知見を著書に反映させており、同書は、前述の津田真道『泰西国法論』と並んで、日本で初めての西欧の政治制度の紹介書といえよう。憲法を意味する言葉は、『隣草』では「大律」であったが、同書では、「国憲」に変えられている。そして「国憲」は「治国の大憲法」とも言い換えられている[3]。

憲法とは、古来、聖徳太子の「17か条の憲法」に象徴されるように、人生訓を意味していたが、幕末になってからは、「きまり」や「掟」を意味し、通常、幕府の法令を指す言葉であった。換言するなら、憲法は「制定法」を言い表す用語になっていた。加藤弘之は、西洋の「憲法」を、掟の中の最高の掟として理解し、「大憲法」という言葉に移し変えたようである。加藤弘之は、明治維新後、15代将軍と共に静岡に移っていたが、1870年（明治３年）に新政府に召し出され、1871年（明治４年）から天皇の侍読に任命され、翌年の1872年（明治５年）から、若き明治天皇に対して日本で初めての西洋の政治学を進講し、その内容を順次著作として1876年（明治９年）まで刊行した。その書名は『国法汎論』である。同書は上記のブルンチュリ著『一般国法学』の抄訳である。この加藤弘之の『国法汎論』では、西欧の憲法はいまだ「国憲」という用語で言い表わされている(4)。

『日本語源大辞典』によると、1872年（明治５年）前後までは、加藤弘之が使った「大律」「国憲」「大憲法」や、津田真道が使った「国制」「朝綱」「根本律法」の他に、「律例」「国法」などの用語で「憲法」を言い表わしていた。しかし、蕃所調所でフランス語担当だった箕作麟祥が政府の命令でナポレオン民法典を邦訳することになり、1873年（明治６年）に刊行したもので、フランス憲法の原語のConstitutionを「憲法」と邦訳したのが「憲法」という用語の始まりであるという。なお、箕作麟祥は1870年（明治３年）に刊行した『仏蘭西法律書　刑法』の邦訳本では、「憲法」を「建国ノ法」とか「国法」という表現を使っていたが、1875年（明治８年）の同書の邦訳本では「憲法」となっている、という(5)。蕃所調所に集った洋学者は、後に明治政府に召し出され、日本の近代化作業を導く知的エリートとして活躍するが、彼らの間では知的コミュニティが出来上がっており、明治８年頃には、フランス語のLe Constitution、ドイツ語のdie Verfassungを日本語の「憲法」という言葉で言い表すことに合意が出来ていたのではないかと推測される。

2 翻訳語の憲法という用語の原語が持つ二つの意味

いずれにせよ、今日われわれが使っている「憲法」という用語は仏英独の近代国家の標識とされているLe Constitution, the Costitution, die Verfassungの邦訳語であることを確認するのが重要である。というのは、憲法の原語には、成文憲法の他に、近代憲法に基づいて構成された国家構造ないしは国家の権力構造、言い換えれば「憲政秩序」ないしは「憲政体制」という意味があるからである。フランス語のConstitution、英語のConstitution、ドイツ語のVerfassungは、すべてギリシア語の“politeia”の各国語訳である。有名なプラトンの主著の*politeia*は日本では『国家』と訳されている。politeiaの定訳は

「国制」である。したがって、Constitutionや、Verfassungも国制の意味を持っている。このことは、次のように、英和辞典、独和事典、仏和辞典でも確認できる。例えば、『ランダムハウス英和大辞典』〔第２版〕（小学館、1994年）では、Constitutionは、「１、構造、構成、組織、組成。２、体格、体質、本質…。３、(1）憲法；定款；規約；規則；憲法〔定款など〕の文書。４、制定（すること)、設立、設置、組み立て。５、(一般に）既成の制度、慣行、法令。６、国体、国家構造、政体。［７、８、は省略]」となっている。次に、『独和大辞典』（小学館、1985年）では、Verfassungは、「［１は省略]。２、《ふつう単数で》（心身の）状態、調子：３、a〉（国家、社会などの）体制、制度；構造、組織：b〉憲法；(法人などの）定款（「その他の定め」をも含む)；規則：」となっている。最後に、『プログレッシブ仏和辞典』（小学館、1993年）では、constitutionは、「１、設立、設置；作成。２、《しばしば；Ｃ～》憲法。３、構成内容、組成。４、(人の）体質、体格。５、《法律》（年金などの）設定；選任。」となっている。以上三か国の憲法の原語についてのそれぞれの辞典の説明でも明らかにされたように、翻訳語の「憲法」という用語の原語は、フランス大革命時代のいわゆる近代憲法典とイギリスの「憲法の法律」(The Law of Constitution）を言い表すのみではなく、それらに基づいて構成されている国家権力の構造やその運用の基本的準則やその慣行から成る「憲政秩序」ないしは「憲政体制」をも言い表している。したがって、注意すべきことは、われわれが憲法という言葉を使う時には、それが憲法典を指すのか、それとも「憲政秩序」を指すのか、それをしっかりと確認する必要があるという点である。というのは、「憲法改正の政治過程」を考察する際に、憲法が憲法典を意味するのか、それとも憲政体制を意味するのか、その違いによって、憲法の内容が異なるが故に、本書でいう「憲法改正の政治過程」の型も異なることになるからである。つまり、憲法改正によって憲法典が改正される場合は、「憲法改正の政治過程」のⅠ型に分類されるが、憲政体制が変革される場合は、Ⅱ型に分類されるからである。前章第７節で述べたように、ワイマール・ドイツにおいて、SPDは、憲法を憲政体制として理解したために、ワイマール憲法第76条の憲法改正条項を用いるなら、社会主義社会への平和的な変革も可能であるという幻想を抱くようになっていたのである。それに対して、冷徹な政治的リアリズムの感覚に優れたヒトラーは、左右いずれにも「開かれている」と解釈された、この改正条項を暴力的に利用して、ワイマール共和国の自由民主主義体制を民族排外主義的な国粋主義的ナショナリズムに基づくナチ一党独裁体制へと変えていったのである。この例にも見られるように、憲法の原語が持つ二つの意味の区別がいかに重要であるのかが理解されよう。この区別を明確にさせ、憲法学を確立していったのは、ドイツの公法・政治学者カール・シュミットである。このシュミットの主張を含めてワイマール共和国における国法学、国家学の展開について述べる前に、明治以降の日本におけるConstitutionの邦訳語の「憲法」の意味の捉え方の変遷について簡単に見ておこう。

1867年、イギリスでは、都市労働者に普通選挙権が付与され、近代市民国家から現代大衆国家への移行が始まった。銀行家であるのみならず、進化論を政治社会の分析に導入した政治学者でもあり、かつ経済界をリードする経済誌“*The Economist*”の編集長でもあったウォルター・バジョット（Walter Begehot, 1826〜77）は、この移行によってイギリスの国政をどのように運用すれば、「愚民」の民主主義の到来によって政治の困難を招くことなく、安定的に発展させることができるのかという問題意識から、政治文化論を用いて当時のイギリス「憲政体制」の現状をリアルに分析した*The English Constitution*を1867年、刊行した。彼によると、憲法の文章上の記述を透かして見えてくる「生きた現実」（living reality）を正しく認識する必要がある。国家権力は三つに分割されているのではなく、むしろ一つであり、三権は密接に結合しており、それは国民の尊崇心の対象である「尊厳的部分」と、直接に国民の統治に当たる「実効的部分」の二つに機能的に分かれているに過ぎない。「尊厳的部分」を担うのは女王と貴族院であり、「実効的部分」を担当するのは庶民院とその最高委員会の内閣である。「尊厳的部分」を担う女王は新しく政治の世界に登場する労働者大衆の尊崇心を調達して得た権威を、「実効的部分」を担当する内閣に与え、そうすることによって内閣が統治を実効的に遂行することが可能になるように機能分担を行うべきである、という市民階級への政治戦略を提示している。そして、政治制度はその現実的な機能を文化と伝統の視点から考察しないのなら、憲政秩序の正しい姿は捉えられない、と説明している。明治中期に邦訳された同書の題は、W・ベージホット著・高橋達郎訳『英国憲法論』（大阪出版会社、1883年＝明治16年）、竹越輿三郎・岡本彦八郎共訳『英国憲法之真相』（第一巻）（1887年＝明治20年）〔私家版〕である。訳者達が憲法の原語が持つ二つの意味を正確に知っていたかどうかは不明である。原著はConstitutionを「憲政体制」の意味で使っている。大正になって、同書は再び邦訳された。吉田世民訳『英国憲政論』（興亡史論刊行会、1918年＝大正７年）となっている。それは原著の意味を正しく言い伝えているといえよう。戦後すぐ、深瀬基寛訳『英国の国家構造』（弘文堂書房、1947年＝昭和22年）が刊行された。訳者は第一高等学校の英語の教授であったが、原著の内容をある程度正しく邦訳しているといえよう。そして、イギリスの保守主義研究の第一人者の小松春雄教授も、後年、邦訳した同書に「イギリス憲政論」辻清明編『世界の名著60』（中央公論社、1970年＝昭和45年）という題をつけている。

（1） 西周「自伝草稿」植手通有編『日本の名著34 西周・加藤弘之』中央公論社、1984年、281～283頁。津田真道「泰西国法論」大久保利謙他編『津田真道全集』〈上〉、みすず書房、2001年、163頁。

（2） 加藤弘之「経歴談」植手通有編、前掲書、477～478頁。

（3） 加藤弘之「隣草」植手通有編、前掲書、314頁。「立憲政体略」植手通有編、前掲書、331頁、334頁。

（4） 加藤弘之「国法汎論」明治文化研究会編『明治文化全集補巻２』日本評論社、首巻、四首、1971年、10頁。なお、明治９年に文部省から刊行された、大井潤一校『國法汎論』の首巻、四首では「國憲ヘルハッスング」となっているが、日本評論社版の『国法汎論』では「国法」となっている。

（5） 前田富祺監『日本語源大辞典』小学館、2005年、471頁。

第３節
ワイマール憲法解釈を主導した国家学の分岐としての憲法学の成立

1 逆風の中でのワイマール憲法の公布―その前途に立ち込める二つの暗雲

ワイマール憲法は、前章第７節で述べたように、ボルシェヴィキ革命の阻止と国家《ライヒ》の再建のために即席的に合意した体制側の権力集団と、反体制側と目されていたSPDとの一時的な妥協の産物であった。とはいえ、ドイツ革命という内乱状況下で、意図せずして一挙に革命の規定者にまで押し上げられていたSPDの権力の比重は、前例のないぐらいにまで高まっていた。その結果、1919年２月初めに、憲法制定国民議会が招集され、次いでワイマール連合内閣の形で共和国政府も発足し、ようやく国家機構の再編が進行した。８月に公布された新しい憲法＝ワイマール憲法には、SPDの要求した徹底した政治的・社会的民主主義が取り入れられて、同憲法が「世界で最も民主的で、進歩的」といわれる要素が入っていることを誇ることが可能になったのである。一方、国家機構の再建が進むに従って、旧体制側の権力集団も復調し始め、軍隊と官僚団から成る国家《ライヒ》装置の中核である行政権の頂点に座る民選大統領の権限強化の主張を、ワイマール憲法の中に盛り込むことに成功した。帝政時代の王権優位の政治的権力闘争の「ゲームのルール」としてのドイツ帝国憲法は破棄されたが、それに代わるワイマール憲法の下で、SPDが第一党の地位を占める議会優位の「ゲームのルール」が制度的に作り出された。しかし、それが定着するのにはあまりにも多くの障害物がその前途に横たわっていた。まず、SPDの要求に基づいて導入された、比例代表選挙制度に起因する多党化傾向による議会の機能低下現象が生まれた点である。次に、まだ憲法制定作業中の1919年５月に苛酷なヴェルサイユ講和条約が発表され、世論は一挙に国粋主義的ナショナリズムの復活の方向へと急変し、条約を受諾したワイマール連合の共和国政府は、国家《ライヒ》を連合国に売り渡す売国徒である、というドイツ国粋人民党の宣伝・煽動が功を奏して、共和国は国民の忠誠心を確保するどころか、共和国に対する反感を抱く層を増大させる結果を招いてしまった点である。こうして、妥協の産物として生まれた共和国は、憲法公布と共に安定化の方向へ向かうどころか、その後、左右の急進派の反共和国的な一揆などの過激な政治活動によって、1923年末まで、危機の中を彷徨うことになる。

2 国家学が直面した難問―憲法の理念と実際の乖離の拡大

こうして、憲法理念と憲法現実の乖離が大きくなっていったのである。そして、その後、この傾向はますます強まりこそしても、弱まることはなかった。いうまでもなく、憲法は簡単に変えることはできない。そこで、憲法現実に合わせて憲法を解釈する「解釈改憲」の方向、あるいは、逆に憲法理念から見て遊離した憲法現実を批判して、それを憲法理念に沿う方向へ正すべきだと主張する憲法解釈などが生まれた。そして、憲法解釈しだいで、国家における各政治集団の権力的地位を高めるのに寄与するが故に、憲法解釈を行ってきた帝政時代からの国家学が注目され、かつ政治的に極めて重要になってきたのである。ワイマール共和国の14年間の政治過程は、その初期のSPDが主導する議会優位の時代から、1930年からの大統領内閣成立を契機とする大統領絶対的優位の時代へと移行するが、それは国家学の動向の中にも反映され、国家学の展開それ自体に共和国の政治過程が憲法解釈という形で映し出されるのである。したがって、まず、共和国を擁護する国家学を紹介し、次にそれを批判し、共和国を権威主義的方向への再編へと企てる国家学の動きを見た後に、その中から国家学の分岐としての「憲法学」の成立をフォローすることにしたいと思う。その後、ワイマール憲法解釈の過程で生み出された多様な憲法概念を整理して、憲法とは何か、その正体の究明を行いたいと思う。

3 自由主義的な法実証主義的国法学の登場

ドイツ帝国において、ゲルバー＝ラーバントの法実証主義的国家学＝国法学は、所与の実定法を絶対的なものとして前提とし、実定法全体が憲法を最高規範とする完結的な法体系と見られるような法解釈を展開した。それは、君主主権の帝国憲法を擁護する憲法解釈を展開したことは前述の通りである。帝政末期において、国家機関における議会の権力的比重の高まりを反映して、自由主義的な法実証主義的国家学＝国法学が台頭し始めていたが、それを代表したのは前述のイェリネックの『一般国家学』であった。共和国になって、所与の憲法がドイツ帝国憲法からワイマール憲法に変わったので、法実証主義的国家学＝国法学はその方法は同一でも自由主義的傾向を示したのは当然の成り行きであったといえよう。ワイマール共和国において法実証主義的国家学＝国法学を代表したものは、トーマ（Richard Thoma, 1874〜1957）とアンシュッツ（Gerhard Anschütz, 1867〜1948）である。トーマは1911年、イェリネックの死去後、ハイデルベルク大学の彼の講座を引き継いで、自由主義左派の立場から法実証主義的国家学＝国法学を展開した。またアンシュッツもハレー大学やベルリン大学で同じく自由主義左派の立場から法実証主義国家学＝国法学を展開した。憲法起草委員でもあったアンシュッツの『ドイツ憲法コメンタール』は共和国14年間に14版を重ねており、ワイマール憲法解釈の通説の標準的テキストとされた。また、トーマとアンシュッツ編集の『ドイツ国法ハンドブック』（*Handbuch des Deutschen Staatsrecht*, 1930〜32）［二巻本］は、憲法解釈の標準的マニュアルでもあった。両人は、ワイマール憲法によると、共和国は人民主権の国家であるので、主権者は人民であるが、主権を行使するのは人民の代表機関であり、その代表機関は議会と大統領であるが、議会の絶対的多数は憲法改正権を有しているので、立法権を持つ議会が主権機関であると主張した。したがって、議会の絶対的多数を制する政党ないしは政党連合は社会主義の実現を含めて何事も成し得ると解釈したのである(1)。

4 ワイマール憲法の理念と現実の乖離の拡大傾向の進行

共和国成立後の第一回総選挙（1920年６月）では、前述の通り、ヴェルサイユ講和条約受諾後に世論が国粋主義的ナショナリズムへと急変したことが反映されて、ワイマール連合は多数派の地位を失った。その後、内外の危機克服を目指す挙国一致内閣、すなわち1923年の９月から11月までの100日間の大連合内閣を除いては、中央党主導の中道右派の少数派政権が1928年６月まで続く。その結果、議会の機能低下の傾向が続くことになる。1920年から23年までの危機が連続した時代には、当然のことではあるが、授権法や大統領の緊急命令権に基づく措置法で内外の危機に対処した。そして、1929年末に世界大不況の勃発と共に、再び危機が再燃し、1930年以降は大統領内閣時代に入り、大統領の緊急命令権に基づく措置法万能時代に入り、議会は全く憲法の規定に沿った機能を果たすことはなかった。こうして、トーマとアンシュッツの通説は、政治的現実によって挑戦を受け、憲法理念と現実との乖離が顕著になっていったのである。

5 ワイマール憲法を定礎した自由主義の運命—それを支える勢力の不在

ワイマール共和国について一般的にいえることは、同共和国においては、市民階級は労働者階級のSPDに助けられて、やっと国家権力を掌握したが、帝政時代に自由主義に背を向けていた大多数の市民階級の本音は、もはや自由主義を彼らの政治原理とは認めていないということであったといえる。というのは、自由主義的政治原理が体現する、基本的人権の尊重の思想、実質的な法治国家観、議会制民主主義などの制度は、市民階級に反抗する労働者階級の政治的支配の武器となる恐れがあったからである。したがって、この原理は、市民階級にとっては、ドイツ革命という体制の危機が存在する限り、止むを得ず支持しなくてはならないものではあったが、危機が去った後は、無用なものと感じられたし、一方、労働者階級、とりわけ「正統派」マルクス主義を奉ずる労働者層にとっても、むしろ支配的権力集団のイデオロギーに映っていた。その結果、自由主義は体制原理になったものの、その主唱勢力の積極的支持を失っていた。したがって、前述の通り、ワイマール憲法理念とその政治的運用の実際との乖離現象が顕著になると共に、それは自由主義的国家学の危機として現象することになったのである。この時期に自由主義的国家学に基づく憲法解釈論を展開したのは前述の通り、トーマとアンシュッツであったが、それを国家学の分野で理論的に根拠づけたのは、ゲルバー＝ラーバントの国法学的方法論を論理的に極限にまで発展させたケルゼン（Hans Kelsen, 1881～1973）であった。

6 自由主義的国法学の完成者・ハンス・ケルゼンの生涯

ケルゼンは、1930年に国際法教授としてケルン大学に招聘されるまで、オーストリア共和国憲法裁判所判事であると同時に、ウィーン大学国家学教授であった。第一次世界大戦において、ドイツ帝国の同盟国であったオーストリア＝ハンガリー二重帝国も、敗戦と共にその国家のあり方が激変した。多民族国家であった同国は、サン・ジェルマン条約によって解体され、ポーランド、チェコスロバキア、ハンガリー、ルーマニアなどの諸民族は帝国から離れて独立し、残されたドイツ民族のみが「オーストリア共和国」を作り、再出発した。ウィルソン大統領の講和14箇条の中にある、新国際秩序形成の原理としての「民族自決」原理は、前述の通り、フランスによって悪用されて、ドイツ東部のフランスの衛星国としての諸国家群の創出には適用されるのみで、敗戦国の独墺には適用されなかった。ドイツではオーストリアとの合併が行われるものと信じて、ワイマール憲法制定国民議会では、新国会の定員にはオーストリアのドイツ人の100議席を含める決定がなされていた。しかし、この長年のドイツ民族の夢はフランスによって妨害され、実現されなかった。ともあれ、こうしたことから、ワイマール共和国時代においてはオーストリアとドイツは、ドイツ民族の兄弟国としての強い一体性が醸し出されていた。それは学問の分野においてはさらに強いものがあった。カウツキーの場合に見られるように、独墺の社会民主主義者の間もそうであったが、国家学の分野においても、両国の間に実質的に国境が無いのも同然であった。日本ではケルゼンがドイツの国家学者とみなされているきらいがあるが、実はそうではなかったのである。ともあれ、国家学会が一つであったという事情のために、後にヘルマン・ヘラー（Hermann Heller, 1891〜1933）によってケルゼンの「国家学」が「国家なき国家学」と批判されたが、その彼の国家学は、ドイツの法実証主義的国法学を理論的に基礎づけていることから、ワイマール共和国において大きな影響力を持っていたのであった。

プラハ生まれのユダヤ系ドイツ人のケルゼンは、ウィーン大学において学位を取得した後、第一次世界大戦に従軍し、敗戦間際に同大学法学部教授に就任した。友人の革命臨時政府首相カール・レンナーの要請を受けて、彼は、新生オーストリア共和国の憲法第一次草案を起草した。1920年に公布されたオーストリア共和国憲法では、彼の発案の憲法裁判所が設置されることになり、その裁判官を引き受けることにもなった。1930年に至って、オーストリア政治も右傾化して、政権の指導権を掌握した民族排外主義的なキリスト教社会党は、民族間の結婚を合憲とした憲法裁判所判決を批判し始め、その判決に関わったケルゼンに非難・攻撃の矛先を向け始めたので、彼はケルン大学の招聘を受けてドイツに移ったのである(2)。

7 ハンス・ケルゼンの国法学の方法論

次に、1930年までの彼の学問的活動について見ることにしたい。彼は、学位取得後、1908年にハイデルベルク大学でイェリネックの指導を受け、さらにベルリン大学でもアンシュッツの下で研究を続け、その研究成果の『国法学の主要問題—法命題論からの考察』（*Hauptprobleme der Staatsrechtslehre: entwickelt aus der Lehre von Rechtssatze*）を1911年、公刊した。彼は、同書刊行以降に現れた批判に反論する形でその後、その考え方を彫琢していくが、とはいえ、すでに同書の中で、その基本的見解を明らかにしていた。彼は、「要素一元論」と呼ばれるオーストリアの物理学者で哲学者のマッハ（Ernst Mach, 1838〜1916）の哲学に基づいてその方法論を編み出し、それに基づいて彼の考え方を展開している。しかし、それは、同書の第二版序文（1923

年）の中で明らかにしているように、「方法が対象を構成する」という立場をとる新カント学派のコーヘン（Hermann Cohen, 1842～1918）の方法論と酷似していた。同書刊行後ケルゼンは、そのことを知り、以降は自分の方法論は新カント学派に基づくものであると称するようになった。ケルゼンが影響を受けたマッハの考え方は大体次のようなものであった。世界は物的でもないし心理的でもない感覚的諸要素（色、音、熱、圧など）から成り立っており、物体や自我は実体ではなく、諸要素の比較的に安定した複合体に他ならず、また因果関係も現象間の関数関係に置き換えられるので、科学の目標はこれら諸要素の関数的依属関係を思考経済の原理に従って縮約的に記述することである。それ故に、物理学と心理学の違いは研究対象ではなく、記述の観点の相違に過ぎないというものである。ケルゼンは、このマッハの主張に従って、因果法則が支配する存在（Sein）の世界と法規範という当為（Sollen）の世界とは、当然、その認識方法も異なるとの立場から、法規範の世界を研究対象とする国家学は、科学であるためには、因果法則の解明を目指す自然科学や社会学とは異なる方法を採用すべきであると主張した(3)。その当然の帰結として、彼は、イェリネックの国家両面説を、誤った方法混同主義の産物であると批判して、その当為と存在とを峻別する二元論を徹底させて、次のような国法の理論を展開した。すなわち、第一に、彼はある条件の下で、ある行為を命じ、またはある行為をしてはならないと命じ、それに反する場合は、そうした行為を行ったことに対するサンクションあるいは「制裁」という不利益な結果が随伴する論理的関係の世界が「法規範の世界」であると主張した。そして、自然現象の世界は、原因と結果が何らの例外も許さない必然性によって結合されているように、「法規範の世界」も法の要件と効果が帰属（Zurechnung）の関係で結びつけられており、この論理関係は自然科学における因果律に対応するものである。それ故に、法規範の複合体を研究対象とする国家学は因果法則の解明を目指す自然科学や社会学とは異なり、規範科学である、と主張した。このように、彼は、イェリネックの国家両面説の内、「国家の社会学」の側面を切り捨て、国家学は、もしそれが科学であろうとするなら、規範科学としての「国法学」であるべきである、と主張した。

第二に、こうした主張に基づいて、彼はさらに法の捉え方に関しても従来の国家学を次のように批判した。すなわち、彼は、従来の国家学では、実定法を国家の命令とか、権力作用と解釈して、それを自然科学的な法則概念をもって捉えようとする誤った方法がとられていたと批判した。次に、実定法の解釈においても、実定法を越えた何ものかに依拠して、その妥当性を論じようとする自然法論や道徳主義が無批判的に混入しており、それ故に、実定法の固有の世界を内在的に認識してこなかった、とも批判した。こうして、彼は、実定法の妥当性、すなわちその正当性の根拠を実定法の外ないしは上に求める一切の試みを拒否したのであった[(4)]。

8 ケルゼンの「純粋法学」を生み出した環境—ウィーン独特の政治的・社会的条件—

前述したように、彼が生まれ育ったオーストリアは多民族国家であった。反ユダヤ主義を含めての他民族排外主義が強く、さらに社会主義的な労働運動も盛んで、資本主義と社会主義の政治的イデオロギーの対立も激しかった。法的安定性、すなわち政治秩序の維持と存続のためには、実定法の妥当性の根拠を実定法そのものの世界に求めずに、もし、自然法や、「自由法学者」の主張するように、民衆の慣習や習俗、あるいは政治的イデオロギーに求めるようになるのなら、そうした法解釈論は諸民族の「共存」条件を破壊することに繋がる可能性があったといえよう。20世紀後半の人文・社会科学の世界に大きな影響力を持った論理実証主義や純粋経済学など、民族の属性や政治的イデオロギーから自由な「科学」がウィーンにおいて誕生したのは、こうした事情が背景にあったことは注目に値しよう。ケルゼンの学問的努力も、法の認識から一切の非法的要素を排除して、「科学としての法学」の自立性を求めるものであり、論理実証主義や純粋経済学とその理論的方向において同一であったと見られよう。したがって、彼は、法規範の世界それ自体の科学的認識において、法以外の一切のものを排除する「純粋法学」の構築を目指す一方で[(5)]、実定法の解釈において一切の価値判断を導入することに反対し、その帰結として、自然法や、社会主義を含めての政治的イデオロギー批判を精力的に続けたのである(6)。

9 ケルゼンの「純粋法学」における法の正当性の根拠としての根本規範と法段階説

では、彼は、こうした「純粋法学」において、法の正当性の根拠をどこに求めていたのであろうか。彼は、その方法論に忠実に、法の妥当性の根拠を法規範の世界の内部に求めた。それは「法段階説」とか、「始原規範」(Ursprungsnorm) ないしは「根本規範」(Grundnorm) 論の形で確立された。これが彼の国家学の第三の特徴である。それは次のような内容である。すなわち、国家のすべての活動は法規範に基づくものであり、最下位の行政行為を可能にする法規範の妥当性は、それより高次の法規範から得ており、さらにこの高次の法規範も、その妥当性をそれよりさらに高次の法規範から得ていて、こうした法規範の上下関係は最高規範を頂点としてピラミッド型を作っている。つまり、段階をなしている、というのである。ところで、このケルゼンの「法段階説」を認めたとしても、次に直ちに、「では、最高規範の妥当性を保障するのは何か」という疑問が提起されるのは当然であろう。彼は、ファイヒンガー (Hans Vaihinger, 1852~1933) の『かのようにの哲学』(1911年) の虚構ないしは擬制 (Fiktion) の概念を用いて、この疑問に答える。その概念とは、次のような内容のものである。すなわち、カントにおいて、経験を超える故に認識の対象にはならないが、我々の関心を引く自由・魂 (の不死)・神などは、理論理性の枠内では単なる〈理念〉に過ぎない。つまり経験を構成する原理ではなく、統整する原理として、あたかも前提されている〈かのような〉存在性格を持つにとどまる。したがって、国家や見えざる教会など、あらゆる学問の成果や認識の対象は〈真理である〉ものではなく、〈真理であるかのような〉もの、すなわち、我々が〈論理の衝動〉によって与えられた感覚の集積を、言語や判断を通じて加工した「虚構」ないしは「擬制」に過ぎないという。ケルゼンはこのファイヒンガーの虚構の考え方を援用して、実定法の最高規範である憲法は、その妥当性を最高次の規範である〈かのような〉「始原規範」または「根本規範」から得ている、と説明している[7]。

以上のように、彼は、ひたすら国家学の研究対象である「法規範の世界」から非法的な一切の要素を排除して「純粋法学」を目指したが、その行き着く先に、彼の樹立した「純粋法学」の要に当たる「根本規範」概念において、彼が排除しようと努めてきた、すべての「事実的なるもの」の真髄に突き当たることになるのである。ケルゼンの批判者、とりわけカール・シュミットは、では「根本規範」を創り出す者は誰か、それは憲法制定権者ではないのか、と「根本規範」の実体を暴き出しているからである。

10 国家と法秩序が同一であるが故に、国家学は国法学である

ともあれ、彼は、以上のような内容の考え方を『国法学の主要問題』において展開し、さらに1922年公刊の『社会学的国家概念と法学的国家概念』の中では、国家は規範的統一体、すなわち法秩序であると主張した[8]。そして、彼の考え方に対する批判に答える形で発表した、その他の諸著作などで展開した自説の総決算として、1925年に『一般国家学』を刊行した。ケルゼンは、その中で、自説を簡潔に次のように要約している。すなわち、「国家の客観的存在とは……国家的秩序を形成する規範の客観的通用である」なら、国家は規範の体系に他ならず、したがって法学的にのみ把握され得る、つまり国家学は国家の社会学ではなく、国法学でなくてはならない。そして、この国家＝法同一説、「すべての国家行為は法秩序として品質づけられるべき秩序を実現するが故に」、「どの国家も」「法治国家」であるという法治国家論の意味転倒が帰結された[9]。このケルゼンの所説を政治的現実に翻案して見るなら、どのような政治勢力であれ、「合法的」に政権を掌握して「法形式」に基づいて支配する限り、「法治国家」ということになり、権力アポロギーとなる。したがって、ワイマール共和国においては、法規範を現実の政治過程から全く切り離して、それを矛盾のないような「法規範の世界」として論理的に解釈しようとするケルゼンの「純粋法学」は、法実証主義的国法学を理論的に基礎づけることができたし、また、左右の政治勢力による各々の望む

方向へ、ワイマール共和国を変革する志向に対しても開かれているべきである、というSPDの主張する「価値相対主義的民主主義論」にも適合していた。

11 価値相対主義的な議会制民主主義論

実際、彼は、1929年に『民主政治の本質と価値』(*Vom Wesen und Wert der Demokratie*) を刊行し、その中で、ボルシェヴィズム、ファシズムを批判し、さらに、後に述べる、カール・シュミットの議会制民主主義批判論に反対する立場から、次のような「価値相対主義的」な議会制民主主義擁護論を展開した。彼によると、人民主権の間接民主主義においては、人民の一般意志の確認は、人民を代表する諸政党によって行われる。諸政党間で一般意志の定式化において少数派が多数派に負けた場合、少数派が、将来、主権者の国民を説得して多数派に成り得る制度的条件が整備されている政治形態が、議会制民主主義である。したがって、議会制民主主義においては、国民の多様な価値観を代表する諸政党は、その政治的イデオロギーや国家観も異なるのは当然であり、もし、どれかの政党が議会の絶対的多数を制した場合、その政党は主権機関の議会を通じてその政策を実現することができるが、その後、別の政党が多数派になった場合、同じことが繰り返されることになる。議会制民主主義の憲法に定められた法手続きに従う限り、如何なる思想、如何なる主義を持った政党も、国民の多数の支持さえ得られるならば、その思想や主義を、議会制定法を通じて実現することが保障される。なぜなら、議会制民主主義国家は価値中立的であるからである。つまり、法秩序である国家は、正しい手続きに基づいて制定された法の支配であり、法の内容は問わないというのである[(10)]。こうした内容のケルゼンの議会制民主主義論は、前述したトーマやアンシュッツの法実証主義的国法学の主張するワイマール憲法解釈論の議会制民主主義論であり、SPDの主張に適合するものであったことはいうまでもない。そうした性格を持っていたが故に、ケルゼンの国家学は、議会制民主主義そのものを否定し、体制変革を目指す左右の過激政党にも合法的な活動を行う限り、政権をとるチャンスを認めるものであった。ナチ党はこのシステムを利用して、前述したように、ワイマール共和国の形式を残し、その内容を否定して「第三帝国」を確立することが可能となったのである。しかし、ナチ独裁のような法的手続きを無視する恣意的支配体制下では、ケルゼンの国家学は政府に法規範を守らせる「抵抗」の武器とも成り得る性格を持っていた点は注目してもよいだろう。それ故に、昭和初期の日本の憲法学界では、自由主義者がケルゼンを受容したことは故なしとはいえないであろう。

12 ケルゼンの純粋法学に対する保守派国家学の反撃

ワイマール共和国を権威主義的国家の方向へ再編しようとする保守派を代表して、カウフマン（Erich Kaufmann, 1880～1972）は、1921年、『新カント学派法哲学批判』の中で、法実証主義的国法学の哲学的基礎になっている新カント学派哲学は全く「生活に対して疎遠」（Lebensfremd）であり、形而上学的要素を欠くが故に、真の哲学ではなく、それ故に新カント学派に基づく法実証主義的国法学は法理念を持たぬ法学である、と批判した。さらに、彼は、1926年、ドイツ国法学教師大会で、「国家は法（Recht）を創りだすのではなく、国家は法律（Gesetz）を創りだす。そして国家と法律は法《レヒト》の下にある。」、と主張した。通用する法律体系＝ワイマール憲法に基づく実定法体系の彼方に求められている〔正義としての〕法、すなわち非合理主義的な自然法への、このようなカウフマンの信仰告白は何を意味するのか。それは、現行の憲法体系の規範性に疑問を投げかけ、その妥当性を否定すると同時に、憲法運用において法（＝カウフマンの正義と考える旧帝政を支えてきた価値）の方向へと法律の解釈を方向づけ、ワイマール憲政体制を権威主義的方向へと再編成を目論むものであった(11)。

同じく1927年、トリーペル（Heinrich Triepel, 1868～1946）はベルリン大学学長就任演説の中で、ゲルバー以後のドイツ国家学が、ケルゼンの「純粋法学」にまで一面化した過程を批判して、「国法は政治的なるものを考慮することなく運用され得ない」と主張した。つまり、彼のいう「政治的なるもの」とは保守的支配層の政治的要求に他ならない。さらに、彼は「政治的なものを考慮しない、国法の規範の全面的把握は不可能である」ので、「われわれは国法においても、政治的考慮を論理的・形式的概念作業と結合させることを恐れることなく、むしろ反対にそれを要求する。」と主張した[(12)]。このように、帝政時代において法実証主義的国法学は、ドイツ帝国憲法体制を擁護する保守的役割を果たしていたが、ワイマール共和国期の法実証主義的国法学は、議会制定法による「社会変革」を支持するという機能転換を行っていたので、旧体制の復活を志向する保守的国法学者は「法戦略」として「自然法の再生」を主張するようになったのである。そして、保守的国法学者達はおしなべて、通説である法実証主義を批判して、国家学の政治化を要求し、それを新カント学派と異なる方法論で基礎づけようとしたので、「新派」と称されるようになった。こうして、二つの国法学は対抗し合うことになった。そして、この二つの国法学は、その政治的志向において、SPDの議会戦術を通じての「社会変革」か、それともそれを阻止するのかという相反する性格を帯びることになった。この二つの目指す方向について、ドイツ法が専門の広渡清吾氏は次のように要約している。「一つは、政治的民主主義を梃杆に、議会制定法を通じて不平等な経済社会構造を変革する道である。他の一つは、これに対して社会構造（ブルジョア支配）を自然法的弁証によって絶対化し、議会主義的立法者の干渉を排除しつつ、同時に議会主義的立法者そのものを貶価する手段（裁判官による法律審査権の主張と制度化、大統領の緊急命令権の活用、あるいは機能不全を根拠とする議会主義そのものの終焉のプロパガンダ等）を講じる途である[(13)]」。このように、今後、ワイマール共和国の行くべき方向を巡る政治戦略は、法学上の戦略にも接続し、二つの国法学への分裂・抗争という形をとるようになったのである。

13 反動的司法部と連携した保守的国家学による議会の立法権制約の動き

こうした国家学の政治化の動きは、ワイマール共和国における上からの権威主義的国家への再編化の動きと連動するものであった点については、留意する必要があるだろう。前述したように、1925年にヒンデンブルク大統領当選以降、内外の危機を乗り切った共和国政治は、相対的安定期を迎えていた。本来共和国の政治の中枢にあるべきSPDは、前章第７節で述べたが、政治の右傾化の中で中央政府の責任を負うことが資本主義体制の強化に繋がることを恐れ、それから離れ、バイエルンを除く各邦政府において労働者階級の権利実現および社会福祉体制の確立に全力を尽くしていた。特に、ドイツの三分の二の面積を有するプロイセン邦では、SPD主導のワイマール連合政権が存続し続け、憲法第２編により、労働者に付与された社会権の実現に努めていた。その成果は、1926年の労働裁判所の設置および1927年の〔職業紹介〕失業保険制度設置に関する法律であった。こうしたSPDの全国レベルおよび邦・地方自治体レベルでの労働者の地位向上の努力に対して、社会主義運動の主導権を競い合うまでに大きく成長した共産党は、ソ連の指導下のコミンテルンの指示を受けた統一戦線論に基づく一連の活動を展開し始めていた。その一つに「旧王侯財産没収国民請願」運動がある。共産党は、1925年、従来の暴力革命路線を中断し、相対的安定期時代に対応する「統一戦線」論、すなわち下からの労働者階級の、広範囲にわたっての統一活動を組織化する戦術への転換を図った。その皮切りとして、ワイマール憲法の国民請願制度を活用した「旧王侯財産没収国民請願」運動を1926年に開始したのであった。ドイツ革命時に各邦国の旧王侯の財産が、新しく成立した各邦の革命政府によって没収されたが、ヒンデンブルク元帥の大統領当選に力を得た、君主主義的な保守主義者たちは、1925年に、各邦において旧王侯から没収した財産の返還および賠償を求める訴訟を起こしたのである。それには、旧帝政時代の特権を保持したまま存続するようになった各邦の、反動的で保守的な司法部の裁判官は、その要求を認める判決を次々に下していったことが背景にある。これに対して、当然、広範な労働者大衆は激高した。この動きを共産党は巧みに捉え、SPDの下部党員を抱き込むための方策として、「旧王侯財産没収国民請願」運動を始めた。共産党はSPDに同運動を共同して行うことを申し込み、SPDはそれを拒否したが、下部党員の突き上げと、労働者大衆の世論の動向に押されて、同党は独自に行うという形で同運動にしぶしぶ参加した。国民請願は1926年３月に1250万人の署名を得て、国会に「旧王侯財産没収法案」が上程されたが、その法案は否決された。そこで、共産党は７月にその法案を国民表決に付すことに成功した。しかし、それは

1450万票の支持を得るのみで、法案成立に必要な２千万票を獲得することには失敗した(14)。こうした動きに対して、保守的国家学者達は、現行憲法の枠内で、労働者階級によるブルジョア的社会・経済秩序を社会主義的方向へ向けて変革しようとする動きを封じ込める方法を探り始めた。前述した1923年のハイパーインフレによって中産階級が没落したが、彼らの一部は、政府の経済政策の失敗によってその財産のすべてを失ったことに対して怒り、失った財産の賠償を求める訴訟を起こした。その数は６万件を超えたという。こうした政府の行政行為の合憲性を問う憲法裁判が始まった。保守的国法学者はこの機会を捉えて、アメリカの司法による立法審査権制度を援用して違憲立法審査制を主張して、憲法を保守的方向へ解釈するために同事案を利用しようとしたのであった。

もとより、共和国14年間を通じて帝政時代の特権を持ったままの裁判官は、反動勢力の牙城の一つであった。連邦《ライヒ》最高裁判所は、憲法第二編の第109条の「法律の前の平等」条項を「法の平等」原則と解釈し直して、それは「立法者を拘束する」超実定法的な規範であるとの独自の解釈を展開して、それに基づいて政府のとった経済政策は違憲であるという見解を、1925年末に表明した。こうした保守的司法部からの行政部に対する挑戦が始まっていたが、実際のその矛先は立法部に向かっていたのである。裁判所は「旧王侯財産没収国民請願」運動に対しても、それを「法律の前の平等」条項や、憲法第二編の所有権の保障を謳った自由権などを根拠に違憲であるとの判断を示した(15)。また新派の保守的国家学者も、この動きを正当化する理論を展開して司法部の活動を支援した。このように、司法部と保守的国家学者達が一団となって、国会の制定法の動きを制し、かつ国会の革新的法案を抑制する戦術を展開し始めたのである。

14 保守的国家学の分岐としての「憲法学」の成立

前述したように、1924年から共和国政治は安定化の方向へと進んでいた。ドーズ案による賠償問題の一時的解決と、それに伴うアメリカからの巨額の借款が流入し、それによってドイツ経済も再建へと進み始めた。また、1925

年4月のヒンデンブルク元帥の第二代大統領当選後は、帝政復活を主張していたドイツ国粋人民党は、従来の反共和国的姿勢を捨てて、共和国支持へと舵を切り始めていた。こうして、「黄金の20年代」といわれたワイマール文化の花が咲き乱れる相対的安定期が訪れたのであった。

ヒンデンブルク元帥は大統領就任後、ドイツ国粋人民党を中心とする保守勢力の期待に反して、憲法遵守の姿勢を明確にした。そのために、上からの権威主義体制への転換の可能性は当分遠のいた感じが強くなっていた。そして、1928年5月の総選挙でSPDが躍進し、党首のヘルマン・ミュラーを首班とする大連合内閣が誕生した。議会の多数派から成る大連合内閣の成立によって、議会制民主主義はこれから順調に進むものと思われた。もし、この状況が続き、議会制民主主義が安定的に発展することになれば、その先に見えてくるのは、二つの社会主義政党（SPDの得票率は29.8%で、共産党の得票率は10.6%で、両党の得票率を合わせると、40.4%である）による、ワイマール憲法第76条を活用してのブルジョア的社会・経済秩序の社会主義的な方向への変革も可能になるかもしれないという展望であった。大統領がヒンデンブルク元帥であっても、上からの権威主義的体制への再編は当分不可能であるように思われるし、またクーデターなどの暴力的方法による帝政の憲政体制の復活も、強大な社会主義運動が存在する限り不可能である。したがって、残された道は、矛盾だらけのワイマール憲法を腑分けして、権威主義的体制への転換に好都合な条文を探り出し、それを巧みな論理操作によって、憲法の社会民主主義的要素を清算して、ブルジョア的社会・経済秩序の社会主義的な変革への道を防ぐ理論を編み出す必要性が、保守的な国家学者の間で痛感されるようになったとしても、それは不思議ではなかろう。こうして、国家の法理論的研究や、国法の法哲学解釈よりは、ワイマール憲法そのものの研究こそが実践的に有意性の高い課題として提起されるようになったのである。この課題に見事に答えた二つの憲法論の著作が、1928年に期せずして刊行された。それは、ルドルフ・スメント（Rudolf Smend, 1882〜1975）の『憲法と憲法法規』（*Verfassung und Verfassungsrecht*）とカール・シュミットの『憲法学』（*Verfassungslehre*）である。この二つの著作名はともに「国家学」や「一般国家学」ではなく、憲法学そのものとなっている点に注目してもよいだろう。
　スメントとシュミットは、前述の国家学界の新派に属する代表的国家学者である。スメントは、ルター派の著名な旧約聖書の研究者を父に持ち、ドイツ国粋人民党に所属していた。シュミットは、ドイツ帝国において被差別者意識を強く持っていたカトリック教徒であり、かつカトリック教会の特権の擁護を目指す中央党の超保守派に近かった。両人は、ワイマール政治体制を権威主義的方向へと再編しようとする志向において共通であったが、その理論構成は異なっていた。

15 スメントの「統合」としての憲法論

　敗戦と内乱によって、ドイツ民族統一国家としてのドイツ帝国は崩壊したが、それは、一応共和国の形で再建された。しかし、それは多くの国民にとって望まれた国家ではなかった。というのは、ドイツ国粋人民党をはじめ超保守派の諸政党は帝政復活を要求していたし、一方、共和国の生みの親である、国民の十分の四以上の労働者階級の代表政党のSPDにとっても、共和国は党の究極的目標の社会主義社会実現までの過渡期の国家に過ぎなかったからである。
　もし、国民のすべてが国家への帰属意識を持たなくなった瞬間、例えば、夜中の一瞬、全員が寝入ってしまった時、その国家は存在しないのも同然であると考えられよう。ワイマール共和国国民がその意識、つまりその「精神態度」において国家への帰属意識を持たなくなったなら、国家は分解の危機にあるといっても過言ではなかろう。それは、国旗問題に象徴的に現われている。憲法制定国民議会において、SPDの主張によって、共和国では、1848年のフランクフルト国民議会が採用した国旗の「黒赤金」の三色旗が国旗として採択された。しかし、それに強く反対した保守諸党の要求を入れて、海外に出る商船隊の掲げる旗として「黒白赤」のドイツ帝国時代の国旗の使用が承認された。ただし、帝国旗上部の隅に国旗の「黒赤金」を入れるという形での妥協に落ち着いた。つまり、外国人がドイツ商船隊を遠くから眺めた場合、商戦隊旗はドイツ帝国旗であるので、ドイツ帝国は依然存続しているかのように見えるわけである。このように、国民統合の象徴の国旗そのものが、国民の分裂状態をさらけ出していたのである。こうした国民の国家への帰属意識の喪失状態が強まっていく状態に触発されて、国民を心理的に統合する象徴に焦点を当てて、憲政体制としての国家にアプローチを試みたのがスメントであった。

彼は、新カント派の「方法が対象を構成する」という立場に反対して、対象が方法を規定する方法論を模索し、それをリット（Theodor Litt, 1880〜1962）の現象学的社会学の中に見出していた。リットは、精神的認識は常に精神自体の認識で、その中に主体と客体が弁証法的同一をなしているものとしてのみ把握される、と主張して、精神科学を自然科学に対置させた。スメントは、『憲法と憲法法規』の中で、このリットの精神科学的方法論に基づいて、ケルゼンを批判し、次のような「統合」（Integration）としての国家論を展開したのである。国家は精神的実在の一部として存在する。精神生活の本質は、固定した実体としては考えられない精神的モナドのその生活への参与による自己形成である。それは不断の流動の中にあるもので、常に新たに現実化され、あるいはむしろ新たに作り出される限りにおいてのみ実在するのである。国家もこのような社会学的な実在性を持ったものであるので、「それが絶えず永続的に統合されていき、個人の中に、また個人によって実現されていくから、その限りにおいて存在するのである——この永続的過程が精神的・社会的実在としての国家の本質である。」という。このように、彼は、国民とは「日々の国民投票である」という19世紀のフランスの思想家、ルナンの「国民」の定義を例に挙げて、国家を、一つの状態でもなければ、また一つの静止せる秩序でもなく、過程であり、精神的生成と見たのであった。ところで、彼は、国家の不断の自己形成の過程は、自然に生じるのではなく、統合によって意志の統一化が行われて初めて保持されると見ていたのである。彼は、この統合の三つの理念型を次のように分類している。①人格的統合（die persönliche Integration）——国家元首（君主または首相）や傑出した政治指導者の人格的魅力ないしは感化させる力による国民の統合である。②機能的統合（die funktionelle Integration）——選挙、国民投票、議会の討議などのように、精神的内容を共同ならしめ、またはその共同の体験をより強めんとする統合である。これは国家的生活における広義の意志統一化の過程である。つまり、コミュニケーションを通じての合意の形成過程である。③実体的統合（die sachliche Integration）——国家の価値内容、つまり国家の要素たる意味や価値や理念を体現している象徴による統合である。祖国や母国を象徴する「ライン川」などの国土や歴史的出来事の統合作用がその例であるが、さらに国民に国家の意味や価値や理念を共有させ、それへの参加により国民の自覚を高めさせるような象徴化された実体的内容（旗、紋章、政治的儀式、国家的祝祭）は、高められた統合力を持っているという。そして、「憲政体制」としての憲法は、こうした統合過程を規律化する法的秩序であり、憲法法規はこの過程の部分を法律的に規律化したものである、という(16)。

このスメントの「統合としての国家」論の意図するところは、意志形成への国民の絶えざる参与において、絶えず新たに実現されなければならない一つの意味内容（帝政時代の国民の行動様式を支えた価値理念）を、再び現在の国家に与えようとする点にあった。彼にとって、国家とは「実在的な精神的生活の意味統一体」であったからである。このスメントの国家論は、それ自体国民を積極的に統合する価値を持たず、多党に分裂し、有効な意志統一化を行う能力を欠いていた当時のワイマール共和国の議会制民主主義国家の現実に照らし合わせて見るならば、それがいかに憲法破壊的に作用したかが理解されよう。なぜなら、統合理論は国家生活の統合過程を強調することによって、逆説的にワイマール共和国の多元的分裂を際立たせる効果を持っていたからである。そればかりでなく、統合理論は社会の諸政党・諸階級への分裂と対立による国家の瓦解傾向を、国家的な生活共同体の精神的意味内容を絶えず新たに獲得することによって食い止めて、帝政国家を再生させる意味統一体へ変えていこうとする政治的方向を目指していたからである。とはいえ、このスメントの国家論は、確かに、共和国の政治的・心理的分解傾向を理論的に反映してはいたけれども、新しい何らかの積極的な精神的な意味内容を提示してはいなかったのである。したがって、それはナチ党による共和国破壊への道を切り開く上において一定の役割を果たしたとはいえ、ナチ党を支持するものではなかった点には留意する必要がある。実際、スメントは1930年、ヒンデンブルク大統領による独裁の可能性が見られた際、それに批判的になり、ドイツ国粋人民党を離党し、ナチ党政権成立後は、その専門を教会法の分野に変えた。その結果、第二次世界大戦後、西ドイツの憲法学界において復活し、スメント学派を形成するぐらい大きな影響力を持つことになった点は、付記しておこう。

16 社会主義阻止を目指す憲法理論としてのカール・シュミットの「憲法学」の成立

カール・シュミットはどういう人物なのか。まず彼の経歴と考え方について先に少し述べておきたいと思う。シュミットは、共和国末期の大統領独裁を弁証する憲法理論を展開して、ブリューニング、パーペン、シュライヘルの三代の大統領内閣の「桂冠法学者」として一躍世界的に知られるようになった公法・政治学者である。そして、彼はナチ党の政権掌握２か月後の1933年５月にナチ党に入党した。翌年の６月30日に、ヒトラーが突撃隊の幹部のみならず、自分の首相任命に反対した保守派の有力者、とりわけシュライヘル将軍夫妻を裁判抜きで射殺させた「レーム事件」では、「総統は法《レヒト》の守護者である」(Der Führer schützt das Recht) という論文を発表して、「総統の行為は真の裁判権の行使であった。それは、司法に服するのではなく、それ自身が最高の司法であった。」と弁護して、「ナチ独裁の桂冠法学者」ともいわれるようになった。こうして、彼は政治的日和見主義者であると批判されたのである。第二次世界大戦後、ソ連軍に逮捕されたが、釈放された。ところが、今度は米軍にナチ戦犯として逮捕され、投獄された。ニュールンベルク国際軍事裁判で無罪が宣告され、1947年５月に釈放され、その後、故郷のプレッテンベルクに蟄居し、1985年、97歳で死去するまで、自己弁護の著作を著し、その弟子たちを通じて西ドイツの憲法学界に大きな影響力を及ぼし続けた(17)。

彼は、共和国を通じて一貫して、ドイツ帝《ライヒ》国、つまり「国家《ライヒ》の再建」を目指す公法・政治理論を展開しており、三代にわたる大統領内閣を弁護したのもこの流れの一環であった。多くの保守的な国家学者がドイツ国家学の伝統的な学問分野の中でその特有の法学的概念を駆使して、危機に瀕していた国家《ライヒ》の再建・強化のための理論を展開した。それに反して、彼は、近代国家の成立と展開をヨーロッパ全体の政治史の中で考察し、とりわけ、イギリスやフランスの憲法政治史に関する比較政治学的な研究を通じて獲得した憲政に関する膨大な知識を縦横に駆使して、ワイマール共和国の危機を診断し、その処方箋を打ち出す作業を続けており、その点では異色の存在であった。彼がナチ党に入党したのも、ナチ党が同党特有の暴力的なやり方ではあるが、「国家《ライヒ》の再建」に尽くしているとみなしていたからであった。しかし、時間の経過と共に、ナチ党独裁は彼が考えていた「国家の再建」ではなく、国家の破壊へと突き進んでいるのではないかと疑念を持ち始めるようになり、1936年から、ナチ系の国家学者からの批判もあって、国内亡命への道を選んだと見る人が多い。いずれにせよ、ワイマール共和国時代のシュミットは、議会制民主主義を徹底的に批判する政治理論を展開し、それによって大統領独裁の弁護を媒介にして、大統領独裁に接続する形で共和国をナチ党へ引き渡す地ならしをした点は間違いないといえよう。

彼は、1928年に刊行した『憲法学』では、SPDの主張で採用された議会制民主主義を議会絶対主義と規定して批判し、かつSPDの「エルフルト綱領」第二部の要求の社会的民主主義を取り入れたワイマール憲法第２編の経済生活の部分、ならびに同党の議会主義戦術を無力化する憲法理論を構築し、それを体系的に展開したのである。それを見る前に、『憲法学』で用いられている基本的概念は、彼が共和国初期からの政治過程における一連の危機に対してそれを克服するための処方箋として打ち出した、一連の著作の中で鋳造されたものであるので、1927年までの彼の公法・政治理論の展開を先にフォローすることにしたい。

17 『憲法学』で用いる基本的概念鋳造のための1927年までのシュミットの知的努力：『政治神学』『独裁』『現代議会主義の精神史的状況』

彼は、敗戦、革命、反革命一揆が続発した共和国初期の慢性的危機状況

（例外状態）の中で、『独裁—近代主権論の起源からプロレタリア階級闘争まで』（1921年）、『政治神学』（1922年）を相ついで公刊した。彼は、まず『政治神学』の中では、「例外状態を決定する者が主権者である」（Souverän ist, wer über den Ausnahmezustand entscheidet）と規定し、法秩序の究極的根拠をこの「主権者の決断」に求める決断主義の概念を提起した[(18)]。次に、『政治神学』の一年前に公刊した『独裁』では、ロシア革命のプロレタリア独裁やワイマール共和国の憲法制定国民議会などの同時代の革命による政治体制の変革という歴史的経験を踏まえて、ローマ共和制以来、独裁は政治体制が内外の危機に直面した場合、一時的に国家の正常状態の「合法性」を停止して、既存の体制の擁護のためか、あるいは新しい体制の確立のためにとられる例外的な政治形態であるとして捉え、それを「委任独裁」と「主権独裁」の二つに分類した。その際、彼は、フランス大革命時代の指導者の一人のアベ・シェイエスの「憲法制定権力」（pouvoir constituant）と〔憲法によって〕「制定された権力」（pouvoir constitué）の考え方を継承している。「委任独裁」とは、ある政治体制が内外の危機に直面してその危機を克服するために、現行憲法に基づく合法的な活動の一部を停止して、「例外状態」という不法状態を正常状態へと変える決断を下して、「例外状態」という危機が克服された後に、元の合法性を回復する形態である。それはローマ共和制の独裁を形象化したものである。それに対して、「主権独裁」はジャコバン独裁やロシアのプロレタリア独裁のように、将来生まれるべきであると考えられている新しい国家を実現するために、その国家から授権された権力による新しい政治体制を創設する独裁である。すなわち、アベ・シェイエスのいう「憲法制定権力」による独裁である。彼は、1923年の時点では、ワイマール憲法第48条に基づく大統領の緊急命令権による支配は委任独裁の形態に属する、と解釈している。カメレオンのごとくその主張を変えるシュミットは、ヒンデンブルク大統領の支持のみで存続する大統領内閣時代の、1930年以降は、「例外状態を決定する者が主権者である」なら、大統領は共和国の内外の危機という例外状態を正常状態へ変える決断を下す立場にあるので、緊急命令権に基づく大統領の独裁は「主権独裁」になる可能性もある、と解釈した[(19)]。この解釈の帰結として、それによって、後にヒトラーの第三帝国が「合法的に」成立したことは忘れてはならないであろう。

1923年に、彼は、この『独裁』と『政治神学』に引き続いて、『現代議会主義の精神史的状況』を発表し、その中で、議会制民主主義を原理面から破壊する作業に取り掛かった。彼は、自由主義的議会主義と民主主義は原理的には異なる、と主張した。前者の精神的基礎である「討論」と「公開性」は、「大衆民主主義の進展」によって出現した大衆組織政党同士が議会で秘密裏に商議して国家権力の分配を決めており、さらに議員は党議拘束を受けて党幹部の命令通りに動く投票マシンに成り下がっているので、精神史的には「時代遅れ」のものとなった点を挙げ、批判した。それに対して、民主主義は「民族的同質性」を本質的前提とし、「治者と被治者の同一性」を原理とする。そして人民の意志は「独裁的およびシーザー的方法」や「人民の喝采」で直接的に表現される、と主張した[20]。この主張に含意されていることは、ワイマール憲法第48条によって緊急命令権が与えられている民選大統領は、人民投票的方法で「民主的正当性」を獲得することができるので、議会さえ無力化することができるなら、大統領独裁の形で「国家《ライヒ》の再建」を民主主義的衣装下で遂行することが制度上可能になるという展望であった。この著作は、ワイマール憲法の中で大統領独裁の志向を弁証し得ると思われる要素＝人民投票的民主主義と、それを阻害すると思われる要素＝自由主義的議会主義とを作為的に峻別し、後者を排撃することによって、ムッソリーニ型ファシズム樹立を目標に据え、それへの地ならしとしての大統領独裁を「民主主義」論をもって理論づけようとしたものであった。そして、前述したように、1925年4月、ヒンデンブルク元帥が第二代大統領に選出されると共に、旧国家機構＝軍隊と官僚機構は「民主的正当性」を獲得することになり、彼の抱く「国家《ライヒ》の再建」の構想は現実的に裏づけられることになったといえよう。とはいえ、ヒンデンブルク元帥が大統領就任後憲法遵守の姿勢を示しており、さらに連合国の監視もあるので、国家権力の一角を占拠しているSPDを暴力的方法を用いずに追い落とすためには、合法的な方法で「国家《ライヒ》の再建」を図る他ないと考えられるようになった。したがって、彼にとっては、妥協の産物のワイマール憲法の中で、「国家《ライヒ》の再建」・強化に役立つ部分と、ボルシェヴィキ革命阻止のために止む無くSPDの要求を入れて制度化された共和国の側面を根拠づける部分とを腑分けして、後者の部分を破棄ないしは無効にする憲法理論を新たに構築することが課題として提起されたのであった。SPDを国家権力の一角から排除するということは、同党を敵とみなして、究極的には絶滅する他に選択肢はないという考え方に起因していた。というのは、国家《ライヒ》の擁護者であるシュミットにとっては、ドイツ革命は「資本主義か、あるいは社会主義か」の選択をドイツ国民に迫った「内戦」(Bürgerkrieg) に映っていたからである。こうした考え方から、彼の有名な政治概念が生み出された。つまり次に述べる彼の政治概念は、SPDからナショナル・ボルシェヴィズム、ナチ、反ナチへと目まぐるしくその政治的立場を変えた政治家で政治評論家でもあったニーキッシュ（Ernst Niekisch, 1889～1967）が述べているように、マルクス主義的な階級闘争概念に対する「ブルジョアジーの応答」であった[21]。

第一次世界大戦とそれに続く時代に、国際政治においては「力が正義」という原理が支配していた。ドイツ国家の抹殺を企てているとしか考えられないような「不正極まる」ヴェルサイユ講和条約をドイツが受諾せざるを得なかったのは、戦争に負けたからである。またそれを履行せざるを得なかったのも、ドイツが多元的に分裂し、潜在的な内戦状態に陥っているからであると彼は考えた。こうした現状認識から、彼は、1927年に『政治的なるものの概念』を刊行し、その中で、政治とは友敵を区別することであり、敵とは実存的には他者・異質者に他ならないので、闘争に際しては絶滅することである、という有名な政治概念を引き出したのである。彼の政治概念は戦争の言い換えに他ならない[22]。彼は、ある事象の本質はその例外状況において露呈するという、彼独自の認識方法に由来する政治に関する概念規定でもある。こうした考え方によると、ドイツが国家として生き残るために主権的決断権力によって、内政的には、社会主義体制への変革を目指すSPDを国家の敵として排除し、それによって、多元的に分裂し、潜在的な内戦状態にある国家の秩序を回復させ、対外的には、ドイツを再びヨーロッパにおける強国にするために、十分な力を国家に集中させることが至上命令となるのである。この考え方から、『現代議会主義の精神史的状況』において展開された旧帝政の国家機構＝「軍隊と官僚装置」を現代の正当化原理である「民主主義」論によって正当化するという任務が帰結されたのである。こうして、多元的な権力集団の一時的な妥協の上に築かれたワイマール共和国の政治秩序〔彼はこれを「量的全体国家」と規定しているが、それは今日の団体協調主義国家を指す〕を破壊し、イタリア・ファシズム型の新しい強力な政治秩序〔彼はこれを「質的全体国家」と規定した〕を創り出す主体としての「国家＝執行部としての軍・官僚装置＝決断統一体」論が生まれたのである。

18 『憲法学』の成立とその主要な内容

1927年まで、シュミットは以上のような問題意識とそれを実現するための政治理論の武装を行った後、その主著『憲法学』において、ブルジョア的社会・経済秩序を擁護し、社会主義を阻止する憲法理論を展開したのである。

彼は『憲法学』の序文の冒頭において、これまでワイマール憲法に関して優れたコメンタールや論文が発表されているが、「憲法理論の体系的構築に努め、公法学の特別の部門として憲法理論の分野を取り扱うことも必要である」と述べている。この記述には、彼が言外に公法学の新しい分野としての憲法学を、同書で開拓するのだという強い自負が示されている。そして、この並々ならぬ自負心は、戦後九年が経過した1954年に刊行された同書の再版の「まえがき」にも、同書に対する需要が後を絶たない理由は、「法治国家的・民主政的憲法という類型を今日まで説得力を持つ体系性を持って説明した」点にあるとして、無訂正である旨が述べられているところや、また同書が憲法に関する一般理論を展開した約400頁の大著である点においても示されている。同書は「第一編　憲法の概念」「第二編　近代憲法の法治国家的構成部分」「第三編　近代憲法の政治的構成部分」「第四編　連邦に関する憲法理論」の合計４編から構成されている。第一編では彼独自の憲法理論が述べられており、それに拠って社会主義阻止を目的とするワイマール憲法解釈論が展開されている。第二編は近代憲法の二点セットの基本的人権の尊重とそれを実現する権力合理化の方策の権力分立制についての英仏の憲法理論の彼独自の解釈による体系化の試みであり、第三編は英米仏の近代国家の政治制度としての議会制と民主制に関する憲法理論に関する彼独自の解釈による体系化の試みであり、その中にワイマール共和国の政治制度の理論とその実際についての批判的な考察を展開している。最後の第四編では連邦制に関する短い憲法理論を展開している。ワイマール憲法を論ずるに当たって重要なのは第一編の「憲法の概念」である。したがって、本書では、この「憲法の概念」において展開されているシュミットの憲法概念をフォローしながら、社会主義阻止を目指す彼の憲法理論がいかなるものであったのかを、述べることにしたい。

彼は、第一に、ドイツ語のVerfassungには、本書でいう「憲政体制」ないしは「憲政秩序」を意味する「憲法」と、成文憲法などの憲法典を意味する「憲法」の二つの意味がある点をまず指摘し、憲法を研究する際には、必要なのはこの二つの憲法概念を区別することであるという。そして、「憲政体制」ないしは「憲政秩序」を意味する「憲法」を言い表わす用語にはVerfassungを当て、憲法典の中に条文化されている憲法法規を言い表わす用語にはVerfassungsgesetzを当てている(23)。日本の憲法学界では、Verfassungの邦訳語には「憲法」を用い、Verfassungsgesetzの邦訳語には「憲法法律」ないしは「憲法律」を用いているが、本書では「憲法律」を用いることにする。第二に、彼は、すでに国家が存在するという前提の下で憲法を論議すべきであるという。というのは、国家が先にあり、その後に国家の主権者である君主ないしは人民が、彼ら独自の政治的統一体の態様と特質を決断したのが憲法であるからであるという(24)。第三に、彼は、憲法を論ずる際の以上の二つの前提条件を述べた後に、自著の『独裁』で委任独裁と主権独裁の二つの類型の独裁論を展開した際に援用したアベ・シェイエスの「憲法制定権力」と〔この憲法制定権力によって〕「制定された権力」の区別を憲法概念の区別に対応させて活用している。第四に、彼は、『政治神学』で鋳造した概念の、法秩序の究極的根拠を「主権者の決断〔決定〕に求める決断主義の概念」を彼の憲法概念の区別にリンクさせて、次のような憲法理論を展開したのである。〔憲政体制としての〕憲法は「憲法制定権力」の決断によって創出された政治体制であり、それに対して憲法律は「制定された権力」の構成とその運用の基準を法律の形で表現した法規の集まりであるという(25)。

また、彼は以上のような憲法を論ずる際の基本的な前提と憲法現象を分析するための基本的概念を述べた後、憲法を次のように定義している。憲法とは「政治的統一体が決断した特殊な全体形態においての意識的な決断のみをその内容」とする「特定国家の政治的統一と社会秩序の具体的な全体状態」であるという[26]。次に、彼は、ワイマール憲法には、彼のいう「ドイツ人民の主体的な政治的決断」を表す条文＝憲法の他に、憲法制定時に各権力集団が取引した妥協を条文化したものや各政党の要求が羅列されている条文、すなわち真の決断を「引き伸ばした」「延期的な形式上の妥協」が存在するが、それに「加重な改正要件」が付けられて憲法の条文となったものが存在するという。こうした一連の条文は真の憲法ではなく、憲法の形式をとった法律、つまり「憲法律」である、と規定した[27]。そして、彼は、ワイマール憲法を精査すると、それには主権者としてのドイツ人民が決断した憲法が幾つか見られるという。それは、まず第一に「基本権と権力区分の原理を伴う市民的法治国家」への決断である。第二に連邦国家の構造を有する民主共和国、第三に「立法と政府の原則的に議会制的・代表制的形式」の決断であるという[28]。この政治的決断としての憲法は、憲法改正要件を規定した第76条に基づく議会の制定法では改正できないという[29]。換言するなら、左右に「開かれた」憲法改正条項は全能ではなく、憲法律は改正できても、憲法は「憲法制定権力」以外には改正できないという。つまり、革命以外の方法では改正できないという憲法理論を、主張したのである。この主張によって、SPDの議会主義戦術は無力化されることになった。のみならず、社会権や労働権などの、ドイツ革命によって、労働者階級が獲得したすべての権利を条文化した規定も憲法律であると規定して、憲法改正条項によっていつでも破棄できるが、近代憲法の二点セットとブルジョア的な社会・経済秩序の言い換えである「基本権と権力区分の原理を伴う市民的法治国家」は絶対に廃止できない、という憲法理論を展開したのである。

以上のように、彼は、ワイマール憲法には人民の政治的決断としての憲法と、この憲法にその法的な効力を得ている憲法律の二つの憲法概念が存在することをまず明らかにして、その後にこの両者を区別することによって、政治的決断としての憲法の中に、所有権の保障などのブルジョア的な社会・経済社会の保全を規定した市民的自由主義的な条項を入れた。そして憲法第二編の「延期的な形式上の妥協」の条文でも、それが官吏の特権の保護や家族の保護など保守的勢力にとって都合の良い条文は、「制度的保障」という理論を作り出して、それに憲法と同じ性格を付与して、第76条によっては改正できない、という恣意的な解釈を展開している[30]。そして、第一編の強力な大統領に関する条項などを含む「国家組織の部分」も憲法に組み入れている。他方、SPDの要求や、それが掲げる議会主義による社会主義の実現を目指すのに都合の良い条文を憲法律に格下げして、法実証主義的国法学が主張するような「議会絶対主義論」による社会主義の実現の道を、「憲法に反する」として封じ込めようとした。以上がシュミットの憲法学の内容である。同書で述べられた憲法概念については、後でもう一度考察することにして、『憲法学』公刊後の、彼のワイマール憲法との関わりを簡単に触れておきたい。

1931年に入って、議会が完全に機能不全状態に陥り、治安対策だけではなく、予算のみならず、経済・社会問題にも大統領の緊急命令権に基づく措置法が適用されて、「憲法理念と現実との乖離」現象が顕著となり、「憲法の番人」論が主張されるようになった。前述したように、1925年末に連邦《ライヒ》最高裁判所がアメリカの司法部による立法審査制を援用して、違憲立法審査権は司法部にあると宣言した後、「憲法の番人」は司法部であると保守的国法学者が主張するようになった。そして、ケルゼンも「憲法の番人」は国家機関間の係争事件を取り扱う「国事裁判所」であると主張したのに対して、シュミットは、『憲法の番人』（1931年）の中で、これらの説をすべて批判し、議会の政党政治に対して超然としているばかりでなく、それに対して中立的な第三者の立場にある大統領こそ「憲法の番人」であると主張した[31]。また、前章第7節ですでに紹介したように、1932年4月にヒンデンブルクが第三代大統領に再選された後、軍部の最高指導者シュライヘル将軍を中心にワイマール共和国の権威主義的国家への再編の動きが具体化し、その際、新しい国家においてナチ党に如何なる役割を当てるべきかを巡って支配層の内部において意見の対立があった。ナチ党をうまく取り込むと触れ込んで、大統領に気に入れられた中央党の超保守派のパーペンを首相とする大統領内閣が6月1日に発足し、共和国の終焉が近づいた。パーペン内閣がヒトラーの取り込みに失敗した後、11月にキング・メーカーのシュライヘル将軍が自ら表舞台に現れて、ナチ党を二つに割って、反ヒトラー派と労働組合とを結びつけた「対角線連合」の「社会的大衆独裁」路線を模索した。シュミットは、前述したように、パーペン内閣やこのシュライヘル将軍の路線を理論的に弁護する理論を展開して、大統領内閣の「桂冠法学者」といわれるようになった。その時のパーペン内閣やシュライヘル内閣を弁護した著作が『合法性と正当性』(1932年末)である。その中で、彼は、大統領内閣の措置法によってすでに労働権や社会権が実質的に破棄されて、ブルジョア的社会・経済秩序の保護と、ドイツ国民の歴史的な伝統や官吏の特権などの保護を謳った部分だけになってしまっているワイマール憲法第二編が、真の憲法であると主張した。そして、それを土台にして、多元的な利害によって引き裂かれ、政党政治によって機能不全に陥っている議会は「合法性」を装っているが、すでにその正当性を失っているので、人民投票によって真のドイツ人民の民主的な「正当性」を獲得している大統領を中心に国家を改編すべきである、と主張した(32)。こうした主張を盛り込んだ著作が刊行されて間もなく、ヒンデンブルクの決断が下され、1933年1月30日、議会第一党のナチ党党首ヒトラーが大統領内閣の首相に任命され、ついに、ワイマール共和国はその終焉を迎えることになったのであった。

19 ドイツ近現代憲法政治史から見えてきた、憲法の諸相を手掛かりにした憲法概念構築の試み

本章において、ドイツ近現代憲法政治史から見えてきた憲法の諸相を類型化し、かつワイマール共和国期のドイツ国家学によるワイマール憲法解釈に見られる多様な憲法の定義について見てきた。したがって、そうした知見に基づいて憲法概念の構築を試みてみたいと思う。これまで見てきたように、憲法という用語は多義的であるが、基本的には、憲法を国家の権力構造の側面に焦点を当てて定義したもの、次に、権力構造を規定している規範体系の側面に焦点を当てて定義したもの、さらに狭義の意味の憲法の定義、この三つに大きく分けられる。この三つの憲法概念は次のように整理することがで

きよう。

（一）「国家の権力構造」としての憲法概念である。それは、古くはアリストテレスのPoliteia、すなわち「国制」概念にその起源を求めることができるが、近代では、「一国に存立する事実上の権力関係」を憲法であると規定したＦ・ラッサールの憲法観がその典型といえよう。（二）は、「国家の権力構造を規定している規範体系」としての憲法概念である。どのような国家でも、その権力関係を維持し、将来にわたっても同様な権力関係を永続化させるために、それを根本的に規定している、習律、慣習、制定法を含めた規範体系を持っているが、そうした規範体系がこの範疇の憲法概念である。イギリスの不文憲法はこの憲法概念に属するといえよう。（三）本書でいう近代憲法概念である。近代国家の成立に伴って、台頭する市民階級の権利を絶対主義的君主権力を含めて、国家権力そのものから守ろうとする方向において、国家の権力関係を意識的・計画的に規定し、それを法典の中に成文の形で規範化したものである。そして、それは一定の定型的内容、すなわち基本的人権の保障、そして、それを実現する権力構成原理たる権力分立制を含んでいる場合、立憲主義憲法と称される。フランス大革命以降、人民主権ないし国民主権に基づく近代憲法概念が支配的になると共に、この近代憲法の定型的内容を形式的に受け継ぎながらも、実質的には古い封建的君主主義的勢力の支配体制の温存を図った、国家主権ないし国家法人論に基づく「近代的」憲法が生まれた。その典型は、王政復古を象徴する、1814年のフランスのルイ18世の「協定憲法」といわれている憲章や、それをモデルとする1815年以降の西南ドイツ諸邦の憲法や、1848年革命失敗後のプロイセン憲法である。そしてこのプロイセン憲法を天皇制支配原理で再構成したのが明治憲法である。これらの「近代的」憲法は、近代的立憲主義憲法と区別して、「外見的立憲主義憲法」と称されている。次に、近代的立憲主義憲法とこの「外見的立憲主義憲法」とに共通する定型的内容を、19世紀中葉以降支配的になっていった実証主義法学（または法実証主義）は論理的に体系化し、憲法とは「国家の統治組織の基本を定める法」であると定義した。これが狭義の意味の憲法概念である。

この狭義の意味の憲法概念の普及を契機に、これまで自覚されてこなかった（一）と（二）の憲法概念が定立されるようになった。なぜなら、いかなる国家でも、たとえ専制主義国家でも、その統治組織の基本を定めた法を持っており、それは一国に存立する権力関係の規範化に他ならないために、（二）の憲法についての認識と、さらに権力構造そのものの認識へと導くことになったからである。「戦争と革命の時代」といわれる20世紀に入って、社会主義勢力の台頭と共に、政治体制を巡る政治的権力闘争が激化し、その限界状況において国家形態の変更という政治変動が発生し、すなわち本書でいう「憲法改正の政治過程」Ⅱ型が進行し、その結果、新しく樹立された権力関係の正常化の手段として憲法制定が行われた。そして、その後に新たに制定された憲法の下での利益集団間の政治的権力闘争、すなわち本書でいう「憲法改正の政治過程」Ⅰ型が展開されるようになった。こうした「憲法改正の政治過程」のⅠ型とⅡ型の展開を背景に、政治的権力闘争の一環として、憲法の正当性を含めてその本質を巡る論争も惹起され、多様な憲法概念が生み出されるに至ったのである。こうした現象は第一次世界大戦後のドイツにおいて顕著であった点についてはすでに述べた通りである。それ故にこそ、本書では近現代ドイツ憲法政治史を題材に選んで憲法についてアプローチしたのである。

20 ヘルマン・ヘラーの近代的憲法概念に関する社会科学的考察

こうした多様な憲法の定義に対して、ナチ党政権によってフランクフルト大学教授職を解かれ、スペインのマドリードに亡命していたSPD右派の公法・政治学者のヘルマン・ヘラーは、14年間のワイマール憲法擁護闘争の実践を理論化した『国家学』（*Staatslehre*）の執筆中の1933年11月に急死した。そのために、その弟子によってそれは未完の遺著の形で1934年に刊行された。その中で憲法はどのような歴史的パースペクティヴの中で生まれてきたのか、そして憲法は政治的現実の中でどのような効用を持っているのか、という観点から憲法現象を考察しない限り、憲法を正しく理解し得ないという立場から、「現実科学」的な、すなわち社会科学的意味の憲法概念を提起している。

彼は、憲法を、カール・シュミットのように規範から切り離された政治的決断とも、ケルゼンのように最高規範とも、スメントのように国民の精神的統合過程とも捉えないで、これら三つの憲法概念を統一的に解釈できる、「規範に形成された存在」(ein normgeformtes Sein) として捉えた。すなわち、彼は、人間の活動形態としての国家、現代アメリカ政治学の用語で言い換えるならば、D・イーストンの言う「政治体系」(Political System)、すなわち人間の「政治的行為構造」としての国家を、一定の規範による人間の行為の形態化 (Gestaltung) である、として捉え直した。また、こうした観点から、法秩序としての国家の側面は決断でもなければ、規範そのものでもなく、さらに人間の活動の過程でもなく、規範によって形成され、強められ、そして補完されている人間の行為の組織化された構造である、として捉えたのであった。そして、こうした「政治体系」は「規範化されていない憲法」という下部構造の上に、それによって決定的に規定される「規範に形成された憲法」がそびえ立つという構成となっていると説明した。さらに、彼は、この「規範に形成された憲法」を、さらに特徴的な権力構造と、その相対的に客観的な規範化としての「法的憲法」とに分け、この「法的憲法」の中で唯一の法典の中に国家の全構造が規定されねばならないという意志の下に成文化されたものが「近代的成文憲法」であると規定した。そして、この「近代的成文憲法」は市民階級が絶対主義国家に反対して戦った闘争から、その特徴的な秩序理想を得ている。つまり17世紀から18世紀にかけての市民革命とそれが獲得せんと努力した憲法目的は、成文化された憲法規定による絶対主義国家権力の制限であった。したがって、近代的憲法典は、国家権力に対する市民の主体的な自由権と参政権とによって国家権力の客観的な法的制限を実現し、かつそれを権力政治的に確保しようとする傾向から成り立つものである。つまり、それによって個人の基本的人権は、国家の組織的な根本構造によって擁護されるようになったという。それ故に、真の憲法とは、「権力分立的にして基本権を保障する法的憲法」、すなわち近代的立憲主義憲法のみである、と主張した(33)。

帝政ドイツで支配的になっていた、近代的「憲法」の制定を通じての君主主義的権力による真の憲法の効用の抑止と、さらにワイマール時代における憲法概念の定義を巡る論議を通じて見失われていた近代的憲法の意義は、ここに、ヘルマン・ヘラーが憲法を歴史的パースペクティヴの中で正しく位置づけ、定義することによって、再発見されることになったのであるといえるだろう。

以上の考察から、憲法とは、西ドイツ（現代のドイツ）の基本法のように、近代憲法を価値序列の最高位に位置づけ、それに加えて近代憲法成立後の社会・経済の変化によって生み出された諸問題を、近代憲法の基本原理に基づいて解決していく方向を定めた規定を追加した憲法が、「現代憲法」として望ましいということが推論されよう。このことは社会学的にもいえる。機能主義的社会システム論を展開したドイツの社会学者ルーマンによると、憲法の機能は政治システムが他の社会的システムの併呑を防止するブロックの作用にあるという。言い換えるのなら、憲法の中核部分の「基本権は政治システムによって引き起こされる可能性のある単純化的な脱分化へ向かう傾向〔独裁への傾向〕に対して、現代社会の分化した構造を保護する」点にある(34)。要するに、憲法は政治の部分システムと法の部分システムの分出と共に生まれたもので、この二つのシステムの自己準拠の自立性を保障し、かつ構造的カップリングを役立たせているという(35)。このルーマンの憲法観を現代イギリスの代表的なドイツ近現代政治哲学の研究者ソーンヒルは次のように言い直している。「憲法の主要な機能は社会的争点の非政治化や、政治的問題のガス抜き（deflation）、そして権力と法の分立に奉仕する点にある。」と(36)。こうしたルーマンの機能主義的社会システムから捉え直された憲法とは、社会の機能分化が進行する中で人類が手に入れた最新の成果（evolutionäre Errungenschaft）であるということになる(37)。そうであるのなら、ヘラーが指摘しているように、憲法は常時、歴史的パースペクティヴの中で捉え、かつそれが人類の長い進化の末にやっと手に入れた、人類のポジティヴな成果であることを認識して、それを尊重する姿勢が必要であるということが改めて明らかにされたといえよう。

(1)　トーマとアンシュッツの憲法論をワイマール共和国期の国家学における法実証主義と反法実証主義との論争の中で、SPDが志向する「議会的立法者による社会革命に法理論上の支持を約束するもの」（238〜242頁）として捉えた研究として、広渡清吾「第二節「法による社会革命」と法実証主義—ヴァイマル共和国を中心に」（225〜256頁）、長谷川正安他編『講座・革命と法　第1巻　市民革命と法』日本評論社、1989年がある。またトーマとアンシュッツの憲法論を含めて彼らの政治思想の研究として、次の著作がある。古賀敬太『ヴァイマール自由主義の悲劇—岐路に立つ国法学者たち』風行社、1996年。なお、ワイマール共和国時代の憲法を巡る国家学の動向についての研究としては、Ch・ミュラー他編著・安世舟他訳『ワイマール共和国の憲法状況と国家学』（1984年）、未来社、1989年や第一部第一章「国法学における法と政治」小林孝輔『憲法における法と政治』三省堂、1980年、2〜30頁がある。また、ケルゼン、フーゴ・プロイス、アンシュッツ、トーマ、トリーペル、カウフマン、スメント、ヘラー、シュミットなどのワイマール共和国時代に活躍した国家学者たちの伝記と、憲法解釈に影響を与えた彼らの主要な著作の、英訳の抜粋、並びにナチ時代の国家学者たちの同じような企画によって構成され、英語になった研究として、A. J. Jacobson & B. Schlink, eds., *Weimar : A Jurisprudence of Crisis*, Translated by B. Cooper, 2000がある。

(2)　ケルゼンの伝記については次のものがある。R・メタル著・井口大介他訳『ハンス・ケルゼン』成文堂、1971年。H・ケルゼン著・長尾龍一訳『ハンス・ケルゼン自伝』（1947年）、慈学社、2007年。

(3)　H・ケルゼン著・長尾龍一訳「国法学の主要問題」〔第2版〕序文（1911年）、（134〜137頁）新正幸他訳『ハンス・ケルゼン著作集Ⅳ　法学論』慈学社、2009年。

(4)　H・ケルゼン著・森田寛二訳「法学的方法と社会学的方法の差異について」（1911年）（14〜48頁）新正幸他訳、前掲書。

(5)　H・ケルゼン著・横田喜三郎訳『純粋法学』（1934年）、岩波書店、1935年。

(6)　H・ケルゼン著・黒田学他訳『ハンス・ケルゼン著作集Ⅲ　自然法論と法実証主義』慈学社、2010年。

(7)　H・ケルゼン著・長尾龍一訳「国法学の主要問題」〔第2版〕序文（1911年）（134〜135頁）新正幸他訳、前掲書。

(8)　H・ケルゼン著・法思想21研究会訳『社会学的国家概念と法学的国家概念』（1922年）、晃洋書房、2001年、99頁以下。

(9)　H・ケルゼン著・清宮四郎訳『一般国家学』（1925年）、岩波書店、1971年、23頁、74頁、76〜77頁。

(10)　H・ケルゼン著・長尾龍一訳「民主制の本質と価値」〔初版〕（1920年）（1〜36頁）上原行雄他訳『ハンス・ケルゼン著作集Ⅰ　民主主義論』慈学社、2009年。

(11)　K・ゾントハイマー著・河島幸夫訳『ワイマール共和国の政治思想』ミネルヴァ書房、1976年、64〜66頁。

(12)　H. Triepel, *Staatsrecht und Politik*, 1926, S.18, S.19.

(13)　本節注(1)にあげた長谷川正安他編、前掲書所収の広渡清吾、前掲論文、237頁。

(14) H. Mommsen, *The Rise and Fall of Weimar Democracy*, 1996, pp.239-242.

(15) 広渡清吾、前掲論文、249頁。広渡清吾『法律からの自由と逃避―ヴァイマル共和国下の私法学』日本評論社、1986年、86頁、282頁、292頁。なお、ワイマール共和国時代の司法部の反動性について言及した文献は、広渡清吾氏の本書や、清水誠編『ファシズムへの道―ワイマール裁判物語』日本評論社、1978年所収の広渡清吾氏担当の「附章―ワイマール期の大インフレーションと裁判所」253～278頁などがある。

(16) R. Smend, 'Verfassung und Verfassungsrecht', 1928, in : *Staatsrechtliche Abhandlungen und andere Aufsätze, 3,* wiederum erweiterte Aufl., 1968, SS. 127-170, s.189.

スメントの最近の研究として、まずスメントの方法論に関する研究として、三宅雄彦「政治的体験の概念と精神科学的方法―スメント憲法理論再構成の試み」(1)『早稲田法学』第74巻2号（1999年）、(2) 同4号（1999年）、(3) 同第75巻2号（2000年）、(4) 同第75巻4号（2000年）がある。またスメントの統合論に関する日本の憲法学者による研究は多いが、政治学者による研究は、手塚和男「ルードルフ・スメントの政治理論」宮田光雄編『ヴァイマル共和国の政治思想』創文社、1988年などがある。なお、本邦初めてのスメントの「統合としての国家論」の本格的な研究としては、高橋信行『統合と国家―国家嚮導行為の諸相』有斐閣、2012年が刊行された。同書はワイマール共和国時代の憲法論の動向に関しても詳しい研究であり、ワイマール憲法に関心のある方は是非参照されたい。なお、ワイマール共和国における憲法の理念と実際の乖離についての捉え方の違いによって、スメントとシュミットの憲法概念がそれぞれ違った形をとった点について言及した研究として、次の論文がある。篠原巌「12. 憲法の変遷」杉原泰雄編『憲法学の基礎概念Ⅰ　講座・憲法学の基礎1』勁草書房、1983年。

(17) SchwabとBenderskyの二人のアメリカ人が、直接シュミットから聞き取りをして書いたC・シュミットの伝記が邦訳されている。またシュミットの著作はそのほとんどが邦訳されており、さらにその研究書は数十冊に達している。最近出たものとして、次の一冊を紹介しておく。中道寿一『カール・シュミット再考―第三帝国に向き合った知識人』ミネルヴァ書房、2009年。シュミットは「20世紀のホッブズ」あるいは「ブルジョアジーのレーニン」といわれる反面、ナチの御用学者とみなす捉え方もあり、ワイマール共和国期とナチ期との間に彼の思想において「断絶」があったという説と「継続している」いう説に分かれる。したがって、彼の思想の全体像を捉えるのは困難であり、今後の課題といえよう。シュミットの思想の概要を知るのに便利なのは、ソーンヒルの次の二冊の邦訳書のシュミットの章と安世舟の論文であろう。Ch・ソーンヒル著・安世舟他訳『現代ドイツの政治思想家―ウェーバーからルーマンまで』(2000年)、岩波書店、2004年。Ch・ソーンヒル著・永井健晴他訳『ドイツ政治哲学』。安世舟「カール・シュミットはワイマール共和国の擁護者であったか」『思想』岩波書店、1988年12月号。

(18) C・シュミット著・田中浩他訳『政治神学』未来社、1971年、11頁。

この邦訳書の冒頭にある「主権者とは、例外状況にかんして決定をくだす者をいう。」の原文は、次の通りである。Souverän ist, wer über den Ausnahmezustand entscheidet. この文章の英訳は、sovereign is he who decides on the exception.である。「über＋目的語４格　entscheiden」を独和辞典で確認すると、「を決定する」（国松孝二他編『独和大辞典』小学館、1985年、638頁）となっている。したがって、素直に辞典通りに邦訳すると、「例外状態を決定する者が主権者である。」ということになる。つまり、法の支配する「正常状態」が内乱などで、「法の支配」が機能しない「無法状態」に変わっている場合が、シュミットのいう「例外状態」であるので、この「例外状態」を裁く、つまり左右して、決める力を持つ者が、「例外状態」を「正常状態」に変える決断を下して、それを法の支配する「正常状態」に変えることを「例外状態を決定する」という意味であると捉えるのが素直な読み方のように思われる。

(19)　C・シュミット著・田中浩他訳『独裁―近代主権論の起源からプロレタリア階級闘争まで』未来社、1991年、154～160頁、223～224頁。

(20)　C・シュミット著・稲葉素之訳『現代議会主義の精神史的地位』みすず書房、1972年、４頁、23頁、25頁、49～50頁、66～67頁。

(21)　Volker Neumann, Carl Schmitt, in : A. J. Jacobson & B. Schlink, eds. ; *Weimar : A Jurisprudence of Crisis*, p.283.

(22)　C・シュミット著・田中浩他訳『政治的なものの概念』未来社、1971年、15～16頁、25頁、31頁。

(23)　C・シュミット著・阿部照哉他訳『憲法論』38頁、136頁。

(24)　C・シュミット著・阿部照哉他訳、前訳書、103頁。

(25)　C・シュミット著・阿部照哉他訳、前訳書、39頁、58頁、99頁、101～102頁。

(26)　C・シュミット著・阿部照哉他訳、前訳書、18頁、64～65頁。

(27)　C・シュミット著・阿部照哉他訳、前訳書、28頁以下、32～33頁。

(28)　C・シュミット著・阿部照哉他訳、前訳書、47～49頁。

(29)　C・シュミット著・阿部照哉他訳、前訳書、118頁。

(30)　C・シュミット著・阿部照哉他訳、前訳書、211頁以下。

(31)　C・シュミット著・川北洋太郎訳『憲法の番人』第一法規出版、1989年、230頁。

(32)　C・シュミット著・田中浩他訳『合法性と正当性』未来社、1983年、138～139頁。

(33)　H・ヘラー著・安世舟訳『国家学』、361～365頁、390～393頁。

(34)　N. Luhmann, *Grundrechte als Institution : Ein Beitrag zur politischen Soziologie*, 1965, S.135.

(35)　D. Krause, *Luhmann-Lexikon：Eine Einführung in das Gesamtwerk von Niklas Luhmann*, 3 Aufl., 2001, S.227.

(36)　Ch・ソーンヒル著・永井健晴他訳『ドイツ政治哲学』675頁。

(37)　D. Krause, *op cit.,* S.227.

第5章

近代憲法の基本価値至上化志向の西ドイツ基本法

――「基本価値の化体としての憲法」の出現――

第1節
ドイツ連邦共和国（西ドイツ）の成立
―左右の全体主義一党独裁体制への転落防止システム構築を目指して―

1 敗戦の対価―ドイツ民族の分断と固有領土の喪失

1945年5月初めに、ナチ・ドイツは連合国に降服した。ポーランドのアウシュヴィッツなどの強制収容所で600万人のユダヤ人を大量虐殺したとされる残虐行為によって、ドイツ民族の名誉を限りなく汚したナチ全体主義的一党独裁体制は、軍事的敗北によって崩壊した。戦争末期にはすでにドイツは戦場と化しており、首都のベルリンもソ連軍によって占領されていた。米英ソの首脳が1945年7月17日～8月2日、ベルリン郊外のポツダムで会談し、戦後処理問題を協議し、その一つとして対独戦後処理方針を確定した。それによって、まず第一に、戦勝国の英米仏ソの連合国はドイツを分割して、直接に統治することになった。第二に、ポツダムでの取り決めに従って、オーデル・ナイセ川以東のドイツ領土（プロイセン王国の東半分であり、かつユンカーの所有する大土地が集中していたところ）はポーランドやソ連に割譲され、オーデル・ナイセ川がドイツとポーランドの新しい国境とされた。この国境画定において、蛇足ではあるが、ソ連の貪欲な領土拡張主義が示されている。というのは、ポーランドの東の部分をソ連が奪取し、その見返りとしてオーデル・ナイセ川以東のドイツ領土を敗戦国のドイツから取り上げ、それをポーランドに与えているからである。さらに哲学者のカントが生まれ、その生涯を送ったプロイセンの古都ケーニヒスベルクを中心とする地域は、ソ連が奪取した。今日、ケーニヒスベルクはカリーニングラードと称され、ポーランドの東部の北部分とリトアニアの西に孤島のような形でロシアの飛び地となっている。奪取された地域に住んでいたドイツ人は強制的に退

1945年後の中欧

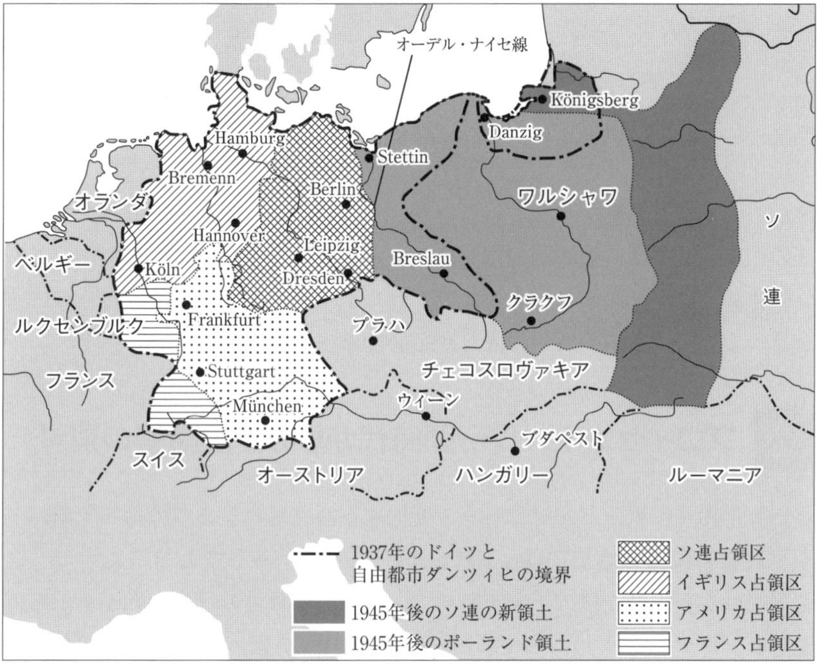

出典：若尾祐司・井上茂子編著『近代ドイツの歴史―18世紀から現代まで』ミネルヴァ書房、2005年、付図4（13頁）。

去を命じられ、難民ないしは引揚者となって西に移った。その数は1,200万人を超すとされている。第三に、ドイツのエルベ川以東の部分（プロイセン王国の西半分であり、ユンカーの権力の牙城である）はソ連の占領下に入り、1949年10月にソ連の衛星国の「ドイツ民主共和国」（以下、「東ドイツ」と略す）の領土となった。今日の統一ドイツの前身である「ドイツ連邦共和国」（以下、「西ドイツ」と略す）は、主として、かつてのドイツ帝国を構成した西南ドイツ諸邦と、その北にある諸邦並びにブレーメン、ハンブルクの二つの自由都市から成り、その領土面積はワイマール共和国時代の約半分である。また歴史を遡れば、ナポレオンがフランスの衛星国として作った「ライン同盟」の領域と重なる部分が多い。このように、ヒトラーがDas Deutsche

Reichの再建と世界征服という度し難い野心を満たすために、第二次世界大戦を引き起こし、ヨーロッパ全体を戦火にさらした対価が、Das Deutsche Reichそのものの消滅と、ビスマルクによってやっと統一されたドイツ民族の分断と、1,200万人を超す難民または引揚者を作り出したことであった。最後に、ポツダム協定に基づいて、連合四か国が各占領統治地区において、ドイツの民主化、非ナチ化、非軍事化を行い、ドイツの政治・経済・社会の構造的改革に取り掛かることになった。したがって、国家を失ったドイツ民族の今後の運命は、戦勝国の意向に懸かることになった。こうして、二つの分断体制に置かれたまま、東西に分かれたドイツ民族がそれぞれ彼らの国家を持つまでにはその後四年の歳月が必要であったのである。

2 プロイセン・ドイツ帝国時代からの支配階級の消滅

1949年10月に東西ドイツに各々分断国家が設立されるまでの約四年間、ドイツ民族の国家としてのDas Deutsche Reichが消滅してしまったので、各地方では占領軍の支援の下で市町村（Gemeinde）単位の行政組織が下から再建され、それらが束ねられて、Land〔戦後日本では、ワイマール共和国時代の邦（Land）に対して「州」という邦訳語を当てているので、本書でも、その用語法を用いる〕の行政機構が各占領地区の軍政長官の占領統治の下部組織として設立されていった。そして、冷戦の勃発と共に、米ソ間にドイツの戦後処理を巡って意見の対立がますます強まり、西側の三つの占領地区とソ連の占領地区において別々の政治発展が見られるようになった。とはいえ、戦後処理の一環として、ドイツ全体にわたって非ナチ化政策が占領軍によって推進された。とりわけ、アメリカ占領地区ではドイツ人一人一人にアンケート質問の形でナチとの関わりが調査され、ナチズムの根絶に力が入れられたが、冷戦の勃発と共に1947年中断された。その間、ナチ党指導者の多くは、ニュールンベルク国際軍事裁判で戦犯として認定されて処刑された。その他の幹部やナチ国家を支えた官僚や軍人もその多くは追放された。こうして、それまで存続し続けてきたドイツ帝国の国家装置の中核を担った軍部と高級官僚は一掃されたのである。また、それまでDas Deutsche Reichの支配階級であり続けたユンカーも、その所有地をソ連軍によって没収され、かつ彼らの子弟によって掌握されていた国家装置も消滅していたので、歴史から姿を消すことになった。それは政党布置にも現われた。ドイツ帝国時代の支配政党のユンカーの保守党と大資本家層の国民自由党、この両党の合同政党としてのワイマール共和国時代のドイツ国粋人民党は、当然消滅した。ワイマール共和国時代の主要な政党で残ったのはSPDと中央党などであった。

3 戦後における二大政党などの再建状況

まず、SPDについて見ると、その幹部はナチの迫害を受けて、一部は強制収容所へ送られ、また一部は海外へ亡命し、残りのものは地下に潜った。ナチの弾圧を受けて党内左派は急進化した。戦後、その一部によってベルリンにおいて再建されたSPDは、ソ連に亡命していたドイツ共産党の帰国組と、ソ連側によって合同が強制されて、統一されることになり「ドイツ社会主義統一党」(Sozialistische Einheitspartei Deutschlands, 以下、「SED」と略す)が創立された。同党はソ連占領地区でソ連の軍政長官の指導の下で東ドイツの支配政党となり、1949年10月、「ドイツ民主共和国」を建国する。左派の脱落後のSPDは西側で、強制収容所で半身不随の状態に置かれ、ほとんど死にかかったために、戦争末期に釈放されたシューマッハー(Kurt Schumacher, 1895～1952) を中心に再建が企てられた。彼は第一次世界大戦に従軍し、右腕を失った傷痍軍人で、ドイツ革命後、SPDに入党し、その後、ハレ大学、ライプチッヒ大学 (ヘルマン・ヘラーの指導を受ける)、ベルリン大学で学んだ。1926年に論文『ドイツ社会民主党の闘争と国家におけるその地位』で学位を取得した後、ヴュルテンベルクのSPDの準軍事団体の「国旗団」の創立に参加し、また、邦議会議員を務めた。そして、1930年には国会議員になったが、ナチの政権掌握を許した授権法に反対し、逮捕されて、1943年まで強制収容所で苦役を強いられた。彼は、ワイマール共和国時代の同党の青年社会主義運動右派の幹部――彼らの多くは、マルクス主義を否定し、SPDをラッサール、ベルンシュタインが主張する社会改良的な国民政党への転換を主張していたヘルマン・ヘラーの思想的な影響下にあった――などと共に党内右派に属していた。戦後のSPD再建に際して、彼は、マルクス主義については、階級闘争論と社会経済体制の分析方法としてはそれを一応評価するが、ドグマとして否定した。そして社会主義者となる動機の多元性を承認し、倫理的社会主義者やキリスト教社会主義者の入党を歓迎した(1)。その結果、社会的公正と社会正義の実現を目指す教養市民層出身の倫理的社会主義者が多数同党に集まることになった。その代表的な人物がドイツ連邦共和国基本法（以下、「ボン基本法」と略す）制定において活躍した、後にフランクフルト大学教授となるカルロ・シュミット（Carlo Schmid, 1896～1979）である。彼は、1931年から40年までチュービンゲンの地方裁判所判事を務め、敗戦時にはチュービンゲン大学教授であった。戦後にSPDに入党し、フランス占領軍軍政長官の信任も厚く、ヴュルテンベルク＝ホルシュタイン州（後にバーデン＝ヴュルテンベルク州に編入される）の参事官として占領行政にも参加し、フランス占領地区のSPDの指導者になっていた。そして州議会議員も兼ねて、党の執行部入りを果たしていた。次の❹において述べる〔制憲〕議会評議会ではSPDの議員団長であり、かつ本《ハウプト》委員会委員長を務めた(2)。このように、1946年に再建された、シューマッハーを党首とするSPDは、基本的に反マルクス主義的政党として再出発することになった。そして同党は、米英仏の占領地区の各州において、自由民主主義的で社会的な国家の再建を目指して政治活動を展開していた。次に、SPDより左寄りの政党としては、西側でもドイツ共産党（以下、「KPD」と略す）が再建されたが、同党は西側におけるSEDとソ連の「伸びた手」であった。とはいえ、マルクス主義者の支持を得ていたが、党の性格上、小党に止まる運命にあった(3)。

次に中央党であるが、ナチの独裁体制確立を合法化した授権法を支持した同党は、他の保守諸党同様に解党された。戦後の復活に際しては、西側では、共産主義に対抗するためにカトリック教徒とプロテスタント教徒の和解と統一の動きがあり、その動きに乗じて、同党はすべてのキリスト教徒を組織した「キリスト教民主同盟」(Christlich-Demokratische Union, 以下、「CDU」と略す）へと発展的に解消した。そして、それに伴い、大資本家層の多くもそれに加わり、保守政党の主流となった。ところが、この動きに反対してカトリック教徒だけの政党に固執する者が旧党の「中央党」の名称を名乗ったが、小党に留まることになる。もっとも、西ドイツの地域はワイマール共和国時代もカトリック教徒が最も多く住む地域であり、したがって中央党が実質的に復活したとも見られよう。とはいえ、占領地区に非ナチ化政策を推進し、自由民主主義を広めようと努める西側軍政当局の影響もあって、キリスト教社会主義者などの旧中央党の左派の考え方を継承する人々の党内における比重が高く、さらに国民自由民主主義的大資本家層も加わったことで、穏健な保守政党へと脱皮したとみてもよかろう。なお、中央党の姉妹政党の「バイエルン人民党」も名称を変え、バイエルン地方の全キリスト教徒の政党として「キリスト教社会同盟」(Christlich-Soziale Union, 以下、「CSU」と略す) と称した。もともとバイエルンは保守的なカトリック教徒が圧倒的に多いところなので、名称は変わっても、実質的に旧政党とは変わらず、同党は戦後もCDUのバイエルン支部的な役割を演じており、CDUが政権を担当する時はいつも同党と連立を組んでいる。ちなみに、中央党の場合と同じように、CSU結成に反対してカトリック教徒だけの政党の存続を望む農民達が「バイエルン党」(Beyernpartei) を創立したが、バイエルンが急速に工業化するにつれて消滅することになる。さて、本書では、CDUという場合、CSUも含めているので、この点をあらかじめ断っておきたい。CSUは、政治的には保守右派で、CDUの右派の部分と見られている。西ドイツの保守本流の政党となったCDUは、西ドイツ成立後、総選挙では一貫して30%台から40%台の支持を得ているが、それはその一部が選挙民の宗教的背景に起因しているところも多い点は留意する必要があるだろう[(4)]。

この二大政党の他に、一応、かつて自由主義政党を支持していた中間層を代表する「自由民主党」(Freie Demokratische Partei, 以下、「FDP」と略す) が創立された。ドイツ帝政時代には西南ドイツは進歩人民党—ワイマール共和国の民主党の中核勢力—の地盤であった。第二次世界大戦後に保守勢力の結集政党となったCDUに加わらなかった、かつての国民自由主義者や進歩人民党の支持者達が三つの西側占領地区でそれぞれ新党結成に動き、それらが合同して誕生したのがFDPである。それは党の性格や党の組織の点では、ワイマール共和国時代の民主党に似ている。主に自由業者、中小企業経営者らにその支持基盤があり、経済への国家の介入を最小限にすべきであるとの主張を持つ。ワイマール共和国時代の民主党は共和国末期にはすでに小党に転落していたが、戦後でもFDPは小党のままである。とはいえ、二大政党のどちらもが議会の多数を制しない場合には、キャスティング・ボートを握る枢軸的地位にあって、戦後の西ドイツ政治に党勢とは比較にならぬほどの大きな政治的影響力を持つことになった(5)。以上が、戦後のドイツにおける政党の布置状況である。最後に、KPD、バイエルン党と並んでもう一つの小党がある。それはビスマルクによって潰されたハノーファー王家の復活を目指す、旧ヴェルフ（Welfe）党の後進の「ドイツ党」(Deutsche Partei)である。同党は、戦後、主要な地盤のニーダーザクセン州を中心に活動し、国境確定によって西ドイツに移ったドイツ人の難民や引揚者（その中に旧プロイセン地方のユンカーなどのプロテスタント教徒が多い）も加わった、国粋主義的な右翼政党である。1955年から59年にかけて、同党党首がニーダーザクセン州首相に就任するほど、同州では強力な地方政党である。1960年代に入って、同党の議員の多くはCDUに移り、消滅した(6)。

4 「ボン基本法」制定と西ドイツ建国

さて、米英仏三か国占領下の11州（首都ベルリンはソ連占領地区の中にあったが、首都ということで四か国の連合国が四つに分割して、それぞれ占領統治を行っていた。西側の三つの部分は統合されて「西ベルリン市」と称され、準州の資格が認められた。したがって、西側の占領地区は、実際は11州プラス「西ベルリン市」から成っていた）においては、SPDか、あるいはCDUの両党が中心となり、おのおのがFDPとその他の政党と組んだ連立政権が樹立されていた。そして、ワイマール憲法を土台にした自由民主主義的な州憲法が制定され、それに基づく立憲政治が開始されていた。冷戦の激化と共に、アメリカ圏の強化を図る世界政治的な要請に基づいて、西ドイツの建国が企図されることになった。建国については、1948年２月から６月にかけてロンドンで開催された、米英仏三か国代表者会議がベネルクス諸国との協議の上、三つの西側の占領地区の統合と、統合された地域の憲法制定ならびにその制定手続きの原則について合意し、西ドイツ建国への第一歩が踏み出された。各州政府首相会議では、分断状態にあるドイツの現状を鑑みて、憲法は行政の基本原則を定めた暫定的なものであるべきとの見解が表明された。占領軍の命令で、各州議会の代表から成る「〔制憲〕議会評議会」(Parlamentarische Rat) が9月にボンに招集され、憲法制定が委託された。65名からなる〔制憲〕議会評議会は11州の議会の政党数比に基づいて構成されており、主要な二大政党のSPDとCDUからは各27名、FDPが5名、その他の三つの小党が6名であった。西ベルリン市は評決権の無い代表として5名が参加した。そして、〔制憲〕議会評議会の議長にワイマール共和国時代の元ケルン市長でCDU党首のアデナウアー (Konrad Adenauer, 1876〜1967) が就任し、前述の通り、同評議会本委員会 (Hauptausschuss) 委員長にはSPD議員団長のカルロ・シュミットが就任した。そればかりか、SPDとCDUの二党が議会評議会の約90%を占めており、制定される憲法の内容にはこの二党の基本的な考え方が反映されることになるであろうことは、当然の成り行きであったといえよう。また同時に、憲法制定を大きく方向づけたのは連合国の意向でもあった。1947年春、モスクワで開催された連合国外相会議で、ソ連の外相モロトフはドイツの新しい国家秩序の基礎にはワイマール憲法を置くべきであると主張し、この主張が承認されたからである(7)。したがって、〔制憲〕議会評議会で採択される憲法案は、ワイマール憲法を継受しながら、主要政党のナチ時代のそれぞれの苦い経験に基づくワイマール憲法の批判的な反省が取り入れられることになった。

〔制憲〕議会評議会には、1948年8月、バイエルンのキームゼー (Kiemsee) 湖に浮かぶヘレン・キームゼー島の古城において、各州政府によって任命された憲法の専門家委員会が開かれ、憲法草案が作成された。同案と幾つかの私的憲法草案が提出され、それらが検討審議され、翌年の5月8日、最終憲法案が賛成53票、反対12票で可決された。それは、4日後の12日に米英仏の軍政長官の承認を得て、23日に各州議会で多数の支持を得て承認された。〔制憲〕議会評議会は最後の本会議を開き、「基本法」と称する憲法の承認を宣言した。議員全員と11州の州首相と州議会議長が署名し、5月24日に「基本法」が公布された。この基本法に基づいて、最初の議会選挙が1949年8月

14日に行われ、CDUが139議席、SPDが131議席、FDPが52議席、KPDが15議席、バイエルン党とドイツ党がそれぞれ17議席、中央党が10議席を獲得し、その他21議席という結果となった。そして、初代首相にCDU党首のアデナウアーが選出された。アデナウアーは議会では１票差、つまり自分の１票で過半数の承認を得たが、SPDをドイツに害をおよぼす政党であると見ていたために、大連立内閣を望まず、CDUの右寄りの政党、つまり、FDPとドイツ党との中道右派の連立内閣を組閣した。こうして、西側の占領地区を統合した一つの中央政府が誕生し、これによって「ドイツ連邦共和国」（Bundesrepublik Deutschland）が成立した。新しい憲法は「ドイツ連邦共和国基本法」と称されるが、通常、同国の臨時首都と定められたボンに因んで「ボン基本法」（Bonner Grundgesetz）ともいわれる。それを憲法ではなく、基本法と称するようになったのは、東西に分断されたドイツ民族の再統一国家が樹立されるまでの暫定的なものであるということを示すためであった。そのことは、ボン基本法最終条文（146条）に、次のように明記されている。「この基本法は、ドイツ国民が自由な決断で議決した憲法が施行される日に、その効力を失う。」と。また、ボン基本法は、ドイツ民族の分断の与件下で、全ドイツ国民が直接に憲法制定権力を行使する、制憲議会選挙ないしは国民投票などを行う状態にはないということをも考慮に入れて、暫定的であると称するようになったのである(8)。

5 「憲法改正の政治過程」Ⅱ型を推進した政治権力は、「代理の革命家」を演じた米英仏三か国の占領軍であった

以上、西ドイツのボン基本法制定過程を見てきたが、それが制定されるまでの四年間、東西ドイツでは、本書でいう「憲法改正の政治過程」Ⅱ型が進行した。政治体制、つまり憲政体制の根本的な変革を推進した革命勢力は、ワイマール憲法制定当時はドイツ国民、とりわけ労働者階級の代表政党のSPDであったが、ボン基本法制定時までの革命勢力は、戦後の日本と同じように、戦勝国の米英仏三か国の占領軍であった。つまり占領軍がいわばドイツ国民の憲法制定権力を行使する「代理の革命家」（stellvertretende Revolutionäre）

の役割を果たしたことになるのである[9]。占領軍によって、遅れた近代国家として長い間引きずっていた封建的遺制、つまりそれはプロイセン・ドイツ帝国の本質でもあったのだが、それらがすべて清算されることになった。歴史発展段階説に基づけば、ようやくドイツにおいてブルジョア革命が占領軍によって遂行され、近代憲法が機能できる政治的・社会的・経済的な、そして、政治イデオロギー的な条件がドイツ史上初めて「外から」作られたことになったとみられる。そして、こうした外からの「民主的革命」がボン基本法に反映されたのである。具体的には、前述の通り、ボン基本法制定において主導的な役割を果たしたSPDとCDUの二大政党が、ナチ暴政の苦い経験から全体主義独裁体制を、新しく建国する自国には二度と生み出してはならないという強い決意と近代憲法を共有する米英仏三か国のドイツへの期待と要求が、ボン基本法には反映されることになった。それのみではない。冷戦という国際政治的環境の影響を受けて、ナチ全体主義独裁との双生児の左のソ連型全体主義独裁体制に対しても、パーフェクトな防御システム構築を目指す反共主義も同時に刻印されていたのである。

（1） F. Osterroth, *Biographisches Lexikon des Sozialismus*, Bd., I, 1960, SS.280-282. 安野正明『戦後ドイツ社会民主党史研究序説—組織改革とゴーデスベルク綱領への道』ミネルヴァ書房、2004年、71～72頁。S・ミラー著・河野裕康訳『戦後ドイツ社会民主党史—ゴーデスベルク前後のSPD』(1983年)、ありえす書房、1987年、15～18頁。この書籍には、SPD党再建に関する方針を巡る諸資料からその後の党綱領制定までの一連の資料が添付されている。SPDの青年運動については、P・レッシェ、F・ヴァルター著・岡田浩平訳『ドイツ社会民主党の戦後史—国民政党の実践と課題』(1992年)、三元社、1996年、27頁参照。

（2） R. Hofmann, *Geschichte der deutschen Parteien, Von der Kaiserzeit bis zur Gegennwart*, 1993, S.249. 安野正明、前掲書、64頁。

（3） R. Hofmann, *op. cit.*, SS.270-272.

（4） *Ibid.*, S.194f., SS.219-221. なお、2009年までのCDU/CSUの研究として、近藤正基『ドイツ・キリスト教民主同盟の軌跡—国民政党と戦後政治　1945～2009』ミネルヴァ書房、2013年がある。また、1980年代までの西ドイツの政党に関する文献として、加藤秀次郎『戦後ドイツの政党制—東西ドイツ政党の政治社会学的分析』学陽書房、1985年がある。

（5） R. Hofmann, *op. cit.*, S.235f.

（6） P. Lösche, *Kleine Geschichte der deutschen Parteien*, 1993, S.158f.

（7） F. K. Fromme, *Von der Weimarer Verfassung zum Bonner Grundgesetz*, Dritte, ergänzte Auflage, 1999, S.20.

（8） *Ibid.*, SS.17-18. 阿部照哉編『比較憲法入門』有斐閣、1994年、314～315頁。

（9） F. K. Fromme, *op. cit.*, S.19.

第２節

ボン基本法の基本的性格
―近代憲法の基本価値至上化志向の憲法―

1 過去の政治文化の否定的克服を目指す「ボン基本法」―プロイセン・ドイツ帝国の伝統とは断絶した形で成立した西ドイツ国家の憲法

本書では、第２章第２節で英米仏で近代国家が成立し、その標識としての近代憲法が出現し、それが周辺国、とりわけドイツに波及し、非立憲主義憲法の典型としてのプロイセン憲法が作られていった過程を見てきた。その後に、ドイツでは遅れた政治発展を一挙に近代化させる課題を背負わされた労働者階級の代表政党のSPDが、政治的・社会的・経済的領域における徹底した民主化を要求し、かつ党の究極的目標の社会主義の実現へ向けての平和的な体制転換を図る価値相対主義的な民主主義観に基づく議会主義戦術を編み出して、ワイマール共和国を創設し、その際に近代憲法の基本価値、つまり基本的人権（その中核としての所有権の保障など）を相対化させた。さらに直接民主主義制度を大国において初めて導入するなどの、近代憲法の内容に変容を加えていった経過を第３章において見てきた。さらに、SPDは資本主義経済システムの下で人間疎外を被ってきた労働者階級の労働権や生存権を配慮する社会的法治国家の樹立へと向かうが、同党が主張した議会主義戦術が皮肉にもナチ党に逆利用されて、ワイマール憲法に基づく議会制民主主義体制とその「進歩的側面」がナチ政権によって否定されてしまった点については、第４章で考察した。こうした過程を総括して見て、ヘーゲルの弁証法で例えるなら、近代憲法が正（テーゼ）なら、その否定的な克服を狙ったワイマール憲法が反（アンティ・テーゼ）と見られよう。そして、本節4以降に見られるように、その合（ジンテーゼ）がボン基本法であると見られないこともないのである。つまり、ワイマール憲法によって部分的に、そしてナチ体制によって全面的に否定された近代憲法の本質的な部分、すなわち基本的人権の尊重が、憲法の構成におけるその価値序列において最高価値に位置づけられる方向において、ボン基本法が作成されていったからである。

ドイツ連邦共和国基本法はドイツ語では“Das Grundgesetz für die Bundesrepublik Deutschland”である。直訳すると「ドイツ同盟共和国にとっての基本法」である。この直訳から二つのことが見えてくる。一つは、国名が変わった点である。神聖ローマ帝国からドイツ〔ビスマルク〕帝国、ワイマール共和国、ナチ独裁体制を通じて、ドイツ民族の国名は一貫してDas Deutsche Reichであった。西ドイツはその国名を捨てて、新しい国名を採用したのである。この新しい国家は11州の国家が同盟を結んで創立した共和国である。したがって、Bundesrepublikと称する。とはいえ、その実態は三月前期（第２章第２節⓬参照）の「ドイツ同盟」(Der Deutsch Bund）とは違って、緩やかな中央集権的な連邦制が採用されたので、日本では新しく造語されたBundesrepublikは「連邦共和国」と邦訳されている。読者はすぐに気づくであろうと思うが、ワイマール共和国時代の連邦の原語はReichであり、西ドイツの連邦の原語はBundである。もう一つ見えてくるのは、国名が変わった点だけではなく、西ドイツはナチ・ドイツまでのドイツ民族の国家とは断絶した政治的組織体であるという点である。というのは、プロイセン・ドイツ的な過去の政治文化とは断絶しているからである。この点はいくら強調してもし過ぎることはないであろう。西ドイツを領土とする新しい国家の基本的性格を文書で表わしているのは、ボン基本法であるので、次にそれについて、どういう点が従来のドイツの諸憲法と違うのかを見ることにしたい。

2 ボン基本法の構成

まずボン基本法の基本的性格を考察する前に、その構成を見ておこう。全146条から成る基本法は、前文と11章から構成されている。それは基本的な人権とそれを保障する国家機構の組織の原則から成る近代憲法の編成に準じているが、それに連邦制を採用しているために、連邦制の原則や中央政府と支邦国の関係に関する規定が加わり、経過規定などを除くと、大きく三つの部分に分けられている。基本的人権の規定は、「１、基本権（第１条から第19条まで）」に定められている。次に国家機構の組織原理については、「３、連邦議会（第38条から第49条まで）」「４、連邦参議院（第50条から第53条まで）」「５、連邦大統領（第54条から第61条まで）」「６、連邦政府（第62条から第69条まで）」「９、裁判（第92条から第104条まで）」の五章において定められている。連邦制に関する規定は、「２、連邦と州（第20条から第37条まで）」「７、連邦の立法（第70条から第82条まで）」「８、連邦法律の執行および連邦行政（第83条から第90条まで）」「８、共同事務、行政協力（第91条）」「10、財政制度（第104a条から第115条まで）」から成る。最後に、その他の「11、経過規定および終末規定（第116条から第146条まで）」がある(1)。

3 政治制度の特徴―ワイマール共和国憲法に基づく政治制度の、ナチ・ドイツを生み出した欠陥の是正を目指す試み

最初に、ボン基本法に基づく西ドイツの国家機構から見ることにする。前述したように、ボン基本法はワイマール憲法を批判的に克服することが目指されているために、国家機構の基本構成はワイマール共和国のそれとほとんど変わらないが、ナチの政権掌握を許した諸制度、すなわち強力な大統領制、小党乱立をもたらした選挙制度や議会の組閣機能や立法機能を麻痺させるのに寄与した制度、ナチ・ドイツ時代に、ワイマール共和国時代より多用され、かつ悪用された国民投票などの直接民主主義の制度の見直しが行われた。ボン基本法において是正されたのは次の点である。

まず第一に、ワイマール共和国は半大統領制であったが、ボン基本法では議院内閣制に改められた。したがって、大統領は、イギリスのような議会主義的君主制の立憲君主の地位に変えられた。そしてその選出も、国民から直接に選出されるのではなく、国民代表による間接的選出方式がとられた。連邦議会議員とそれと同数の各州議会の比例代表の原則に従って選出された州議会議員から構成される連邦会議によって過半数の賛成を得て選出される。被選挙権者は40歳に達したドイツ人で、任期は５年である。一回のみ再選が

認められる。連邦大統領は国際法上、国を代表し、条約締結権、官職任命権、恩赦権を有するが、その行為は連邦政府首相および関係大臣の副署を必要とする。ワイマール共和国時代には、国家権力の中心はごく初期には議会にあったが、次第に大統領に移ることになった。そのことを反省して、ボン基本法では、議院内閣制が採用されたのである。その結果、国家権力の中心は議会とその最高委員会の長の連邦政府首相に移り、連邦大統領は儀礼的な国家元首に変えられたのである。

第二に、ワイマール共和国時代と同様に、選挙制度としては比例代表制が基本的に採用されたが、その議席数は全議席の半分に止め、残りの半分は小選挙区制にした。さらに、5％条項を設けた。それは比例代表選挙で全有権者の5％の支持を獲得しない政党や、あるいは三つの小選挙区で当選者を出せない政党には議席を与えない制度である。それは、ワイマール共和国時代のように、小党分立と多党化を防ぎ、さらに左右の過激政党が台頭して議会制民主主義を否定することができないように、代表制を保守的に改革したことの表われである。

第三に、それとの関連において、直接民主主義制度は採用されなかった。

第四に、「国権の最高機関」の連邦議会は18歳以上の男女による普通・直接・自由・平等・秘密選挙制によって四年毎に選出される議員によって構成される。また、立法権と組閣権を持つ。連邦議会は下院であり、上院としての連邦参議院はワイマール時代と同様に各州政府の代表によって構成される。また、立法権は下院にあるが、連邦参議院は連邦の立法と行政に参与し、州の意志を連邦の立法と行政に反映させる作用を行い、と同時に各州間の利害の調整も行う。

第五に、行政権としての連邦政府は首相と大臣から構成される。連邦議会で過半数の支持を得て首相として選出された者が、連邦大統領によって次期首相に任命される。また大統領は首相によって選任された各省大臣を任命する。第65条に「首相は政治の基本方針を定め、これについて責任を負う。この基本方針の範囲内で、各省大臣は、独立して、かつ自らの責任において自己の所轄事務を指揮する。大臣間においての意見の相違は政府がこれを決定する。」と規定している。イギリスのような議院内閣制が採用されたのである。顧みるなら、ワイマール共和国の14年間に24の内閣が交替し、1930年以降はナチ党とKPDという議会制民主主義を否定する過激政党が選挙毎に増大し、単に政府を打倒するためにのみ連合し、それ故に議会の組閣能力と立法能力が麻痺状態に陥っていた。その結果、議会の多数の支持を得た政府の樹立が不可能となり、止むを得ず大統領内閣が出現した苦い経験を反省して、「建設的な不信任制度」（第67条）と「立法における緊急事態」（第81条）の二つの制度が導入された。この点が議院内閣制をとる諸外国と異なる西ドイツの議院内閣制の新しい特徴である。まず、「建設的な不信任制度」は、政府を変えたいと議会が決定し、政府不信任案を提出する際に、必ず議会の過半数の支持を獲得した次期首相を選んでおかなくてはならないのである。すなわち、みだりに内閣不信任案を出せない仕組みである。ボン基本法制定時にSPDの提案が採用されたのである(2)。この制度の導入によって、アデナウアー首相の強引な政府運営が可能となり、「宰相民主主義」(Kanzlerdemokratie) 時代が語られたほどであった。次に、「立法における緊急事態」とは、ボン基本法第68条は連邦首相が議会の不信任決議を受けた場合、退陣せず、連邦首相の提案に基づいて、連邦大統領が21日以内に連邦議会を解散しなかった場合に生じる緊急事態に対応する制度である。第68条のような状態が生まれた時、政府の提出したある法律案が緊急なものであると表示したにもかかわらず、議会が否決したら、大統領は連邦参議院の同意を得て立法上の緊急事態を宣言することができる。このことは連邦政府首相がある法律案を第68条の動議と結合させていたにもかかわらず否決されてしまった場合にも同様である。上の宣言がなされた後に、連邦議会がその法律案を可決しない場合には、連邦参議院がこの法律案に同意する場合、成立したものとみなす。連邦政府首相の在任期間中、立法の緊急事態の宣告後６か月の期間は、連邦議会によって否決されたその他のいかなる法律案もすべてこの方法で可決することができる。例外は憲法を改正する法律または基本法の全部、もしくはその一部の効力を失わせる法律のみである。この制度の通用期間の６か月の期間以降はどうするのかについての規定はない。したがって、連邦議会の解散と次の選挙の公示ということになろう。

最後に、ワイマール共和国時代と異なるところは、政党が国家の政治制度として憲法によって承認され、その費用が国家から助成されることになった点である[3]。付記するが、ボン基本法制定時においては、ワイマール共和国時代に大統領独裁を根拠づけた憲法第48条のような非常事態に対処する制度は、全国レベルのものは導入されなかった。もっとも、次節11において述べるように、後に憲法改正手続きに基づいて導入され、現在のドイツ憲法、すなわちボン基本法に非常事態に対処する条文が付け加えられている。以上、ボン基本法における国家機構について見てきたので、この国家機構を方向づけ、かつ拘束する最高の基本価値として宣言されている、つまりいかなる国家権力によっても侵され得ない不可侵の基本的人権の尊重について、次に考察することにする。

4 ボン基本法の第一の特徴—憲法における価値序列において基本的人権が最高の地位を占める

第一に、ボン基本法では、基本的人権の保障が憲法における価値序列において最高の地位に置かれた。

「1、基本権」の部分は19条からなる。ボン基本法が近代憲法の本質的部分、つまり基本的人権の尊重という基本価値を絶対化しているのは、まず第1条である。それは次の３項から成る。第１項「人間の尊厳は不可侵である。これを尊重し、かつ保護することはすべての国家権力の義務である。」、第２項「それ故に、ドイツ国民は、世界のすべての人間共同体、平和および正義の基礎として、不可侵にして譲り渡すことにできない人権（Menschenrechte）を信奉する。」と、謳っている。ナチ一党独裁によって踏みにじられた人間の尊厳を想起し、この人間の尊厳は不可侵であり、国家に対して、それを尊重し、かつ保護せよと、命じている。そして英米仏の近代憲法を定礎した近代自然法論が謳う「天賦人権論」をドイツ憲法史上初めて高らかに宣言し、それを信奉することを明確にしたのである。ようやく、遅れた近代国家として登場したドイツは、初めて西欧の政治文化を受容したことを宣言したのである。そればかりではない。第３項には、「以下の基本権は、直接に適用される法として、立法、行政——後に「執行権」（vollziehende Gewalt）に改正される——および裁判を拘束する。」と規定している。近代憲法は、人間の基本的人権の尊重という基本的価値を実現するために、国家権力の合理化を図る権力編成の一つの方法として権力分立制を定めているが、憲法典が国家権力の三権の名宛人に対して、権力はその行使に際して基本権を最高規範として尊重し、守ることを義務づけているのは、ボン基本法が近代憲法としては初めてではないかと思う。次に、この基本権を守るのは、ナチ全体主義独裁と眼前のソ連全体主義独裁を想起して、「自由で民主的な基本秩序」であると宣言している。そして、個人を含めてあらゆる勢力から、この「自由で民主的な基本秩序」の守護こそが最高価値である、とボン基本法は定めている。つまり、左右の全体主義独裁体制に対して、近代憲法が志向する「自由民主主義」を政治原理とする憲政体制を守護することが、西ドイツ国家の至上課題とされたのである。ボン基本法の第2条から第19条まで列挙されている基本的人権も、個人がその行使に際して「自由で民主的な基本秩序」の破壊に繋がる行為に及んだ場合、基本権は喪失される、と第18条に次のように規定している。「意見表明の自由、特に出版の自由、教授の自由、集会の自由、結社の自由、信書、郵便および電信電話の秘密、所有権または庇護権を、自由で民主的な基本秩序に敵対するために乱用する者は、これらの基本権を喪失する。それらの喪失とその程度については、連邦憲法裁判所によって宣告される。」と。ワイマール共和国時代において国民の三分の二以上の支持を得た場合、憲法改正条項を利用して、既存の政治体制を変革することが可能であるという当時のSPDの主張の「価値相対主義的民主主義」観が捨てられ、「戦う民主主義」という「価値絶対主義的民主主義」観が採用されたのである。この点がボン基本法の第一の特徴である。樋口陽一氏は、この西ドイツ基本法を「基本価値を化体した憲法」と定義しているが(4)、適切な定式化であるといえよう。カール・シュミットの『憲法学』が戦後も無修正で刊行され、西ドイツの憲法学界において大きな影響力を持つようになったのは、その弟子が有力な憲法学者であるというだけではなく、「国家の政治的統一と社会秩序の具体的な全体状態」に関する「人民の主体的な政治的決断」である憲法（Verfassung）、すなわち、憲政体制は憲法改正手続きでは変更できない、そして変更できるのは「憲法律」のみである、という彼の憲法概念が、まさにボン基本法の「憲法」に当たる「自由で民主的な基本秩序」の絶対化を根拠づける理論となったからであろう。換言するのなら、国民の絶対的多数が既存の政治体制の変革を欲したとしても、現行の憲法に規定されている改正条文を使っては絶対改正できないとされたのである。憲法改正条項はボン基本法第79条であるが、（第１項）「基本法は、基本法の文言を、明文で変更し、また補充する法律によってのみ、これを変更することができる。……」。そして、第２項に改正手続きが定められているが、硬性憲法の内容である。つまり、改正法律は連邦議会構成員の三分の二および連邦参議院の票決数の三分の二の同意が必要である。

5 基本法の第二の特徴―「戦う民主主義」

第二に、「自由で民主的な基本秩序」に敵対しない限り、基本的人権は最大限に保障されるシステムが構築されている。それは、国家権力によって人権が侵された場合、通常の裁判での救済を求めた後でも、救済されない時には連邦憲法裁判所によって救済される、という司法による憲法擁護システムが導入されているということである（第93条）。連邦憲法裁判所は国家機関間の争議を含めてあらゆる憲法に関連する訴訟を管轄する「憲法の番人」である。政府もその判決に従わなくてはならず、憲法学者によっては、西ドイツは「司法国家」であると規定する人もいるぐらいである。冷戦の激化と共に、KPDは究極的には資本主義体制の変革を目指している以上、ネオ・ナチの諸党と同様に、「自由で民主的な基本秩序」に敵対する政治集団であると判断されて、1956年に連邦憲法裁判所によって禁止された〔ちなみに、KPDは禁止された後、12年が経過した1968年に、米ソ緊張緩和の進展や、青年や学生の急進化を背景にSPDより左寄りの合法政党として再建されるが、名称をDeutsche Kommunistische Partei（略称は、DKPである）と改める。KPDとDKPは、邦訳すると、どちらも「ドイツ共産党」となる。〕。このように、西ドイツでは、まず連邦憲法裁判所を通じて、司法権の方から、国家機関や個人、政治集団からの「自由で民主的な基本秩序」の侵犯を阻止するシステムが構築されているのと連動して、行政府においても「自由で民主的な基本秩序」を脅かす恐れのある人物や団体を監視し、それを取り締る「憲法擁護庁」が設置されている。1960年代に入ってからのアメリカのベトナム戦争反対や原子力発電所設置反対を唱える運動の高揚がある一方、高度経済成長に伴う社会構造の変化や、さらに庇護権を悪用しての多くの移民の流入があった。こうした環境変化の中で、1968年の「学生反乱」の波が静まった後も、次節⑮で述べるように、急進的学生の間で「制度内への長征」戦略の影響を受けるものもあり、左右の過激勢力が無視できないほど存続し続けていた。そこで、1970年代の前半には、憲法擁護庁は「過激派取締令」（Radikalenerlass）を制定して、左右の過激派の抑制に乗り出した。この条例に基づいて国家公務員、とりわけ教師志望者に対する思想調査を含めて監視体制が作り上げられ、疑わしい者は公務員に採用されない可能性が生まれた。その結果、大学などでは重苦しい雰囲気が醸成された。他方、政府は「非常事態法」を制定し、かつそれと連動して基本法改正をも行って、最悪の場合、「自由で民主的な基本秩序」は非常大権を発動しても守る体制を確立した。この体制は、前述の通り「戦う民主主義」(5) といわれる所以である。

6 基本権の第三の特徴—ワイマール憲法と比較しての社会的基本権の後退

第三に、基本権において、ワイマール憲法と比較した場合、社会権が後退している印象を受ける。社会権を定めた条項は、第14条と第15条の二つの条文のみである。ワイマール憲法には、「第二編　ドイツ人の基本権および基本義務」の第5章「経済生活」（第151条から第165条まで）において、日本国憲法の生存権の元になったといわれている第151条〔正義に基づく経済生活の秩序、経済的自由〕、そして、第153条〔所有権、公用収用〕、第156条〔社会化〕、第157条〔労働力の保護、統一的な労働法の制定〕、第159条〔労働者の団結の自由〕、第160条〔被用者・労働者の公民権〕。第161条〔社会保険〕、第163条〔労働の義務並びに国家による「生活の糧を得る可能性」、つまり雇用を提供する義務、それができない場合に生活の扶助を行う義務〕、第165条〔経営における共同決定権、労働者協議会、経営協議会〕、の9条にわたる社会的基本権の条文が存在した。ところが、SPDがCDUと同等な力を持っていた〔制憲〕議会評議会においてボン基本法の制定過程で、ワイマール憲法の第153条〔所有権、公用収用〕と第156条〔社会化〕の二条のみがボン基本法第14条〔所有権・相続権・公用収用〕と第15条〔社会化〕に継承されている。それは奇異な感じを受ける。ワイマール憲法の第153条とボン基本法第14条は基本的に大きな差はない。所有権は保障されるが、それには義務が伴うこと、公共の福祉のために補償を行って公用収用できることが定められている。そして、社会化については、ワイマール憲法の第156条では、法律により、補償を与えて、「社会化に適した私的・経済的企業を共同所有に移すことができる。」という規定、次に社会化された団体・企業への市町村を含めての国の参加や協同組合を公共経済に組み入れる規定が定められている。これに対して、ボン基本法第15条は「土地、天然資源および生産手段は、社会化の目的のために、補償の方法と程度を規律する法律により、これを公有またはその他の共同経済の形態に移すことができる。その補償については、第14条第3項第3文および第4文を準用する。」となっている。ボン基本法では、社会化の対象が企業ではなく、「土地、天然資源および生産手段」と抽象的に規定されている。

7 ボン基本法における社会的基本権縮減の理由

このように、ボン基本法において、社会的基本権が大きく縮減されている。それには理由として次の三つが考えられる。第一はSPDの変質である。ドイツ革命中に制定されたワイマール憲法では、SPDは「エルフルト綱領」の実現に全力を尽くした。ところが、KPDが社会主義労働運動においてその指導権に挑戦し始めた時、それは下からの内乱の形をとっていたので、ワイマール共和国を守ることこそが社会主義を守ることであると考えるようになった。1921年９月のゲルリッツ党大会では、マルクス主義を放棄し、共和国を敵の攻撃から守り、「自由な人民国家に組織された人民意志の経済に対する支配のために戦う」というラッサール主義的な社会主義的考え方を取り入れた「ゲルリッツ綱領」が採択された。ところが、1922年、独立社会民主党の左派が共産党と合同し、カウツキーを中心とする残党がSPDに戻ってきたために、SPD自体が左に傾斜した。1925年、KPDが合法政党として登場してきて、社会主義労働運動におけるSPDの指導権に本格的に挑戦し始めるや、「ゲルリッツ綱領」を捨て、カウツキー起草の「ハイデルベルク綱領」を採択した。それは「エルフルト綱領」の焼き直しであった。戦後再建されたSPDはナチ体制以前の同党の復活を試みた。したがって、マルクス主義的な「ハイデルベルク綱領」も復活したのである。とはいえ、党再建の主導権を握ったシューマッハーは、すでに第１節で述べた通り、社会主義者になる動機の多元性を主張し、イギリス亡命から帰国した「ハイデルベルク綱領」を信奉するワイマール共和国時代の党員のみならず、倫理的動機や、人道的動機またはキリスト教的人類愛であれ、資本主義経済システムの下で呻吟する勤労者大衆の救済を目指す者すべてに党の門を開く方針をとった。そして、新しく入党してきた倫理的社会主義者達、とりわけその代表的な人物であるカルロ・シュミットなどが党の執行部に入っている。そして次第に党内において彼らの比重が高まり、それに反比例して教条的マルクス主義を信奉する者の割合は減少していった。もとより、SPDは、東ドイツにおいて競合政党のSEDが存在するので、実質的にラッサール的な社会改良主義的な国民主義政党であったにもかかわらず、党の宣伝やその姿勢において「マルクス主義」的であることを装う必要があったと見られる。とはいえ、ボン基本法制定当時のSPDは「エルフルト綱領」の第２部の内容を憲法上に法文化したワイマール憲法の社会権の一連の条項の継承には、当然それほど熱意はなかったように見られる。〔制憲〕議会評議会で主役を演じたSPD代表のカルロ・シュミットは、前述の通り、倫理的動機から同党に戦後入党した法曹であるので、なおさら社会的基本権には執着していなかったようにみられる。次に、第二の理由は、戦後SPD史の研究者ミラーによると、次の通りである。一つは、SPDの主要な地盤であった地域が東ドイツにあるので、将来ドイツが統一された後に、つまり全労働者の意見が表出されるまでは、将来の社会経済構造に関する基本的決定を行わないことに決めたということである。そのことについて、カルロ・シュミットは次のように述べている。「古典的自由権に限定し、意図的に生活秩序の規制を断念」した。その理由は、さもないと「単なる暫定的規制の作成という任務の枠を超えて」しまう恐れがあったからである、と。もう一つは、〔制憲〕議会評議会では、分離主義的とまではいかなくても緩やかな連邦制を主張するCDUとその主張を支持する占領軍に対抗して、強力な中央集権的連邦制を実現するために、SPDはFDPと共闘せざるを得ず、社会的基本権の主張を断念したというのである(6)。こうして、ボン基本法におけるワイマール憲法の社会権の継受は後に「赤い条項」(7)といわれる第14条と第15条のみに留まった。とはいえ、ワイマール憲法の社会権規定もプログラム規定であったし、ラッサールの憲法論に従うなら、権力関係が社会権に理解を示さない方向へ動けば、当然死文化するのは当然の成り行きであったといえよう。実際、ボン基本法のこの二つの条文は、実質的に死文と化したのである。杉原泰雄氏が「現代市民憲法」の一つに挙げているボン基本法が、社会的基本権の導入に消極的であったことは分かったが、では、ボン基本法には社会的基本権と同等な規定が盛られていないのかというと、そうではないのである。

8 社会的基本権に代わる「社会的法治国家」原理の採用

ボン基本法は、第20条第1項「ドイツ連邦共和国は、民主的かつ社会的な連邦国家である。」こと、第28条第1項「州における憲法的秩序は、この基本法の趣旨に即した共和制的・民主的および社会的法治国家の原則に合致しなければならない。」ことを宣言している。この二つの条文は西ドイツでは「社会国家」(Sozialstaat) 条項といわれている。社会的法治国家概念は、ヘルマン・ヘラーが共和国末期に『法治国家か独裁か？』(*Rechtsstaat oder Diktatur*, 1930)(8)の中で、国民代表機関の議会の制定法によって統治される「実質的な法治国家」――イギリスの「法の支配」のドイツ・ヴァージョン――の社会・経済領域への拡大を「社会的法治国家」という概念で提示し、ソ連型全体主義独裁でもなく、ナチ全体主義独裁でもない、第三の道として提示した国家構想である(9)。他方、CDUの綱領でも、アデナウアー内閣の副首相兼経済相のエアハルト (Ludwig Erhard, 1987～1977) が主張してきた「社会的市場経済」原則が取り入れられていたのであった。それは、資本主義経済の行き過ぎた弊害、つまり独占や労働者の非人間的な取り扱いを国家が規制して、社会正義と社会安全を確保すべきであると主張するものである。したがって、ビスマルクの社会政策、つまり社会保険、ナチ・ドイツ時代でもフォルストホフ（Forsthoff）が定義した国民の生存を配慮する「給付国家」（Leistungsstaat）の「社会扶助」、そして、社会援護、さらに社会助成に気を配る国家は「社会国家」といわれており、それは別の言葉でいえば「社会福祉国家」である。西ドイツは「自由で民主的」な国家であると同時に、連邦全体にわたって「社会福祉国家」であるべきである、という風に「社会的法治国家」原理が解釈されて、北欧の社会民主主義国家と並ぶ社会福祉国家が樹立されていったのである。ボン基本法第９条第３項で基本権として労働者の「労働条件および経済的条件」の維持・促進のための団結権と争議権は無条件に保障されており、この社会国家原理に基づいて、1951年に労働者の経営参加を保障した「石炭鉄鋼共同決定法」が制定されており、したがって、ラッサールの主張した「生産協同組合」論が西ドイツでは実質的に実現され、ラッサールの理想は現実となっていると見てもよいのである。

9 基本権の第四の特徴―CDUの要求（国家と教育における教会の特権）の導入

基本権に関して、その第四の特徴は、ワイマール憲法の「ドイツ人の基本権と基本義務」と比較して、社会権がその一部を除いて放棄され、次に、Ｆ・ナウマンの要求によって取り入れられたドイツ人のアイデンティティを喚起させる「ドイツ的エートス」を盛り込んだ条文も放棄されたことである。しかし、教会の特権を保障した一連の条文はそっくりそのまま、CDUの強力な主張に従って、ボン基本法の第140条に次のように書き込まれている。ワイマール憲法第136条、第137条、第138条、第139条および第141条の規定は、「この基本法の構成部分である。」と宣言しているのである。

10 基本権の第五の特徴—庇護権の導入

最後に、ボン基本法の第五の特徴は、基本権の一つとして、政治的迫害を受けている外国人を庇護するという「庇護権」が第16条第２項に導入された点である。SPDの幹部の多くがナチの迫害を逃れて外国に亡命したが、快く受け入れてくれた国は多くはなかったし、また苦しい亡命生活を送った体験から、外国で政治的迫害を受けている政治難民を快く受け入れ、生活の面倒をみようという、人道主義的人類連帯の思想を体現した先進的な規定である。

（1） ボン基本法の邦訳は、前掲の高田篤・初宿正典編訳『ドイツ憲法集』の「7．ドイツ連邦共和国基本法」を利用した。この邦訳には、ボン基本法が1951年８月30日の第１回基本法改正から2009年７月29日の第57回基本法改正によって変更された各条文については、該当条文の改正される前の条文や関連の追加条文が注に紹介されていて、基本法の改正に関心のある人にとっては貴重である。訳者の労を多としたい。

本節執筆において参照したボン基本法の概説書は次の通りである。山田晟『〔改訂版〕ドイツ連邦共和国法の入門と基礎—ドイツの憲法および民法』有信堂高文社、1991年、第１編第２章「ボン基本法」（52～91頁）同『ドイツ法概論Ⅰ』〔第３版〕有斐閣、1985年、第２編「ドイツ連邦共和国」21～183頁。阿部照哉編『比較憲法入門』Ⅳ、ドイツ（執筆者：初宿正典）、第２節、第３節、第４節、313～352頁、樋口陽一『比較憲法』281～328頁。K・ヘッセ著・初宿正典他訳『ドイツ憲法の基本的特質』〔第20版〕（1999年）、成文堂、2006年。塩津徹『現代ドイツ憲法史—ワイマール憲法からボン基本法へ』成文堂、2003年。K・シュテルン著・赤坂正浩他編訳『ドイツ憲法Ⅰ　総論・統治編』（1999年）、信山社、2009年。同『ドイツ憲法Ⅱ　基本権編』（1999年）、信山社、2009年など。

（2） R. Hofmann, *Geschichte der deutschen Parteien, Von der Kaiserzeit bis zur Gegenwart,* S.249.

（3） 政党への国庫補助に関する研究として、本秀紀『現代政党国家の危機と再生—ドイツにおける「政治の国庫負担」の憲法論を手掛かりに』日本評論社、1996年がある。なお、西ドイツにおける政党国家化についての研究として、G・ライプホルツ著・清水望、渡辺重範訳『政党国家』早稲田大学出版部、1977年がある。

(4) 樋口陽一『比較憲法』458頁。樋口陽一氏は別の著書でも同じ趣旨のことを次のように述べている。「ボン基本法は国家みずからが憲法価値の化体となって国家私人に〈憲法への忠誠〉を要求するという憲法構造の大転換である」『比較のなかの日本国憲法』岩波新書、1979年、50頁。

(5) 西ドイツの「戦う民主主義」についての研究として、E・イェッセ著・小笠原道雄・渡辺重範訳『戦闘的民主主義』(1980年)、早稲田大学出版部、1982年がある。

(6) S・ミラー著・河野裕康訳『戦後ドイツ社会民主党史』30〜31頁。R. Hofmann, *op, cit.*, S.249.

(7) ワイマール共和国時代のSPD左派に属する国法学者のアーベントロート(Abendroth)は、1949年東ドイツから西ドイツに移り、西ドイツ国法学界において最左翼に位置していた。彼は、ワイマール期のSPDの議会主義戦術の考え方を継承しており、1950年代から、ボン基本法第14条と第15条に関して、とりわけ第15条を利用して平和的に社会主義体制への移行が可能である、という解釈を展開していた(W・アーベントロート著・村上淳一訳『西ドイツの憲法と政治』(1966年)、東京大学出版会、1971年、99〜104頁)。この解釈に、国法学者のリッダー(H. Ridder)や政治学者のH・H・ハルトヴィヒなども賛同していたので、国法学界の主流からは、皮肉を込めて第15条は「赤い規定」と呼ばれたのである(K・シュテルン著・赤坂正浩他訳、前掲書、266〜267頁)。なお、西ドイツの国法学者で、かつ連邦憲法裁判所判事のベッケンフェルデは、ボン基本法がカール・シュミットのいう「市民的法治国家の憲法」であるので、社会的基本権は自由権的基本権とは構造的な差異がある点を指摘し、憲法解釈論として社会的基本権を憲法委託として、立法と行政によってのみ実現可能である、とする主張を展開している(E・W・ベッケンフェルデ著・初宿正典編訳『現代国家と憲法・自由・民主制』(1991年)、風行社、1999年、第4編12章)。

(8) 『法治国家は独裁か?』の邦訳は、H・ヘラー著・今井弘道他編訳『国家学の危機—議会制か独裁か』風行社、1991年に所収されている。

(9) 社会的法治国家原理の成立と展開については、K・シュテルン著・赤坂正浩他編訳、前掲書、257〜268頁が詳しい。またヘラーの社会的法治国家のボン基本法への影響についての指摘は、同書の263〜264頁と、H・K・ルップ著・深谷満雄訳『現代ドイツ政治史—連邦共和国のあゆみ1941-82』(1982年)、有斐閣、1986年、109〜111頁にある。

第3節
西ドイツにおける「憲法改正の政治過程」I型瞥見

1 「半国家」としての西ドイツの出帆―国防と緊急事態権は連合国に留保される

1949年9月12日、連邦会議によってFDPのテオドール・ホイス（Theodor Heuss）がドイツ連邦共和国初代大統領に選出され、次いで15日にCDU党首のアデナウワーが初代連邦政府首相に就任し、西ドイツの新しい国家が出帆した。米英仏三か国占領地区を統合した領域を領土とし、ボン基本法を暫定憲法とするドイツ民族の西側の分断国家が出現した。とはいえ、ボン基本法採択5日後の1949年5月12日に、西側三か国は「占領法規」（Besatzungsstatut/the Occupation Statute）を公布した。それは、平和条約が締結されるまで、占領軍駐留の継続、西ドイツの非武装化と非軍事化、経済の中枢地域であるルール工業地帯の連合軍による管理の継続、ナチ戦犯の追跡と処罰、賠償、駐留軍の治外法権、駐留費用の請求権、外交と国防〔内外の緊急事態を含む〕に関する問題についての最終的決定権を連合国が引き続き掌握する、などの内容のものであった。この「占領法規」は「憲法を超越する」占領軍の意志であったので、西ドイツは敗戦後四年にしてようやく独自の政府を持つことが許されたにもかかわらず、その主権は内政分野に限定され、したがって、完全な独立は許された訳ではなかった(1)。つまり、西ドイツの憲政体制の半分はボン基本法によって確立されることになったが、その半分は「占領法規」によって構成されていたのである。したがって、この「占領法規」を清算すること、つまり占領体制からの完全な脱却が、東西ドイツ統一までの西ドイツにとっては、その解決が迫られた歴史的課題として「赤い糸」のように貫流する(2)。米英仏の三か国は、将来のドイツの在り方に関しては、それぞれの国益に基づいて意見を異にした。フランスはドイツとは長い敵対関係の歴史を有し、ドイツが再び大国として再建されることに対しては反対の立場をとった。それに対して、世界政治の覇権を狙うアメリカは、西ドイツを早急に経済的にも再建させ、ソ連からの攻撃を食い止める防壁国家として強化していきたいという考えを持っていた。そして、冷戦の激化と共に、このアメリカの考え方が貫かれることになる。

2 1955年5月のドイツ条約での西ドイツのNATO加盟による再軍備の実現

西ドイツのアデナウアー首相は、こうしたドイツの将来の在り方を巡る米仏の意見の対立に直面して、ワイマール共和国時代初期の1923年に仏軍が強制的な賠償取立てのためにルール地方を一時占領した時、フランスへの合併を模索する分離主義運動に関わった前歴もあって、フランスとの協調の中で自国の主権回復を図ろうとする考え方を抱いていた。しかし、この政策はアメリカの了承のない限り、実現不可能な政策であった。そこで、アデナウアーは1948年3月に締結された西欧同盟に他国と対等な条件で加入し、西側に軍事的に統合される形で再軍備を果たし、主権回復を図る方針をとった。アメリカは、ソ連の勢力拡大を阻止する防壁国家として西ドイツを強化しようとする考え方を持っていたために、英仏の連合国に先駆けて、ドイツからは賠償は取り立てず、逆に、1948年に始められた西欧復興計画案のマーシャル・プランを西ドイツにも実施した。そして、西側占領地区だけの通貨改革も実施した。1949年に、こうした動きに対して、ソ連が行った四つの連合国によるドイツ占領地区全体の管理委員会の解散とベルリン封鎖を契機に、東西ドイツの分断が強まっていった。西ドイツ政府は、こうした内外の条件の下で、エアハルト副首相兼経済相の「社会的市場経済」原理に基づく経済政策を実施して経済の再建に乗り出した。そして、西ドイツは幸いにも1950年6月末に勃発した朝鮮戦争の影響により、輸出が増大し始め、それ以降、経済成長の軌道に乗って、ついには「ラインの奇跡」といわれる驚異的な経済復興を成し遂げることに成功した。こうした経済的復興を背景に、アデナウアー首相は、ドイツ統一よりは、まず将来の統一国家の基盤となる西ドイツの主権回復、つまり西ドイツのみが「普通の国」となる対外政策を展開していった。アメリカは1949年10月、中華人民共和国の成立による「中国の喪失」に続き「ドイツの喪失」になる恐れが現実化するかもしれないという危機感を抱き、早急に西ドイツを西側の防衛体制に軍事的に統合する政策を取り始めた。しかし、設立される予定の西側の防衛体制において、西ドイツが主導権を握るのではないかと恐れたフランスは、1952年に調印された欧州防衛共同体条約に反対した。そして同条約は1954年、フランス議会では否決された。こうして、アメリカの政策は挫折するかに見えた。しかし、インドシナ戦争での敗北が明らかになり、フランスが譲歩し、アメリカ主導で、西ドイツを、西欧同盟、すなわちアメリカ、カナダなどが加わった形で改組したNATO（北大西洋条約機構）に加盟させることで、西側の三か国とドイツとの平和条約、つまり「ドイツ条約」が1955年に締結された。それによって、西ドイツは占領状態を終わらせ、事実上、主権回復に成功したのである。

1955年５月、西側三か国占領国によって西ドイツのNATO加盟とその指揮下の軍隊の保持が認められた。こうして、西ドイツは条件付きではあるが、防衛に関する主権を回復したのである。これに伴い、ボン基本法改正が必要となった。ボン基本法は硬性憲法であるので、改正するには連邦議会と連邦参議院、つまり上下両院の三分の二の同意が必要であった。与党の中核政党のCDUと、その議席において伯仲する勢力を持つ野党のSPDの動向が問題となるのは当然の成り行きであった。

3 防衛問題でのCDU、SPDの二大政党の対立の解消

SPD党首のシューマッハーは、西ドイツをドイツ統一国家が樹立されるまでの暫定国家とみなしており、アデナウアー首相とは違って、一日でも早くドイツ統一を実現することが最優先課題と考えていた。このSPDのドイツの在り方に関する基本方針に沿う形で、ソ連は、1952年３月、ドイツの非武装ならびに自由選挙によって樹立された統一ドイツ政府が、連合国のいかなる

国とも同盟を結ばないという前提条件で平和条約を締結してもよい、という西側の統一条件をほとんど認めた提案を行った。しかし、アメリカや、再統一は西側に統合された統一ドイツでしかないと主張するアデナウアー首相は、この提案を事実上拒否した。これに対して、SPDはソ連案を支持する姿勢を示した。したがって、将来のドイツの在り方を巡って与野党の間において基本的対立が存在していたので、この状態が継続するなら、憲法改正は不可能であったと見られよう。ところが、1952年にシューマッハーが死去し、情勢の変化が野党の方で進行していったのである。

4 「ゴーデスベルク綱領」採択によるSPDの国民政党への転換—外政・防衛分野での与野党の協調体制の成立

SPDは、第一回総選挙では得票率は29.2%であったが、4年後の1953年の第二回総選挙では得票率は伸びず、前回より0.4%近く低下した。前述したように、マーシャル・プランの支援を受けるなどで、西ドイツ経済は50年代初めに驚異的な成長を遂げ、それに伴い社会構造の急速な転換が進行した。すなわち、高度技術革新による専門能力を有する質の高い労働者の需要が高まり、また第三次産業の急速な成長もあって、ブルーカラー層の数は減少し、それに反比例してホワイトカラー層が増大した。したがって、SPDは、従来同様に労働者階級の政党として、労働者階級のみをその支持基盤に求める限り、少数党へと転落することは必至であった。シューマッハー死去後その比重を高めた、カルロ・シュミットなどの倫理的社会主義者やワイマール時代のSPD青年社会主義運動の右派の出身者、そしてスウェーデン亡命中、民主社会主義的信念の持ち主になり、帰国後、西ベルリン市において、民主社会主義守護においてベルリンのSPD指導者として党内左派やSEDと対決し、また西ベルリン市長就任後は政治的現実主義的な感覚をも身に付けたウィリー・ブラント（Willy Brandt, 1913〜92）などの改革派が、それまでの党内外の情勢の冷静な分析に基づいて、同党の性格を階級政党から国民政党へと転換させない限り、政権掌握の可能性は客観的にはないという結論に達していた。同党は、1959年のゴーデスベルクで開催された党大会で、「ハイデルベルク綱領」を破棄し、それに代えて国民政党への転換を象徴する「ゴーデスベルク綱領」を採択した。同党は、これによって、マルクス主義を党綱領の中核的理論とは認めず、民主社会主義を根拠づける考え方の一つに位置づけることで、実質的にマルクス主義を放棄した。それは「経済秩序と社会秩序」の項目において「可能な限り競争を――必要な限りでの計画」という定式を示して、反対党のCDUの「社会的市場経済」原則を認めた。さらに、政治的綱領では、ボン基本法の「自由で民主的な基本秩序」の積極的な守護、そして外交・国防政策では、非同盟・中立政策を捨てて、与党の再軍備政策を全面的に受け入れる政策転換を行った(3)。この「ゴーデスベルク綱領」に象徴されるSPDの国民政党への転換と共に、西ドイツでは外交・国防の領域では与野党が協調し、内政においては与野党が国民により良い生活条件を提供する建設的な政策提言と、その実現を巡る競争関係に入った。1961年の総選挙では、SPDの得票率は36％へと上昇し、その後も1970年代初めまでは、選挙毎に上昇を続ける。

顧みるなら、建国初期の西ドイツは、防衛と緊急事態に対処する権限に関しては「占領法規」によって認められておらず、ボン基本法にも当然、この二点についての規定は、若干の例外を除いて、基本的には盛り込まれていなかった。したがって、憲法の観点から見ても、西ドイツはこの時点でいまだ「半国家」であった。そういう意味でも、ボン基本法は暫定憲法の性格を有していたといえよう。したがって、ボン基本法は米英仏の近代国家という「普通の国」の憲法と比べるなら、憲法体制に対する「外部からの脅威」、つまり自然災害や外国の侵略、そして「内部からの、つまり国内の騒擾《じょう》、内乱の脅威」、つまり憲政体制が「緊迫事態」や「非常事態」に陥った場合に、どう対応すべきかの憲法上の備えが未整備であった。そこで、1955年5月、西ドイツは主権回復と共に、ボン基本法の未整備部分の補充に取り掛かることになったのである。

まず、防衛権に関しては、アデナウアー政権時は、1950年から、冷戦の激化と共にアメリカの要請に基づくドイツの再軍備問題が浮上するに従って、若者を中心とする〔徴兵には〕「俺だけは御免だね」(ohne-mich) 運動に見られるような再軍備反対の平和運動が高まった。アデナウアー政府は、こうした反対運動を無視して、1954年に予定されている欧州防衛共同体加盟を前提にして、徴兵制の導入を行った。それはボン基本法第73条第1項第1号に外交事務の後に、「18歳以上の男子に対する国防義務および民間人の保護を含む防衛」の文言を補充する形をとった。第4回ボン基本法改正であり、1954年3月26日に行われた。次に、1955年5月のNATOへの加盟とその指揮下での軍事力の保有が認められたので、連邦防衛軍（Bundeswehr）の設置の憲法上の根拠づけが必要となり、ボン基本法改正を行った。ボン基本法改正は、前述の通り、第79条第1項によると、「基本法の文言を、明文で変更し、また補充する法律によってのみ、これを変更することができる。」となっていて、既に存在する関連条文にa, b, c, dのようにアルファベットの文字を付ける形で条文を増やす方式がとられている。前述したように、野党のSPD党首シューマッハー死去後、1952年に後任の党首に就任した、ロンドン亡命組のリーダーのオーレンハウアー（Erich Ollenhauer, 1901～63）もシューマッハーの再軍備反対路線を継承はしていたが、党の国民政党への転換という党改革路線には賛成であった。したがって、改革派が次第に党の指導権を掌握するに従って、1954年時点では、党内において西ドイツの再軍備に反対する勢力は弱まっており、憲法改正には障害はなかった。したがって再軍備が可能となったのである(4)。

5 徴兵制の導入と再軍備のための基本法改正

ボン基本法第26条には第1項の侵略戦争を禁止する条文があったが、日本国憲法第9条のような戦力不保持の規定はなく、第2項では「戦争遂行のための武器」の製造、運搬、商取引は連邦政府の許可があれば可能となっていた。その詳細は連邦法で定めることになっていた。というのは、東ドイツとの国境を警備する実質的な軍隊の「連邦国境警備隊」（Bundesgrenzschutz）が連邦政府内務省管轄下で1951年に設立されていたからである(5)。したがって、ドイツ条約締結後に、本格的な再軍備のための憲法上の条文の改正は、徴兵制度の導入と同様に、新たに加えるのではなく、「8、連邦法律の執行および連邦行政」の一環として、連邦固有行政の対象を定めている既存の第

87条の後にそれと並んで、「第87条a」「第87条b」という形で連邦防衛軍の規定が新たに補充・追加されたのである。連邦防衛軍の設置を定めたのは、1956年3月19日の第7回改正法律の「第87条a」である。その第1項「連邦が〔国の〕防衛のために設置する軍隊の数字上の勢力およびその組織の大綱は、予算案からあきらかになるのでなければならない。」となっている。兵員数やその組織の大綱が毎年議会で議決される予算で決められることになっており、議会のチェック機能が明文で保障されている。したがって、再軍備に反対している議員もなお多いSPDの協力を得て、「連邦防衛軍」の設置が可能となったのである。次に、国防行政は次の「第87条b」において規定されている。再軍備と関連して、すでに、その二年前に徴兵制も導入された――その実施は1962年である――が、それと関連する諸規定は、「1、基本権」の部分の中にある第12条〔職業選択の自由、強制労働の禁止〕の条文に追加する形で定められた。その一つは良心的兵役拒否者に関する規定で、良心的兵役拒否者は社会奉仕という形で防衛役務に代えることが可能となった。本節の⑫と⑬で述べるが、1968年6月24日の第17回ボン基本法改正法律（非常事態法）の制定時に、緊急事態における連邦防衛軍の投入の必要との関連においても、徴兵関係の規定が改正された。それは、6項から成る第12条a条〔国防その他の役務従事義務〕において詳細な規定が盛られている。こうしたボン基本法改正によって、前述の通り、西ドイツはNATO軍の一部で、かつその指揮下に入るという条件の下で、軍隊を持つことが許され、「普通の国」の体裁を一部整えることが可能となったのである。次に、「占領法規」の規定の中にある連合国が有する緊急事態権をボン基本法に補充しない限り、主権の回復は完全とはいえなかった。そこで、非常事態法の制定による憲法改正は12年後の1968年6月に行われることになる。それを詳細に見る前に、西ドイツにおける1960年代の政治的展開を簡単に見ておくことにしたい。

6 1963年におけるアデナウアー首相退陣とエアハルト首相の誕生

アデナウアー首相は、前述のように、ドイツ統一よりも、分断状態を固定させたまま西側に統合される形で主権回復を実現する外交政策を展開し、1955年５月のドイツ条約締結前に、ルール工業地帯については、1952年にフランスと協調して「ヨーロッパ石炭・鉄鋼共同体」を発足させて、経済的活動の自由を回復させることに成功していた。それが後に、EC、EUの母体となる独仏和解と協力体制の基礎となるのである。このように、強力なリーダーシップを発揮して、西欧同盟共同体体制への統合を通じての西ドイツの主権を回復するやり方に対して、ドイツ統一と再軍備反対を唱える勢力による平和運動が展開されたことはいうまでもない。アデナウアー首相は、再軍備が認められた1955年の後に、ドイツ軍の規模の拡大を図ろうとするが、軍の規模の拡大よりは、アメリカは核戦力の強化を目指して、西ドイツ軍の核武装化を求めるようになり、50年代末には核武装反対の平和運動が若者の間に広がっていった。またソ連では、1953年にスターリンが死去し、その後継者のフルシチョフが1956年から自国内では「スターリン批判」を展開し、外に向かってはアメリカとの間にデタント政策を模索し始めた。こうして国際情勢が変化し始めた。西ドイツは東ドイツと外交関係を持つすべての国との付き合いを一切禁じる「ハルシュタイン・ドクトリン」を1955年12月に宣言していたが、西ドイツが主権を回復し、かつ経済大国化するにつれて、その政策の継続も困難になってきた。1961年にベルリンの壁が築かれ、それと共に東西ドイツの二つの国家は、いよいよ米ソのそれぞれの圏内に分かれて独自の発展を展開することになった。

西ドイツでは、野党のSPDは、1959年の国民政党への転換後初めての総選挙の1961年の総選挙で、得票率を36.2%へと躍進させた。一方、国民の間に人気のあったホイス大統領が二期10年間務めたので、退任することになり、アデナウアーはその後任の大統領に立候補し、同時に大統領権限の強化を図ろうとする意向を示すや、CDU内にそれに反対する者が現われ、後継者を巡っての党内対立が激化した。それに油を注いだのは、1962年にシュトラウス国防相が雑誌の編集者を違法逮捕させた「シュピーゲル誌」事件であった。この事件を切っ掛けに国防相辞任を求めて、マス・メディアがこぞってアデナウアー政権批判を展開し始めた。そして、前年の総選挙ではすでにCDUは議会の絶対的多数を失っていたのであった――得票率が前回〔1957

年の総選挙〕の50.2%から45.3%へと低下していた——。次いで連立を組んでいるFDPがアデナウアー抜きで連立を組むことを求めたので、ついにアデナウアー首相は1963年に辞任した。後継者としては経済相のエアハルトが就任した。

7 既成大政党間の「コンセンサス政治体制」の出現

1966年まで、「中道と了解の政治」をスローガンに掲げたエアハルト首相時代が続くが、西ドイツが主権回復後11年が経過しており、ドイツ社会は大きく変容していた。それは政党の支持基盤にも反映された。驚異的な経済成長によって、国民の生活は豊かになり、アメリカ文化の流入によって、ドイツ的な価値観も衰退し、民主化の進展と共に世俗化が進んだ。その結果、与党のCDUも宗教政党というよりも、経済発展を重視する保守本流の中道政党へと変容していた。前述のように、野党のSPDも、その支持基盤の労働組合員は彼らの労働条件の改善と経営への参加により多くの関心を示し、その大部分が中間層的な意識を持ち始め、ホワイトカラーの政党へと変容しつつあった。こうして、与野党間の相違は、前述したように、内政問題を除いて国防・外交政策ではなくなっていた。したがって、既成二大政党の間にコンセンサスが出来上がり、「相違の政治」から「差異の政治」への変化が進行した。1965年９月の総選挙では、CDUの政党得票率が47.6%、SPDの得票率が39.3%とそれぞれ躍進した。この時期から、戦後は終わった、といわれるようになったが、同時に戦後初めての不況が始まった。翌年の工業地帯のノルトライン＝ヴェストファーレン州選挙でCDUが惨敗した。連立政府に加わっていたFDP内にも、景気後退と共に、エアハルト首相の新自由主義的な経済政策に反対する者が増えて、1966年10月、同党は連立を離脱した。CDUは、新しい連立政府を結成するために野党のSPDとの交渉を始めた。その結果、既存のCDUとSPDの大連立政権が1966年12月初めに成立した。首相はCDUのキージンガー（Kurt Kiesinger, 1904～88)、副首相兼外相にSPDのブラントが就任した。SPDは戦後初めて政権入りを果たしたのである。その３年後の1969年に実施された大統領選挙でSPDが推すハイネマン（Gustav

Heinemann, 1899〜1976）候補をFDPが支持するにおよんで、大連立内閣は10月に解消された。そして、新たにSPDとFDPの連立政権が発足した。同内閣では、これまで副首相であったSPDのブラントが首相に就任し、経済相にはFDPのシラー（Karl Schiller, 1911〜94）が就任した。シラー経済相はケインズ的経済政策を採用し、経済政策の転換を行った。すでにSPDはCDUとの大連立政権時代に、共同決定法の改善や社会福祉の充実に尽力した。そして労使協調体制もさらに進んでいたのであった。二年後の1969年の総選挙で、SPDは、その得票率が42.7％へと上昇し、同党主導のFDPとの連立政権を発足させることが可能になっていた。これによって、20年間続いたCDU与党時代は終了したのである。

8 SPDのブラント政権による東方政策の展開

1969年10月に発足したブラント政権は、ハルシュタイン・ドクトリンを放棄し、従来の外交政策を転換させた。まず、東ドイツを国家として承認し、ソ連、東欧との国交を開く「東方政策」を展開した(6)。その一環として、1972年にポーランドとの平和条約締結時にはワルシャワでナチ・ドイツの犠牲になった人々を祀った墓前で跪き、ドイツの過去の罪を謝罪する姿勢を示した。実はブラント首相自身はナチ党によって迫害されて亡命せざるを得なかった人であったが、ナチ・ドイツが犯した罪をドイツ人を代表して贖う態度を示したことで、ドイツ人の名誉を回復させる道を開くなど、ナチ・ドイツの行った過去の歴史問題の解決に力を尽くした。1974年、秘書が東ドイツのスパイであったことで辞任し、後任にSPD副党首で経済問題の専門家のヘルムート・シュミット（Helmut Schmidt, 1918〜）が就任し、1982年、CDUのコール（Helmut Kohl, 1930〜）政権の出現まで、「社会自由」連立政権が継続する。

以上大急ぎで、コール政権成立期までの西ドイツの政治過程をざっとフォローしたのは、FDPを中心に左のSPDか、または右のCDUとのどちらかの組み合わせの連立政権か、CDUとSPD大連立政権が継続している点に注目する必要があるからである。というのは、西ドイツの政権を構成する党はワイマール共和国時代のワイマール連合の後進であり、ワイマール時代に存在していたその右側の諸政党（ナチ党、ドイツ国粋人民党、人民党など）ならびにその左側のKPDが消滅しているからである。つまり、ワイマール連合の後身のSPD、FDP、CDUの三党が議会議席の約90％を支配する「翼賛体制」が出来上がっている状態が、西ドイツにおいて出現していたからである。その帰結として、野党不在の状態では、左や右の人民の声は議会外のチャネル以外には政府に届けられない状態が生まれていたということは容易に推察されるだろう。

9 新左翼思想の台頭

ワイマール時代に強く存在した封建的な身分差別的な意識は、ナチ党政権が実施した「社会革命」によってある程度一掃された――もっとも、その代わりに、ヒトラーへの権威主義的な個人崇拝は止まるところを知らないまでに高まったことはいうまでもないが――。さらに、戦後になって、敗戦によってドイツの伝統的な価値観も崩壊し、占領軍の上からの民主的改革によって民主主義原理、とりわけその変種の平等主義原理が社会全体に広がっていった。高級官僚や名望市民層を育成してきた権威主義が支配的な大学にも、民主化の波が押し寄せた。というのは、1950年代以降、新しい大学が設立されて、経済成長や民主化の影響を受けて入学志願者数が鰻登りに増大していたからである。また社会思潮の変化も現われた。1956年から始まったフルシチョフのスターリン批判を切っ掛けに、西欧共産党の中に、ソ連型の国権的で官僚主義的社会主義を批判し、基本的人権を尊重し、下からの労働者の自主管理を主張する新しい社会主義思想としての「ユーロ・コミュニズム」が現われ、それはフランスやイタリアの共産党の在り方にも大きな影響を与えつつあった。こうした例に見られるように、左翼陣営においても、教条的なマルクス主義に代わる新しい革新的な社会主義思想が生まれ、それらは「新左翼」と称されるようになった。こうした「新左翼」的考え方が既存体制に批判的な若者や学生、そして一部の労働者の間に次第に広がっていった。

10 非常事態法成立前後の西ドイツの政治風景―左右の急進主義運動の台頭

一方、米ソ冷戦下において全世界にわたって核戦力の危うい均衡下での平和状態が何とか続き、重苦しい雰囲気が醸成されている国際情勢の中で、西ドイツでは、学生達の間に、大学に残存する権威主義に違和感を感ずる者が増大した。そうした学生達は大学運営の権威主義的なあり方に反発して、大学改革を主張し、さらに政治的にはアメリカのベトナム戦争反対、核戦争反対運動を唱え始めた。また高度経済成長が続く中で不足し始めた労働力を、トルコなどの中東やユーゴスラビアなどの出稼ぎ労働者に頼る傾向が強まり、それが切っ掛けとなって庇護権を悪用する経済難民が大量に押し寄せる事態が生まれ、それは人種差別主義などを唱えるネオ・ナチ運動を生み出していった。こうした極右過激主義などに対しても、学生達が抗議運動を展開し始めた。さらに、新しいエネルギー源としての原子力発電に対する周辺住民の反対運動も台頭した。これらの抗議運動は西ドイツでは「議会外運動」（Ausserparlamentarische Opposition）と称されるようになった。それは1960年代半ばから急進化し始めた。前述したように、1966年に大連合内閣が成立するが、こうした「翼賛体制」化傾向はその前から実質的には底流としては強くなっていた。1965年にドイツ条約第５条２項が規定する非常事態に関する連合国の留保権がようやく西ドイツに返還されることが公表され、政府はボン基本法に非常事態権に関する規定を盛り込むことによって、同基本法に欠けている非常事態に関する最後の重要な補充法を制定して、憲法としての基本法の完成に取り掛かっていた。こうした政府の動きを「自由で民主的な基本秩序」の憲法体制の周りに「万里の長城」を築くことで、下からの人民の直接的な政治参加、すなわち「底辺民主主義」（Basisdemokratie）を抑え込む動きではないかと解して、学生達が反乱を起こすことになった。ベルリン自由大学社会学専攻の学生で、社会主義ドイツ学生同盟の指導者ドゥチュケ（R. Dutschke）をリーダーとする学生運動が中心となって、大学の民主的改革、ベトナム戦争反対、極右過激主義反対を唱えて、大学を占拠し、既存体制に対する抗議運動を展開した。この学生反乱は、西ドイツだけではなく、同時期に日本でも全共闘や全学連による大学紛争の形で見られた現象であり、フランスのみならず、先進諸国の大学にあまねく現われた現象である。反乱を起こした学生達は、文化的多元主義や性の解放を唱え、実践する一方、政治的理念としては新左翼や毛沢東、ゲバラなどの考え方の断片やフランクフルト学派の「批判理論」の影響を強く受けて、「自由で民主的な基本秩序」体制の下でその入り口が閉じられていた下からの人民の政治への参加、つまり「底辺民主主義」を要求したのであった。そして、急進的な学生運動家達は非常事態法制定をこうした「底辺民主主義」を圧殺する象徴として捉えて、それに反対する闘争を1968年に入って盛り上げ、その動きは同法が成立した同年６月頃にはその絶頂に達したのであった。他方、1964年、「ドイツ国粋民主党」(Nationaldemokratische Partei Deutschlands) というネオ・ナチ党の台頭などによって、「自由で民主的な基本秩序」という憲政体制は、左右の過激派から脅かされることが予想されるようになった。まさにこうした「議会外運動」が絶頂期にあった1968年に、西ドイツの「自由で民主的な基本秩序」を内外の脅威から守るための法的整備としての非常事態法が制定され、英米仏の「普通の国」の憲法と比較して、基本法において欠けていた最後の部分が補充されることになったのである。

11 非常事態法制定による憲法としての基本法の補充作業の完成

1955年５月26日に締結されたドイツ条約第５条第２項には、「旧占領三か国が保有し、また行使した権利は、西ドイツが……〔中略〕公共の安全と秩序に対する重大な妨害に対処する力を含め、駐留軍の安全保護のための有効な措置をとり得るや否や消滅する。」となっており、西ドイツ政府は、その後、旧占領三か国からこの非常事態権を取り戻すために、第一次草案をまとめ、大連立政党間において、また関係機関との調整を繰り返していた。そして、ついに1967年３月に、キージンガー政権は、大連立を組むSPDと共に非常事態法に関するボン基本法の補充法の閣議案をまとめた。連邦議会も旧占領三か国による正式の留保権放棄表明と前後して法案審議に入り、翌年５月に、SPDの一部議員と野党のFDPの反対を除いて圧倒的多数で可決された。その後の手続きを終えて、非常事態法は６月24日第17回基本法補充法律として公布された。ワイマール共和国憲法第48条と比べると幾つかの相違点がある。

ワイマール共和国は強力な中央集権的な連邦制を採用していたが、西ドイツは緩やかな中央集権的連邦制が採用されていた。というのは、西ドイツの建国に際して、その国名の「連邦共和国」の連邦の原語のBundが、本来「同盟」を表す言葉である点に象徴されているように、西ドイツに対して、アメリカは地方自治が盛んな民主制を望んでいた。また、フランスもドイツが再び強国になることを望んでいなかったので、米仏ともに緩やかな中央集権的連邦制を望んでいたことから、強力な中央集権的連邦制を主張するSPDを抑えて、既存の11州の「同盟」体制としての緩やかな中央集権的連邦制が採用されていたのである。したがって、ボン基本法制定時には、すでに各州には第91条において非常事態に際しての緊急権が付与されていたのである。それは次の通りである。「⑴ 連邦もしくは州の存立またはその自由で民主的な基本秩序に対する差し迫った危険を防止するために、州は、他の州の警察力を要請することができる。⑵ 危険が迫っている州において、その危険と自ら戦う用意がなく、または戦える状態にない時は、連邦政府はこの州の警察力および他の州の警察力を連邦の指示に従わせることができる。その命令は、危険が除去された後は、〔また〕その他の場合でも連邦参議院の要求があればいつでも、これを廃止するものとする。」。このように、ボン基本法制定時には、すでにどこかの州において暴動や内乱が起こった場合は、各州の責任で対処し、力が及ばなかった場合、連邦政府、そして最悪の場合、旧占領国軍隊が出動して対処することが予想されていたのである。したがって、ワイマール共和国時代と違って、非常大権行使の主体は、連邦政府ではなく、各州政府である点が異なっていた。そもそも、近代国家では、内外の危険が急迫する非常事態においては、例外状態を早急に正常化するために、すべての権力を行政権の長に集中させ、かつ緊急権の行使においては憲法が保障する基本的人権の全部ないしは一部を制限することも可能にし、さらに例外状態を永続させることで行政権の長がその独裁を企てないように、その歯止めをかけるチェック機能を立法部の議会に与え、かつ例外状態の廃止の判断も議会に与えている場合が通常のケースである。ワイマール憲法第48条は本書第３章第６節においてすでに紹介したように、第１項が連邦強制権の規定、第２項が連邦国家全体の内外の危険に対処する規定、第３項が議会のチェック規定、第４項が各邦の緊急事態権の規定、第５項が緊急命令権行使の手続きを含めての詳細な規定を将来制定することを約束した規定の５項から成っていた。ボン基本法制定時には、連邦国境警備隊以外には軍隊の不保持状態を考慮して、各州の警察力を、または最悪の場合には連邦国境警備隊を用いることにして、ワイマール憲法第48条第４項がボン基本法第91条に取り入れられていたのである。そして、第１項の「連邦強制権」もボン基本法第37条に取り入れられている。したがって、ボン基本法を補充する形で制定された非常事態法がワイマール憲法第48条と比べて欠けているのは、連邦国家全体にわたる内外の危機に対処する同条第２項とその執行細則を定めることを約束した第５項である。1968年６月24日公布の基本法補充法としての非常事態法は、したがって連邦全体に関する内外の危険に対処する緊急事態権の取り扱い規定、そして再軍備後であるので、従来のラントの警察力の他に他の行政官庁および連邦国境警備隊の投入を第91条においても可能にするための改正やその他の関連事項の改正ということになったのである。

12 基本法補充法としての非常事態法の内容（1）—対外的緊急事態権

ワイマール憲法第48条第２項には、「公共の安全と秩序が脅かされた場合、大統領は兵力を用いて公共の秩序を回復するために」必要な措置をとることができる。その際、基本権を一時的に停止することができるとなっている。ところが「公共の安全と秩序が脅かされた場合」という例外状態を誰が、いつ確認し、かつ確定するのかについての細則を定める第48条第５項が制定されなかったので、不明のままになり、大統領関係者が勝手に例外状態を宣言したり、また議会が機能しなかったので、議会制定法に代わる「措置法」を緊急命令権に基づいて公布して大統領独裁体制が可能となったのであった。このことについて、すでに第3章第6節と第7節において見た。そうした悪しき前例を反省して、基本法補充法では緊急事態権行使の主体が連邦政府になるので、例外状態発生の確認や緊急命令権についても詳細な規定が盛り込まれている。ボン基本法で、ワイマール憲法第48条とは異なる特徴として挙げられるのは、第一に、例外状態を外部からの危機と内部からの危機によってもたされる二種類に分けて規定している点である。外部からの危機によってもたされる例外状態は当然戦争である。では、まず対外的緊急事態権から見ることにしよう。ボン基本法第115条〔信用調達・担保引受〕に、同条とは別に、第115a条という形で、アルファベットのaから1までの11か条の「防衛上の緊急事態」(Verteidigungsfall)に関する条文が追加されている。この11か条が対外的緊急事態権に関する規定である。ワイマール憲法第48条第2項と比べると、まず項目において十倍に膨れ上がっており、その内容も詳細を極めている。それが第二の特徴である。この11か条によると、例外状態は二段階に分けられている。ある外国との関係において敵対関係が高まり、高度の国防体制の確立を必要とする、高度の緊張状態が生じた場合、それは「緊迫状態」(Spannungsfall)と規定される。この「緊迫状態」を前提にして、武力による直接の攻撃の危険があれば、この時点で「防衛上の緊急事態」が発生したことになる。ボン基本法では、この二つの確認と確定に関して、連邦政府がそれを事前に行って、それについて連邦議会に申立てを行い、それを受けて、連邦議会は連邦参議院の同意を得て、その確定を行う。その際、連邦議会議員の過半数かつ投票総数の三分の二を必要とする。もし、事態が緊迫して即時に行動する必要があるか、あるいは連邦議会が開催不能または定足数不足により決定不可能な状態にある場合は、すでに設置されている合同委員会がこれを行う。合同委員会はその委員の三分の二は連邦議会の各会派の勢力比に従って連邦議会議員の中から選出された22名で、残りの三分の一は連邦参議院における各州1名ずつの代表の11名の33名から構成される〔第53a条〕。いずれにせよ、連邦議会か、合同委員会のどちらかによって、「防衛上の緊急事態」の確定がなされた後に、この確定を基本的に大統領が公布して初めて、広範囲にわたる非常事態法の適用が行われるのである。まず、平常時に国防相が有する軍隊の命令権と指揮権が連邦首相に移り、緊急事態に対処するために必要な準備のために、基本権の制限を伴う、非常事態体制確立のための一連の対応策が実施される。このための法的裏付けが列挙されている。「防衛上の緊急事態」期間中は、連邦議会がその任務を完遂し得ない状態に陥った場合、合同委員会が緊急立法を行う〔第115e条第１項〕。「防衛上の緊急事態」の終結宣言も連邦議会が行う。このように、ワイマール共和国時代と違って、緊急権行使においては議会のチェック機能が担保されており、それが機能しない場合、連邦憲法裁判所によるコントロールも担保されている。要するに、「防衛上の緊急事態」における対応主体が連邦政府であっても、連邦議会がそれを常時チェックし、継続して立法も行うのである。つまり議会関与型の緊急事態権行使となっているところがその第三の特徴である。

13 基本法補充法としての非常事態法の内容（2）—国内的緊急事態権—

次に、国内的緊急事態であるが、それは自然災害ないしは災厄事故に起因する例外状態（Katastrophenfall）のケースと内乱の二つに分けられる。この点が第四の特徴である。前者に関しては、「連邦および州のすべての官庁は、法律上および職務上の援助、つまり「司法共助・職務共助」を行う義務がある」点を規定したボン基本法第35条に二つの項目の非常事態に関する規定が追加されている。その第３項に、自然災害ないしは災厄事故のケースにおいては連邦政府が州の警察、連邦国境警備隊、最悪の事態では軍隊を用いて、必要な措置をとることができると規定されている。そして、連邦政府がとった措置は、連邦参議院の要求で中止できるし、危険が除去された後、直ちに遅滞なく中止することが定められている。内乱の場合であるが、第35条第２項に、「公共の安全および秩序を維持し、または回復するために」、州が警察で対応できないときは、他の州の警察や連邦国境警備隊および施設を用い、さらに他の行政官庁の力と施設も利用できると定めている。自然災害ないしは災厄の場合と同じ対応を行うことが、各州に許されている。このように、国内の緊急事態、つまり国家の存立ないしは「自由で民主的な基本秩序」が脅かされた場合、急迫した危険を防止する義務は、第一義的には州にある点は従前とは変わらない。そして、一つ以上の州に緊迫事態が拡大した場合に対応して、第91条を改正し、今後は連邦政府が当たることになった。第１項には州に「他の州の警察力並びに他の行政官庁および連邦国境警備隊の力と施設」を利用できる権限が与えられている。第３項に、連邦政府は、実効的に〔危険と〕戦うために必要とされる限度内において、他の州の警察力の使用を州政府に指示を与えることができると定めている。なお、国内的緊急事態の枠内でとられたいかなる措置も、労働条件および経済的条件を維持し促進するためになされる労働争議に向けることは許されない（第９条第３項３文)、と定めている。非常事態法案審議中に、労働組合が同法案に反対したので、例外規定として労働争議権は緊急事態にあっても制限されないことが保障されて、賛成に回った経緯から、挿入された例外規定である。この点が第五の特徴である。

14 非常事態法採択と抱き合わせの、ボン基本法への抵抗権条項の追加・導入

またもう一つ、労働組合が非常事態法に対して反対しない代わりに、「抵抗権」をボン基本法に盛り込むことを要求し、それが実現された。カント以降ドイツでは国家権力に対する抵抗権は否定されており、英米でも抵抗権は自然法に基づくもので、国民主権の国家において実定法として認めることは背理であるといわれている。ところが、ボン基本法に抵抗権が導入されたのである。もとより、ナチ一党独裁を経験し、無法な国家権力に対する抵抗権の主張は理解できるし、第二次世界大戦後、1946年12月のヘッセン州憲法制定時に抵抗権が導入されており、その後、ブレーメンなどの他の州にも同調する動きがあったこともある。したがって、〔制憲〕議会評議会でのボン基本法の制定過程でも抵抗権の導入をSPDが主張したが、盛り込まれなかった。そういう経緯もあり、非常事態法制定に伴う関連規定の修正ないし改正において、ついに第20条に第４項が追加されて、抵抗権が導入されたのである。それは、「この〔憲法的〕秩序を排除することを企てる何人に対して

も、すべてのドイツ人は、他の救済手段が可能ではない場合には、抵抗する権利を有する。」という文言である。この条項は、国家権力の保持者による憲法の不法な排除（例えば「上からのクーデター」）に対する抵抗のみならず、国家権力を奪取せんとする革命的な勢力による憲法〔憲政体制〕の排除（「下からの革命」）に対する抵抗も含まれる。したがって、この規定は本来の抵抗権の意味も含まれているが、ボン基本法に基づいて構成されている憲政体制に敵対する志向に対して「自由で民主的な基本秩序」を防衛するために、すべてのドイツ人が「抵抗」せよ、という意味を持つ、抵抗権の全く新しいヴァージョンである(7)。つまり、非常事態法の制定に伴い、「戦う民主主義」を全国民に周知させる規定であるともいえよう。この抵抗権の導入が特徴である。

非常事態法制定に伴い、28条にわたる憲法条項において補充・追加され、または変更、削除されており、それらを一つ一つ追うことは法学の専門家でも大変骨の折れることであり、さらに1965年から68年までに、緊急事態に関連する通常法律に約300のパラグラフも加えられており、ドイツの憲法学者でもその全貌をつかむのに困難であると漏らしている(8)。ちなみに、この非常事態法は幸いにも今日まで一度も使われたことはない。

15 1990年の東西ドイツ再統一後の基本法改正—再統一に利用された第23条の削除とEU成立に伴う主権の一部移譲などを規定した内容を盛り込んだ新しい第23条の誕生

西ドイツは、以上のような非常事態法をボン基本法に補充することによって、ようやく旧占領国の庇護から解放されて、一応主権を回復し、ボン基本法を英米仏のような近代国家と並ぶ「普通の国」の憲法として完成させることに成功したといえよう。ところで、この非常事態法反対闘争で激化した反体制派学生運動は同法成立後、その主要な闘争目標を失い、次第に衰退していった。とはいえ、別の手段によって反体制活動の継続を試みる者がいなかった訳ではなかった。彼らはドゥチュケが唱えた「体制内への長征」戦略を信奉する者達である。「体制内への長征」戦略とは、毛沢東の「長征」物語を参考にしたものであった。抗日戦争を戦い抜くための革命の根拠地作りのために延安を目指して国民党支配地区を大きな犠牲を払って突破した毛沢東の成功物語の「長征」伝説を、地理的概念ではなく機能主義的な概念で捉え直して、反体制革命を志向する者は国家制度の中に入り込み、長時間かけてその機能の改変を目指して戦うべきであるという一種の革命戦略である[(9)]。1970年代に入り、連邦憲法擁護庁が「過激派取締り条令」に基づいて、議会外運動の内、とりわけ、「長征」を企てる者、つまり公務員志望の反体制的学生を、公立学校教員を含め公務員に成る道を防いでしまった。他方、過激派学生はSPD内の青年運動組織に取り込まれ、彼らは体制化されることになった。とはいえ、時間の経過と共に、彼らは党内で左派を形成し、本節⑰で述べるように、その大部分は2005年に離党することになる。もう一つの反原発、公害反対、さらにフェミニズムを主張し始めた環境保護運動は、自ら政党を結成し、1980年代には「緑の党」(Die Grünen) と称し、既成政党政治の仲間入りを果たした。一方、ネオ・ナチ党や合法政党として再出発したドイツ共産党 (DKP) は５％条項の関門を通ることができず、政党政治の世界には入れないまま存続するが、常時、憲法擁護庁によって監視される状態が続いている。

ソ連の崩壊に伴い、1989年11月９日にベルリンの壁が崩れ、東ドイツでは、本書でいう「憲法改正の政治過程」Ⅱ型が進行した。翌年の1990年３月に自由な選挙が行われた。この選挙によって新しく誕生した東ドイツ政府は西ドイツへの編入を決定し、議会や国民投票の手続きを経て、1990年10月３日、西ドイツは東ドイツを編入・合併した。これによって、東西に分かれて分断状態にあったドイツ民族は、敗戦後45年が経ってようやく再統一を果たし、新しいドイツが始まった。このように、再統一は西ドイツが東ドイツを吸収合併する形をとったのである。その便法として、ボン基本法第23条が用いられた。同条は、1950年代、フランスとの係争中のザールラントが将来西ドイツに加盟できるように用意されたものであり、「ドイツ連邦共和国」に加盟したい州の形を整えた政治単位が加盟申請すれば、加盟できることになっていた。そこで、この条文を用いて再統一を実現するために、単一国家となっていた東ドイツは、大急ぎでかつてのワイマール共和国時代の州割に基づいて５州に分けられた。そして、新たにできた各州にそれぞれ州政府が作られて、この５州が「ドイツ連邦共和国」へ加盟する申請を行い、統一が実現したのである。本来なら行うべきであった、全ドイツ国民によって選出された代表による憲法制定議会を開き、新しいドイツの在り方を定めた憲法を制定し、それを国民投票で承認するという手続きが省かれたのである。時間をかけてそういう手続きを踏むことも考えられたが、とはいえ、もしそういう手続きを踏んで時間をかけていたのなら、EC（欧州共同体）内の一国としてのドイツ統一に理解を示す国際情勢が急変するとも限らないので、ボン基本法第23条に基づいて統一が実現されたのである。この条文は統一後削除されたが、1992年12月マーストリヒト条約への同意に伴う第38回改正法律で全く新しい条項、つまりEU（欧州連合）加盟に伴う主権の一部移譲やEUの決定がボン基本法に抵触する場合の対処の仕方、EUの決定を連邦政府や州政府のどちらが執行するのかなどを規定した条文として生まれ変わったのである。

16 大量に押し寄せる経済難民に悪用される庇護権の条文の改正

その後、「自由で民主的な基本秩序」を守るために、必要があればボン基本法改正が行われている。特筆すべきは、基本権に関わる庇護権の規定について、1993年６月28日の第39回ボン基本法改正法律で、第16a条が追加された点であろう。冷戦崩壊と共に庇護権申請者が増加し、1992年には44万人弱までに膨れ上がり、一年前より70％増となっていた。政治難民として審査するのに数年以上かかるので、その間、入国した難民を各州に分けて分散収容し、その生活の面倒を各州が見ることになっていた。そのために財政負担が膨らむだけではなく、難民は審査されるまで、安い賃金で働くため、ドイツ人の職を奪い、さらに居住地では文化の違いから人種間の対立を生み、社会問題となった。とりわけ、東ドイツの５州には、統一されるまで「条約労働」と称して、ベトナム人とモザンビーク人を中心に３K〔危険《きけん》・汚《きたな》い・きつい〕の仕事に就いていた９万人が帰国せず残留していた。その上、東欧、アジア、アフリカから経済難民が押し寄せ、東の各州の負担を増大させた。また経済の構造改革が進行中であるので、それに起因するドイツ人の失業者の増大の中で、難民には一定の生活が保障されているために、貧しいドイツ人や失業中の若年労働者の不満が高まり、ドイツ統一に伴うナショナリズムの高揚も手伝って、ドイツ人の間に外国人敵視や移民排斥の動きが表面化した。そして、その不満はネオ・ナチへの支持という形で現われ、外国人移民への襲撃事件が東の方では続発するようになった。政府は、ボン基本法第16条の庇護権が政治難民を装う外国人によって乱用されないように、政治的迫害の無い国を通ってくる者、または政治的亡命者を受け入れる「安全な第三国」を経由してきた者は庇護権の対象にはならないという内容の改正（新条文の第16a条の追加）を行った。ドイツの周辺国は自由民主主義国であるので、従来のように難民が押し寄せることは防止されたのである(10)。その他、今日まで、ボン基本法は60回近く改正が行われている。戦後日本と違って、西ドイツ時代には連邦議会の議席の90%近くを占める与野党が防衛・外政において協調する「翼賛体制」が出現しているので、このシステムが存続する限り、「自由で民主的な基本秩序」を守るために、その円滑な運用に障害が現われれば、いつでも憲法改正が行われる体制が確立されているのである。

17 再統一後のドイツにおける政党布置の変化—新党の出現

再統一後、ボン基本法に基づく憲政体制が東の５州にも拡大することになった。とはいえ、東の５州が加わったことで政党の布置において変化が生じたのである。それについて簡単に言及し、本節を終えることにしたい。東ドイツでは、ベルリンの壁崩壊後、前述したように、1990年３月に自由な選挙が行われた。この機会を利用して、西ドイツの既成政党が東に進出していったが、とりわけ与党のCDUは旧体制に反抗した市民層の団体を取り込むことに全力を尽くした。後にCDU党首となり、現連邦政府首相のアンゲラ・メルケル（Angela Merkel, 1954～）が率いる「民主主義の出発」もそうした団体の一つであった。これまでの東ドイツの支配政党のSEDはその独裁色を払拭し、選挙前の２月に政党名を「民主社会党」（Partei des Demokratischen

Sozialismus, 以下、「PDS」と略す）に改称していた。とはいえ、当然、選挙ではその支持率は大幅に低下した。いうまでもなく、「憲法改正の政治過程」Ⅱ型の出現に伴い、東の国権的官僚主義的社会主義体制の解体と、西ドイツの資本主義的市場経済システムの拡大に当たって、その前途に横たわる障害を取り除くということは、住民の側にとっては、慣れ親しんできた彼らの生活基盤を根本的に変えることに繋がったといえよう。西ドイツは膨大な費用をかけて東の復興に力を尽くしたが、2005年時点での東側の失業者数は旧西ドイツのそれの二倍であり、そして統一後23年が経過した今日でも、東側の住民の年間平均所得は西側の住民のそれの60％ないしは70％であるという。したがって、東側の住民は統一に際しての西側の豊かな経済生活への憧れと期待が大きかっただけに、彼らの不満は、蓄積されていったといえよう。2000年代に入って、その不満をPDSが代弁するようになり、党勢をある程度回復させている。

再統一の偉業を成し遂げたコール首相率いるCDUとFDPの連立内閣は1998年まで16年間の長期政権を築いてきたが、9月総選挙では、CDUは得票率が35.1％で前回より6.7％も減少し、歴史的敗北を喫した。それに反して、「新しい中道」「仕事・革新そして公正」をスローガンに掲げたSPDが得票率40.9％を獲得し、前回より得票率を4.5％も上昇させ、第一党へと踊り出た。その結果、コール政権は退陣した。戦後初めての選挙による政権交代が起きたのである。というのは、枢軸政党のFDPが右のCDUか、あるいは左のSPDと組む連立政権か、CDUとSPDの大連立政権がそれまで継続してきたからである。戦後初めてのSPD中心で新党の「90年盟約／緑の党」（Bündnis 90／Die Grünen）（以下、「緑の党」と略す）との連立政権、いわゆる「赤・緑」連立政権が誕生した。首相はSPD青年組織のリーダーの経歴を有する、ニーダーザクセン州首相の経験者であるSPD右派のシュレーダー（Gerhard F. K. Schröder, 1944～）である。

緑の党は、すでに紹介したように、反原発、環境保護運動の住民層が1970年代に入って結成した政党であった。はじめ反原発、環境保護運動にはバイエルンなどの農民から成る保守主義者達も多く存在していた。しかし、かつて急進的学生運動の指導者のドゥチュケなどの学生運動の出身者や核兵器反対、平和主義を主張する人々が流入し、さらにフェミニズムや反消費社会と循環型社会の確立を主張する人々も流入して、政治的には次第に中道左派へと傾斜していった。緑の党の構成員の共通点は、高度資本主義経済体制が作り出した「リスク社会」や、これまでの男性優位社会が作り出した文化を否定する点である。1983年の総選挙で初めて5％条項の壁を破り——得票率は5.6％であった——、連邦議会へ進出した。前述した東ドイツでの1990年3月初めての自由選挙に際して、SED政権の崩壊を早めるのに貢献した民主化運動を担った三つの集団が「90年盟約」を結成し、緑の党と選挙協力を始め、1993年5月に両者が合同して、「90年盟約／緑の党」と称するようになった。同党は1994年のニーダーザクセン州議会選挙で躍進し、それまで政権を担当してきたSPDと連立政権を結成することになり、州レベルではあるが、初めて政権入りした。当時の州政府首相が1990年州議会選挙で政権に帰り咲いていたSPDのシュレーダーであった。そして、1998年9月の総選挙後の政権交代で出現したシュレーダーを首班とする「赤・緑」連立政権は、四年前にニーダーザクセン州において誕生した、他ならぬシュレーダー「赤・緑」州連立政権の連邦版である[(11)]。

シュレーダー「赤・緑」連立政権の存続期間は、世紀の転換期と重なっており、英米では新自由主義が支配的思潮となり始めていた。また、ドイツでも従来の政策の転換が課題として提起されていた。シュレーダー首相は、2001年末に将来の原発廃止を決定し、連立相手である緑の党の要求に理解を示しつつ、他方では、進行中であった経済のグローバリゼーションに対処するための経済政策の転換に着手した。シュレーダー首相のこうした新自由主義的政策へ歩み寄る政策転換に、前党首であり、党内左派のリーダーでSPD党首のラフォンテーヌ（Oskar Lafontaine, 1943～）は反対し、抗議の意思表示として早くも1999年3月に党首職と財務相職を辞任し、一時政界から引退していた。こうした動きもあり、2002年9月の総選挙では、SPDは得票率を2.4％落とした。野党のCDUの得票率は3.4％上昇したとはいえ、両党の得票率は共に38.5％であった。そして、FDPは47議席（得票率は7.4％）、緑の党は55議席（得票率は8.6％）をそれぞれ獲得した。SPDと緑の党の議席を合計すると、総議席603の過半数をやっと超える306議席となったので、それまで存続した「赤緑」連立政権の続行となった。こうしてシュレーダー第二次連立内閣が発足した。シュレーダー首相はその後、党内左派や連立相手の緑の党の抵抗を排して、2003年３月、経済のグローバル化や経済成長戦略を視野に入れた構造改革プランの「改革工程《アゲンダ》2010」を発表し、社会福祉制度の見直しと労働市場改革を実行に移した[12]。これに対して、労働者大衆の不満が高まったことはいうまでもない。SPD左派はついに2005年５月に離党し、新党の「労働と社会的公正のための選挙オルタナティヴ」を結成して、政府の政策に反対する運動を展開した。この新党に引退していたSPDの元党首のラフォンテーヌも加わった。

2005年９月の総選挙では、「弱者切り捨て政策」を実行するシュレーダー政権反対を主張する、ラフォンテーヌ率いる新党はPDSと連合して「左派・民主社会党（Die Linke・PDS）の統一候補リストを作り、選挙に臨み54議席を獲得して、FDPに次ぐ第四党になった。そして、2007年に両党は合同し、その際に他の新左翼も加わり「左派党」(Linkspartei）と名乗るようになった。西ドイツでは議会にまで進出する力を持った社会主義政党が欠けていたが、その後、左派党は西側の10州の選挙で議席を獲得することになり、社会的公正、社会福祉、教育の平等を綱領に掲げて、ようやく５％条項の障害を乗り越えて、その存在感を示し始めている。

話を戻すと、2005年９月の総選挙では、シュレーダー首相は、前述したように、新自由主義的な社会・経済政策を果敢に実行に移したことで、党分裂という対価を支払うことになった。こうした同党左派の離党があったにもかかわらず、SPDの得票率は34.2％に踏みとどまった。とはいえ、得票率は一挙に4.3％も減少した。その結果、第一党の座を得票率35.2％のCDUに譲ることになった。シュレーダー首相は辞任し、第一党となったCDUはFDPや緑の党のどの党と組んでも、政権樹立にはその議席数が不足するので、前政権の政策の継続を主張するSPDと妥協し、CDUとSPDの大連立内閣が生まれた。首相になったのは東ドイツ出身のCDU党首のメルケルである。メルケルは、東ドイツ時代は物理学の研究者であったが、すでに本節⑰で紹介したように、SED体制崩壊を早めた市民の民主化運動に加わり、彼女が属していた「民主主義の出発」が、東ドイツで行われた1990年３月の自由選挙で

CDUと共闘したことを契機にCDUとの関係が結ばれて、統一後にCDUに入党した。そして、党首のコール首相に見出されて、1991年に第四次コール政権の女性・青少年問題相に抜擢されて、全独の政治舞台へと登場した。1999年11月にコール政権時代の不正献金疑惑が発覚され、その責任をとってコールが党首を辞任した。ショイブレ後任党首は、不正献金問題を先頭に立って批判してマス・メディアで注目され始めたメルケルを党幹事長に抜擢した。ところが、その翌年、ショイブレ党首も不正献金疑惑の嫌疑がかかり、辞任した。2000年の党大会でメルケルは一般党員の支持を得て党首に選出された。こうして、とんとん拍子に政界の階段を上り詰め、ついにドイツ初の女性首相になったのである。議会の多数派形成に時間がかかり、メルケル首相の第一次内閣はようやく2005年末に発足し、四年後の総選挙を迎えた。

2009年の総選挙では、構造改革が進行し、その影響をもろに受けて、SPDの得票率は絶頂期の約半分に近い23%であり、前回よりその得票率を11.2%も失った。それに反して、CDUは得票率を1.4%を失うのみで、33.8%をとり、第一党の地位を維持した。緑の党の得票率は10.7%で前回より2.6%上がった。そして、FDPの得票率は14.6%で前回より4.8%も上昇した。戦後初めての高得票率を獲得したのである。したがって、CDUとFDPの連合で議会の過半数をやっと超えることになったので、CDUとFDPの連立政権が成立した。その結果、第二次メルケル内閣が誕生し、引き続きCDUが政権の主導権を継続して掌握し続けることになった。

2013年９月22日に行われた総選挙では、第二次メルケル政権がユーロ金融危機に際して南欧の財政危機救済策に対して積極的な姿勢を示さず、冷静にドイツの国益を守る政策展開を行ったことや、ドイツ経済が一人勝ちしている状態が幸いして、CDUが圧勝した。得票率は41.5%で前回より7.7%も上昇した。SPDの得票率は25.7%であり、前回より2.7%だけ微増した。緑の党の得票率は8.4%（2.3%減）、左派党は8.6%（3.3%減）、FDPは惨敗した。得票率は4.8%で前回より9.8%も激減し、５%条項によって議席を獲得することができなかった。この選挙で注目を集めたのは、ギリシア政府の債務問題で発生したユーロ危機を契機にドイツでは、南欧の救済に巨額の支援に反対する声が高まったという背景があることである。選挙の約半年前に反ユーロを掲げる新党「ドイツのための選択肢」(Alternative für Deutschland, 略称は「AfD」)が結成され、得票率は4.7%で健闘したが、議席には結びつかなかった。第三次メルケル内閣の発足には時間がかかった。総選挙後、CPUとSPDとの間で大連立内閣設立の交渉が始まったが、両党の間に政策の違いがかなりあり、難航した。交渉を重ねた結果、11月27日に妥協が成立した。その妥協案をSPDは党員投票に掛けて承認を得た場合、連立政権に入ることが合意された。12月14日、SPDの党員投票の集計が行われ、約76%の賛成を得た。これによって、SPDの連立政権参加は党員に承認されることになった。それを受けて、12月17日、メルケルを首相とし、SPD党首のジグマル・ガブリエルが副首相兼経済・エネルギー相とするCDU・SPD大連立政権が発足し、第三次メルケル政権は総選挙後、約3か月を経てようやく誕生することになった。大連立政権の公約は、低賃金規制や社会保障制度の拡充など、SPDの主張を強く反映させており、国内政治の安定を優先させる姿勢を示している。

18 憲法擁護の方法において限りなくアメリカ型に近づき始めた西ドイツ・現代ドイツの「司法国家」への傾斜

以上、近現代ドイツ憲法政治史を見てきたが、非立憲主義憲法の典型といわれたプロイセン憲法成立後約100年が経過した1949年に、西ドイツ憲法であるボン基本法が制定された。この基本法には憲法の内容において価値序列主義が導入され、近代憲法の二点セットの内、基本的人権の尊重が最高価値に位置づけられ、次にこの最高価値を実現するための手段の国家機構の合理化の成果である、西ドイツ版の「自由で民主的な基本秩序」もまた同じく最高価値に位置づけられた。つまり、近代憲法の二点セットそのものが最高価値に祭り上げられたのである。それによって、英米仏で成立した近代憲法は社会主義の挑戦によって変容を被ったが、その状態を止揚して、第二次世界大戦後の西ドイツにおいて、国家自体を近代憲法の最高価値を化体させた存在に変えたボン基本法の形をとって、近代憲法が他でもない非立憲主義憲法発祥の地のドイツで先祖帰りを果たすことになったのである。

西ドイツでは、遅れてきた近代国家として封建的遺制を引きずってきた過去とは敗戦によって断絶され、国民のアイデンティティの基礎はボン基本法となった。そして、移民国家であるが故に国民のアイデンティティの基礎がやはり憲法であるアメリカのような状態が、旧西ドイツ・再統一後のドイツにも見られるようになったのである。

アメリカでは、基本的人権の尊重を文章化した「権利の章典」が憲法の最高価値に祭り上げられ、この最高価値を実現する統治機構がその任務を正当な手続きに基づいて完遂しているかどうかを、主権者の国民一人一人が点検する。統治機構がその任務を正当な手続きに基づいて完遂していない場合は、次の選挙でその責任の有無を問うが、また次の選挙までは、統治機構が正当な手続きに反して国民の基本的人権を侵す恐れがあった場合、あるいは事実あった場合、侵された価値の回復のためにその救済を裁判所に訴え、最終審としての連邦最高裁判所がそれを正す仕組みが制度化されて久しい。したがって、統治機構の職務を担う公務員は、行政の名宛人の国民から常時訴えられないように、憲法を遵守するばかりでなく、憲法に基づいて制定された法律の執行においても適正手続（Due Process of Law）に則って行動するように義務づけられている。その結果、アメリカでは、法律に基づく権力の行使には適正な手続き規範が網の目のように張り巡らされている。司法による憲法擁護の場合でも、同じように適正手続に基づいて行われる。こうして、アメリカでは、統治のプロセス、市民参加のプロセス、侵された価値の救済を求めて司法へ訴えるプロセスなどの一連の適法手続きに基づく法運用のプロセスが、憲政という面から見た場合、大きな比重を占めている。旧西ドイツ・現代ドイツでも、連邦憲法裁判所は「自由で民主的な基本秩序」という憲政体制を守るために、それを侵す国家機関や政治集団、そして個人のすべてに対して、国家機関や集団ないしは普通の市民によって訴えられれば、すべての者が従わなくてはならない旨の判決を下して、憲法の番人の役割をアメリカの連邦最高裁判所のように行っていた。

もとより、違憲立法審査制が旧西ドイツになって初めて導入された訳ではない。すでに、ワイマール共和国時代に成功はしなかったが、違憲立法審査制が保守的な司法部によって試みられたことがある。ワイマール共和国の裁判官は、第３章第６節ですでに述べたように、「ワイマール連合」結成時に取り交わされた協定によって帝政時代の特権が認められたまま、その地位を保持することができた。その結果、ワイマール共和国初期に右翼軍人による政府の要人、例えばラテナウ外相やエルツベルガー財務相が暗殺された事件でも、裁判所では無罪に近い判決が出されるような「司法の反動化」現象が顕著に見られた。1925年末に連邦《ライヒ》最高裁判所は、アメリカの違憲立法審査権を援用して、憲法第109条の「法律の前の平等」原則を「法の前の平等」原則として解釈し直して、それは立法者を拘束するという判決を下し、民主的な立法部が制定する法律を失効ないしは形骸化するために、違憲立法審査権を主張したのである。そして、それを契機に、司法部が「憲法の番人」であるという主張が保守的な国法学者によって展開されたのである。この動きに対して、同じ保守派の中で、共和国末期には、第４章第３節で紹介したように、カール・シュミットは、「憲法の番人」は司法部であるという主張を批判して、「憲法の番人」はむしろ大統領であるという主張を展開したことはすでに紹介した通りである。また、国家機関同士の係争事件では、その解決を担う憲法裁判所に当たる「国事裁判所」（Staatsgerichtshof）が1921年に設立されていた。1932年のワイマール共和国崩壊の序曲といわれた「プロイセン・クーデター」事件に際しては、罷免されたプロイセン邦議会のSPD議員団が提訴し、この事件が争われたが、いうまでもなく、反動的な裁判官は事実上パーペン中央政府のクーデター的措置を事後承認するような判決を下している[(13)]。このように、ワイマール共和国時代に、ドイツでも一応アメリカの違憲立法審査制度の影響を受けて、司法部による違憲立法審査制の動きはあったが、それはワイマール憲法の「民主的で進歩的な」側面を否定、ないしは形骸化を図るために利用されたという苦い経験がある。

第二次世界大戦後、西ドイツでは、アメリカの違憲立法審査制の導入に際しては、こうしたワイマール共和国時代の司法の在り方に対する反省の上に立って、裁判官の人選において工夫が施され、憲法裁判所制度をより純化された形で導入し、かつドイツ的な実情に合うように修正を施している。こうして、旧西ドイツ・現代ドイツでは「司法国家」と称されるぐらい、憲法擁護の点でもアメリカに限りなく近づき、「自由で民主的な基本秩序」を守る司法部によるコントロール体制が完成されているのである。第二次世界大戦後、敗戦国の日独は、その憲法制定においてアメリカに方向づけられた点が大きいが、戦後の日本では、司法部が「統治行為論」を持ち出して、行政府の活動に対しては違憲立法審査制に基づく動きにおいては慎重かつ抑制的であって「司法消極主義」といわれているのに反して、旧西ドイツ・現代ドイツでは「司法積極主義」といわれるような相違点が目立つといえよう。

---

(1) W・マーザー著・小林正文訳『現代ドイツ史入門―分裂から統一への50年』講談社、1995年、80～81頁。

(2) P. Pulzer, *German Politics 1945-1995*, 1995, p.49.

(3) S・ミラー著・河野裕康訳『戦後ドイツ社会民主党史』41頁以下。佐瀬昌盛『戦後ドイツ社会民主党史―政権への歩み』富士教育社会センター、1975年、80～122頁。なお、「ゴーデスベルク綱領」の邦訳はS・ミラーの著作の付録(189頁から210頁まで)と佐瀬昌盛の著作の付録に、それぞれ収録されている。

(4) 西ドイツの再軍備の研究については、大嶽秀夫『再軍備とナショナリズム―保守、リベラル、社会民主主義者の防衛観』中央公論新書、1988年。岩間陽子『ドイツ再軍備』中央公論社、1993年などがある。また、1990年代初期までのドイツ政治についての研究として、平島健司『ドイツ現代政治』東京大学出版会、1994年などがある。

(5) W・マーザーによると、ナチ・ドイツ軍の内、アメリカはいくつかの軍隊を解散させないで、連合国の制服を着させて温存させたという。とりわけ、ソ連との間に将来発生するかもしれない軍事的な対決に備えて、東部戦線で経験を積んだ旧ドイツ軍部隊から「ドイツ労務部隊」を編成することに大きな関心を持っていたという(前掲訳書、131頁)。

(6) ブラントの東方政策に関する研究として、佐瀬昌盛『西ドイツの東方政策』財団法人日本国際問題研究所、1973年がある。

(7) 西ドイツでは、1946年12月のヘッセン州憲法制定時は、H・ヘラーの遺著『国家学』の抵抗権の思想の影響を受けたといわれている。『国家学』の中で、ヘラーは国家の正当性を論じた章においてその最後に次のように述べている。「法的良心の合法化されない抵抗は、近代国家の異常に向上した法および権力の技術に鑑みて、最後に、常にただ命を懸けてのみ可能である。人間の実状からして、このような命がけの抵抗は全く稀にしか起こらないのである。しかし、もし命がけの抵抗が行われる場合には、他ならぬ今日の国家の〔大衆〕操作技術および権力技術が法的良心の完全な抹殺という恐るべき危険を伴っているのに鑑みて、一段と貴重な模範である。」(安世舟訳『国家学』、330

頁)。この文章は、ヒトラーによってフランクフルト大学教授職を解任され、亡命地のマドリードでナチ党の暴虐な専制政治に対して普通の市民はどう対応すべきか、それについて苦悩し、熟考した後の、死の直前に漏らした悲痛な叫びであった。戦後、ヒトラーに迫害され、あるいは亡命を余儀なくされた西ドイツのSPDの指導者は、まずヘッセン州憲法制定においてヘラーの抵抗権の思想の影響を受けて、州憲法に抵抗権を導入した。さらにボン基本法制定時にも、抵抗権の導入を主張したが、本章で述べたように、抵抗権が実定法としては馴染まないとの理由で、受け入れられなかった。ところが、非常事態法制定と抱き合わせで抵抗権がボン基本法第20条の第4項に採用されたのである。専制政治から民主制への移行という、「憲法改正の政治過程」Ⅰ型から「憲法改正の政治過程」Ⅱ型への変位の蝶番となり得る抵抗権が、ボン基本法ではその本来の意味が換骨奪胎されているのである。したがって、ドイツの憲法学者のヘッセは、基本権の一部として抵抗権がボン基本法に入れられた点についての問題点を論究した後、次のような危険性を挙げている。「この規定は、違法な行動を法治国家的な合法性の外見で覆い、そうすることによって、国内の緊急事態を誘発したり、激化させたりするために利用される、という危険を内包している。」(K・ヘッセ著・初宿正典他訳『ドイツ憲法の基本的特質』、465頁）と。ヘッセのいわんとしていることは次のような事態である。すなわち、「自由で民主的な基本秩序」を攻撃ないしは破壊しようとする者がいると普通の市民が解釈して、意見を同じくする者と集まって反撃を試みた場合、それは一種の騒擾ひいては内乱に近い状態になる。こうした事態を基本価値の化体である国家が緊急事態の発生と捉えて、上からのクーデターとして利用しかねない可能性を、この抵抗権が皮肉にも内包しているという問題点の一端を明らかにしたのである。このように、ボン基本法に導入された抵抗権はヘラーのいう本来の抵抗権概念の意味転倒であると解釈されている。樋口陽一『比較憲法』303頁。また、樋口陽一氏は、別の著書では、憲法忠誠義務が国民によって国民に対して要求されるような状況を作り出す「抵抗権の概念の転倒というべき性質の変化」であると述べている。樋口陽一『比較のなかの日本国憲法』岩波書店、1979年、51頁。

(8)　K・ヘッセ著・初宿正典他訳、前掲書、451頁。

(9)　井関正久『シリーズ・ドイツ現代史Ⅱ　ドイツを変えた68年運動』白水社、2005年、87～89頁、163～164頁。なお、この書籍は1968年の学生反乱の前史と、急進的学生運動が非常事態法成立後、衰退し、それが新しい社会運動へと変容していく有様を記述しており、非常事態法成立期の時代的背景を知るのに有益である。

(10)　三島憲一『現代ドイツ─統一後の知的軌跡』岩波文庫、2006年、68～78頁。本書では、統一を巡る東西知識人の考え方の紹介と、庇護権改正の切っ掛けになった外国人の移民に対するドイツ人、とりわけ東ドイツの人びとの反応について詳しい紹介がある。またドイツにおける民族排外主義運動や「難民・庇護問題」を取り扱ったものとして、星野智『現代ドイツ政治の焦点』中央大学出版会、1998年がある。次に、ドイツ再統一に関する文献として、高橋進『歴史としてのドイツ統一─指導者たちはどう動いたか』岩波書店、1999年。山田晟『東西ドイツの分裂と再統一』有信堂、1995年などがある。

(11)　シュレーダー「赤・緑」連立政権の誕生経緯や同政権の政策課題についての研究として、走尾正敏『ドイツ再生とEU―シュレーダー政権のめざすもの』勁草書房、1999年がある。なお、この書籍はシュレーダー政権成立期までのコール政権の16年間の経済運営やドイツの将来の経済についての展望について詳述しており、参考になる。

(12)　シュレーダー政権のとった「改革工程2010」は、イギリスのブレア労働党政権の「第三の道」のドイツ版である。西欧の社会民主主義政党では、1980年代から90年代にかけて、ようやく本格化し始めた経済のグローバル化、情報通信技術の飛躍的発達による「知識社会」の到来、保守勢力の復権などの環境の変化に対応して、それまでとってきた社会福祉国家改良主義を放棄する動きが始まり、社会民主主義の変質が始まったが、それは「第三の道」と称されるようになった。シュレーダー首相はこの「第三の道」をドイツで遅れて21世紀に入って模索し始めたのである。ドイツの政治学者のフレンツェルによると、シュレーダー政権は、1993年から2001年までのデンマークの社会民主党政権のとった政策を模倣したという。デンマークでは、その間、社会福祉国家の改革と、労働市場改革、雇用、財政的・社会的・環境保護的な政策とを結びつけた包括的な政策を展開し、従来の福祉国家をA・ギデンスのいう「社会投資国家」への転換を図ったという（M. Frenzel, *Neue Wege der Sozialdemokratie : Dänemark und Deutschland im Vergleich*（1982-2002), 2002, S.398.)。シュレーダー政権は、労働市場と社会保障の両分野を柱とする構造改革を包括的に実施し、労働市場改革では「支援はするが、要求もする」という合言葉に象徴されているように、労働者の技能を高めたり、失業者の就業を支援する政策を実施した。今日のドイツの繁栄をもたらしたのは、この「改革工程2010」の成果といわれ、この「改革工程2010」は「ドイツ・モデル」と称賛する向きもある。とはいえ、変質した西欧の社会民主主義政党が目指す「第三の道」は、日本では最近「岩盤」と称される労働者の既得権ないしは連帯と社会正義という社会民主主義の原則を犠牲にして、社会福祉国家を改革して、それを「社会投資国家」へと変換させようとしている方向にあるものといえよう。なお、世紀転換期におけるSPDの「第三の道」を巡る論争に関する研究として次のものがある。西田慎「シュレーダー社会民主党のジレンマ―その党内対立の歴史的位相と現状」日本ドイツ学界編集委員会編『ドイツ研究』３号、2000年12月、121～135頁。また、シュレーダー政権第一期の「赤緑」連立政権の本格的研究として、小野一『ドイツにおける「赤と緑」の実験』御茶の水書房、2009年がある。「改革工程2010」については、244～249頁参照。ちなみに、ブレア政権の「第三の道」に関する研究として、安章浩「現代イギリスの政治の動向と課題―ブレア政権の成立とその行政改革の政治的意義」岡野加穂留他編著『比較政治学とデモクラシーの限界―臨床政治学の展開』東信堂、2001年、第６章、39～162頁がある。

(13)　「パーペン・クーデター」事件の国事裁判所の裁判記録（*Preußen Contra Reich vor dem staatsgerichtshof : Stenogrammbericht der Gerichtsverhandlungen zur Papens-Staatsstreich vom 20. Juli 1932,* 1976）は、山下威士氏によって邦訳されている。山下威士訳編『クーデターを裁く―1932年７月20日事件法廷記録』尚学社、2003年。

第6章

「憲法改正の政治過程」の政治力学

*

憲法改正を論じる場合、まず初めに憲法は何を意味するのか、それを先に確定しておかなくてはならないだろう。というのは、本書の「はじめに」および第４章第２節❷のところですでに述べたように、それが憲法体制としての憲法を意味するのか、それとも憲法典を意味するのかによって、その内容が全く異なるからである。本書では、後者の場合は「憲法改正の政治過程」Ⅰ型として分類し、前者の場合はそのⅡ型に分類し、両者を区別した。

第４章第３節の憲法の定義のところで明らかにしたように、広義の憲法はピラミット型をした政治的行為構造である。それは、国家とか、あるいはアメリカ政治学でいうところの「政治システム」である。ヘラーによると、このピラミットの底辺には「規範化されていない憲法」がある。それは広義の社会秩序と言い換えてもよかろう。その上に「規範化された憲法」という厚い層がそびえ立っている。そして、その中に、その社会秩序の特徴的な権力構造とその相対的に客観的な規範化としての「法的憲法」が一体となって存在する。それは政治学でいうところの「政治体制」であり、憲法学では「憲政体制」ないしは「憲政秩序」であるといえよう。最後に、このピラミットの頂点には、「法的憲法」の中で唯一の法典の中に国家の全構造が規定されなければならないという主権者の意志の下で成文化された文書の「近代憲法」がある。憲法を以上のように腑分けしてその構造を捉え直して見るなら、「憲法改正の政治過程」Ⅰ型とⅡ型も、おのずからその対象が明らかになるであろう。すなわち、成文憲法の改正がその中心に据えられているのなら、それは「憲法改正の政治過程」のⅠ型であり、「憲政体制」の変革がその中心に据えられているなら、そのⅡ型として分類されよう。

ところで、本書では「憲法改正の政治過程」という造語を使っているが、それは政治変動の政治学的・法学的な表現である。つまり、「憲法改正の政治過程」は政治の領域と法の領域のそれぞれの境界が接合しているところで展開されるので、政治学と法学の学際的研究が必要である。しかし、日本においては政治学と憲法学が学問の分業を守って没交渉であるが故に、今までのところ、それについての本格的な研究は無いといえよう。政治変動が静かに進行している場合は、それは「憲法改正の政治過程」のⅠ型であり、社会体制の深部からの大変動を伴う政治変動ならば、それはⅡ型である。政治変動は、通常、D・イーストンの政治システム論の用語を使うのなら、「外部からの入力」によって引き起こされる場合が多い。その入力とはいろいろな流行などに見られるような文化流入とか、異なる価値観、思想、理念の流入、あるいは国際関係の中で同盟関係にある場合、その関係において劣位にある国に対する優位の地位にある国からの指示、命令の場合もあり、いろいろな形の外からの影響力と解することが出来よう。日本の歴史を見ても、徳川時代がおよそ250年間平和を享受できたのも鎖国体制を敷いていたからであり、それに反してその末期に、アメリカのペリー艦隊の強制的な開国の要求を受け入れたが故に、明治維新という「憲法改正の政治過程」Ⅱ型を招くことになったのである。Ⅰ型の場合、先進近代国家では、政治的アクターは利益集団であり、それまで集団間の権力闘争において守られてきた「ゲームのルール」としての憲法に基づく合法性の枠内で政治過程が進行する。しかし、外からの入力があり、それによって内外の環境が変化して、利益集団間の力関係が変化して、その変化が限界点にまで進んだ場合、合法性に対する信頼が揺らぎ、国家権力を掌握した強力な権力集団がその意志を他の利益集団に強要するようになれば、国家権力の正当性は衰退する。そうした事態が出現すると、社会の底辺において「憲法改正の政治過程」Ⅱ型の萌芽が見られるようになる。換言すれば、歴史的パースペクティヴの中で見るなら、Ⅱ型が終了した時点からⅠ型が始まり、外部からの入力が続くのなら、その過程で時間の経過と共に、利益集団の中の一つが支配的な権力集団へと変容する。それが国家権力を乱用するか、あるいは自己の集団の利益拡大のために用いるのなら、国家権力の正当性と合法性の乖離がおもむろに進行して、Ⅱ型が広義の憲法の底辺部で発生するようになる。そして、国家権力の正当性と合法性の乖離が大きくなるに従って、1型とⅡ型が重層的な関係を作るようになり、潜在していたⅡ型が表面化し始めると、Ⅰ型とⅡ型が交錯する中で、既存の憲政体制が崩壊し始め、新しい憲政体制と入れ替わることになる。それと共に、再び新しいⅠ型が始まる。このように繰り返される権力の循環を人類の歴史は我々に伝えている。

したがって、本章では、「憲法改正の政治過程」を動かす要因について、第1節では法と政治の相互規定関係の政治力学から、第2節では憲法と政治の相互規定関係の政治力学からそれぞれ見ていくことにしたい。

第1節
法と政治の相互規定関係の政治力学から見た「憲法改正の政治過程」

1 法と政治の相互規定関係

法を創造し、かつ場合によっては、それを破壊するものが政治である、とよくいわれる。確かに、それは、法と政治の関係のある側面を言い表わしているといえよう。しかし、他方、法の政治を規定する側面があることは忘れてはならないだろう。日本国憲法の基本的原理である国民主権、基本的人権の尊重、平和主義の理念が第二次世界大戦後、日本の政治に一定の方向づけを与えたことは、さまざまな留保条件を付けたとしても、紛れもない事実だからである。こうした法の政治を規定する側面は半立憲主義的国家でも見られ、ドイツ国家学では、それはイェリネックによって「国家自己制限説」という理論で定式化されている(1)。また、近代国家における「法の支配」論やドイツ的「法治国家」論は、まさしくこの側面の定式化に他ならない。このように、法と政治とは相互規定的関係にあり、したがって、法または政治の認識に際して、両者の相互規定関係の政治力学を考慮することなしには、その正しい認識は得られないであろう。

さて、わが国では、制定法も、正義を意味する法（その代表的なものが自然法である）も、共に「法」という同一用語で表示される。しかし、西洋では別の用語が使用されている。例えば、ドイツ語では、「正しい」という意味を持つ形容詞 recht の名詞形 Recht が「正義」、または「法」や「権利」を言い表わし、「定立されたもの」「制定されたもの」という意味を持つ Gesetz が制定法（法律）を表わす。またフランス語でも、「正しい」という意味を持つ形容詞 droit の名詞形 le droit がドイツ語の Recht と同様に「権利」や「法」を表わし、法律は loi（英語のlawに相応する語）で表示される。このように、法という同一用語には二つの異なる法概念が存在するので、法と政治の機能的、構造的連関性の究明に際しては、政治と、どちらの種類の法との関係かを明確にさせて、考察を進めない限り、その正しい理解には至らないだろう。

2 実定法の国家性はどのようにして生じたか

制定法、すなわち、実定法は、通常、国家によって定立され、かつその実効性（Wirksamkeit）が国家権力によって保障される社会規範であるといわれる。だとするなら、それは国家の存在を前提とすることになるが、こうした実定法の国家性（Staatlichkeit）という特性は、次のような実定法と国家との歴史的背景を辿ることによって理解されよう。

制定法によって領土内住民の行動を統一的に、計画的に規制するようになったのは、歴史的には最近の出来事で、その起源は、ほぼ、16、7世紀の西欧の絶対主義国家の成立期に求められる。こうした事象は、いうまでもなく、経済の封建制から資本制への移行に伴う社会の変化に対応するものであった。詳述するなら、初期資本主義経済の成立によって、局地的に分散していた社会集団間に、分業と交通の増加によって相互依存性が増大した結果、それに相応する交通の安全性（Verkehrssicherheit）——これは、法学者が「法的安定性」（Rechtssicherheit）と呼ぶものと大体において一致する——への要求が高まり、それは、さらに社会関係の計画性と予測可能性の増大の要求へと発展していったということである。しかし、これらの要求は、地域的に限定された通用力しか持たない旧来の習俗や慣習などの社会規範によっては到底充足され得なかったので、社会関係、とりわけ政治的・経済的・軍事的関係を領土内において統一的・計画的に規範化し、正常化する最高・最強の権力組織体の存在を要請した。この要請の具体化された究極的成果が今日の国家であるといえる。それは、司法と強制秩序を、その官僚組織に助けられて統一的に組織し、そして立法を、とりわけ成文法や17世紀から19世紀までの大規模な法典編纂とによって中央に集中化した。こうして、その統一的命令を官僚組織によって実現させる主権的な国家権力の自立化が実現され、初めて「自己完結的」な法秩序の自立化が可能となったのである。ちなみに、今日の私法解釈学がほとんど自明のことのようにみなしている、法秩序を実定法の統一的・自己完結的で欠陥のない体系とみる観念は、英米仏の先進近代国家において17世紀から19世紀までの間に、国家領土が統一的法圏となり、国家権力がその領土内の「決断および活動の統一体」となるに及んで、初めて実在性を持つようになったのである(2)。

このように、道徳や習俗、慣習などの社会規範と異なって、実定法は、国家によって定立され、かつその実効性が国家権力によって保障されるという国家性の特性を持つに至ったが、実はこの特性にこそ、法と政治との関係の構造的特質を解き明かす鍵が秘められているのである。

3 政治とは何か——政策決定か、権力闘争か

ある社会が全体として、環境との交渉の中で、存続・発展するために必要と思われる目標を決定し、かつ決定された目標に向かって社会内の住民の行動を組織化する時、一般に政治現象が発生するといわれている。現代のように多元的集団に分裂している社会状況では、全体としての社会のための集合的目標の決定、それ自体が権力闘争であり、さらに決定された目標を達成する政策決定と執行に際しても反対者が出てくることを予想せざるを得ないので、全体としての社会のための集合的目標の決定過程→政策決定過程は当然、同時に権力過程となる。なぜなら、一つの政策決定過程においてばかりではなく、決定された政策の方向に社会内の全住民の行動を組織化するために、それらの人々の行動を統制しなくてはならないからである。

近現代国家のように、「法の支配」が原則として認められている場合、いうまでもなく、政策決定過程は立法化されることによって、最終的に確定される。したがって、議会制民主主義国家では、立法府たる議会を中心に政治過程が進行することになるのはこのためである。政治における目標の契機たる理念（本節6で取り上げる正義としての法）が政策として樹立され、それが実定法として具体化されることによって、政治は法に化成する。そして、

法＝実定法は執行されることによって、その目指す方向に人間の行動を変更させ、規則づけ、組織化させるのである。その際、本節の4から6において明らかにされるように、法と政治の関係において二つの態様が見られるのである(3)。

4 何故に法は政治によって創造されるのか

実定法は、ある社会内で最強の支配的権力集団の意志決断によって規範として定立されたものであるので、その中には必ずしも当該社会に普遍的な正義が実定法化されているとは限らない。もし、それが普遍的な正義の規範化であるのなら、それは、社会内の多数の人間の自発的支持を得るだろう。別言するのなら、それは、上からの強制なしに遵守されよう。その場合、権力によってその実効性が保障される必要が皆無に等しいので、実定法としての法そのものの存在が逆説的にいって不要となるであろう。しかし、実際の多元的社会では、正義の解釈も多様であるので、実定法は国家権力によって保障される場合が通例である。よく政治権力は法的形態をとることによって国家権力に転化するといわれる。それは、ある支配状況を作り出した政治権力が、その状況を相対的に安定した支配状態に変えるために、法形態をとらざるを得ないという、法と政治との構造的連関性の別の表現である(4)。したがって、社会内の一部のみの正義の具体化を目指す、ある政治勢力が国家権力を獲得した場合、つまり合法性（Legalität）を獲得した場合、それは、法形態をまとっているため、その支配をある程度安定化させることができる。この極端な例証としてナチ党全体主義国家の場合を想起してみよう。ナチ党は1933年１月末以降、第３章第７節に続くIntermezzo 1においてすでに述べたように、ワイマール憲法に基づいて「合法的」に政権を掌握したからこそ、その実態がヒトラーの恣意的暴政であっても、12年間、支配し続けることができたのである。このように、現代社会において、規範的および技術的特性を備えた法＝実定法を欠くならば、いかなる国家も、数限りなく無限の集団間の権力闘争の不断の変転の中でその永続性を保持し得ないほど、法は権力を支える性格を持っているのである。だからこそ、法＝実定法は、絶えず政治によって創造される運命にあるのである。

5 どのような場合、法は政治によって破壊されるのか

実定法の実現過程は、その本質において、その実効性が国家権力によって保障されるが故に、権力現象とはいえるが、厳密な意味での政治現象とはいえない。というのは、この過程には、全体としての社会のための新しい政策決定が含まれていないからである。したがって、通常、この過程を政治と区別して行政という。ところが、実定法の実現過程が単なる法現象に止まらず、政治現象に転化する場合が存在する。

そもそも、法律に表明された政策は、法律の解釈を通じて執行されるものであるから、解釈および執行の過程において、立法趣旨との異同があり得るし、実際、現実にある。その場合、二つの状況が考えられる。

(1) 立法化された政策は、執行過程を通じて解釈され表明される際、法律そのものに対して実質的に新たな政策決定を部分的に意味する場合があれば、政策は単に法形式に表明されたものだけに限定され得ないのである。例えば、独占禁止法規を行政機関が法の要求する通りに、厳格に執行できなかった場合、または違反行為を見逃した場合、これらの行政行為を通して現われた決定も、法律に表明された形式的決定と同様に、独占に関する政策の一部分を構成しているとみなされよう。また物価統制法規が適用される時、ヤミ価格を行政官も社会一般も黙認するならば、現実の物価政策としては価格統制のみが目的とされているとはみなされないだろう。この問題は政策決定の観点から見た場合、目的と環境の調整による決定機能の遂行に他ならない。この場合、独占禁止法規の場合の例でいえば、有力な大企業の強い圧力が、物価統制法規の場合の例では、事実上統制不可能な人間の強い欲求が「環境」を構成していて、その「力」が「目的変更」を強いた面と、いかに法規上は厳格な取締条項を含んでいても、最初から厳格な適用・執行を意図または予想していない面があると思われる場合があり、そのような場合は、実際には厳格な適用または執行を行わないという方針が実質的な政策とみなされなくてはならないであろう。したがって、政治によって創出された法律

は、それが生み出された政治状況の全体との関係の中で、その執行過程を見ないならば、法現象の背後に隠されている政治現象を見逃すことになり、法律の単なる解釈・執行が政治的に運用されるメカニズムを見失うことになろう。

(2) 国民主権を前提とし、三権分立を組織原理とする議会制民主主義国家においては、国権の最高機関といわれる議会が定立した法律が、その執行過程において、執行部、とりわけその中核をなす官僚層によって自覚的に立法趣旨ないしは「法律の法律」たる憲法の基本理念の実質的変更を結果とする方向に解釈され、執行される場合、それは、法現象に見えるが実質的には新たな政策決定であり、既存の憲法体系の静かなる破壊へと導く現象であるので、政治現象といえる。これは、革命などの急激な法の破壊と対比して政治による静かなる法の破壊の側面である。すなわち、このケースが「憲法改正の政治過程」Ⅰ型である。この場合、利益集団間の国家の政策決定権を巡る権力闘争が環境の変化や利益集団間の力のバランスの変化によって憲法に体現されているゲームのルールに基づいて円滑に展開されなくなり、ゲームのルールが政府を掌握した支配的権力集団による有権的解釈によって修正ないしは改変される場合である。

6 法の政治を規制する側面

政治は全体としての社会のための政策決定過程であると同時に、権力過程である、と本節3ですでに述べた。政治的・経済的・社会的・民族的、文化的・地理的理由やその他の理由によるにせよ、とにかく共通の基盤を持たない社会では、相対立する利益集団間の抗争は容易く権力闘争へと転化しやすく、このような社会では、政治はすぐれて権力過程の側面を露わに示す。本書の「はじめに」のところですでに紹介したように、「政治とは権力の獲得、維持、配分を巡る人間の行為現象である」という、M・ウェーバーの政治の定義がここでは真理に近いといえよう。とはいえ、政治における権力の契機は、あくまでも理念の契機を実現する手段であることを忘れてはならない。全体としての社会が存続・発展するために必要と思われる基本的目標と生存条件が定立され、それが規範化されて正義（Recht）となり、法原則となって、政治における理念の契機を構成する。したがって、ある社会内の正義または法原則を実現していくために、領土内住民の行動を、正義または法原則の示す方向に規則づける社会的営為が要請されるが、これは政治的なものである。このように、「正義としての法」は、政治における理念の契機となって、権力の契機を媒介にして社会的関係を正義の目指す方向に秩序づけ、規範化することになるのである。それ故に、近現代国家において「正義としての法」は、政治の方向原理として、それを規定するのである。この関係を機能的に見た場合、法の政治を規制する側面である。つまり、憲法が権力を縛る側面である。

7 基本的人権は権力政治的に擁護され得るか

この法の政治を規制する側面を典型的に示すのは、自然法と政治との関係だろう。西欧の近代国家は、実定法という形で法形態の合理化を図ったが、他方、法内容の合理化については、おびただしく多く、かつ永遠に変化して止まない実定法規をいわゆる恒久不変のごく少数の実質的法原則、すなわち理性自然法に還元させることによって成し遂げていったのである。この法の形式的および実質的な合理化は、根本的規範の完全な法典編纂化による国家の統一的な権力構成の可能性に対する信仰を成立させる上において、当然その一翼を担った。この信仰は、新興市民階級の絶対主義国家に対する自由主義的要求の内実をなし、この要求の実現によって、近代憲法典の新しい内容は、国家権力に対する市民の自由権と参政権とによって国家権力の客観的な法的制限を実現し、かつそれを権力政治的に確保しようとする傾向から成り立つことになった。これによって、個人の基本権は、国家の組織的な根本構造によって擁護されるようになった。これは近現代国家においては、法の政治を規制する作用、換言するなら「権力を縛る側面」を制度化した形態として高く評価すべきであろう。なぜなら、それは、有史以来、政治におけるデモーニッシュな側面を象徴する権力の非人道的傾向を人道主義化せんとした人類のたゆまざる努力の成果だからである。換言するのなら、ルーマンのいう社会進化の果てとしての人類が手にした最新の成果だからである。

8 正当性と合法性との緊張関係の果ては何か

ナチ党独裁のように、ある政治勢力が国家権力を掌握して、近代憲法体系の根幹をなす基本的人権の尊重を完全に無視して、先祖返り的に政治におけるデモーニッシュな側面の全面的開花をこととし、しかもその暴政を実定法の形態をまとって行った場合、つまり「合法的」に行った場合、社会の普遍的正義である正当性原理と合法性とは、緊張関係から反発、乖離することになるであろう。このような状況では、多数の人が「正義としての法」＝正当性原理に基づいて行った行為は実定法と抵触することになり、国家権力との抜きさしならぬ極度の緊張関係の中で、個人の基本的人権が抹殺される危険性が生じる。すなわち、良心の命じるままに行動した場合、「国家の法律」を犯すことになり、抹殺されるという個人としての極限状況が生まれ、他方「国家の法律」を遵守することも、良心の死を意味する。このような個人と国家との関係における限界状況の発生は、法と政治との関係の相互規定関係の政治力学を示す。つまり、革命や抵抗運動の形をとる「憲法改正の政治過程」Ⅱ型が表面化することになるのである。そして、このⅡ型において、まず、当該社会において普遍的な正当性原理に基づく行動は「不正」な実定法を破壊することによって、その正当性原理に見合う新しい実定法体系の定立へと進むことになる。法的には根本規範の変革または交替を生み出す「法と政治の相互規定関係の政治力学」が作用することになる。このように、正当性と合法性の緊張関係の成立は、法秩序を政治状況化させるので、もし国家権力が正当性を喪失した場合、それは正当性原理に基づく国民の抵抗を予想せざるを得ないので、その限りにおいて、国家権力は合法性を正当性に近づけようと最小限努力を払わざるを得ないという、法と政治の相互規定関係の政治力学が作用するのである。

9 法と政治との相互規定関係

このように「正当化されない権力にとっても、法はその必要不可欠な現象形態であるから、不正な法であっても、やはりすべての法のある種の構成原理を内包せざるを得ないのである。」[(5)]。したがって、正当性を喪失しているが、ただ手続きの技術的な法の形式性のみを保持する不正な法といえども、それが単なる形式的とはいえ、最小限法形態をとっている以上、特定の普遍的な法原則と解釈規則の維持を余儀なくされるので、権力のある程度の制限、および規範服従者のある程度の保護を実現することになる。それ故に、被抑圧者の見地からして、不正な法、または不正な国際条約を遵守させるために戦うことは、それ相当の意味を持つといえよう。法の定義に際して、法を成り立たせている論理的契機以外の一切の要素を排除する方法論をとるケルゼンの「純粋法学」が、前述の通り、ナチ一党独裁時代において、ナチ党の恣意的支配にある程度の制約を加える武器となったのも、この事情によるものである。また、最近では中国において、憲法の実施を求める「新公民運動」は共産党一党支配に対する合法的な抵抗となっているが、政府はこの「憲政」に危機感を抱いている、と報じられている[(6)]。このことを、法と政治の相互規定関係の政治力学の観点から解釈するのなら、どのような実定法であっても、それが当該社会において普遍的な正義の一部を内包しない限り、通用力を持ち得ないので、その限りにおいて、法は政治を規制するが、他方、この関係を被治者の側から積極的に逆手にとって、実定法の中に含まれている最小限の正義の要素を最大限のものに拡充していく努力は、所与の政策体系の変更を迫ることになるので、それは政治運動へと発展することになり、新たな法の創造へと導くであろう。それは、ラッサールのいう「組織されていない権力」の民衆による下から進められる「憲法改正の政治過程」といえよう。

(1) G・イェリネック著・芦部信喜他訳『一般国家学』317〜318頁。

(2) H・ヘラー著・安世舟訳『国家学』274〜275頁。

(3) 権力過程を政策の選定・決定・執行・評価の循環過程として捉えて公共政策にアプローチしたものとして、安章浩・新谷浩史共著『身近な公共政策論—ミクロ行政学入門』学陽書房、2010年がある。

(4) H・ヘラー著・安世舟訳、前掲書、282頁。

(5) 同前書、289頁。

(6) 「政権に危機感、次々拘束」(北京=林望)『朝日新聞』2013年10月4日号。

第２節
憲法と政治の相互規定関係の政治力学から見た「憲法改正の政治過程」

すでに第２章で指摘したように、憲法が近代国家の標識となるに従って、憲法は国際的に波及していった。ドイツの例にも見られるように、プロイセン王国のような半絶対主義国家も、近代憲法の定型的内容を形式的に導入した憲法典を欽定し、それによって君主の恣意的支配を制限し、人民の権利を擁護しているかのような外観を示して、その支配体制の延命化を図る努力が払われた。こうして、憲法は国家権力の正当化の手段として制定されるようになり、政治の道具と化することになった。それと共に、憲法は政治と法との動態的な相互規定関係の焦点となっていったのである。

いかなる専制国家でも、憲法がいったん導入されるなら、リップ・サービスといえども、それを考量せざるを得なくなる場合が生まれる。そういう意味では、憲法の導入と共に、すべての近代国家は立憲主義政治を志向せざるを得なくなり、「人の支配」に代わって「法の支配」が常態化することになった。もっとも、ドイツ帝国のような外見的立憲主義国家では、「法の支配」は形式的「法治国家」概念、すなわち、法の内容はどうであれ、法制定の形式的手続きに基づいて制定された法律によって統治される国家概念へと形骸化されていったが、とにかく外見的立憲主義国家を含めて近代国家においては、すべての国家作用は法的に「縛られることになり」、国家的活動は法秩序の軌道にチャネライズされることになったのである。

1 主権者の規範設定行為そのものを規律する根本規範の必要性

16、7世紀に資本主義経済関係の拡大と共に、社会における分業と相互依存性が増大した。その結果、社会関係の計画性と予測可能性の増大への要求、すなわち、「法的安定性」（Rechtssicherheit）への要求が高まった。この要求に答えて、ある領土内において、組織された強制力によってその領土内居住者の行為を一定の方向に形態づけることのできる一つの意志権力として、絶対主義国家が成立した。第2章ですでに述べたように、この絶対主義国家は、17、8世紀の市民革命によって、人民の基本権を擁護する方向に権力構成が合理化されて、近代立憲主義国家へと変革されていったが、いずれにせよ、こうして生まれた近代国家は、上からの規範設定によって、その領土内居住者の行為の規則づけ、すなわち「正常性」（Normalität）――すべての人間関係が法によって規律される社会状態――の確立を企てた。その結果、すべての社会関係、すなわち、政治的・経済的・軍事的関係の統一的・計画的な規範化が行われ、それができる限り予測可能な社会的規範秩序に変えられていった。こうした秩序は広義の憲法の底辺の上に形作られた「規範化された憲法」である。そして、この「規範化された憲法」の定着と共に、主権者（君主または人民）の規範設定による「正常性」の確立が可能となり、このような規範設定行為を規律する根本規範の必要性が痛感されるに至った。なぜなら、こうした根本規範がない場合、時々の支配者、すなわち主権者の意志の表現たる「法律」による統治が行われたとしても、もし主権者の意志を拘束する根本規範がなかったら、その実態においては支配者の恣意が横行することになり、法的安定性を危うくする可能性があったからである。こうした支配者側の規範設定行為を規律化する根本規範として登場したのが、再述するまでもなく、近代憲法そのものであった。そして、外見的立憲主義憲法も同様な役割を果たすものとして擬制された。こうして、憲法は、支配者側の規範設定行為を規律化する根本規範として位置づけられることによって、支配者側の政治行動に一定の方向づけと制限を加え、恣意的支配を抑制する役割を果たすことになった。他方、支配者側の規範設定行為が憲法に基づいているという外見を装うことも可能となった。そうしたことによって、支配者側は、「憲法」を制定して、被治者に彼らの支配に服従させる権威を調達することも可能となったのである。それと共に、憲法が権力の正当化の道具と化すると共に、すべての政治的権力闘争や紛争が憲法に基づく「ゲームのルール」に形態づけられ、その軌道の上で展開されることになった。これによって、政治過程はルール化され、政治的変動は憲法変動として現象することになり、政治闘争は憲法闘争の形式をとることになった。つまり、本書でいう「憲法改正の政治過程」Ⅰ型が作動するようになるのである。

2 立憲主義政治を活性化させるための「憲法の番人」の役割

前述の通り、憲法が国家権力の正当化の手段として利用されるようになると共に、もし支配的権力集団が国家権力を自己の集団利益の拡大のために利用する度合いが強まるなら、その結果、憲法規範と憲法現実との乖離は当然、拡大することになるだろう。とはいえ、議会制民主主義体制では、こうした乖離の縮小ないしは憲法規範と憲法現実との一致を招来させるメカニズムとして考案された選挙が、また、アメリカのような国では、それに加えて連邦最高裁判所が、そして現代ドイツの場合は、連邦憲法裁判所の違憲立法審査権が順当に作動して、その乖離を縮小しようとする志向が生まれる。そして、そのメカニズムが機能し、あるいはそれに関する神話が信じられている限り、政治的権力闘争は憲法闘争の形をとり、その枠内で「憲法改正の政治過程」Ⅰ型が展開されることになる。しかし、こうしたメカニズムが順当に作動せず、その神話ももはや信じられなくなるや、「憲法の番人」として人民が自ら登場することになり、憲法闘争は赤裸々な権力闘争へと展開することになる。それと共に、「憲法改正の政治過程」のⅠ型とⅡ型が交錯する形の政治力学が作動し始めるのである。換言するのなら、憲法規範と憲法現実との乖離が拡大するにつれて、国家権力の正当性の危機が進行するのなら、憲法に基づく政治制度も機能障害をきたし、支配は不安定化し、革命状況が招来されることになる。その他にも、環境の変化と共に、国家の構成員の価値意識が変化し、憲法規範が彼らに対して権威を喪失し、その結果として憲法規範と憲法現実との間の乖離が大きくなるのなら、革命状況が生まれる場合もあり得る。憲法規範が国民の間に広くかつ深く定着しているような議会制民主制においては、政府が憲法規範に著しく反する行為を長期的に続けるようになる場合、憲法規範に基づいて、また、環境の変化や外からの入力によって当該社会の価値体系が大きく変わる場合、新しい「正義としての法」に基づいて新しい政治体系が樹立され、その特徴的な権力構造を規範化した憲法が政治主体の決断によって制定されて、革命状況は新しい憲法に基づいて再び正常化されることになるであろう。それと共に、「憲法改正の政治過程」Ⅰ型が再び作動し始めるのである。このように、憲法は、近代国家、そして現代国家においては、政治変動の制度的決着としての性格をも帯びることになったのである。

3 発展途上国の憲法状況

第二次世界大戦後、帝国主義のくびきから解放されたアジア・アフリカの諸民族は、自主的な政治組織を確立することによって、自らの運命を自らの決断で切り開こうとして、新しい国家作りに向かった。その際、憲法が近代国家の標識であることが認識されて、先進国の憲法をモデルに憲法が制定され、それに基づく政治制度も導入された。しかし、今日のところ、人民が主権者としての権利意識に目覚め、政治主体としての自主的行動をとることが出来るまでに成熟したところを除いて、あるいは憲法規範が当該国民の文化になじまないものであった場合、それは人民の基本権を擁護する方向で支配者側の規範設定行為を規律化し得ず、対外的援助を引き出す装飾品か、上からの強権的支配を正当化する道具として利用される場合が多い。憲法規範と憲法現実との乖離はあまりにも大きく、根本規範としての憲法は機能し得ないため、慢性的政治不安を招き、絶え間ざる政治変動にさらされているのが通常のケースである。つまり、「憲法改正の政治過程」のⅠ型とⅡ型の交錯し合う状況である。

英米の先進的民主主義諸国の歴史的経験から見て、憲法の究極的番人としての人民の革命権が憲法に担保されており、それを人民が権利として自覚している間、憲法はその本来の機能を果たすが、外見的立憲主義国や発展途上国の多くに見られるように、憲法が真の意味での効用を持たず、権力の正当化の手段として、近代的憲法の形式的側面のみが取り入れられて、実質的に上からの恣意的支配を補強する道具として利用されているところでは、真の近代的憲法を獲得せんとする下からの民主主義運動なしには、立憲主義は実現され得ないであろう。こうした立憲主義の在り様は、「自由」の場合も同様である。したがって、20世紀の20年代から50年代にかけてイギリスを代表する世界的に著名な政治学者のハロルド・ラスキは『政治学大綱』（*A Grammar of Politics*, 1925）の扉に、自由を恋と比較して述べているネヴィンソン（Henry W. Nevinson）の『自由論』（*Essays in Freedom*, 1909）から引用した文章を掲げているので、立憲主義が自由といかに似ているのかを類推する手掛かりとして、それをここに紹介しておきたい。「なぜなら、自由は、知られる通り、恋と同じく、我々自身で、日々新たに勝ち取らねばならぬものである。そして、一つ一つの勝利の後、もうこれ以上戦わずとも、落ち着いて享受することができる、と思うばかりに、いつも恋を失っていくのと丁度同じように、そのように我々は自由を失ってゆく。……自由のための戦いは決して終わらず、その戦場は決して静まることはない。」(1)。

4 国際社会における立憲主義

今日、国際政治のレベルでも、政治におけるデモーニッシュな側面をなるべく減少させ、権力政治のルール化の試みとして立憲主義の導入が試みられてきた。国際法に基づく国際仲裁裁判所の設立や、国際連盟の発足と1928年の「ケロッグ・ブリアン条約」（不戦条約）発効、そして国際連合発効がそれであり、1948年の「世界人権宣言」の採択と、それに基づいて、1966年、国際連合総会で採択された「国際人権規約」は立憲主義の導入を一歩前進させる試みとみられよう。しかし、歴史的経験の教えるところによると、立憲主義はそれを実現しようとする意志権力の強制力が存在しない限り、政治理念としては長期的には政治を大きく方向づける役割を果たすが、短期的には時の権力の正当化の手段として利用される可能性もある。とはいえ、権力が立憲主義の外見を装おわざるを得なくなったことこそ、近代憲法の理念が世界中の抑圧された人々に政治主体としての権利を覚醒させ、さらに彼らの基本権獲得を目指す民主主義運動の目標となっていて、世界の政治を方向づけていることの何よりの証拠と見られよう。

---

(1) H・ラスキ著・横越英一・日高明三共訳『政治学大綱』〈上巻〉、法政大学出版局、1952年。

第7章

日本国憲法の憲法史的立ち位置

1 戦前において受容されたドイツ国法学の影響下にある憲法解釈論

以上、第２章から第５章にかけて、仏英に誕生した近代憲法が隣国のドイツに波及し、それを受容せざるを得なかった近現代ドイツ憲法政治史を辿りながら、近代憲法の変容過程を考察した。近現代ドイツにおいては「憲法改正の政治過程」Ⅱ型が数回も繰り返され今日に至っている。本章では、こうした近現代ドイツ憲法政治史を反射鏡にしてそれに照らして見た場合、日本国憲法はどのような憲法史的立ち位置にあるのかを問うことにしたい。というのは、明治憲法はプロイセン憲法をモデルにして制定されており、さらに敗戦までの約60年間の明治憲法を中心とした「憲法改正の政治過程」Ⅰ型においては、政治の自由主義的な改革を弁証する憲法解釈論がドイツ国家学、とりわけイェリネックの国家学を大いに活用し、展開されていたからである。また、現行日本国憲法の生存権は、ワイマール憲法における社会権からの影響が見られるという説もあり、第二次世界大戦後の憲法解釈学においても、戦前の伝統が継承されて、ドイツ国家学が開発した概念が用いられる場合が多いからである。

日本も、ワイマール・ドイツと同様に、敗戦を契機に、すでに第１章で述べたように、1946年（昭和21年）11月３日に、プロイセンの外見的立憲主義憲法である明治憲法を改正して、アメリカ憲法をモデルにした近代憲法としての日本国憲法を公布した。それは、翌年５月３日に施行され、今日に至っている。すでに述べたように、外見的立憲主義憲法は近代憲法の定型的内容を、君主主権を温存させる形で形式的側面のみを受け継いだものであった。帝政ドイツでは権力の正当性原理として国民主権論が次第に優勢化するにつれて、国民主権と君主主権とを折衷的に統一した「法人としての国家」に主権が存するという国家主権論によって君主支配体制を、国法学を用いて弁証しようとした。つまり、「法人としての国家」そのものに主権を帰属させ、君主を主権の担当機関に位置づけることで、実質的に君主主権の温存を図ったのであった。ドイツ国法学は、この国家法人論によって巧みな論理構成と見事な法技術論を駆使して、近代憲法原理の外見的立憲主義憲法への浸透を防ぎ、その影響力を抑えることに成功したのであった。

現行日本国憲法は、こうしたドイツ帝国のプロイセン憲法と共通の性格を持つ明治憲法の憲法改正条項に基づいて制定された。したがって、その形式や部分的にはその内容において明治憲法とは継続性が見られるといえよう。

2 日本国憲法の憲法史的な立ち位置

明治憲法とはある点で継続性を持つとはいえ、日本国憲法は、前述した近代国家成立以降の憲法と政治の動態的相互規定関係に関する考察のパースペクティヴの中で捉え直してみるならば、アメリカ憲法をモデルにした「近代立憲主義型市民憲法」的要素と、ワイマール憲法の顕著な特徴の一つとされている社会民主主義的要素、つまり「現代市民憲法」的要素、「ブリアン・ケロッグ条約」(不戦条約)、そして戦前の明治憲法の中核的部分の天皇制の部分のドイツ公法学者のスメントがいうところの「統合としての憲法論」に基づいて再構成された「象徴天皇制」の合成であるといえよう。換言するのなら、その特徴は、アメリカ憲法的要素、ヨーロッパ大陸の社会民主主義的要素、日本固有の歴史的伝統の天皇制の混合の上に、国際紛争を解決する手段としての戦争の放棄を条約締結国に義務づけた「不戦条約」を付け加えた点である。

顧みるなら、敗戦後、アメリカ占領軍は日本において権力と権威を併せ持った「絶対者」として君臨し、日本国憲法を外から日本国民に強要したことは事実である。その際、日本が二度とアメリカに挑戦することのないように、「不戦条約」を憲法の前文と第９条に書き込んで、日本が「平和国家」として発展することを望んでいたといえよう。この望みは、「十五年戦争」で苦しんできた国民多数の願いとも合致したので、この「平和」憲法理念はその後、国民の間に根づくことになった。もとより、アメリカは、戦後処理に当たって、ドイツに対しては、当初、同国を一挙に「農業国」へと退行させることで完全に無力化させる構想を主張した、当時のモーゲンソー財務長官の「モーゲンソー・プラン」に沿ってドイツ処理に当たっており、当然、ドイツと同じ「枢軸国」であった日本に対しても平和「憲法」を強要したとしても何ら不思議ではなかろう。とはいえ、日本国憲法は、平和「憲法」的要素の他に、「近代立憲主義型市民憲法」的要素——それは日本国民自らが主体的に成就することの出来なかった市民革命の成果である——をベースにして、さらに「現代市民憲法」的要素をも加味している。そして、こうした「近現代的」憲法によって、日本を近代的立憲主義国家へと変革させようと外から方向づけたのも事実であろう。日本国憲法の公布と共に、アメリカによって戦前の天皇制支配体制を支えていた二大支柱の大日本陸海軍とそれに連なるものの一切が平和「憲法」的要素によって一掃されたが、もう一つの支柱であった文官官僚制は温存された。もとより、それは、アメリカによってその占領行政の道具に改変され、今日に至っている。したがって、戦前と戦後の日本を比較した場合、注目されるのは天皇を頂点とする文官官僚制が継続して存在し続けている点であり、この点に関する限り、半分だけ近代国家に生まれ変わったことになる。とはいえ、文官官僚制も新しい憲法に忠誠を誓い、天皇も新しい憲法によって規定された「象徴天皇」の役割を自覚して遂行しており、その点から見るなら、戦後日本はイギリス型の近代国家に変容したともみられよう。しかし、その反面、戦前の天皇制を精神面で支えていた「臣民文化」は一応抑止されたが、いまだ国民の保守層の心の深層において根強く生き残り、今日、その復活が一部見られるようになっている。旧西ドイツでは、日本国憲法に具現されている近代国家の三つの政治的構成原理の内、民主主義、自由主義の理念を国民の心に根づかせるための市民的政治教育が、非ナチ化政策の徹底化と連動して、徹底的に行われた。それに対して、戦後日本では、旧西ドイツが実施したような徹底した市民的政治教育は行われなかった。もちろん、自由民主主義的理念に基づいて国民の「臣民意識」を根本的に変える市民的政治教育は、戦後、アメリカ占領軍によって、一時上から推し進められはした。しかし、サンフランシスコ講和条約によって、日本が一応独立し、その後、日本政府が「逆コース」への政策転換を図った後には、戦前の臣民文化に抵触する市民的政治教育は形骸化されたまま、今日に至っている。そして、高度経済成長政策の遂行により国民生活が豊かになるにつれて、国民の意識は政治的無関心へと流れ、さらに怒涛のように押し寄せるアメリカの消費文化の波に呑まれて、市民的政治教育は国民の意識の表面をかすめるだけで根づくことはなかったといっても過言ではない。

3 内外の環境変化に伴う、第9条に関する憲法の理念と実際の乖離の拡大—その是正を求める自民党の自主憲法制定の主張の動きが持つ政治的インプリケーション

こうした市民的政治教育がないがしろにされる傾向は強まり、他方、1991年にソ連が崩壊し、それと共に国際政治における冷戦体制も崩れ、それとリンクしていた日本の自民党一党支配の「55年体制」も崩壊し、日本国憲法を巡る内外の状況も変化した。今や、日本は、アメリカの世界支配体制の構築において、東アジアにおける戦略的パートナーに位置づけられ、その帰結として軍事同盟における積極的な役割が求められている。この役割の遂行において障害となりつつある平和「憲法」的要素の縮減が求められている。それと相連関して、日本も、アメリカに対しては一定の相対的な「自主性」を主張することが可能となり、「普通の国」として行動すべきであるという考え方が、自民党を中心とする保守諸党の間に高まっている。こうした日本を巡る内外の環境の変化に対応して、冷戦崩壊後、革新政党の凋落は目を見張るものがあり、小泉内閣登場後、底流で根強く生き残っていた、戦前の「臣民文化」の復活・強化が叫ばれている。その流れの中で、憲法改正の動きが急速に弾みをつけている。こうした状況の中で、ワイマール憲法制定時のF・ナウマンが主張したような「国民の政治生活を統一するエートス」としての戦前の「臣民文化」の復活を、新しい憲法の中に導入すべきであるという声も大きい。それは自民党の憲法改正草案や産経新聞の「国民の憲法」要綱に見られる。

アメリカ占領軍は権力と権威を併せ持つ「絶対者」として日本の近代的立憲主義国家への変革を遂行した。明治憲法下で権力と権威を併せ持った「絶対者」の天皇は、今や日本国憲法下では権力を失い、さらにその権威も、今や国民主権の新憲法に基づく主権者の意見である「世論」と分有するように

なった。さらにまた権威に関しては、アメリカも依然として日米安全保障条約に基づいてある程度保有し続けている。こうした権力と権威の分有状況の中で、権力を持つ政府による憲法改正の動きは、本節2で述べた現行憲法を構成する四つの要素の内、「不戦条約」的要素の排除ないしは無力化と、次に経済のグローバル化とそれに対応する形での新自由主義の先進国における優勢化という国際的条件の下での、社会民主主義的要素の新自由主義的な修正の形をとることは必至であると考えられる。そして、残された「近代立憲主義型憲法」的要素と戦前の「臣民文化」との新しい結合のされ方が注目されよう。もし、自民党の主張通りの憲法改正が行われるならば、それによって、日本の国家の在り方の憲法史的な立ち位置が明らかになるであろう。

4 戦後の日独における憲法政治の展開の違い

こうした現代日本における憲法改正の動きは、ドイツの戦後の歩みと比較した場合、その落差があまりにも大きいのに驚かされるであろう。旧西ドイツが戦後再建に際して、まず憲法のボン「基本法」の制定に際しては、ワイマール憲法の批判的継承を企てた。その際、ワイマール憲法が諸勢力の妥協の産物であったが故に、その構成要素が価値的に並列で、それ故に羅列されており、その間の優劣関係がなかったことの反省から、新しい憲法の「基本法」においては、まず「近代立憲主義憲法」的要素を国家権力によって侵すことの出来ない「聖域」の地位にまで高めて位置づけた。次にナチ・ドイツ時代の暴政に対する反省から、基本的人権を守るために「憲法の番人」としての国民の抵抗権を導入し、かつ、その平時における代行機関としての連邦憲法裁判所を設置し、さらに社会民主主義的要素を継承し、それを「共同決定法」という形で社会・経済システムの中に組み入れた。最後に、F・ナウマンの主張は排除して、逆にドイツ国民のアイデンティティの表現としてのナショナリズムの基礎を、ナチ・ドイツ時代のようにドイツ的な歴史的伝統や「血と土」の中には求めないで、民主主義、自由主義という普遍的な政治原理の上に置く原則を採用した。そして、このボン基本法を国民の間に根づかせるために、過去の歴史の清算と自由民主主義的な市民的政治教育を徹底させ、今日までそれを続行している。

ところで、現在、日本は周辺諸国から「過去の歴史」の清算が彼らの期待通りに進んでいないことに対する不満が表明され、外交問題の棘となっているようにみられる。旧西ドイツでも「過去の歴史」の清算が国内で問題なく行われた訳ではなかった。現在、日本の保守派が主張しているのと同じような主張が旧西ドイツでも行われたことがあった。旧西ドイツがEUの枢軸国としてフランスと並ぶ大国の地位を獲得し始めた1980年以降には、右翼保守派の歴史学者の間において、ドイツが過去に行ったことは、他の英米仏の帝国主義国家やソ連が行ったことと比べて程度の問題はあるが、本質的に違うものではないので、ドイツだけが反省したり、謝ったりする必要はない、という主張が頭をもたげてきた。こうした主張を巡って「歴史家論争」が展開されたことがあった。その中で、ハーバーマス（Jürgen Habermas, 1929～）はそうした主張を批判して「憲法愛国主義」（Verfassungspatriotismus）を主張した。彼は、民主主義、自由主義という普遍的な政治原理を国家の建国理念として掲げる基本法をドイツ国民のアイデンティティの基礎に据え、そうした基本法の実現に努めている祖国ドイツに対する愛国心は基本法を守り、発展させることを願う「愛国主義」であるので、ドイツ国民のナショナリズムは「憲法愛国主義」に他ならない、と主張したのである[(1)]。このハーバーマスの主張が受け入れられ、ドイツ国民は、ようやく、普遍的な政治原理の民主主義、自由主義、そしてそれらの上に自己のアイデンティティの基礎を置くナショナリズムという、近代国家の三つの政治的構成原理を正しく一体化させることになり、それによって英米仏のような先進的近代国家の国民と同じ立場に立つ光栄を手にすることができるようになったのである。

こうした現在のドイツの「憲法愛国主義」の観点や、近現代ドイツ憲法政治史の展開を基準にして今日の日本国憲法改正の動きを眺めるならば、それはワイマール憲法時代に逆戻りしつつあるのではないかと疑いたくなる。いずれにせよ、旧西ドイツ・現代ドイツでは、国民の間に、過去の歴史の清算と、自由民主主義的理念を根づかせるための市民的政治教育が継続して行われ、その成果が「憲法愛国主義」という形で現れたことを見るなら、今後の日本においては、自由民主主義的な政治教育が真剣に取り組まれなければならない課題であることが痛感されよう。というのは、その成功なしには、いわゆる自主憲法が制定されたとして、さらにその憲法とは自民党の「臣民文化」の復活の主張を盛り込んだものであるのなら、憲法の中核的な構成要素の「近代立憲主義憲法」的要素が権力を拘束する規範力、つまり「権力を縛る力」を失うことになり、「新しい憲法」は本来の近代憲法に値するものにはならない恐れが生じる可能性が予想されるからである。

---

(1) J・ハーバマス著・三島憲一他訳『遅ればせの革命』(1990年) 岩波書店、1992年、219頁以下。Ch・ソーンヒル著・安世舟他訳『現代ドイツの政治思想家』、272～274頁。ハーバーマスの「憲法愛国主義」を巡る憲法論議の紹介は、毛利透『民主制の規範理論—憲法パトリオティズムは可能か』勁草書房、2002年の第1章にある。

おわりに

政治変動の要因としての外からの入力

本書の第６章においてすでに指摘したように、人間の社会は大体において外部との接触、つまり「外からの入力」によって政治変動が始まる場合の方が多いといえよう。敗戦後、アメリカ占領軍主導の上からの民主的改革によって、明治憲法に基づく憲政体制は、その多くの部分が解体され、本書でいう「憲法改正の政治過程」Ⅱ型が進行した。それが終了した時点で、現行日本国憲法が導入され、それに基づく憲政体制がおもむろに確立されて、今日に至っている。新憲法公布後約68年が経過したが、この成文憲法の国民主権、基本的人権の尊重、平和主義の三大政治原理によって構成された憲政体制は、平和主義の一角が若干崩れかけているものの、世界の憲法史においても稀有なほど安定的に推移している。これは驚嘆すべき出来事である。その原因は外部環境と内部環境の二つの領域に求めることが出来よう。まず外部環境から見ることにする。

冷戦崩壊期まで、日本はアメリカ圏内に組み込まれており、さらにアメリカが自国の基本的国家原理としてその実現を目指している普遍的政治原理——もちろん、それはアメリカ憲法に文書化されているのだが——である民主主義（人民主権）、自由主義（基本的人権の尊重）を、日本もその憲法の基本的政治原理として採用しているために、日本とアメリカは自由民主主義的価値観を共有することになった。そして、日本は、アメリカ圏内にあって、アメリカとのその度合いが占領期ほど色濃くはないにしても、接触は継続されている。とはいえ、アメリカからの入力は自由民主主義的価値観を共有しているために、政治変動を引き起こすほどの大きな要素にはなってはいないといえよう。つまり、日本における自由民主主義の政治原理に基づく憲政体制は半世紀以上が経過したにもかかわらず、大きく変化の波を被ることはなかったのである。したがって、本書でいう「憲法改正の政治過程」Ⅰ型の主要部分はあまり作動しなかったといえよう。

日本の安全保障体制の二重構造
—憲法第９条と日米安全保障条約の一体的な関係

では、何故に平和主義に基づく憲政体制の一部が崩れかけているのであろうか。その答えは簡単である。どの近代国家でも安全保障部分はその他の部分と比較するなら、相対的に肥大化しているのが普通である。第二次世界大戦後、日本の安全保障部分は二重構造となっているとみられよう。その一つの部分は、敗戦直後にアメリカの要請に基づいて、日本国憲法第９条に示されているように、国策の遂行手段としての戦争放棄と、さらに戦争を遂行する手段の戦力の不保持を宣言している点である。ホッブズやヘーゲルがいうように、国際社会は「自然状態」に等しいともいえる。いまだそうした一面もある国際社会という現実の中に日本が存在しているにもかかわらず、日本国憲法の平和主義は、敵になるかもしれないすべての人に向かって、「敵意は微塵もありません。したがって、仲良くしましょう。その証拠にあなた方を攻撃する一切の武器を捨ててしまいましたから、私の平和への意志を分かって下さい。あなた方を信頼しております。」といっているようなものである。それは、国際政治を研究する理想主義者から見たら、「よくも日本のような大国がそうした思い切った理想主義を掲げたものだな！」と持ち上げられるかもしれないが、国際連合か、あるいはどこかの国が守ってくれなければ、「無防備都市」ならぬ「無防備国家」の宣言に等しいものである。したがって、こうした事実を踏まえて考えるなら、この日本の平和主義宣言の裏には、日本の安全保障を担う他国が想定されているということが予想される。その他国とは、いうまでもなく、アメリカである。つまり、日本の安全保障構造の実質的な部分を担当するのはアメリカであるという点が、日本の安全保障の二重構造のもう一つの部分である。こうした日本の安全保障の二重構造を、第二次世界大戦後の国際政治の布置の中で見るのなら、日本国憲法第９条は、アメリカの戦後処理における対日政策の一環として、現行日本国憲法に導入されたものと見てもよかろう。それ故に、冷戦勃発後の冷厳な国際政治の現実を踏まえて、アメリカは、西ドイツに対して行ったのと同じように、日本占領を解き、日本を独立させるに当たって、サンフランシスコ講和条約締結時に、日本国憲法第９条と一体的な関係を持たせた日米安全保障条約を同時に締結して、それをもって日本の安全保障をその実質において支援することになったのであると解釈されるだろう。換言するのなら、日本の安全保障システム、その一つである平和主義は、アメリカの安全保障システムの中に組み込まれており、このシステムと日本国憲法第９条とは表裏の関係にあって、両者が別々のものとはいえない点については留意する必要があるだろう。

戦後70年近くもの長い間、日本は、アメリカ圏内にあって、さらに日米安全保障条約に守られて、平和を享受することができたが故に、荒れ狂う戦争という大海原に浮かぶ「平和島」という絶海の「孤島」であった。恐らく、仏陀が生きていたら、現在の日本を指して、西方浄土ならぬ「東方浄土」と呼んだかもしれない。実際、現在のアフリカのソマリアや内戦中のシリアの人々は地獄の中で生きており、日本の現在のことを知ったら、やはり「地上でも『天国』があるんだな！」と羨ましがるであろう。

平和主義に基づく憲法体制の一角を崩す外部的要因

ところで、アメリカに守られた状態の「平和島」の人々は、その思考様式において当然「平和ボケ」が進行するのは当然の成り行きといえよう。こうした現象を生み出しているのは、いうまでもなく、現行日本国憲法序文の「平和を愛する諸国民の公正と信義に信頼して、われらの安全と生存を保持しようと決意した」という素朴な人間性善論に立脚する国際政治に関する理想主義論とその憲法条文上の表現としての第９条である。すでに述べたように、憲法第９条は、アメリカが第二次世界大戦中の苦い経験から、日本が再び武器をとって挑戦してくるのを阻止する予防措置として、日本に仕掛けたものであった点は忘れられてはなるまい。人間性悪説に立つ政治的リアリズム的感覚を少しでも持つ者なら、このことを忘れることはないであろう。しかし、長い間の「平和ボケ」のお蔭で、いつの間にか、政治的リアリズムのかけらもない思考様式が一部の人々の間に染み込み、第９条の文意をそのまま信じて疑わない習性が根づいてしまった感が否めないといえよう。別言すれば、第９条は現行の日本国憲法の三大原則の一つの平和主義を象徴する条文ではあるが、他方、それは日米関係においてはアメリカの対日政策の中に組み込まれた重要な部分であるので、アメリカの世界戦略の変化によっては変化するという事実を忘れてはならないのである。

本書の第１章ですでに指摘したように、第９条を巡る動向は、アメリカの対日政策が独立変数なら、その従属変数である。したがって、日本政府は、アメリカの要請を受けて――もちろん、自国の国益を考慮しながら――、第９条の有権的解釈を通じて、冷戦時には自衛隊を創設し、さらに冷戦後はアメリカの世界戦略の変化に対応して自衛隊の条件付きの海外派遣を行った。そして、21世紀に入って、中国の超大国としての急速な台頭に直面して、アメリカは戦略的重心を中東からアジア太平洋に移す「リバランシング」を行いつつある。それに呼応して、アメリカは日本に対して、同盟国として一定の役割を果たすことを求めており、その求めに応じて、第二次安倍内閣は集団的自衛権行使が容認できるような、第９条の有権的解釈を模索しているといえよう。換言するのなら、自衛隊創設から今日の集団的自衛権行使容認の模索までの静かなる「憲法改正の政治過程」Ｉ型の作動は、アメリカからの入力に起因しているという点について、いくら強調しても強調しすぎることはなかろう。

以上、日本国憲法の平和主義の基本的政治原則に基づいて構築された日本の憲政体制が一部崩れかかっている外部要因について見てきたので、次にその内部要因についてもさらに見ていこう。

平和主義に基づく憲政体制の一角を崩す内部的要因
―支配政党の自民党における保守派の台頭

2012年（平成24年）12月の第二次安倍内閣発足後、「偉大なる中華民族の夢」の実現を目指して目覚ましく台頭する中国を念頭に置いて、日本の安全保障の強化が制度的に進められているが、従来よりもその姿勢において強い積極性が見られる。この積極的姿勢は、アメリカからの入力もさることながら、支配政党である自民党の日本の将来の国の在り方に対する考え方の一つの現われでもあると見られる。1955年、自民党はその創立時から自主憲法制定を党の目標に掲げてきた。その具体的な内容は、憲法改正草案に示されている。その主眼は、第９条を改正して、自衛隊を国防軍に変え、「普通の国」ならどこでも有する安全保障のための諸制度、例えば、国家安全保障会議の設置、特定秘密保護法などを整備して、安全保障に関して「普通の国」並みの体制を確立することにある。「平和ボケ」に浸かった人間性善説に立つのではなく、人間性悪説に立つ政治的リアリズムの立場から見るのなら、この自民党の主張はむしろ穏健なものであり、遅きに逸しているとも見られないこともない。

ところが、これまで日本が隣国の納得のいくような形で「過去の歴史」の清算を行うことに対して躊躇しているために、日本の周辺国は、日米両国間で進められている、日本がある程度「普通の国」になるためのごく「穏健に見える」憲法改正の動きを、過去の記憶から類推して、軍国主義の復活に通じる道と批判し、懸念を示している。したがって、この懸念を払拭させる努力をしない限り、もし近い将来憲法改正に成功したとしても、憲法改正で得られる効果よりは、東アジアの国際関係においては、むしろマイナス効果の方がより多く生まれる可能性がないとはいえないであろう。第二次世界大戦後における日独の「過去の歴史」問題の清算に関して、日本はドイツと比較すると、外から見る限り、立ち遅れているような感じを否めないだろう。その原因はどこにあるのであろうか。その答えは簡単である。ドイツはナチズムという過去とは完全に断絶した形で再生の道へと進んだのに対して、戦後の日本では、アメリカがその占領政策の手段として大日本帝国の文官官僚制を残して利用したことで、明治日本とは一部では継続する部分が存続しているからである。要するに、日本は負けたが、半分は敗戦処理の対象から免れたのである。戦前の日本との継続性の部分のマインドが現在の日本の保守層の思考様式を支配しており、そうした思考様式を今日の自民党が多く継承しているとみられなくもないのである。確かに、冷戦時代の自民党では第９条の改正には積極的ではないリベラルな経済成長重視主義の穏健派が、党の指導権を掌握していたが、20世紀末にその勢力が凋落し、それに代わって「復古的ナショナリズム」を主張する勢力が台頭し、それが党の指導権を掌握している。この流れの旗手が安倍首相であるとみられよう。

安倍首相の「積極的平和主義」の政治的意義

21世紀に入り、経済のグローバリゼーションが本格化し、それに伴い世界における権力関係も急速に推移している。国際政治の分野では、冷戦後、EUの結成、中国の台頭、中東地域の流動化、アフリカの混沌化などで、アメリカの一極支配体制にも陰りが見え始め、ある国際政治学者（イアン・ブレマー）によると「多極化」ではなく、すでに「Gゼロ」、すなわち「無極化」時代に突入しつつあるともみられている。日本も、明治以降の対外政策の展開の歴史的なパースペクティヴから見るのなら、英米との同盟があった場合には国益の増進があったが、それから外れるとマイナス的後退が見られたことを考えると、今後も日米同盟をさらに堅持しつつ、経済のグローバル化の中で国益の増進のために、アメリカと力を合わせつつ、ある程度「普通の国」としての自主的な活動を展開せざるを得ない時代に入っていると見るべきであろう。そうであるのなら、冷戦時代のように、政治的イデオロギーによって国際情勢を見るのではなく、冷徹な政治的リアリズムの観点から、しかも50年先の将来を見据えて、その時までに主流として存続し続けられるであろう時代の潮流を見極めて、憲法改正を考えていかなくてはならないだろう。

安倍首相は、2013年９月の国連総会における演説や、10月15日の第185回臨時国会での所信表明演説でも「国際協調主義に基づく積極的平和主義」を唱えている。それは、これまでアメリカの安全保障体制の傘の下で、東アジアの周辺諸国の「過去の歴史」の経験に起因する猜疑心の目に映る日本のイメージや、国内の平和主義の憲政体制の守護を支持する国内世論などの制約下で、前世紀まで自民党の主導権を掌握していたリベラルな穏健派が安全保障において消極的であったのに比べて、かなり思い切った安全保障に関する姿勢の転換を意味する。「無極化」時代の国際政治の現状から考えるのなら、安倍首相の姿勢は理解できるし、そして日本の安全保障の二重構造の主要部分を占めるアメリカの要請とも合致する政策転換であるとも解釈できよう。

「過去の歴史」問題への日本的なアプローチ①：保守派の第二次世界大戦に関する考え方

とはいえ、安倍首相が「復古的ナショナリズム」の旗手として、周辺国の「過去の歴史」問題に関する期待に合致しない考え方を主張していることから、安倍首相の「積極的平和主義」の姿勢は、かえって日本が今後「普通の国」に転換するのには大きな障害になる可能性があるだろう。周知のように、安倍首相は侵略の定義は歴史家に任すべきであるとか、侵略の定義において政治的イデオロギーを持ち込むべきではないと発言している。この主張は、いうまでもなく、日本の保守層のごく普通の考え方を代弁しているに過ぎないようにみられる。こうした考え方の根底にあるのは、外国の強要によって開国を迫られた日本人のトラウマと、それを発条とする強国にならなければ、再び屈辱を受けることになるという強迫観念である。確かに、この強迫観念に突き動かされたが故に、開国に伴って受諾せざるを得なかった屈辱的な不平等条約を撤廃し、その後、国際情勢をリアルに見極めて、当時世界の覇権国だったイギリスとの同盟を1902年に締結した。また、それを後ろ盾にし日露戦争を勝利の内に終結させ、さらに、第一次世界大戦では日英同盟に基づいて連合国の一員としてドイツと戦い、大戦後の新しい国際秩序を管理する国際連盟の常任理事国の地位を獲得するまでに強国への道を歩み続けることができたのであった。そして、やっと強国の一員になった自負心も手伝って自主独立の道を追求することになり、日英同盟を破棄した。そして、1930年代に入って、中国を中心とする東南アジアにおける権益を巡って英米と対立していたが、強国への道をまっしぐらに走り続けるかつての敗戦国ナチ・ドイツの躍進ぶりに幻惑されて、現状打破を力で求めるヒトラーと提携する道を選択し、ついに第二次世界大戦へと突き進むことになった。やらなくてはやられる「自然状態」的状況に追い込まれて、国際政治において既得権の上に胡坐をかいている他の強国もこれまでやってきたことなのだからと、それにならい、中国や東南アジアで軍事行動を展開させた。そして、それが挫折した。このことで、第二次世界大戦後、1946年5月に東京で設置された極東国際軍事裁判で、「人道に対する罪」「平和に対する罪」などで28名が起訴され、25名が有罪判決を受けた。「勝てば官軍、負ければ賊軍」の喩えのように、日本は戦争に負けたのだから、止むを得ずその判決に従ったが、それは国際政治の論理に従ったまでであって、その判決の正当性を信じたからではない。国際軍事裁判は他の手段による政治＝戦争の延長的な性格を帯びた政治的イデオロギーの攻撃ではなかったのか。日本は極東国際軍事裁判の判決では、日本の「侵略」について道徳的な面から非難されたが、日本がやったことは個人にも認められているような「正当防衛」であり、確かに追い詰められて「過剰防衛」の側面がなかったわけではないが、侵略ではなかった。このように考えるのが安倍首相が代表する保守派である(1)。

「過去の歴史」問題への日本的なアプローチ②：保守派の朝鮮半島に関する考え方

第二次安倍内閣は、第二次世界大戦について以上のように考えている訳だから、李氏朝鮮については絶対侵略はしていないと主張する。なぜなら、ロシアが南下政策をとっており、日本が傍観したのなら、朝鮮半島はロシアに呑み込まれていたであろうし、さらにその先は日本もロシアに侵略されてその植民地になっていたかもしれないから、止むを得ず日本の防衛のために予防策として先手を打って朝鮮併合を行ったまでであるからだという。しかも、併合も当時の李氏朝鮮政府〔1897年に国号を大韓帝国と改める〕と平和的交渉の結果として、しかも韓国政府内の大部分が積極的に日本との合併を求めたので、日韓併合が実現された。その後、それまで約500年間停滞状態にあった韓国の近代化のために、日本はどれだけ力を尽くしたか、周知の通りであろう。韓国は日本が侵略し、35年間植民地にして略奪したというが、以上のことを勘案して、日本は侵略も略奪もしていないと主張している。

「過去の歴史」問題への日本的なアプローチは周辺諸国に受け入れられるのであろうか?

以上のような保守派の考え方やその主張は、日本がいくら「正当防衛」や、「正当防衛」がやや行き過ぎて「過剰防衛」になったといったとしても、その行為を受けた側から見ると「加害者」の行為であったことは、紛れも無い事実である。それにもかかわらず、被害者からいわれて、「そうかなあ?」と思うことはあっても、「加害者」意識はあまりないように見受けられるのである。そればかりではない。第二次世界大戦末期に、戦時国際法から見ても問題のある、アメリカ軍の連日連夜の空襲で東京を含めて主要な大都市が壊滅的な爆撃を受けた上に、広島、長崎の原爆投下で止む無くポツダム宣言を受諾せざるを得なかったという屈辱感と被害者意識が強烈に残っていて、それらによって、朝鮮半島や中国や東南アジアで征服者として振る舞った行動、つまり加害者としての意識は相対的に薄められているのである。こうした保守派の考え方を代弁するとみられる安倍首相は、「過去の歴史」のことは70年近く経ったことでもあるので、その是非については歴史家に任せ、経済のグローバリゼーションの深化した今日、経済的な相互依存関係が深まっていることを考慮して、むしろ経済的な相互依存関係のさらなる深化を進めて大局的な見地から相互互恵の戦略的な関係を発展させることが重要ではないかと主張している。それと同時に、アメリカの世界支配力の減退が見られる空白部分を埋めるべく、英米が世界支配のために使った普遍的な政治原理、つまり自由民主主義、法の支配を主張する「価値観外交」を展開し始めている。そしてかつての西ドイツのように「普通の国」の体制を整えるために、日本国憲法第９条の改正を目指して、その実現までは集団的自衛権行使が容認される有権的な解釈に取り掛かっており、前述したような「普通の国」の安全保障体制の制度的な整備に着手しているのが現状ではなかろうか。これが憲法の平和主義に基づく憲政体制の一角が崩れかかっている部分である。

こうした安倍内閣の動きに対して周辺諸国は懸念を示しており、そのまま放置すると、東アジアにおいて日本の孤立化を招くのではないかと危惧する者も多い。したがって、こうした懸念を払拭する努力を行わなくてはならないであろう。中国も朝鮮半島の南北も、幕末、明治初期に日本が受けた屈辱の数倍に当たる屈辱を日本から受けており、それを発条にしてそれぞれ自国の強国化に努めているので、日本の保守派の主張はある一面では理解できる素地を持っているとみられないこともないのである。したがって、日本から相互理解のためのコミュニケーションを積極的に働きかける必要があろう。前ドイツ駐日大使のシュタンツェル氏が、西ドイツは周辺国に対して侵略した事実を率直に認め、その自覚の上に立って周辺国に対しては被害者の傷に触れないように「自制」の態度を取ってきたが故に、障害を受けることなく、東西ドイツの再統一を成し遂げることができた、と朝日新聞での対談で述べている[(2)]。日本も、旧西ドイツに学び、「自制」の心を持って、日本人特有の過去に対する考え方を丁寧に説明する努力を続けなくては、憲法改正に対する周辺国の懸念を払拭させることはできないであろう。

憲法第９条の国際的効用

以上、現在進行中の憲法改正の焦点になっている第９条を巡る諸問題を考えてきたが、視点を変えて見ると、第９条の国際的・国内的な効用は大なるものがあったといえよう。その国際的な効用についていえば、その一つは、通説となっているように、同条文が存在するがために、アメリカのための日本の再軍備の要請をある程度拒否できた点、そしてアメリカの戦争に巻き込まれないで、約70年間も戦争の荒海の中で絶海の孤島として「平和島」が維持されてきた点である。もう一つは、周辺国は日本が「過去の歴史」の清算問題に彼らの期待に沿う形で動かないという不満を抱いていても、第９条のお蔭で、現在の日本はやはり平和国家であり、またそうあり続けるであろうという信頼感を抱かせる効果はあったといえよう。

憲法第９条の国内的効用

次に、その国内的効用であるが、それについて、現在、憲法学の第一人者である樋口陽一東京大学名誉教授は次のように述べている。第９条は、第一に、社会全体の非軍事化を要請する条項として、日本の社会の中での批判の自由――したがって自由そのもの――を下から支える意味を持った、という。すなわち、①軍国主義解体、②神権天皇から象徴天皇への転換、③戦争放棄と戦力不保持を実現した。第二に、第９条は、立憲主義憲法史にとって必然のものとされてこなかったが、戦後日本では、立憲主義憲法史そのものにとって必然のものであったということである。というのは、「第９条を争点の中心として争われつづけてきた日本国憲法が戦後日本にとって持った意味は、個人の尊厳を核とする『近代』を日本社会がうけとるために、必然のものであった。それとまた同時に、『近代』そのものに対して、それを内側から批判する意味をあわせもっている」からである、と述べている(3)。

憲法改正における日独の違い

以上、現在進行中の日本における、第９条を巡る「憲法改正の政治過程」の問題点について考察してきた。そこで、最後に、もし、国際政治が真に「無極化」へと向かうのであれば、当然、外部環境の変化に対応して、現在の憲法体制の修正が必要になってくるであろうから、そうした事態にどう対応すべきかを考えておく必要があるだろう。護憲論者は、現行憲法を「不磨の大典」と捉え、金科玉条のように守護すること、つまり改正に反対を唱えるが、すべてのものが変化するのが世のならいである以上、「変化の諸相の下」で考察すべきであろう。英米仏、そして現在のドイツと並んで先進現代国家の一員として、これらの国家と同様な「普通の国」になろうとするのなら、現行憲法には二つの点で欠けているところがあると考えられる。その一つは、外からの軍事介入、ないしは侵略に対抗するための軍事力の維持とその絶え間ない点検はいうまでもないが、それを下から支える憲法上の仕組みである。この欠けている点を安倍内閣が集団的自衛権行使の容認という形で、政府による無理な有権的な解釈と安全保障のための制度づくりで埋めようとしている点については、すでに述べたのでここでは触れない。もう一つは、憲政体制にとっての突然の、あるいは急激的な内外の危機状況の発生に際して、憲政体制それ自体を守り、危機の中からそれを救出するために、一時的に危機に対処するための緊急対応システムである。つまり、内外の緊急事態の発生に際しては、そうした事態に対処するために一時的な権力集中システムを構築して、例外状態を正常化できる緊急命令の公布とその実施を立憲主義の観点から規律した条文、例えば緊急事態権に関する憲法の条文を追加する必要があろう。とはいえ、戦後の日本では、旧西ドイツと違って、政府による憲法の有権的解釈や特別法を通じてこの二点の未整備の問題に対応している。この点が旧西ドイツとは異なる日本的特徴ともいえよう。というのは、英米仏の「普通の国」の近代憲法にはあるのに、日本国憲法には未整備の緊急事態権に関する条文に相当するものとして「周辺事態法」が橋本内閣時代に、次に「有事立法」〔武力攻撃事態等における国民の保護のための措置に関する法律、2004年〈平成16年〉6月制定〕が小泉内閣時代にすでに制定されており、その実態においては「普通の国」の条件を一応完備しているからである。憲法論的にいえば、再軍備条項と緊急事態権条項の二点は、現行憲法に欠けている部分であるといえよう。したがって、この二点は立憲主義と調和する形で整備することが今後の検討課題となるであろう。

将来、自民党の憲法改正草案のように現行憲法の全面的な改正が行われるのであれば、旧西ドイツ、現在のドイツの例を模範にするのも一考に値するであろう。というのは、現在、改憲論者は、ドイツは戦後60回近くも憲法改正を行っていると主張しているが、実際は近代憲法の中核部分には一切、手を触れていないのである。つまり、近代憲法の二点セットの内、基本的人権の尊重は絶対に改正不可能にしており、次に価値序列的に最高の位置に据えられている基本的人権の尊重を保障するための「自由で民主的な基本秩序」も、最高価値に位置づけている。そしてこうした基本価値を実現するために、国家機構において不都合があれば、いつでも改正する姿勢は示している。これまで57回もボン基本法は改正された（最終改正:2009年7月29日）。その内容は第5章で紹介したように、「普通の国」としての憲法における未整備の条文を補充・追加することであった。すなわち、敗戦国として将来永遠に平和を誓う姿勢を条文化したものを、周辺諸国がドイツの平和の意志の真なるものと受け止めてくれたので、西欧の一員として「普通の国」として活動できるように、NATOへの加入が許され、それに伴う徴兵制度の導入、非常事態法の制定、EU設立に伴う主権の制限や庇護権の条項の時代に適合する形での改正などの外部環境の変化に対応する憲法改正であった。それに反して、日本は一度も改正されなかった。それは「平和島」であることをアメリカや周辺国、および国民自身が望んだための結果に過ぎない。そして、自民党の憲法改正草案は外部環境の変化ではなく、「自主憲法制定」、つまり「復古的ナショナリズム」の一部復活を目指すものと受け止められている。この点が、日独の憲法改正における大きな相違点であろう。

最後に、憲法の機能について、ドイツの近現代憲法政治史から学んだ点を再確認して本書を閉じることにしたい。ラッサールが指摘しているように、憲法は世論次第で右にも左にも解釈されるので、主権者である国民一人一人が、憲法の真の機能を学習してそれに拠って、「組織された権力」の政府の解釈を監視し、もし憲政体制を損なう政府の行為があったならば、平和的な政権交代の方法の選挙を通じて、また世論を通じてその阻止のために働くべきであろう。情報通信手段の飛躍的な発達を見た今日では、「アラブの春」に見られるように、同輩とのコミュニケーションに努めるならば、憲政体制擁護の担い手の政党やマス・メディアやその他の大衆運動体を国民一人一人が動かすことは以前より困難ではなくなっている。したがって、憲政体制擁護の政党やマス・メディアやその他の大衆運動体の責任のみならず、国民一人一人の責任も大きいということになるだろう。

ともあれ、今後近い将来において国家を守る軍事力の整備とその運用が、周辺諸国の猜疑心を起こさせることのないような形で、かつこれら諸国の世論の動向に配慮しながら、現行憲法の平和主義と調和する形で、第9条を中心とする憲法改正が実現出来るように世論は注視すべきであろう。

(1)　復古的ナショナリズムの主唱者たちの声を代弁する代表的な雑誌は文藝春秋発行の『諸君！』や産経新聞社発行の『正論』などであろう。1999年までの30年間の『諸君！』の内容が収録されているのが文藝春秋編『「諸君！」の30年《ねん》』1999年、である。その他に単行本は多数存在するが、何点かを次に紹介する。まず、国際政治学者の中西輝政氏の著作、『日本の敵』文藝春秋、2001年、『いま本当の危機が始まった』集英社、2001年、『日本人の本質―衿を正して先人に学び日本人の誇りを取り戻せ』日本文芸社、2011年などや、渡部昇一・潮匡人・八木秀次『日本を嵌《は》める人々―わが国の再生を阻む虚偽の言説を撃つ』PHP研究所、2013年など。次に安倍首相の発言については次のものがある。安倍晋三『新しい国へ―美しい国へ』〔完全版〕、文春新書、2013年。安倍晋三・海竜社編集部編『軌跡―安倍晋三語録』海竜社、2013年。安倍晋三・百田尚樹『日本よ、世界の真ん中で咲き誇れ Japan! Be proud of yourself in the "center of the world"』ワック、2013年。

最後に、『諸君！』『正論』の主張を批判的に分析したものとして、上丸洋一『『諸君！』『正論』の研究―保守言論はどう変容してきたか』岩波書店、2011年があり、また第一次安倍内閣を批判的に検討したものとして、渡辺治編『安部政権論―新自由主義から新保守主義へ』旬報社、2007年などがある。また第二次安倍内閣を批判的に検討したものとして、工藤寛治『アベノポリティクス―愛国とアメリカ追随の奇妙な右翼』展望社、2013年などがある。

(2) 「インタビュー　これからのドイツは」『朝日新聞』2013年10月3日号。

(3) 樋口陽一『憲法近代知の復権へ』平凡社、2013年、131～133頁。

あとがき

私の勤務校での担当科目は政治過程論と行政学である。いうまでもなく、現代国家における公共政策の形成過程を研究するのが政治過程論であり、その執行過程を研究するのが行政学である。両科目は一見全く別の科目のように見られるが、政策の選定・決定・執行・評価・フィードバックという一連の政策循環の中の入力部分と出力部分をそれぞれ研究対象としており、したがって両科目は不可分の一体的な関係にあるといえよう。勤務校において、14年前に総合政策学部総合政策学科が設置され、両科目を担当することになった。このことによって、公共政策を巡る政策循環の連鎖の全体を総合的に研究できるようになったのは、この分野の研究者としては冥利に尽きるといえよう。

本書の題は『憲法改正の政治過程』である。大学で政治過程論を教えているのなら、こうした題の著作を著すのは当然と思えるが、「近現代ドイツの憲法政治史から見えてくる憲法の諸相」という副題を見て、これまでの私の研究歴を知っている方なら、いささかいぶかる方もいるのではないかと思い、その理由を若干説明しておきたいと思う。

私の研究活動には、大学で教えている本業の上記の政治過程論と行政学の他に、それを裏で支えている隠れたもう一つの本業がある。この裏本業の成果が本書の副題として現れているのである。このことを明らかにするために、私事にわたることになるが、大学時代から今日までの26年間の私の研究生活について自己省察を兼ねて略記させて頂きたいと思う。

1988年（昭和63年）4月、慶應義塾大学経済学部に入学してドイツ語を第二外国語として選択した。ドイツ語担当の故渋谷勝久先生は、正規の授業の他にも、ヘーゲルの『法哲学』等を原書で読む会を主宰されていたので、入門させて頂き、渋谷先生指導の下で諸先輩と共に四年間かけてヘーゲル『法哲学』等を読破することができた。その影響を受けて、今日までドイツの近現代哲学書やハーバーマス、ルーマンなどのドイツ現代社会学の著作を読み続けている。こうしてドイツとの繋がりが出来た訳であるが、この繋がりは実はもっと深いところにあるといってもよかろう。私事なので伏せておきたいのであるが、本書との関係もあり、明らかにしておくことにする。実は父が近現代ドイツ政治史とドイツ国家学の研究者である。したがって、自宅の書斎の半分はドイツ関係の書籍で埋め尽くされている。中学生になってから、こうしたドイツ関係の書籍を手に取って暇の折々に分からないながら読みふけることになり、ドイツとは深い関係が出来上がったのである。大学3年になり、デイヴィド・ヒューム研究の第一人者の坂本達哉先生の社会思想史ゼミに受け入れていただき、二年間、デイヴィド・ヒュームやアダム・スミスの著作を原書で読む厳しい訓練を受けたが、ゼミ卒業論文には中学時代からの読書の積み重ねがあったので、「M･ウェーバーの人民投票的大統領制論」を書き上げたことを懐かしく思い出す。こうして、私は、父との関係でドイツへの関心を持ち続けながら、坂本先生のお蔭でイギリスにも関心を向けるようになった。

1992年（平成4年）に大学を卒業したが、当時はバブル経済の絶頂期で、日本国民の皆が多幸症にかかっていた時であった。父が長い期間オーバードクター生活をしていたことを知っている母の忠告に従って、研究者になることを諦めて、都市銀行に入行した。しかし、どうも馴染めず、一年で退行し、早稲田大学大学院政治経済学研究科政治学専攻に進んだ。修士課程では、故内田満先生の指導下で、ベントリー『統治過程論』の邦訳を原書と照らし合わせて検討する形で一年間かけて読破した。と同時に内田先生の専門の圧力団体論を中心とするアメリカ現代政治学の集団的アプローチについて教えて頂いた。残った一年間は、ロンドン経済政治学院のダンリーヴィ教授の‘Bureau-Shaping Model’を使って、イギリスにおけるサッチャーの行政改革の成功の原因を説明する修士論文を仕上げた。この修士論文が切っ掛けとなって、行政学への関心を持つようになった。当時、新自由主義の台頭により、我が国を含めた他の先進諸国でも、福祉国家の見直しが進行していて、それはサッチャーの行政改革に範をとったものであったので、英米の行政改革についてもっと勉強したいと思い、博士課程は専攻を政治学から行政学に変えて、片岡寛光先生の下でイギリスの行政改革の研究に専念した。このように、大学院の修士課程では政治過程論を、博士課程では行政学をそれぞれ専攻したお蔭で、現在、勤務校の大学では、この両科目を担当するようになった次第である。

大学院博士課程単位修得後、現・一般財団法人行政管理研究センターに入所し、研究員としてイギリスの行政改革の研究を続け、さらに2000年（平成12年）４月、現勤務校に着任した後も、それを続けながら、ドイツ関係の著作、とりわけ「戦争と革命」の時代といわれた、20世紀に入ってからの政治変動が劇的に急転し、その動きが憲法の世界に集約的に表現された近現代ドイツ憲法政治史に関心を持ち、それらに関する研究書を読み続ける作業を、裏本業として続けてきた。その成果がようやく本書のような形となったのである。

とはいえ、本書を執筆する作業に踏み切る直接の切っ掛けとなったのは、第二次安倍内閣発足後の憲法改正の動きに触発されて巻き起こった憲法論議である。その中で、護憲派は、「憲法は権力を縛るもの」であるのに、自民党の憲法改正草案では権力を縛るのではなく、「国民を縛る」ものに変えようとしているから、それに反対であると主張し、一方、改憲派は現行憲法は「アメリカに押し付けられたもの」であり、それ故に独立して半世紀以上経っているのだから、「自主憲法」に変えるのは当たり前ではないか、と主張している。この両者の議論がかみ合わない現状に対して、もどかしさを感じていたところ、作家の赤坂真理さんの「明治を、取り戻すのか―改憲論に思う」という『朝日新聞』に載った寄稿記事を見て、わが意を得たりと感じたのが、その直接の切っ掛けになったと思う。その記事の中に次のようなことが書かれていた。憲法改正を巡る今日の憲法論議において、「憲法」という概念自体が外から入ったものではないか？　「日本の歴史の悲しさの一つは、何かを内側から本当に欲する前に、外から受け入れざるを得ない状況になることだ。幕末に開国を強いられ明治に突貫工事で近代国家の体裁を整えたとき、政府は戦前の大日本帝国憲法をつくった。列強にあるから「Constitution」を輸入し、そこにさらに「憲法」という漢字を当てた。……〔中略〕日本国憲法を読むなら大日本帝国憲法も読むのがいい。自民党の改正案も。また外国の憲法も目を通さなければ「憲法」の概念自体わからない。」と（朝日新聞2013年８月13日、文化欄）。この寄稿記事にヒントを得て、もし近現代ドイツ憲法政治史を書いてみて、その中から見えてくる憲法にはいろいろな姿があることを憲法論議を行っている両当事者に知らせることも意義があるのではないかと思い、執筆に踏み出したのである。赤坂さんのご指摘のように、そもそも「憲法」とは何か？　その意味も不明のまま議論を戦わせても、不毛なのではないか。したがって、近代憲法は何か、そしてそれが何故に世界に広がり、現在国際連合に加入している192以上の国がすべて憲法を採用している理由は何か、その理由を近代憲法が生まれ、それが周辺諸国から全世界にと波及していったその歴史過程を辿り、その中に見出すことができるのではないかと思い、本書を執筆したのである。つまり、今日の憲法論議における相対立する二つの憲法観をこの歴史過程の中において見るのなら、それぞれの憲法史における立ち位置が明らかにされるのではないか。そこで、蛮勇を奮って近現代ドイツの憲法政治史を紹介してみることにしたのである。

本書は、政治変動の法的表現としての憲法改正について政治過程論的観点からアプローチしたものである。したがって、厳密な論理構成に基づいて緻密な憲法解釈論を展開する憲法学者から見たら、議論が荒っぽく、歯牙にもかけられない代物として一蹴されるかもしれないことを覚悟している。しかし、学問の分業が進み、各々の学問が蛸壺化している現状において、政治と法、とりわけ政治と憲法とが交錯し合っている領域において、これまで政治学も憲法学もお互いに遠慮して接近するのを控えている分野に敢えて切り込んで、政治と憲法のインターフェースの領域に鍬を入れるのも学際研究の一環として有意性があるのではないかと思い、蛮勇を奮った次第である。

本書の取り扱った近現代ドイツ憲法政治史という対象については、先学の優れた著作が無いわけではない。しかし、それは多くは憲法学者の仕事で、私の知る限りは、政治学者のものは皆無といえよう。私事ばかりを書いて、露出症ではないかと疑われそうであるが、慶應義塾大学に入学する前に一年間、青山学院大学法学部に在学したことがある。高校が青山学院高等部だったので、他大学への受験が認められず、継続校ということで青山学院大学へ進学することになった。入門ゼミの指導教授がドイツ憲法史の大家の故小林孝輔教授であったことから、先生の『ドイツ憲法小史』(学陽書房、1985年)を勉強した懐かしい思い出がある。本書を執筆する際に、再度読ませて頂いたが、憲法思想史が主であって、憲法政治史ではないことに気付き、まだ空白の憲法政治史を本書によって埋められるのではないかと考えた次第である。そればかりでなく、近代憲法が何故に、杉原泰雄教授が言う「現代市民憲法」に変容したのか、その理由を、近現代ドイツ憲法政治史において近代憲法が社会主義の挑戦によって変容していった事例を手掛かりにして探っている。したがって、そういう意味でも、本書の上梓の意味があるのではないかと考えている。

もとより、憲法史や比較憲法の著作は多数存在することは百も承知している。従来、憲法史や比較憲法論については、憲法学者によって著されたソ連崩壊期までの優れた研究が多数刊行されている。その中では、ほとんどがマルクス主義の影響が強く見られ、下部構造が上部構造のイデオロギー、その中の一つの憲法を規定する側面に焦点を当てた研究が多く、それらには、各種の資本主義憲法とソ連の社会主義憲法との比較論が展開されている。そして、それらは条文の比較論が主で、憲法の機能についての比較論ではない。また憲法史の著作も英米仏の憲法をその類似した条文について内容別に整理し、羅列したものが多く、ある特定の国の憲法政治史を憲法の機能の面に焦点を当ててアプローチしたものはあまりないようである。もっとも、樋口陽一教授の『比較憲法』〔全訂三版〕(青林書院、1992年)は例外である。20世紀の転換期を挟んで西欧諸国において消極国家から積極国家へと展開する過程で、近代憲法もその影響を受けて変容する態様を、英仏米独の憲法史を比較検討しながらフォローして、現代憲法の抱えている問題点にアプローチしており、本書の執筆において参照させて頂いた。

上記したように「戦争と革命」の時代といわれた20世紀において、自由民主主義の確立を巡る政治的権力闘争が最も激しく戦わされたのは、周知のように、ドイツであった。このドイツでは、激動する政治的変動の中で性格を異にする憲法の成立と展開が何回か繰り返され、本書でいう「憲法改正の政治過程」Ⅱ型からⅠ型への変位があったかと思えば、再び、Ⅰ型がⅡ型へ突然変位する過程があり、そうした憲法政治史を反射鏡として今日の憲法論議を照らして見るなら、護憲派と改憲派の憲法観が世界の憲法政治史におけるそれぞれの立ち位置が透視できるのではなかろうか。そうした役割を本書が果たせるのなら、望外の喜びである。

本書の執筆に際しては、まず父の著した著作を多く利用した。親子であるので、それら著作を、私は何回も読んでいるので、いつしか私の血肉となっているものもあり、したがって、本書の記述の内、父の書いたものと近似するものが散見されるかもしれないが、その点についてあらかじめ断っておきたい。

行政学の指導教授の片岡寛光先生は何時も授業中に、「行政は国民のためのもの」でなくてはならない、と口癖のように述べておられたが、憲法も「国民のためのもの」でなくてはならないという観点から、近現代ドイツ憲法政治史を考察してきた。ドイツの社会学者ルーマンが「憲法の機能は国民の基本的人権を守ることである」と分析しているように、真の憲法は国民の基本的人権を守り、それを侵さないように、つまり権力の乱用を防止するために、権力を合理的に組織する方策を定めた、国の最高規範であるという認識を、憲法を論じる者は肝に銘ずるべきであろう。そうした認識を持たずに、憲法を論じ、憲法改正を企てるなら、いくら「国民のため」と称しても、それは「国民のため」ではなく、「権力のため」に憲法をその正当化の手段として利用しようとする発展途上国の偽りの憲法論ということになろう。

最後になったが、この「あとがき」に名を挙げさせて頂いた諸先生方のご指導を承ったなればこそ、こうした拙い一書を著すことができた。ここに記して諸先生方から受け承った学恩に対して心からの感謝を申し上げたいと思う。また出版事情の厳しい昨今、本書の刊行を快諾してくださった学陽書房の佐久間重嘉社長に深謝したい。そして、本書が少しでも読みやすくなっているのなら、それは校正者の行き届いた校閲のお蔭であり、同時に示唆して頂いた適切な助言に従ったところが多い点に由来する。校正者の労に対して心から感謝申し上げたい。とはいっても、本書の中に思わぬミスや著者の勝手な思い込みによる誤った記述がないとは限らない。いうまでもなく、これらすべてを含めて本書の内容についての責任は著者自身にある。このことをここに明記しておきたい。最後に編集や校正全般において大変お世話になった川原正信氏に心からお礼を申し上げたいと思う。

2014年４月

安　章浩

著者紹介

安　章浩（やす　あきひろ）

1968年東京生まれ。慶應義塾大学経済学部卒業、早稲田大学大学院政治学研究科修士課程修了、早稲田大学大学院政治学研究科後期博士課程単位取得満期退学。現在、尚美学園大学総合政策学部教授（担当科目：行政学、政治過程論、政策過程論）。

■主な著書：
『比較政治学とデモクラシーの限界―臨床政治学の展開』（共著、東信堂、2001年）、『ガバナンス』（共著、北樹出版、2005年）、『政策課題』（北樹出版、2006年）、『行政の未来―片岡寛光先生古稀祝賀』（共著、成文堂、2006年）、『公共政策の分析視角』（共著、東信堂、2007年）、『シティズンシップ論の射程』（共著、日本経済評論社、2010年）、『身近な公共政策論―ミクロ行政学入門』（共著、学陽書房、2010年）、『変動期の公共政策―変容する行政への理論的接近とその実際―』（共著、学陽書房、2014年）。

■主な訳書：
クリス・ソーンヒル『現代ドイツの政治思想家―ウェーバーからルーマンまで』（共訳、岩波書店、2004年）、クリス・ソーンヒル『ドイツ政治哲学―法の形而上学』（共訳、風行社、2012年）。

憲法改正の政治過程—ドイツ近現代憲法
政治史から見えてくる憲法の諸相

2014年５月15日　初版印刷
2014年５月20日　初版発行

著　者　安《やす》　章《あき》浩《ひろ》
発行者　佐久間重嘉
発行所　学 陽 書 房
〒102-0072　東京都千代田区飯田橋1-9-3
営業　TEL）03-3261-1111　　FAX）03-5211-3300
編集　TEL）03-3261-1112
http://www.gakuyo.co.jp/
振替　00170-4-84240

装丁／佐藤　博
DTP 制作／みどり工芸社
印刷・製本／三省堂印刷

ISBN 978-4-313-31131-2 C3031